개정판

양성평등을 위한

여성의 법생활

나 달 숙 저

청목출판사

개정판을 내며

1995년 제4회 북경세계여성대회에서 여성의 자기결정권과 가사노동의 가치를 인정하고 성인지적 관점을 정책에 반영할 것을 주창한지 23년이 흘렀지만 그 주장은 여전히 진행 중이다.

1995년 「여성발전기본법」이 당시의 헌법상 양성평등 이념을 구현하기 위하여 제정되어 양성평등과 여성의 사회 참여 확대 및 권익 증진에 많은 영향을 미쳐 왔다. 이 법이 제정된 지 20년이 지나 여성정책의 패러다임이 '여성발전'에서 '양성평등 실현'으로 전환되고 있다. 그러나 이 법은 이러한 여성정책을 둘러싼 사회 환경과 관련 법제도가 크게 변화하고 있는 시대적 환경을 반영하지 못한다는 지적이 있어 왔다.

이에 따라 「여성발전기본법」을 전면 개정하여 2015년 「양성평등기본법」을 탄생시켰고 이 법에서는 양성평등 관련 권리 보장과 정부의 책임성을 강화하고, 양성평등 정책 추진체계의 내실화를 기하고자 하였다. 그리고 양성평등 촉진 시책의 강화, 정책의 양성평등 효과 강화를 위한 성 주류화 조치의 체계화와 이를 통한 여성과 남성의 동등한 참여와 대우로 모든 영역에서의 평등을 추구하는 실질적 양성평등 사회를 실현하고자 하였다.

그러나 여전히 성불평등은 사회 곳곳에 내재되어 있고, 저출산과 고령화시대에 당면한 우려점들을 해결하지 못하고 있다. 세계경제포럼이 2017년 발표한 성격차지수(GGI)는 144개국 중 118위로 하위에 머물러 있어, 경제 및 정치부문의 남녀간 격차는 여전히 두드러지고 있음을 알 수 있다. 설상가상으로 영국 이코노미스트지가 2017년 발표한 유리천장지수(GCI)는 OECD 29개국 중 우리나라가 꼴찌의 불명예를 안았다. 여성의 노동현장에서의 차별은 상존해 있고, 여성에게 사회진출이나 승진을 막는 사회적 장벽이 너무 심하다는 것을 확인시켜 주는 결과이다.

국가차원에서 성평등수준을 파악하여 정책에 반영하고자 만들어진 국가성평등지수도 의사결정, 안전, 복지, 경제 등의 분야에서 남녀간 현격한 격차가 존재하는 부문으로 나타나고 있다. 이는 국가차원의 노력에도 불구하고 여전히 격차는 쉽게 좁혀지지 않고 있다는 것을 나타낸다. 20대 국회에서 여성국회의원이 17%를 차지하였지만 83%는 남성국회의원이 차지하고 있고, 여성과 남성의 임금 격차가 OECD 회원국 중 30%대를 넘는 유일한 국가의 지위에 있다. 가사노동시간에서 여성은 평일 3시간이 넘는 반면 남성은 30여분대로 덴마크나 미국의 1/4 수준으로 나타나고 있어 여전히 집안에서도 가사노동의 몫은 대부분이 여성에게 지워져 있음을 알 수 있다.

'여성차별철폐협약'이 주창된 지 40여년이 되어 가고 있고 폭력관련법의 정비에도 불구하고 여성에 대한 폭력은 좀처럼 감소되지 않고 있다. 전자장치부착법이나 성충동약물치료법 등 여성관련 폭력의 재범률을 낮추기 위한 노력들을 하고 있지만 여전히 제도적 정비나 인력 등 미비한 점이 시정되지 않고 있는 점은 여전히 해결해야 할 과제로 남아있다. 여성이 안전한 사회는 바로 우리 사회의 안전이라는 인식을 가지고, 남성과 여성이 평등한 사회를 이끌어가는 바퀴의 두 축이 되어 안전하고 평등한 사회가 되기까지 제도를 보완, 정비하고 문제점을 해결해 나아가야 할 것이다.

많은 법제도적 변화가 있었음에도 불구하고 개정판을 이제야 내게 되었지만 양성평등 실현을 위한 법을 이해하는데 유용한 서적으로 활용되기를 바라며, 미진한 부분은 차츰 보완할 것을 약속드린다.

2018.8.

저자 씀

책을 펴내며

"모든 국민은 법 앞에 평등하다"는 규정이 시사하듯이 이제 양성평등은 당연한 것으로 인식되고 있지만 그 실질적 결과를 이끄는 데까지는 기나긴 여정이었다. 여전히 법제정은 남성위주의 구조 속에서 이루어지고 있고 여성의 참여가 동등하지 않은 가운데 이루어지고 있다. 이러한 상황 속에 차별되고 불리하게 규정된 법제도 테두리 안에서 여성에게는 제도적인 차별이 이루어져 왔고, 생활 속 관습 속에서도 차별적 적용이 이루어져 왔었다. 그동안 법적인 평등 보장이라는 당위적인 노력들은 해가 거듭할수록 한층 더 인간은 누구나 똑같이 평등하고 존엄한 존재임을 이끌어주는 견인차 역할을 해 왔다.

1948년 헌법이 최초로 제정되면서 모든 사람은 평등한 존재임을 규정하였음에도 불구하고 수많은 법률과 관행들은 여성에게 불평등하고 불리하게 적용되고 작용하였다. 법의 변화를 이끌어 내기까지는 수많은 시간이 걸리고 법의 변화는 점진적으로 이루어져 왔기 때문에 여성은 그만큼 오랜 기간 동안 불리한 법에 근간해 부당한 대우를 받아왔다. 이러한 법이 시정되기까지 개인적으로, 단체적으로, 국회에서, 현장에서, 여성계에서, 학계에서 등 다양한 분야와 장소에서 지속적으로 그 요구와 주장은 늦춰지지 않았다. 이러한 노력들은 1960년을 전후하여 제정된 형법과 민법상 양성 불평등조항들을 차례로 개정하게 하였고, 이제는 여성에게 불리하게 작용하는 규정에 대한 문제를 중심으로 논의가 전개되고 그 해결을 모색하고자 하고 있다. 그동안에 여성관련 법은 많은 변화를 거듭해 왔다. 가장 대표적인 것이 노동법(근로기준법), 민법, 형법 및 형사특별법 중 여성관련 조항 등의 변화이다.

사회적으로 끊이지 않는 성관련 범죄는 해가 갈수록 도를 더해가자 이에 대한 강력한 처벌을 요구하고 있다. 작년 11월 22일 국회는 그동안에 논란이 되어 왔던 성폭력범죄에 대한 친고죄조항 폐지를 결정함으로써 1992년 성폭력에 관한 특별법이 제정된 지 20년 만에 오히려 피해자인 여성을 묶고 있었던 사슬을 풀게 되었다. 성폭력을 처벌하고 이를 예방하기 위한 법적 노력들이 '성폭력범죄자에 대한 신상공개제도'와 '성충동 약물치료(화학적 거세)제도' 등을 시행하기에 이르렀다. 그 외에도 모든 성폭행 피해자를 대상으로 '피해자국선변호인제도'가 신설되고 '진술의 신빙성'이라는 잣대로 장애인이나 아동에게 불리하게 작용되던 것에 '진술조력인제도' 등을 도입하여 이 문제를 해결하고자 하였다.

많은 노력에도 불구하고 가정폭력, 성폭력은 근절되지 않고 있고 여전히 근로현장에서 여성에게 불리하게 적용되고 있다. 이제 여성관련 폭력의 문제, 가사와 근로와 양육을 병행하는 여성에 대한 문제는 개개인의 문제로 여겨지고 있는 데에서 벗어나 사회적, 국가적 문제로 인식된 가운데 관련 사안을 해결하는 노력이 한층 더 필요한 때이다.

21세기는 인권과 복지를 빼고는 이야기할 수 없을 정도로 두 축은 우리에게도 해결해야 할 과제로 다가왔다. 인권과 복지의 문제 속에는 반드시 여성의 문제가 포함되고 여성의 문제가 잘 해결될 때 우리의 인권과 복지 수준은 현저히 향상될 것임은 부인할 수 없다. 인권과 복지가 여성에게 실질적으로 평등한 존재임이 인식되고 평가되고 실천될 때까지 우리의 관심과 노력은 계속되어야 할 것이다.

이 책을 출간하면서 필자는 몇 가지 사항에 초점을 맞추려고 하였다.

첫째, 여성법학의 근간을 여성관련 국제적 선언, 협약, 규약 등과 국내적으로 시행되고 있는 법에 두고자 하였다. 그래서 본문은 주로 여성관련 국제적 활약의 결과물과 현재 시행되고 있는 헌법과 여성관련 법률을 중심으로 구성하였다.

둘째, 본문에 가능한 한 도표와 그림으로 독자의 이해를 돕고자 하였다. 이는 법률 개개조항에 규정된 복잡한 내용을 도표로 만들어 일목요

연하게 볼 수 있도록 함으로써 시각적 효과와 함께 복잡함을 단순화시키고자 한 것이다.

셋째, 각 단원마다 그동안 사회에서 쟁점이 되어 왔던 사안을 중심으로 사례를 통해 해결할 수 있도록 문제와 해답을 구성하였다. 사례 문제를 제시한 후 본문에 있는 내용을 익히고 나서 문제해결을 할 수 있는 단계적 방식을 통하여 관심을 환기시키고 사고와 문제해결 능력을 향상시키고자 한 것이다.

넷째, 본문에 있는 어려운 용어를 해석해 줌으로써 본문의 이해도를 높이고자 하였다. 용어의 풀이를 통하여 용어를 찾지 않고 본 서적에서 내용을 이해할 수 있도록 한 것이다.

다섯째, 그 동안 사회적 쟁점이 되었던 판례를 상세하게 수록하여 판례의 쟁점을 이해하는데 도움을 주고자 하였다. 판례의 전반적 내용을 통하여 문제의 쟁점을 이해하고 법원과 헌법재판소가 판결에서 주안점을 둔 논점에 대해 알 수 있도록 하였고, 헌법재판소의 다수의견 뿐 아니라 소수의견(반대의견)도 수록하여 견해의 대립된 주장을 통하여 같은 사안에 대한 다른 시각을 소개하여 다양한 사고를 제시하고자 하였다.

이 책은 여성관련 문제와 여성 관련법을 이해하는데 유용한 길잡이 역할을 해주는 서적이 되었으면 하는 바람으로 쓰여졌다. 다양한 법만큼 다양하게 활용되는 것을 염두에 두었다. 여성문제에 관심과 해결을 위해 활용, 여성관련 상담소에서 활용, 여성관련 법 강의에서 활용, 여성관련 법의 전반적 이해에 활용 등 다양한 영역에서 다양한 대상에게 유익하게 활용되도록 내용을 담고자 하였다. 여전히 논의되고 있어 미완성적인 부분도 있고, 보충하여야 할 미진한 부분도 있지만 차차 좀 더 알차게 보완할 것을 약속하며 독자들의 많은 관심과 지적을 바란다.

이 책을 저술할 수 있도록 학문의 길을 열어주신 은사님들, 동료학자들, 후배학자들 그리고 의견을 주신 많은 분들께 감사의 마음을 전하고 싶다. 바쁜 중에도 교정에 시간을 할애해 준 이대 박사과정의 배유진,

안은진 선생, 농촌에서 항상 마음으로 응원해 주는 친구 윤옥, 항상 학문적 조언을 해주는 생의 동반자인 남편, 이제 어엿한 대학생들이 된 선화, 상미, 추성이 모두에게 감사와 사랑의 마음을 전한다. 모두에게 항상 하나님의 은총이 함께 하길 기원한다.

마지막으로 이 책을 출간하도록 해 주신 유성열 사장님 그리고 편집과 교정을 하느라 수고해 준 출판사 관계자 여러분에게도 감사의 마음을 전하며 출판사의 무궁한 번영을 기원한다.

2013. 3.

안서골에서 저자 씀

약어표

- GDI: Gender related Development Index, 여성개발지수
- GEM: Gender Empowerment Measure, 여성권한척도
- GGI: Gender Gap Index, 성격차지수
- GII: Gender Inequality Index, 성불평등지수
- HDI: Human Development Index, 인간개발지수
- UNDP: United Nation Development Plan, 유엔개발계획
- WEF: World Economic Forum, 세계경제포럼
- GCI: Glass-Ceiling Index, 유리천장지수

- 가정폭력에 관한 법: 가정폭력범죄의 처벌 등에 관한 특례법과 가정폭력방지 및 피해자 보호 등에 관한 법률
- 가정폭력방지 및 피해자보호법: 가정폭력방지 및 피해자 보호 등에 관한 법률
- 가정폭력범죄처벌 특례법: 가정폭력범죄의 처벌 등에 관한 특례법
- 남녀고용평등에 관한 법: 남녀고용등과 일·가정 양립 지원에 관한 법률
- 산재보험법: 산업재해보상보험법
- 성매매방지 및 피해자보호법: 성매매방지 및 피해자보호 등에 관한 법률
- 성매매알선 등 행위처벌법: 성매매알선 등 행위의 처벌에 관한 법률
- 성충동 약물치료법: 성폭력범죄자의 성충동 약물치료에 관한 법률
- 성폭력에 관한 법: 성폭력범죄의 처벌 등에 관한 특례법과 성폭력방지 및 피해자 보호 등에 관한 법률
- 성폭력방지 및 피해자보호법: 성폭력방지 및 피해자 보호 등에 관한 법률

- 성폭력범죄처벌 특례법: 성폭력범죄의 처벌 등에 관한 특례법
- 아동·청소년 성보호법: 아동·청소년의 성보호에 관한 법률
- 전자장치부착법: 특정범죄자에 대한 위치추적 전자장치부착 등에 관한 법률

차 례

제 1 장 여성과 법의 이해

제 1 절 여성 관련법 어떻게 이해할 것인가

1. 여성 관련법의 이해

헌법은 "모든 국민은 법 앞에 평등하다"라고 규정하고 있다. 평등원칙은 모두가 동등한 몫을 가져야 한다는 절대적 평등만이 정당한 법은 아니라고 한다. 그리고 각자의 능력 차이를 고려하지 않은 평등은 더 이상 정당하지 않다고 한다. "정당한 몫을 배분하는 정의"를 주장하고 두 이익이 충돌하는 경우에 각자에게 정당한 몫을 부여하도록 해결하는 것이 정의로운 것이라고 한다.

정의는 한 사회질서 내에서 가능한 특성을 가지고 있다. 인간은 그의 행위가 정당하다고 간주되는 사회의 질서와 부합할 때 비로소 정당한 것이 되기 때문이다. 다시 말하면 법은 사회질서를 유지하기 위해 등장하였지만 한 사회를 지배하는 법이 절대적으로 정당한 것은 아니며 그 사회가 정당하다고 간주되는 질서와 부합할 때에 법은 그 생명력을 유지할 수 있다. 그래서 어떤 곳에서는 정당하다고 간주되는 법이 다른 곳에서는 정당하지 않은 법으로 존재하기도 하는 것이다. 역사적으로 인류의 보편적인 시각은 정당하지 않은 법을 정당한 법으로의 변환을 요구하는 견인차 역할을 해 왔다. 우리 또한 여기서 예외는 아니다.

법을 어떻게 이해할 것인가, 특히 여성 관련법을 어떻게 이해할 것인가라는 문제도 우선 이러한 보편적인 시각을 전제로 한다.

원론적으로 돌아가 국가가 만든 법은 항상 정당한 것인가. 대다수의 사람(여성)에게 불리하게 적용되거나 배제되는 법이 정당한 법으로 적용되는 것에 의문을 갖게 된다. 보통 어떤 법제정이나 정책결정에 있어서 의견이 반영되고 영향력을 미치려면 적은 쪽 성의 30%이상의 참여가 있어야 한다고 본다. 그러나 현실적으로 법을 제정하는 국회의원의 수도, 분야별 편차는 있지만 대다수 대학에서 학생을 가르치는 여성교수의 비율도 여전히 30%를 넘지 못하고 있다. 이러한 관점에서 모든 법에 대한 시각을 여성이 적절하게 참여된 결과성을 탐지하려는 시각으로 여성 관련법을 이해하는 것이 필요하다. 여성에게만 경험하는 사안에 여성의 시각이 배제된 법의 제정과 적용은 남성만의 시각으로 형성된 법을 강요하는 것이 될 수도 있기 때문이다.

여성과 남성은 모두가 동등하고 존엄한 존재로서 대우받아야 할 권리가 있다. 한자로 "人"(사람인)자는 인간이 서로 의지하고 유익한 존재로 살라는 의미를 담고 있다. 여성과 남성은 서로 대립된 존재가 아닌 유익하고 상존하는 존재가 되어야 한다는 의미일 것이다. 여성과 관련된 영역에서 여성의 정당한 권리가 주장되고 보장받도록 하는 법의 형성이 요청된다. 많은 법의 홍수 속에서 특히 여성과 관련한 법을 이해하는 것은 여성뿐만 아니라 남성으로 하여금 더불어 살아가는 존재로서 사회를 인식하는 길잡이 역할을 탐지하는 일이 될 것이다.

종래의 법학은 대다수의 남성의 가치관에 기초하여 남성적 시각을 통하여 남성의 영역을 중심으로 형성되어 왔다. 또한 기존의 법학은 공사의 분리, 성의 고정적 역할분리, 가부장적 남성주의에 입각하여 법적

논리를 전개해 왔다. 이러한 전통 법학은 여성과 남성을 차별하는 시각으로 기울여져 있을 수 있으며, 그러하다면 여성도 남성과 동등하게 존엄성을 지닌 인간으로 처우를 받아야 한다는 관점에서의 시각 변화가 요구되는 것이다. 그동안 가부장적 사고와 여성을 낮게 평가하고 여성의 사고를 배제한 사회 제도는 여성들로 하여금 사회적·정치적·경제적 영역 등에서의 변화를 촉구하게 하는 사회운동을 일으키게 하였고, 이를 통하여 여성도 남성과 동등한 권리를 법적으로 보장받기에 이르렀다. 사회전반에서의 차별을 과감히 버리고 향후 실질적인 양성평등이 이루어질 때까지 계속되어지는 실천분야가 바로 여성 관련법의 이해의 종착점이라 할 것이다.

2. 여성법학의 이해

법적 영역에서 여성의 차별적 지위와 소외 그리고 배제를 극복하기 위한 논의가 학문에 이르기 까지는 많은 다양한 연구들이 진행되어 왔다. 여성의 문제를 법적으로 바라보는 시각은 국내에서도 그동안 많은 논의와 발전을 거듭해 왔다. 국내에서 여성의 문제를 법적인 관점에서 논의하는 학문으로는 법여성학, 여성주의 법학, 페미니즘 법학, 젠더법학 등을 들 수 있다.

법여성학은 "여성해방이론을 법의 분야에서 연구하고 실천하는 법학의 한 갈래(이은영, 1993:58면 이하)"로 정의되고 있고, 여성주의 법학은 "여성의 시각에서 법을 재해석하고 입법하고자 하는 분야로 실정법상 여성의 지위 분석에 머무르지 않고 페미니즘을 수반하는 철학적·이론적 학문"(양현아, 2002: 230면)이라 정의되고 있다. 여기서 여성주의 법학은 페미니즘 법학의 다른 지칭이라 할 수 있고, 법여성학은 여성주의를 근간으로 한다는 점에서 여성주의 법학과 맥을 같이 하고 있다고 할 수 있다.

한편 젠더 법학은 "전통법학이 여성만을 위한 법으로 이해되는 한계를 극복하기 위한 것"으로(김선욱, 2001: 2면), 기존의 관점에서 논의와 범위 및 목표를 넓히려는 학문이다(김엘림, 2013: 36면). 또한 젠더법학은 전통적 법영역의 구분을 탈피하고 젠더에 관한 모든 법령과 법실무, 정책을 통합적으로 분석하는 통합법학이며 다양한 학문과의 다학제간 연구도 포괄하는 광범위한 영역으로 정의되고 있고(김엘림, 2013: 38면), 국내에서 젠더법학회를 중심으로 활발한 연구가 진행되고 있다.

그러면 본서에서 사용하는 여성법학의 범주는 어떤 것인지 살펴볼 필요가 있다. 여성법학은 국내외 실정법을 대상으로 논의되는 학문영역이다. 다시 말하면 국제적 차원에서는 선언, 협약이나 규약들 중 여성과 관련된 국제적 문서를 중심으로 논의된다. 그리고 국내적 차원에서는 시행되었거나 시행되어오고 있는 모든 법을 그 논의의 대상으로 한다. 국내법적으로 최고법인 헌법을 비롯한 국회에서 제정한 각종 법령과 행정부 등 국가나 지방자치단체 등이 제정한 명령, 규칙 등을 포함한 모든 법령에 대해 여성과 관련한 사안을 중심으로 논의를 전개한다. 그 중 가장 많은 부분이 헌법상 평등에 관한 부분과 각종 법률에서 여성과 관련한 규정들이 차지할 것이고 중점 논의의 대상으로 될 것이다. 여성법학에서 다루고자 하는 현행 여성관련 법에서의 차별적인 부분을 탐구하여 이를 해결하고자 한다. 여성법학에서는 여전히 여성의 시각이 배제되어 있는 법률 규정에 이의를 제기하고 여성이 주체가 되어 여성관련 문제를 해결하고자 하는 것이다.

제2절 여성과 법의 관계

1. 여성에 대한 법적 처우

인간은 태어나면서 사회구성원으로서 사회생활을 영위하게 되고 사회질서를 유지하기 위해 형성된 법과 관련을 맺게 된다. 법은 인간이 살아가는 정치적 사회적·경제적·문화적 관계를 반영한다. 법은 여성과 남성에게 달리 적용되어야 하는 것은 아니나 역사적으로 여성의 법적 지위는 남성의 그것보다 열위인 것으로 생각되어 왔다. 이러한 사회적·제도적·법적 불평등은 여성의 사회적 진출이 두드러지면서 사회적 문제로 등장하였고 인류역사는 이러한 문제를 해결하는 과정이었다.

공사의 분리, 허용과 금지, 이성과 감정 등의 이중적 분리는 우열을 구분짓는 잣대로 사용되었다. 봉건적 가부장제, 남아선호, 성역할분담론, 여성의 배제 등은 여성에게 미풍양속이나 전통이라는 명분으로 여성에게 강요되고 차별화되어 적용되었다. 그래서 이러한 불평등한 처우에 대한 시정요구는 여성운동으로 전개되었다. 남성에게만 주어졌던 권리에 대해 여성에게도 동일한 권리를 요구하게 되고, 남성만이 정치에 참여하던 것을 여성도 정치에 참여할 수 있는 권리로서 주장하게 되었다. 프랑스 혁명 당시의 인권선언은 여성이 배제된 남성만의 인권선언이었고 여성도 인간으로서 남성과 동등한 공직수행권과 재산권을 가져야 할 것이 주장되었고, 여성에게도 참정권을 부여할 것이 요구되어졌다. 여성의 참정권 획득 운동의 결과 영국에서는 1918년에 30세 이상의 여성에게 참정권이 인정되었고, 미국에서는 1920년이 되서야 여성의 참정권(남성은 1870년에 인정)이 인정되었다. 이와 같이 정치·경제·사회·문화적 변동에 따라 남성과 동등한 인간으로서 여성의 권리를 주장하게 되고 이는 제도와 법을 변화시켰다. 이러한 차원에서 모든 영역에서의 평등과 여성의 권리도 남성과 동등하게 보호되는 것을 법에 규정하기 위하여 기존에 있어 온 차별을 시정할 것을 주장하고 이를 위한 입법을 촉구하게 될 것이다.

2. 여성에 대한 법의 태도

1) 동등한 대우

여성에 대한 법의 태도가 여성을 권리의 주체로서 남성과 동등하게 대우하는 경우이다. 이를 위해 현행 헌법은 "모든 국민은 법 앞에 평등하다. 누구든지 성별·종교 또는 사회적 신분에 의하여 정치적·경제적·사회적·문화적 생활의 모든 영역에 있어서 차별을 받지 아니한다"라고 규정하고, "혼인과 가족생활은 개인의 존엄과 양성의 평등을 기초로 성립되고 유지되어야 하며, 국가는 이를 보장한다"라고 하여 모든 영역에 있어서 성차별을 금지하고 있다. 또한 "고용· 임금 및 근로조건에 있어서 부당한 차별을 받지 아니한다"라고 하여 근로에 있어서 여성의 부당한 차별을 금하고 있다.

1953년 이전 형법이 아내의 부정한 행위만을 간통죄의 구성요건으로 규정하였으나 1953년 개정형법에서 "배우자 있는 자가 간통한 때"로 변경한 것이나, 민법상 상속분을 아들과 딸을 달리 규정하던 것을 동일하게 규정한 것, 친생부인의 소송제기를 남편만이 가능하던 것을 아내도 가능한 것으로 변경한 것, 자녀의 국적을 아버지의 국적에 따라 결정하는 부계혈통주의에서 부모 모두의 국적을 따를 수 있게 하는 부모양계혈통주의로 바꾼 것 등이 그 대표적인 예라고 할 수 있다.

여기서는 또한 기존의 관습이나 제도에 의해 단지 여성이라는 이유로 차별적 적용을 하지 말 것을 요구할 수 있는 것으로, 종중회원은 남성만이 가능하던 것에서 여성도 종중회원이 된다고 한 대법원 판결을 예로 들 수 있다.

이러한 헌법에 근거한 성차별금지와 양성평등보장은 가장 기본이 되는 법의 원칙이라는 것을 실현하기 위한 요구가 반영되어 이를 현실에서 구체적으로 적용하였다. 근로기준법에 동일노동 동일임금의 원칙이 규정되고, 남녀고용평등에 관한법 등에 모집, 채용에 있어서 성차별금지를 명시한 규정에서 이를 확인할 수 있다.

2) 차별적 대우

여성에 대한 법의 태도가 여성을 남성에 비해 차별적으로 대우하는 태도이다. 차별적 대우에 있어서는 여성에게 부정적인 방향으로 대우하는 차별적 대우와 여성에게 긍정적인 방향으로 대우가 이루어지는 차별적 대우가 있다. 부정적인 방향으로의 대우는 과거의 법률들이 여성과 남성을 차별적으로 규정하고 있는 조항들을 두고 있는 경우를 그 예로 들 수 있다. 2005년 개정 전의 민법에서는 재혼하는 경우 임신한 여성의 아이의 부(父)가 전남편인지 아니면 재혼한 남편인지를 구별한다는 명목하에 여성에게만 6개월의 재혼금지기간을 두고 있어 논란이 되어 온 규정을 폐지한 것, 가부장제의 산물인 호주제도를 둠으로써 남성을 여성보다 우월한 지위에서 권리를 행사하게 한 것, 공무원시험에서 제대군인에게만 가산점을 부여한 것 등이 대표적이다. 긍정적 방향으로의 차별적 대우는 여성의 권익증진을 위해 적극적으로 남성과 차별적으로 처우함으로써 구조적 불평등의 환경을 시정하는 역할을 할 수 있는 경우이다. 헌법이 "국가는 여자의 복지와 권익의 향상을 위하여 노력하여야 한다"는 규정을 두고 이에 근거하여 「여성발전기본법」과 「국가인권위원회법」에 적극적 평등실현조치를 할 수 있도록 하고 있다. 이밖에도 「공직선거법」, 「정당법」이나 「정치자금법」에 여성할당제와 여성에 대한 자금의 우대조치를 규정하고 있다.

궁극적으로 평등은 외적, 형식적 평등만이 아닌 내적, 실질적 평등을 위하여 법적 차별을 제거하는 것이 요청된다. 평등은 동등한 것은 동등하게, 다른 것은 다르게 취급하는 것을 원칙으로 하되 사실상의 차이가 있는 것은 차별취급을 하도록 한다. 그러나 사실적 차이가 있는 모든 경우를 그대로 긍정하게 된다면 또 다른 차별의 결과를 가져올 수 있다. 따라서 모든 사람을 평등하게 취급하여야 하나 합리적인 이유나 정당한 근거가 있는 경우에는 차별이 허용되도록 한다. 평등은 국회가 제정한 형식적인 법을 적용하는 형식적 평등만이 아닌 국회가 입법을 할 때 차별이 없는 내용을 지닌 법을 제정하여야 한다는 실질적 평등일 것이 요청된다. 그리고 입법자가 정의와 형평에 맞는 합헌적 법률을 제정하도록 함으로써 실질적인 평등을 보장받는 적극적인 권리로서의 측면을 지니도록(김철수, 헌법학개론, 2000: 391) 하는 적극적인 조치를 포함해야 한다.

3) 보호의 대상

여성을 보호의 대상으로 보는 것은 여성에 대한 법의 태도가 여성을 사회적인 약자나 보호를 해주어야 한다는 것이다. 일반적으로 성중립적으로 규정되는 형식적인 법률 규정이 남녀의 차이가 있음을 용인하지 못하고 있어 오히려 여성에게 불평등한 결과를 발생시키는 경우를 들 수 있다. 산업화와 더불어 여성의 사회진출이 늘어나면서 여성이 남성과 같이 경제적 활동을 하면서도 여성의 출산과 육아에 대한 주된 책임을 져야 하는 점을 고려하지 않음으로써 결과적으로 여성을 사회적·경제적 약자로 보게 되어 여성에게 불리하게 작용하였다. 그래서 근로에 있어서 기존의 법률이 남녀의 차이를 고려하지 않는 평등을 요구하고, 이러한 차이를 고려하지 않는 평등의 요구가 여성에게 불리하게 작용하여 여성을 사회적 약자로 혹은 차별받게 되는 존재로 전락시킬 수 있게 된 것이다.

헌법은 "여자의 근로는 특별한 보호를 받으며"라는 규정과 "국가는 모성의 보호를 위하여 노력하여야 한다"라는 규정을 두어 여성근로 보호와 모성보호를 요구하고 있다. 「근로기준법」이 여성의 출산휴가를 규정하고 있고 임신한 여성을 중노동이나 위해한 근로로부터 제외하고 있는 것을 그 대표적인 예로 들 수 있다.

열악한 지위에 있는 여성의 권익보호를 위해 또는 여성의 신체적 특성에 기인하여 남성과 달리 처우하는 특별법이 제정되거나 혹은 이를 위한 입법의 촉구를 해 오고 있는 것도 여성을 보호하기 위한 것이다. 예를 들면 성매매현장에서 인권침해를 보호하기 위한 "성매매방지법"이나 여성을 가정폭력이나 성폭력으로부터 보호하기 위하여 제정된 "가정폭력에 관한 법률"이나 "성폭력에 관한 법률" 등을 그 예로 들 수 있다.

헌법상 평등의 원칙은 입법자에게 본질적으로 같은 것을 자의적으로 다르게 취급하거나, 본질적으로 다른 것을 자의적으로 같게 취급하는 것을 금하는 것으로 해석된다. 따라서 같은 것을 다르게 취급하거나 다른 것을 같게 취급하는 것도 평등원칙에 반한다. 근로에 있어서는 모성보호나 성폭력에 있어서 차이를 인정하는 여성의 권익보호 시각이 반영되어야 하는 것이다.

4) 여성주의적 대우

여성 관련법적인 문제를 여성이 문제해결의 주체가 되도록 하는 것이 여성주의적 대우이다. 이는 여성만이 경험하는 문제는 여성적 시각 혹은 여성의 경험적 시각이 반영되어져야 한다는 것이다. 논의되고 있는 재생산권 문제나 부부강간, 여성에 대한 성희롱 등의 문제는 남성의 시각에서 문제를 해결하는 데는 한계성을 지닌다. 문제의 중심에 있는 여성이 주체가 되어 사안이 해결되도록 법제정이나 법적용이 있어야 한다. 예컨대 성폭력 사건에서 피해자를 주체적인 피해자로 보고 이들에 대한 처우 및 법적 판단을 피해자의 관점에서 피해자의 의견에 귀를 기울일 필요가 있다. 형사절차를 진행하는 담당자들의 태도 또한 피해자의 의견이 존중되어 피해자의 경험이 반영될 수 있도록 대우하여야 한다. 이러한 여성주의적 대우는 향후 여성 관련법의 제정이나 성폭력이나 가정폭력 등 여성관련 문제의 해결에 반영이 되도록 하는 것이다.

용어알기

재생산권(Reproductive rights)
일반적으로 여성의 출산과 관련된 제반의 권리를 말한다. 재생산권에는 임신과 출산, 피임과 낙태의 권리 등이 포함된다. "여성의 몸은 여성 스스로가 통제할 수 있는 권리"를 가져야 한다는 것이다.

제 3 절 법여성학이란

1. 여성학과 젠더 개념의 등장

1) 여성학의 등장

1960년대 후반 여성운동에 참여했던 여성들 사이에 여성문제에 대한 새로운 인식이 일기 시작했다. 당시 캠퍼스를 중심으로 전개되었던 민권운동, 반전운동 등에 참여했던 여성들은 남성들이 모든 전통적 가치에 도전하면서도 유독 남녀관계에서만은 전통적 가치를 고수하려는 태도에 대한 문제성을 인식하였다. 이러한 상황에서 계급문제나 인종문제 등이 해결된다 하더라도 여성문제는 결코 사라지지 않으며, 결국 여성문제는 여성들 스스로가 주체가 되어야 한다는 것을 깨닫게 된 것이다. 이를 위해 여성운동을 이론적으로 뒷받침할 수 있는 학문적 연구의 필요성으로 등장한 것이 여성학이다.

여성학은 대학에서 정식과목으로 채택되고 1970년대 미국에서는 3만여 개의 여성학 강좌가 개설되기에 이르렀다. 여성학에서는 여성과 남성은 서로 다른 차이가 있는 존재로서 삶을 살아왔고, 이 차이를 보는 시각이 이제껏 남성중심적인 것으로 여성의 시각은 배제되어 왔다는 데서 출발한다. 여성을 학문의 제반영역에서 소외시키고 배제하며 열등시하고 차별하는 것에 대해 부당성을 제시하고자 하였다. 여성학이 미국 대학에서 정규과정으로 등장하면서 1969년 2개 대학에서 시작한 여성학은 1974년에는 112개교 강좌가 개설되었고, 꾸준히 증가하여 1985년도에는 557개교에서 강좌가 개설되었다. 이러한 미국에서의 흐름은 영국, 독일 등 유럽과 일본, 한국을 위시한 아시아 각국에도 대학에 여성학 강좌가 개설되기에 이르렀다.

2) 젠더 개념의 등장

1980년대 후반에 등장한 젠더(Gender)개념은 이념적인 목적과는 먼 중립적 용어로 사용되었다. 젠더는 일반적으로 생물학적인 성의 개념인 sex와 구별하여 사용되는 특정 사회나 문화에 따른 성적 차이로서 사회적, 문화적 성적 개념이다. 즉 젠더는 사회나 문화 차이에 의해 형성된 남성과 여성의 차이를 말한다. 여성과 남성은 상이한 경험을 통해 발전해 왔고 정치, 경제, 법률 영역에서도 다양한 경험의 차이가 있을 수밖에 없다고 보고 이를 분석하고자 하였다. 그동안 은폐되어 왔던 성차별의 역사를 밝히고 여성들의 다양한 경험을 분석하였다.

생물학적으로 고정되어 있지 않는 가족이나 성에 대한 이해는 인종, 젠더 등과 같은 개념과 결부되어 이해됨으로써 더 폭넓은 연구가능성을 열어놓게 되었다.

젠더 개념의 도입과 함께 다양한 연구의 진행 중 하나가 동성애에 대한 연구이다. 20세기 중반까지 동성애에 대한 연구는 그 정체성에 관한 것이었으나 최근에는 그 폭이 매우 다양해져 이성애를 포함한 성의 역사를 통한 분석이 이루어지고 있다. 19세기 후반 여성들간 동성애적 관계는 병적인 조건으로 간주하여 이전까지 자연스럽게 여기던 여성들 간의 친밀감에 대한 거부감이 노출되었다. 동성애자들에 대한 초기 연구에서는 성적 대상의 선택 문제보다는 동성간의 성의 역할인 젠더를 강조하여 근육질의 남성이나 여성스러운 여성 모두 정상인으로 간주하였다. 그러나 다양한 이성애의 기준을 규정지음으로써 동성애를 병리적 일탈로 보는 동성에 대한 불관용의 시대가 20세기 후반까지 지속되어졌다.

동성애에 대한 정책논쟁은 동성애를 정상적인 것으로 만들려는 노력들로 이전에 성의 일탈 형태로 간주되었던 것이 점차 다양한 형태의 가족에 주목하고 있다. 예컨대 이성애자들의 자녀출산을 통한 가족형성뿐 아니라 동성애자들 간의 결혼이나 자녀 입양을 통한 가족 유형도 인정해야 한다는 입장이 주장되고 있는 것이다.

2. 법여성학이란

법여성학(Feminist Jurisprudence)은 여성주의적 시각으로 법을 비판하고 여성의 문제를 법의 영역에서 분석하는 학문이다. 기존의 법학이 법의 형성에서 적용까지 남성의 가치관에서 만들어지고 남성의 영역을 중심으로 규율되고 적용되어 왔다는 것에 문제를 제기하고 이를 비판, 분석하려는 것이다. 가부장제하에서는 남녀 성역할의 차이를 당연한 전제조건으로 받아들이고 이에 기초하여 법논리를 전개하고 있는데, 법여성학은 이같이 기존의 당연시되던 법, 관습, 제도 등에 대해 의문을 던지고 현존하는 법에 대해 변화를 모색하는 학문이다. 그래서 법여성학은 법의 영역에서 여성의 사고를 배제하거나 낮게 평가하는 것을 반대하고 여성의 시각에서 법체계를 재구성하는 것을 목표로 한다. 이 법여성학은 법규범의 영역을 다루고 있다는 점에서 법학의 한 분야이며, 여성주의시각에서 남성중심의 기존체제에 대해 비판을 하는 여성학과 공통된 과제를 수행하는 학문으로, 여성주의를 다루는 여성학을 법학에 접목시킴으로써 현행 법체계의 문제점을 규명하고자 하는 것이다.

법여성학에서는 생물학적 성(sex)이 아닌 사회학적 성(gender)의 분석에 초점을 맞추어 여성과 남성의 평등성을 증진시키고자 한다. 평등한 사회건설을 위해 여성의 경험주의에 입각하여 여성 억압의 원인을 밝혀내기 위한 분석을 하며, 법률을 그 매개수단으로 사용한다는 점이 다른 법학분야와 다른 것이다.

3. 법여성학의 흐름

현대의 여성학에서 여성억압의 근원요인은 언어 그 자체라고 보며, 여성은 언제나 남성과의 관계 속에서 인정받는 존재로 이해되어 왔다. 여성학은 이러한 남성 중심적 사고의 핵심을 비판함과 동시에 남성 지배적 사회라는 것에 대해서도 비판하고 있다.

자유주의 페미니스트들(Susan Wendell)은 개별적인 행동들과 사회적 구조들은 많은 여성들이 완전한 해방을 획득하는 것을 방해한다는 점을 인정한다. 이들은 여성들에게의 기회제공은 동등한 수단을 통해서 이루어진다고 인식한다. 성의 평등은 여성들의 의지력만으로는 성취될 수 없고 깊숙이 뿌리박힌 사회적, 심리학적 구조의 근본적인 변화가 필요하다고 본다. 사회주의 페미니스트들(Alison, Jagger, Iris Young)은 전형화된 한 개의 개념적 통합 속에 마르크스적, 급진적, 정신분석학적 통찰력을 수용하고자 한다. 그리고 실존주의 페미니스트들은 여성을 단순히 복잡한 문화구조의 산물로 생각하는 것과 여성들을 주로 인간에게서 나타나는 긍정적인 것으로서 여성의 존재를 표현하는 것 중 어느 것이 더 해방적인가에 대해 논의한다. 이러한 경향의 보봐르(Simone de Beauvoir)는 여자를 제한하고 구속하는 법적·정치적·경제적·사회적 및 문화적 상황들을 인정하고 여성이 이러한 상황들로 하여금 자신을 제한·구속하도록 허용하는 방식들도 인정하면서 여성들에게 진정한 자아의식을 향한 자신의 진전을 방해하는 것을 떨쳐 버리라고 한다.

포스트모던 페미니즘은 1990년대 이래로 제기된 새로운 흐름이다. 이들은 여성성과 남성성이 고정된 하나의 성질을 가진다고 보는 것에 대해 비판한다. 그래서 여성성과 남성성을 구분하는 이분법적인 고정된 틀의 해체를 주장한다. 이들은 여성성과 남성성은 사회적, 문화적, 역사적으로 변화·발전하기 때문에 기존의 고정된 틀로서 여성과 남성의 현실을 설명하는 데에는 한계성이 있다고 보는 것이다.

페미니즘은 여성의 수동적 인식을 타파하고 여성의 주체성을 강조하고 있다. 이들은 남녀평등의 실현을 위해서는 남녀의 역할론을 극복하고 여성권리의 증진을 위해 사회에 뿌리깊이 정착되어 있는 장애요소의 제거를 주장한다. 예를 들면 가부장적 사회가 필연적인 것이 아니라 사회화과정에서 만들어진 것임을 인식하는 것이다

4. 법여성학의 이론적 기초

1) 여성주의의 기원

여성의 이익을 옹호하는 관념과 행동은 프랑스 혁명 이전에도 있었으나 일반적으로 여성해방을 옹호하는 사상과 실현운동인 페미니즘(Feminism)은 1789년 프랑스 혁명과정에서 등장했다고 보고 있다(Fraisse & Perrot, 1993). 1789년 8월 프랑스 국민의회가 「인간과 시민의 권리선언」을 하였을 때, 시민의 범위에 여성과 남성이 다 포함하는지에 대한 모호성을 포함하였다. 혁명과정에서 시민성은 소유를 중심으로 능동적 시민성과 수동적 시민성으로 구별되었다. 여성은 미성년자, 외국인과 함께 수동적 시민에 포함되어 주권적 시민성으로부터 배제되었다. 다만 당시 여성을 시민성을 인정하는 용어에 포함시키기도 하였다. 예컨대 1789년 헌법에서 결혼을 시민간의 계약으로 정의하고, 1792년 입법의회가 여성의 정치적 권리인 공민적 권리(civic right)를 부인하면서도 성인여성에게는 민법상의 권리인 시민적 권리(civic right)를 갖도록 허용한 것에서 찾아볼 수 있다.

그러나 여성들은 그러한 수동적이고 제한적 시민성이 아닌 남성과 같은 완전한 시민성을 요구하였다. 1790년 콩도르세(Marquis de Condorcet)는 「여성의 시민권을 위한 청원」에서 여성은 인간으로서 동일한 자질을 가지고 있으므로 남성과 동등한 권리를 가져야 한다고 주장하였다. 1791년 구즈(Olympe de Gouges)는 「여성과 여성 시민의 권

리선언」을 발표해 「인간과 시민의 권리선언」에서 남성에게 부여된 모든 권리와 자유를 여성에게도 부여할 것을 요구하였고, 여성이 남성의 성적 착취로부터 자신을 보호하기 위해서는 새로운 권리들을 필요로 한다는 것을 주장하였다.

여성을 권리로부터 배제하는 것에 대한 항변은 유럽의 다른 나라에서도 이루어졌다. 1792년 울스톤 크라프트(Maty Wollstonecraft)는 「여성권 옹호(Vindicration of the Rights of Woman)」에서 여성보호와 여성의 행복보장이라는 명분으로 여성을 자연적 권리로부터 배제하는 것은 프랑스 혁명가들이 공격했던 전제자들을 따르는 것이라고 주장하였다.

1789년 프랑스 혁명 이후 프랑스 전역에서 생긴 클럽에서는 대부분 여성을 배제하였으나 여성들은 혼성의 협회를 통해 정치에 참여하거나 여성들로만 구성된 클럽에 참여하면서 혁명에 역할을 하고자 하였다. 대부분의 클럽 참여 여성이 남성혁명을 보조하는 것이었으나, 일부 여성들은 당당히 혁명을 위해 투쟁할 권리를 요구하였다. 남성혁명가들은 여성들이 세운 클럽에 대해 의혹의 시각을 가지고 여성이 공적 영역에 참여함으로써 가내의무나 아내 혹은 어머니로서의 의무로부터 멀어져 가게 될 것을 우려하였다. 여성은 어머니로서의 역할을 환기시키면서 아내로서의 역할이 여성을 시민성으로부터 배제하는데 이용되었다면, 모성은 여성의 공민으로서의 권리가 있음을 정당화하고자 하였다.

그러나 이러한 주장들은 공포정치와 나폴레옹 집권시기를 거치면서 혁명기에 분출되었던 여성해방요구가 후퇴되었다. 1793년 자코뱅은 여성클럽들을 폐쇄하고 자연적인 성적 분업이 사회의 조화를 위한 필수적 전제라고 하는 루소의 관념에 근거하여 여성들의 정치활동을 금지하였다. 루소는 여성과 남성은 서로 다른 본성을 지녔고 이에 기원한 여성의 역할은 지적 작업이나 공적 권리행사가 아니라 아이의 양육이라고 주장하였다. 이로서 여성은 다시 가족 안으로 유폐되고 시민성은 남편과 아버지의 특권에 관계되었다.

1804년 나폴레옹은 새 민법을 제정하여 가족내 가부장적 권력을 다시 확립하였다. 즉 남편의 보호를 대가로 아내의 복종을 의무화하였다. 기혼여성은 남편의 동의 없는 재산 상속이나 증여를 하지 못했으나 남편은 가족 재산뿐 아니라 아내의 임금이나 여타 소득에 대한 통제권까지 갖는 등 결혼생활과 관련한 모든 결정권이 남편에게 주어지게 되었다. 이러한 사상의 전개로 프랑스 혁명에서 시작되었던 여성주의는 아득해져만 갔다.

2) 여성주의[1)]의 개념

법여성학은 여성해방운동이 그 이론적 기초를 제공하고 있다. 법여성학을 잘 이해하기 위해서는 그 이론적 기초를 제공한 여성학(Woman's Studies)[2)]의 학문적 성격을 이해하여야 하며 이를 위해 여성학을 둘러싼 여성주의운동(Feminist Movement)에 대한 이해가 선행되어야 한다. 여성주의운동은 학문적인 텍스트로서의 여성주의 인식론인 페미니즘, 이 지식을 교육하는 학문인 여성학, 그리고 실질적인 사회변화를 실천하는 행위로서의 여성운동이 결합되는 삼중의 실천행위로 정의된다(허혜경·박인숙, 현대사회와 여성의 이해, 2008: 17면). 여성주의운동은 이러한 삼중의 실천행위를 통하여 궁극적으로 성평등한 사회를 목표로 한다.

요컨대 법여성학은 법체계의 문제점 규명을 통하여 여성주의 운동이 목표로 하는 성평등한 사회를 이룩하고자 하는 학문이라 하겠다.

그러면 법여성학의 이론적 기초를 제공하는 페미니즘 운동은 무엇을 말하는가? 페미니즘은 여성을 의미하는 female에서 유래한 것으로 여성의 권리신장과 해방을 위한 '여권신장론', '여성해방운동'을 전제로 한 이론체계이다.

첫째, 여성주의운동은 한 성에 의해 다른 한 성이 일방적으로 억압,

---

1) feminism은 여성주의, 여성해방론, 여성해방주의, 여권주의, 여권론 등 다양하게 번역되어 왔는데 여기서는 여성주의로 사용한다.
2) 페미니즘의 대안으로 생물학적 성(sex)이 아닌 사회적 성(gender)을 나타내는 단어를 사용하여 성연구(gender studies)의 용어를 쓰기도 한다.

차별받고 불이익한 대우를 받아온 것에 대한 저항과 이로부터의 해방을 지향하는 운동이다. 또한 여성도 남성과 동등한 지위와 권리를 가지며, 모든 차별과 예속상태에서 벗어나 스스로 결정할 수 있는 자유와 독립된 인격체로서의 권리를 획득하려는 운동을 말한다.

둘째, 여성주의운동에서는 기존의 제도, 법, 역사가 여성주의시각을 배제한 것에 대해 비판하고 남성본위로 되어 있는 불평등을 시정하고자 한다. 여성은 남성과 등등한 인간으로서의 존엄성을 지닌 존재로서 인식되지 못하고 남성의 의존자나 부속물로 간주되어 왔다. 이에 남성이 여성을 일방적으로 억압해 오고 지배해 온 것에 대해 저항과 이로부터의 해방을 추구하고자 하였다. 그래서 페미니즘은 어느 한 성이 다른 한 성의 지배적, 피지배적 위치가 아닌 여성은 남성과 동등한 인간으로서 인식될 것을 주장한다. 또한 이는 여성이 한 인간으로서 남성으로부터의 억압에서 해방될 것을 주장하고 여성과 남성을 새로운 인간형으로 복원하고자 하는 차원의 운동이다.

셋째, 여성주의는 억압된 여성을 회복하고 왜곡된 남성을 바로 잡으며 전 인간의 해방을 위한 것으로 여성운동은 남성이라는 존재 자체를 붕괴하거나 해체하려는 것이 아니라, 남성에 의해 자행되는 억압적 측면과 폭력성, 그러한 목적을 용이하게 만들어 주는 가부장적 체계와 성별 노동분업, 기타 여러 가지 가부장적 이데올로기들을 해체함으로써 여성이 남성과 동등한 인간으로서 위치할 수 있는 적극적, 주체적 의식을 새로이 재구성해 내고자 한다(장미경 편저, 오늘의 페미니즘, 세계여성운동, 1996; 16면).

프랑스 철학자 보봐르가 "여자는 태어나는 것이 아니라 만들어지는 것이다"라고 말한 것처럼 여성주의는 여성의 삶을 생물학적 조건보다는 사회적, 심리적 조건에 더 연관되어 있는 것으로 보고 고정되어온 왜곡성에서 벗어나고자 하였다.

여성해방적 인식하에 여성주의운동역사는 17~18세기 계몽사상을 시작으로 자유주의 사상과 사회주의사상 그리고 심리학, 정신분석학 등의 문화적 측면의 도움을 받아 탄생하였다(장미경: 17면). 또한 여성주의 운동은 프랑스 시민혁명, 미국 독립운동, 19세기 후반 노예폐지운동, 1960년대 인권운동 등의 영향을 받아 일어났으나 1970년대 초에 이르러서야 본격적인 사회운동으로서 주장되었다.

일반적으로 페미니즘이론 중 가장 널리 받아들여진 이론으로 자유주의 페미니즘, 마르크스주의 페미니즘, 급진주의 페미니즘, 사회주의 페미니즘, 정신분석주의 페미니즘, 실존주의 페미니즘, 포스트모던 페미니즘, 에코 페미니즘 등을 들 수 있다. 여성실존철학자 재거(Jagger, 1991)는 페미니즘을 자유주의 페미니즘, 마르크스주의 페미니즘, 급진주의 페미니즘, 사회주의 페미니즘 등으로 분류하였고, 통(Tong)은 이에 더해 심리분석학적 페미니즘, 실존주의 페미니즘, 포스트모던 페미니즘 등으로 분류하였다.

이러한 다양한 이론과 실천의 페미니즘은 1960년대 이래로 이전의 페미니즘과는 다른 여성의 삶에 대한 새로운 지식을 창조해 내었다. 즉 여성으로서 공유된 억압 대신, 여성들 사이의 차이를 강조하여 여성의 다양한 경험, 여성이 다른 여성에 대해 갖는 권력, 여성과 남성이 공유하는 정치적, 경제적 이해에 주목한다. 이러한 여성들 간에도 이해의 차이가 존재한다는 여성들 사이에 존재하는 많은 분리(division)를 폭로한다. 이를 기존의 페미니즘과 구별하여 뉴웨이브 페미니즘이라고 부르고 있다(김정선 역, 페미니즘, 무엇이 문제인가, 문예출판사, 15면 이하). 그러나 이러한 시각은 기존의 페미니즘의 정치적 실천의 토대를 약화시키는 것이고, 여성과 여성들 사이의 분리를 해소할 수 있는 확실한 수단을 가지고 있지 못한다는 문제에 직면해 있다.

3) 여성주의의 유형

(1) 자유주의 페미니즘

자유주의 페미니즘(Liberal Feminism)은 자유주의 정치사상에 그 근원을 두고 있다. 자유주의는 인간은 모두가 동등하다는 평등사상이 주요 이념이었으나 자유주의가 등장했던 당시는 시민계급이었던 남성만의 평등을 의미했었다. 평등사상의 수혜자에서 제외되었던 당시 여성들은 이 자유주의에 힘입어 남성들만의 특권에 저항하면서 여성들도 남성과 같이 투표할 수 있는 참정권, 교육받을 수 있는 교육권, 남성과 같이 재산을 소유할 수 있는 재산권을 획득할 것을 주장하였다.

자유주의 페미니스트들은 개별적인 행동들과 사회적 구조들이 많은 여성들로 하여금 완전한 해방을 획득하는 것을 방해한다는 점을 인정한다. 이들은 여성들에게 공평한 고용기회의 창출과 같은 소규모의 목표도 소년소녀들에게 동등한 조기교육의 제공, 성의 편견 종식 등과 같은 수단을 요구함으로써 이루어진다고 인식한다.

이러한 자유주의 페미니즘은 교육권, 참정권 운동 등에서 여성의 지위를 개선하는데 결정적인 역할을 하였으나 그들의 초점은 사회구조 그 자체 개혁보다는 관습과 제도의 개선에 두고 있었기 때문에 불평등한 사회구조 자체는 그대로 둔 채 제도개혁을 주장하였다는데 이론의 한계가 있다. 또한 여성의 권익신장이 모든 여성이 아니라 사회에서 자리를 잡은 백인이나 중산층 여성에 해당되는 것으로 보는 한계를 지니고 있었다.

(2) 마르크스주의 페미니즘

마르크스주의 페미니즘(Maxist Feminism)은 노동계급여성이 사회운동에 진출하면서 이들을 대변하는 여성문제 인식에서 시작되었다. 이는 여성억압을 낳는 궁극적인 요인을 사적 소유제 혹은 자본주의 체제로 보고 있다. 그리고 자본제 생산양식사회에서 여성을 억압하는 핵심은 여성노동을 가사노동과 생산노동이라는 이중의 형태를 통해 수취하는데 있다고 본다. 여성의 가사노동은 가족이 사회노동력 활동을 할 수 있도록 하는 것이지만 화폐로 환산되지 않은 노동이 되고 여성을 생산영역으로 끌어들이면서 자본은 그만큼 노동력을 싸게 사는 이득을 보게 되는 것에 주목했다. 그래서 자본은 노동력의 수급을 원활하게 조장하고 임금, 취업기회 보장 등에서 남녀 노동자간에 차등을 두게 된다.

이같은 차등의 근거 중 하나가 여성의 본분은 직장이 아닌 가정이라고 보고 여성을 언제든지 필요에 따라 노동력으로 끌어들일 수 있는 저임금 산업예비군으로 활용할 수 있고, 이는 노동력의 가치를 실질적으로 낮춰 자본은 이득을 본다는 것이다. 이것은 여성이 남성에 대해 예속적, 종속적으로 살아가게 하는 근원이 되고 있다고 보았다.

마르크스 페미니즘은 사회전체를 총체적인 시각에서 보고 여성억압을 설명하는 틀을 마련하고 여성의 가사노동을 교환가치로 환산하게 하는 전기를 마련하였다. 그러나 생산노동자로서의 여성착취의 근원이 자본주의의 사적 소유와 계급제도에서 기인한다고 보아 계급타파를 주장하여 여성해방을 이룩해야 한다고 한 점, 여성억압을 바로 계급억압으로 환원한 점, 여성산업노동자의 문제에만 지나치게 집중하는 점, 남녀의 대립을 부르조아 이데올로기 문제로 손쉽게 처리해 버린 점 등은 그 한계점으로 지적된다.

(3) 실존주의 페미니즘

실존주의가 내세우는 인간의 존재는 한 인간이 자아로 살아가는가 아니면 타자로 살아가는가의 문제에 의미를 두고 있다. 실존주의 페미니즘(Existentialist Feminism)의 여성의 억압 문제는 타자로서의 여성의 삶에서 시작된다고 본다. 이는 여성이 타자로서 그리고 소외된 존재로서 살아온 실체와 근원에 대해 설명한다. 그리고 실존주의를 이용하여 여성들의 의식고양을 함양하려고 한다. 실존주의 페미니즘의 대표자 보봐르(Simone de Beauvoir)[3]는 여성의 문제는 타자로서의 여성으로 즉자적 존재, 소외된 존재, 그릇된 자아로서의 존재로 이러한 타자성,

3) 보봐르가 샤르트르의 자아와 타자와의 관계를 남성은 자아로, 여성은 타자로 규정한 것이 소위 "제2의 성"이다. 그녀는 저서 "제2의 성"에서 여성의 억압상황을 생물학적 측면, 정신분석학적 견해, 유물론적 견해로 설명하고 있다. 생물학적 측면에서 여성과 남성의 차이를 출산과 관련된 역할, 여성과 남성을 힘의 강약에 의해 여성을 타자로 남성을 자아로 보는 것에 대한 문제, 정신분석학적 견해로 프로이드가 여성의 열등감의 근원을 남근부재에서 찾은 것은 본질적인 것이 아니고 본질적으로 남성의 여성에 대한 지배의 욕망에서 여성억압의 근원이 되었다고 주장한다.

소외성은 여성의 육체, 임신과 육아 등 노동분화에서 기인한다고 본다. 그녀는 여성이 즉자적 타자로서 그릇된 자아를 갖게 되는 것은 타자가 되기를 요구하는 부권제사회 때문이라고 한다. 그래서 여자를 제한하고 구속하는 법적·정치적·경제적·사회적 및 문화적 상황들을 인정하고 여성이 이러한 상황들로 하여금 자신을 제한, 구속하도록 허용하는 방식들은 인정하면서 여성들에게 진정한 자아의식을 향한 자신의 진전을 방해하는 것은 떨쳐버릴 것을 주장하였다.

실존주의 페미니즘은 여성이 내면화해 온 타자성의 이데올로기를 몰아내고 부권제적 허위의 굴레를 파괴하기 위해서는 자신의 진실을 말하고 다른 페미니스트들과 끊임없는 상호작용을 통해 진실에의 확인을 받을 것을 요구한다. 새로운 증언과 집단적이고 의미심장한 타자를 창조할 것을 주장한다.

그러나 실존적 페미니즘은 여성종속이 부르주아 가정주부에 초점을 맞추고 있어 인종차별주의나 가난한 여성 등 성차별주의와는 다른 요인들에 대한 권고가 빠져 있다는 점이 한계점으로 지적된다.

(4) 급진주의 페미니즘

급진주의 페미니즘(Radical Feminism)은 여성이 총체적인 억압 체계에 놓여 있다고 보고 가부장제라는 용어를 일반화한다. 또한 가부장제 사회는 이성간의 사랑만을 정상으로 강요하는 이성애 중심적인 사회라는 점에 문제를 제기한다. 이성애주의는 남성 위주의 성애(sexuality)와 사랑을 강요함으로써 가장 내밀한 부분에서부터 여성을 통제하고 지배하는 남성 중심주의라고 한다. 그리고 이러한 억압된 여성의 삶의 해결책은 대체로 여성을 부정적인 시각으로 보는 사회가 가진 고정관념을 깨는 데 있다고 본다. 그래서 여성을 사회의 생물학적 가족으로부터 해방해야 한다거나(Firestone), 가부장제 이데올로기에 대한 투쟁을 주장하여(Millet), 양성성을 지향하는 것이 여성을 궁극적으로 해방시키는 것이라고 주장한다.

급진적 페미니즘은 이성애를 평등한 관계로 변화시키는 것에서 이성애 자체를 거부하는 것까지의 다양한 주장이 있다. 여성의 성이 여성의 손에 환원되지 않고는 여성은 남성과 온전히 동격에 설 수 없다고 하고, 여성이 다른 여성과 공감대를 이룰 때 변혁운동대열로 뭉칠 수 있다는 자매애(Sisterhood)를 강조하고 있다. 급진적 페미니즘이 가부장제를 일반화시킴으로써 남성중심적인 문화가 여성의 삶을 지배하는 것을 드러내어 여성억압체계에 대한 분석을 자극하는 역할을 하였다.

그러나 이는 처음부터 남녀대립을 설정하고 남성과 여성의 특질을 정해진 것으로 보는 것, 생물학적 특성에서 문제의 소재를 찾는 것, 남성과 여성을 하나의 집단으로 파악하는 것 등은 다양하고 복잡한 문제를 단순화하고 가부장제나 남성지배 체제라는 진술 이상의 이론적 구체화를 보여주지 못한다. 그리고 각 집단 내에서의 분리나 차이는 무시되고 특정 여성집단의 이해만을 옹호하는 것이라는 한계점이 지적된다.

(5) 포스트모던 페미니즘

포스트모던 페미니즘(Postmodern Feminism)은 '나'라는 주체를 세계의 중심으로 설정하고 타자를 대상화하는 이분법적 사고에 기초를 두는 근대성을 비판하고 이를 넘어설 것을 주장한 1990년대 이래로 제기되었던 새로운 흐름이다.

이들은 여성성과 남성성이 고정된 하나의 성질을 가진다고 하는 것에 대해 비판한다. 여성성은 수동적, 소극적, 감성적이며 남성성은 능동적, 적극적, 이성적이라는 이분법적인 고정된 틀의 해체를 주장한다. 이들은 여성성과 남성성은 사회적, 문화적, 역사적으로 변화·발전하기 때문에 이러한 고정된 틀로서 여성과 남성의 현실을 설명하기에 부족하다고 보고 있다.

또한 포스트모던 페미니즘은 여성들이 타자상태를 벗어날 것을 주장한 보봐르와 달리 여성성을 적극적으로 부각시킨다. 여성성은 지배적 사회질서에 의해 억압당해 왔고 이 질서에 침입하여 교란시킬 잠재력을 지닌 타자의 공간이 여성성이라고 하여 여성성을 긍정적 가치로 본다.

포스트모던 페미니즘은 이원론의 비판과 다원주의적 사고로 여성의 문제를 다양하게 인식하고 여성들 내부의 차이에 주목하는 등 여성문제에 대한 인식의 지평을 넓혔다는 점에는 긍정적인 평가를 받는다. 그러나 여성들이 겪는 다양하고 복잡한 문제들 간의 해명이나 총체적인 분석, 극복의 시도를 거부하는 것이나 이들의 다양한 국면을 경제적, 정치적 관계들보다는 담론차원에 집중하고 여성들의 실제 삶과는 유리된 관념론적 사고라는 비판을 받는다.

(6) 에코 페미니즘

에코 페미니즘(Eco Feminism)[4)]은 생태학과 여성주의의 이론을 결합한 것으로 여성해방과 동시에 자연해방을 추구하고 있다. 이 이론은 자연과 인간관계를 맺는 방식과 여성과 남성의 관계를 맺는 방식이 유사하다는 점을 전제로 하고 있다. 그래서 여성과 자연의 본래 속성이 동일하고 남성과 문화와의 속성이 동일하다는 점과 여성의 가정과 사회 내에서 수동적, 억압적 대상으로서의 위치와 자연의 인간에 대한 수동적, 억압적 대상으로서의 위치가 같다고 본다.

에코 페미니즘은 여성과 자연의 파괴를 야기하는 원인이 가부장제적 구조와 밀접한 관련이 있다고 보고 있다. 이 이론은 대안적인 세계와도 연결되어 있는데 그 이념적 원리는 여성성이라고 본다. 여성성은 대안세계에서의 분권화, 비위계성, 직접민주주의 구조, 지역 의존적 경제, 가부장제로부터의 해방 등으로 확대되어질 수 있다(허혜경・박인숙: 75면).

이 이론에 대해서는 이 이론이 자연 및 사회문제에 대한 여성들의 해결방식이 친자연적이고 평화지향적인 것을 추구한다는 것과 연결되어 있다는 점에서 그 중요성은 인정하지만 여성주의 이론 내에서 여전히 주변화된 이론이라는 지적이 있다.

---

4) 이 용어는 D'borne가 1974년에 출간한 "페미니즘이냐 죽음이냐"라는 책에서 최초로 사용하였다. 여기서 도본은 인류가 지구상에서 생존의 길을 찾는데 여성의 잠재력이 아주 큼을 주장하였다.

5. 법여성학의 과제

페미니즘은 여성의 수동적 인식을 타파하고 여성의 주체성을 강조하고 있다. 이들은 남녀평등의 실현을 위해서는 남녀의 역할론을 극복하고 여성권리의 증진을 위해 사회에 뿌리깊이 정착되어 있는 장애요소의 제거를 주장한다. 예를 들면 가부장적 사회가 필연적인 것이 아니라 사회화과정에서 만들어진 것임을 인식하는 것이다. 이상의 페미니즘이론은 모두가 서구를 중심으로 발달되었으나, 여성의 공적지위를 향상시키는 노력이나 남성중심주의, 가부장제적인 사회구조의 변화 방안 등의 모색은 오로지 서양에 국한되는 것만은 아니다. 따라서 이러한 서구의 페미니즘이 문제시하였던 것 중에서도 현대 성평등을 추구하는 여성운동에 유용한 이론들을 여성 관련 법학에서 수용·접목·확대시킬 필요가 있다 하겠다.

제 4 절 여성운동의 역사

1. 각국의 여성운동

1) 미국

19세기 초반 미국 여성들의 가장 큰 변화는 여성들의 경제참여이다. 1830년부터 1860년 사이에 뉴잉글랜드지방 섬유산업 발달은 백인 미혼여성들의 경제적 참여에서 비롯되었다. 여성노동자들은 그동안 주로 해왔던 가사노동이 아닌 노동시장에서의 생산활동에 참여하여 경제적 독립성을 가지고 사회생활에 참여하게 되었다. 이 과정에서 노동환경과 노동조건의 열악성을 깨닫고 집단적 노동운동을 전개하였다. 대표적인 것으로 1840년대 중반 로웰 여성노동개혁협회(Lowell Female Labor Reform Association)를 들 수 있다. 이는 여성 노동자들이 주도하여 설립한 최초의 노동조합으로 여기서 진행한 노동운동은 당시 여성들의 의식성장에 기여하였다. 이 운동에 참여했던 지도층 여성들은 여성참정권 운동을 이끌었고, 대표로 수전 앤터니(Susan Anthiny)와 엘리자베스 스탠턴(Elizabeth Stanton)을 들 수 있다. 수전 앤터니와 엘리자베스 스탠턴은 각 주의 여성들의 기고문을 받아 여성운동의 참정권 역사를 체계적으로 정리한 『여성 참정권의 역사(*History of Woman Suffrage*)』를 출판하였다. 비록 이 저서가 남성 중심의 시각을 우선하고 여성들의 주체적 역할이 결여되었다는 비판을 받고 있지만 이 저서는 여성의 역사를 최초로 시도하였다는데 그 의의를 둘 수 있다.

인간의 천부적 인권을 강조하는 자유주의 원리의 실현은 여성 참정권운동에서 나타났다.

미국에서의 여성운동의 시발은 1848년 뉴욕 세네카 폴스에서 개최된 제1회 여성의 권리대회로부터 시작된다. 이 대회에서 엘리자베스 캐니, 스탠턴 여사, 러크레시아 모트 여사 등은 모트의 남편 제임스 모트를 의장으로 추천하고 "Declaration of Sentiments"선언을 발표하였다. 이 선언문에서 여성에게 요구되는 도덕이나 품행은 남자에게도 요구되며, 위반이나 파괴에 대해 남성도 여성과 동등하게 엄격한 벌을 받아야 하고 투표에 관한 신성한 권리를 획득하는 것이 여자의 의무임을 주장함으로써 천부적인 남녀동등권과 여성에 대한 차별을 철폐할 것을 선언하였다. 이어 1850년 오하이오주와 매사추세츠주에서도 여성의 권리대회가 열렸는데, 매사추세츠주 우스터에서 열린 여성대회에서 여성은 선거권과 피선거권을 획득할 것을 결의하였다.

1868년에는 흑인노예해방이 이루어지고 미국 수정헌법 제14조에 의해 흑인에게는 선거권이 인정되었으나 여성에게는 여전히 선거권이 부여되지 않았다. 이에 따라 여성운동은 부인참정권 획득운동으로 전개되었고, 1869년 와이오밍주에서 남녀 모두에게 동등한 선거권이 인정되었으며, 1918년까지 16개주가 여성에게 참정권을 인정하였다. 이러한 주의 변화로 1919년 연방차원에서 수정헌법 제19조가 채택되어 1920년에는 21세 이상 미국여성들도 남성과 동등한 헌법적 근거를 가지고 선거권을 행사하는 보통선거가 가능하게 되었다.

대체로 이같이 미국에서는 19세기 중엽부터 1920년까지는 참정권 획득의 시기였다. 여성운동은 여성도 남성과 동등한 대우를 받는 것에 주력한 여성운동의 전개였다. 정치적 영역에서 동등한 참여를 위한 남성과 같이 여성참정권의 동등한 획득을 위한 운동과 가정과 가사노동에 있어서 여성이 남성과 동일하게 참여할 것을 목표로 하는 운동을 전개하였다.

1930년대 미국에 불어온 경제공황의 여파로 1930년부터 1950년대 말까지 약 30여년은 미국에서의 여성운동이 후퇴하게 된다. 참정권을 획득한 이후 여성운동은 더 이상 진전되지 못하고 많은 여성이 경제 참여와 가정으로의 복귀가 이루어졌다. 사회 전반적으로 기혼여성이 일하는 것은 남성의 일자리를 빼앗는 것이라는 인식이 지배적인 태도였고, 기혼여성의 취업을 금지하거나 제한하는 입법을 추진하였다. 인원감축이 필요할 때 배우자인 '기혼자'를 먼저 해고한다는 법규정을 만들어 기혼여성을 우선적 해고대상으로 삼았고, 여성노동자에 대한 적대감이 지배하였다.

2차 세계대전이 발발한 1940년대에 들어 여성들은 방위산업체나 중공업 분야에 투입되어 기혼여성들의 활발한 경제활동을 하게 된다. 전체노동자의 30%에 달하는 총 600만명의 여성들이 노동시장에서 유급노동력으로 편입되었고, 1950년대 후반 여성에 대한 노동은 당연한 것으로 인식되었다.

1960년대에 들어서 미국의 여성해방운동이 활발하게 진행되기 시작하였다. 1963년 베티 프리단(Betty Friedan)은 『여성의 신비(*The Feminine Mystique*)』(New York:Dell, 1963)[5]를 출간하여 당시 사회

5) 프리단이 기혼여성이 자신의 능력을 가정밖에서 발휘하는 것에 죄책감을 갖는 당

적 분위기가 여성스러움을 여성 최대의 미덕으로 여기고 여성은 어린 시절부터 자신들의 삶을 남편과 아이에게 바치는 것이라는 이데올로기로 여성의 정체성이 무시되는 것에 대해 이의를 제기하여 1960년 미국 여성운동의 시발점이 되었다. '여성의 신비'는 여성들의 삶의 현실과 여성들이 추구하는 이상 사이의 불일치를 의미한다. 그는 『여성의 신비』에서 미국 가정을 '편안한 강제 수용소'로 묘사하면서 책 서문에서 "여성은 사회의 영향을 받기도 하지만 이와 반대로 사회를 변화시킬 수 있다고 굳게 믿기 때문에 이 책의 의미가 있다"고 기술하였다.

미국은 1960년대 시작된 여성해방운동으로 여성의식의 획기적인 변화를 경험하게 된다. 여성운동가들은 여성운동을 전개하는 과정에서 그 의미와 가치, 목표 등을 이해시키기 위한 이념정리의 필요에서 여성학이 등장하게 되었다. 여성의 문제를 여성이 해결해야 한다는 필요성을 인식하게 된 데서 비롯된 것이다.

1964년 미국의회는 「민권법」(The Civil Right Act)에 인종 및 성을 이유로 한 고용에 있어서의 차별을 금지하는 조항을 규정하였다. 당시 Warren 대법원은 많은 인권을 옹호하는 판결을 함으로써 흑인, 여성 등 차별받은 집단들에 대한 인권이 신장되는 성과를 낳았다.

1970년대에 여성의 정치적 진출이 활발해지고 1972년에 미국의회는 상·하 양원의 찬성으로 헌법 수정안 제27조에 남녀동등권(Equal Rights Amendment: ERA)[6]을 통과시켰으나 주의 인준을 통과하지 못하여 폐기하기도 하였다. 이는 당시 필리스 쉴라프라이(Phyllis Schlafly)가 "What's Wrong With Equal Rights for Women?"의 팜플렛에서 미국 수정헌법 평등조항이 차별대우를 금지하고 있는데 ERA가

시 사회적 분위기에 의문을 가지고 1957년 자신이 졸업한 미 명문여대인 스미스 대학 동창 200명을 인터뷰한 결과를 토대로 저술한 서적으로, 1960년대 미국여성운동의 활력소가 되었다.

6) 헌법수정안 제27조 남녀동등권수정안은 다음과 같은 항으로 구성되어 있었다.
① 합중국이나 주는 성을 근거로 법 앞의 평등권리를 침해하지 못한다.
② 의회는 적절한 입법을 통해 이 조항을 집행할 권한을 갖는다.
③ 이 조항은 주의 인준이 있은 후 2년이 지나서 효력을 발휘한다.

제정되면 남녀를 모두 동등하게 다루어 오히려 여성을 보호하는 모든 제도가 사라지게 될 것을 주장하였고 이에 대해 전통적 여성 지지자들이 공감대를 형성하여 ERA는 후퇴하게 된 것이다.

1980년대 후반에 새로운 패러다임인 '젠더(Gender)'개념이 등장하였다. 1960년대 여성의 역사에 관한 연구가 정치와 밀접하게 연결되어 여성운동에 이념을 제공하였다고 한다면 1980년대 후반에 젠더개념의 도입으로 여성의 역사는 정치와 결별하게 되었다.

2) 영국

영국에서의 여성운동은 산업혁명과 더불어 시작되었다. 18세기 중엽 산업혁명이 일어나 영국에서 여성노동자들은 공장에 대거 진출하여 임금노동자대열에 참여하게 되었다. 여성노동운동 초기에 여성노동자들은 방직공업을 중심으로 임금인상, 실업방지운동을 내세우며 노동운동에 참가하였다.

19세기에는 영국에서 자본주의가 안정기에 접어들고 국가는 해외시장으로 눈을 돌리기 시작하였고 식민지제국을 건설하는데 성공하게 된다. 이와 더불어 여성의 해외진출이 촉진되었고 여자도 조합을 조직하고 그들의 권익옹호운동을 시작하였다.

노동영역뿐 아니라 정치적 영역에서도 여성운동은 활발하여 남성과 동등하게 선거에 참가할 수 있는 권리인 참정권 획득운동이 활발하게 전개되었다. 여성운동이 활발해지자 정부도 보호입법의 필요성을 느끼게 되었으나 여성운동이 법적 보장을 받기까지는 많은 시간이 흐른 뒤에야 가능했다.

1912년에 영국정부가 제출한 선거법개정안에는 부인참정권을 인정하는 내용은 포함되지 않았다. 이에 1913년 런던에서는 부인참정권을 요구하는 시위운동이 전개되었다. 1914년 제1차 세계대전의 발발로 국가를 위해 전쟁동원이나 국가에의 협력이 우선시되고 이와 더불어 여성참정권운동은 침체되고 여성운동은 크게 제약을 받게 되었다.

그 후 1918년 12월 영국의회는 상원과 하원에서 '30세 이상인 자'에 한하여 여성참정권이 인정한다는 부인참정권안을 가결시켰다. 그리고 1927년에는 21세 이상 남녀 모두에게 평등하게 선거권을 부여하여 최초로 보통선거를 실현하게 되었다. 그 후에도 여성운동은 지속되고 그 성과는 하나하나의 법률에 규정되어 결실을 맺게 되었다.

1919년 「성차별철폐법」이 시행되어 여성의 특수직업과 공직 진출에 대한 차별금지를 규정하고, 여기서는 주로 성과 기혼자에 대한 차별을 금지하고자 하였다.

1970년 「평등임금법(Equal Pay Act)」이 제정되어 남녀가 동일노동을 한 경우에는 동일임금을 지급할 것을 규정하였다.[7] 1975년에는 「성차별금지법(Sex Discrinination Act)」이 영국하원에서 가결되어 단지 여성 또는 남성을 이유로 하는 차별을 위법행위로 보았고, 이는 채용·주거의 임대·매매·직업·금전의 대부 등 모든 활동에 적용되기도 하였다. 의도적인 성차별은 물론 무의식적으로 행한 성차별의 결과를 가져오는 행위도 위법행위로 처벌하게 되었다.

1975년 「고용보험법(Employment Protection Act)」에 출산휴가기간과 임금지급 등에 대해 명시하였고, 1976년에는 「인종관련법(Race Reflation Act)」이 시행되어 인종, 국적, 출신국가 등을 이유로 하는 차별을 금지하였다.

그 후 2003년에는 성정체성과 종교차별을 금지하는 「고용평등법(Employment Equality Act)」이 제정되었고, 2004년에는 성전환자들의 차별금지를 규정한 「젠더승인법(Gender Recognition Act)」이 제정되었다. 또한 2006년에는 「평등법(Equality Act)」이 제정되어 차별금지를 더욱 강화하고자 하였다. 특히 기존의 인종평등위원회(Commission for

---

7) 이 법이 제정으로 여성의 평균 시간당 임금이 향상되어 1970년 63%에서 1997년에는 75%로 증가하고 1998년에는 남성 임금의 98%에 이르렀다고 한다. 그러나 여전히 여성은 저임금 직종에 종사하고 있어 성별 임금 격차는 쉽게 줄어들지 않음이 지적되고 있다(백진아, 현상과 인식, Vol. 27, No. 1·2, 한국인문사회과학회, 2003, 87면).

Racial Equality), 장애인인권위원회(Disability Rights Commission), 균등기회위원회(Equal Opportunities Commission)의 3개 위원회를 통합하여 '평등인권위원회(Commission for Equality and Human Rights)'가 출범하여 그 법적 권한이 확대되고 강화되었다. 영국에서는 이 '평등인권위원회'의 출범으로 향후 영국에서의 차별금지와 인권보호에 큰 역할과 성과를 가져다줄 것으로 기대하고 있다(백진아, 74면 참조).

3) 일본

일본에서는 1868년 명치시대 이후 근대적 공장생산으로 생산방식이 바뀌었고 공장에 고용되어 근로하는 여성의 숫자가 급증하였다. 그러나 공장 여성노동자들의 근로조건은 열악하고 임금은 최저수준에 달하자 여공들은 파업을 일으켜 노동시간단축을 요구했다. 그리고 명치 19년(1886)에는 그동안 인정되어 오던 공장제 폐지를 결의하였다.

제1차 세계대전 중에는 보통선거와 부인참정권 등을 요구하고, 1924년에는 여성의 정치활동단체가 '부인참정권 획득동맹'을 결성하였다. 1942년에는 애국부인회, 대일본연합부인회, 대일본국방부인회가 대일본부인회로 통합되고 이를 중심으로 부인참정권운동을 일으켰다.

1945년 12월 17일 중의원선거법개정으로 20세 이상의 남녀의 선거권, 25세 이상 남녀의 피선거권을 규정하고, 여성입후보자 83인 중 39인이 당선되어 이들은 헌법제정, 민법개정, 노동법 등의 정비와 구체제 개혁에 참여하였다. 1945년 패전 후 여성에 의해 최초로 노동조합이 결성되어 활동하였다. 그럼에도 불구하고 1950년대에 남녀의 임금격차는 최대로 벌어졌다.

1970년대에 들어와서는 자본주의하에서의 고도성장으로 공해문제, 주택난, 교육문화의 파괴, 의료·양육·사회보장의 결여 등의 새롭고 다양한 형태의 문제들이 급속히 확대되었다.

1980년 일본의 노동, 사회정책은 UN이나 EU가 추구하는 방향과는 다른 '남성가장부양자 모델'을 강화하는 방향으로 전개되어 여성의 역할에 부정적인 모습을 보여주었다.

그러나 1990년대에 들어서면서 1992년에 「육아휴업법」, 1993년에 「파트타임노동법」 등이 시행되었다. 1995년 북경세계여성대회의 「행동강령」의 영향으로 젠더평등정책이 전개되었고, 1997년에는 「남녀고용기회균등법」 등이 제정되어 남녀가 생활의 질을 유지하면서 직장과 가정을 양립하고 노동자의 평등대우를 추진하고자 하였다.

4) 한국

한국은 신분제 사회인 고대이후에서 조선시대를 거치는 동안 뿌리깊은 유교의 봉건주의 의식으로 가부장제 이데올로기에 당연히 순응하여야 하는 의식으로 휩싸여, 이를 오히려 예로 숭상하도록 하였다.

근대화과정을 거치는 동안 봉건적 가부장제에 의한 차별과 산업화, 자본주의 경제구조의 모순에 대해 문제를 인식하고 이의 타파를 위한 운동이 시작되었다. 개화기의 여성운동은 애국계몽, 여성구국 등의 민족운동 형태로 전개되었다. 개화파 중심의 부유한 양반층 여성이나 근대식 교육을 받은 신여성들은 여성 교육권, 봉건주의 타파, 축첩이나 조혼 등 사회적 폐습의 타파 등과 국채보상운동과 같은 여성구국운동을 일으켰다. 1899년의 여우회의 일부다처제 폐지, 축첩반대운동을 시작으로 대한부인회, 대한여자홍학회, 진명부인회 등의 조직된 여성단체를 중심으로 여성운동이 벌어졌다.

일제강점기에는 시대적 상황으로 여성운동이 민족해방운동, 계급해방운동으로 진행되었다. 개화기 이후 신교육을 받은 지식층 여성, 전문직업을 가진 신여성들에 의해 여성운동이 일어났다. 대표적인 신여성운동단체로 1927년 조직된 근우회활동을 들 수 있다. 김활란, 유각경, 유영준, 홍애시덕 등을 중심으로 하는 근우회는 당시 여러 여성운동계를 통합한 조직으로 1928년에는 전국에 40개 지회, 1930년에는 70개 지회, 북간도, 도쿄 등 외국지회를 설립하여 여성항일구국운동 및 사회적, 계급적 타파운동을 벌였다. 그들은 당시 ① 여성에 대한 사회적, 법률적 차별철폐,

② 일체 봉건적 인습과 미신의 타파, ③ 교육의 성별 차별철폐 및 여자 보통교육 확장, ④ 조혼폐지 및 결혼의 자유, ⑤ 인신매매 및 공창폐지, ⑥ 농촌부인의 경제적 이익옹호, ⑦ 부인노동의 임금차별철폐 및 산전산후 임금지불, ⑧ 부인 및 소년공의 위험노동 및 야업폐지, ⑨ 언론, 집회, 결사의 자유의 행동강령을 주장하였다. 그러나 이러한 주장이 당시 사회로서는 너무 급진적인 것으로 비판을 받기도 하였다.

해방이후 여성운동은 여성의 현안문제를 해결하기 위한 방향으로 전개되었다. 1945년 좌우익을 통합한 건국부녀동맹이 결성되어 계급해방, 민족해방, 성해방을 내걸고 자주독립국가건설과 여성해방을 주장하였다. 1950년대 이후 여성운동은 민간주도형과 관변단체중심형으로 양분되어 진행되었다. 민간주도형 여성운동은 여성문제를 여성의 인간화 내지 여권신장의 시각으로 본 반면, 관변단체중심형 여성운동은 여성문제를 모권보호와 가정생활에서의 지위향상에 중점을 두었다(허혜경 외: 377면)고 보여진다.

해방이후 1948년에 헌법이 제정되고 헌법상 남녀평등규정에 기초하여 1953년 제정된 형법에 간통죄를 남녀 모두 적용되는 것으로 규정하고, 1953년 근로기준법의 제정으로 남녀차별금지를 규정하였다. 1958년 민법의 제정으로 아내의 무능력자제도가 폐지되고, 여자의 분가, 부부별산제, 결혼 안한 딸의 상속분을 호주상속자가 아닌 아들과 균등배분하는 것을 규정하였다.

1970년대에는 서구 여성해방운동의 영향을 받아 여성운동이 활성화되어 본격적으로 여성문제가 제기되었다. 대표적인 여성운동은 크리스찬 아카데미, 가정법률상담소를 중심으로 한 가족법개정, 미인대회 폐지, 기생관광 반대 등 여성권익보호를 위한 활동이 있었고, YWCA의 결혼각서제 폐지운동, 여성유권자연맹의 여성근로자 교육활동이 있었다. 1977년에 가족법을 개정하여 재산과 친권에 대한 여성의 권리를 보장하고자 하였다.

1980년대에 여성운동은 진보적 여성운동으로 전개되어 군위안부 문제, 여성문화운동, 여성노동자 문제 등 다양한 여성운동이 펼쳐졌다.

1980년대 후반부터 1990년대에는 국내외적으로 성폭력, 성문화 등 여성고유의 문제들에 관심이 모아지고, 사회적 기회의 불평등이나 가부장적 성차별을 문제로 삼았다. 경제성장과정에서 여성노동자의 고용증가로 여성노동운동은 불평등한 사회구조의 개선에 참여하게 되고, 여성의 고용상 평등한 기회 및 대우와 모성보호를 위해 1987년에 「남녀고용평등법」이 제정되었다. 또한 모자가정의 생활안정과 복지증진을 위해 「모자복지법」이 제정되었다.

1990년대 말부터 2000년대 초에 여성운동은 남녀평등실현을 중심으로 가부장제의 뿌리깊은 호주제도의 폐지와 성차별시정을 주장하였다. 차별을 시정하고 여성의 권익을 향상시키기 위해 가족, 노동, 복지, 교육 등 다양한 분야에서 관련법이 제정되었고, 이러한 여성문제를 총괄하는 법으로 1995년 「여성발전기본법」이 제정되었다. 1990년대 가족법의 대폭적인 개정이 있었고, 1990년 「영유아보육법」의 제정으로 일하는 여성에 대한 보육을 사회적 문제로 상정시켰다. 그리고 2001년 노동관련법상 여성노동에 관한 규정이 개정되었다. 1998년 「국민연금법」의 개정으로 이혼한 배우자(혼인기간 5년 이상)의 분할연금수급권이 인정되고, 1999년 「장애인복지법」을 개정하여 여성장애인의 권익보호를 촉진하고자 하였다. 여성을 성상품화하는 것에 반대하고 1993년 「성폭력특별법」, 1995년 「윤락행위방지법」, 성희롱의 방지를 각 개별법에서 규정함으로써 여성차별과 성범죄에 대한 강력한 법적 대응을 하고자 하였다. 이러한 노력들은 2015년 「양성평등기본법」(「여성발전기본법」의 전면개정)이 만들어져 양성평등을 추구하고 있다.

현재 여성운동은 정치권에서 여성정책이 주류화되는 성주류화를 지향하여 모든 정치적·경제적·사회적·문화적 영역에서의 정책과 프로그램을 양성평등실현의 관점에서 이루어지도록 여성의 경험과 관심을 통합하도록 하고 있다.

2. 여성권리의 실현 활동

1) 여성협약 등의 발전

인류는 제2차 세계대전이후 전쟁의 참혹함과 인권유린을 경험한 후 평화를 추구하고 인간의 존엄을 강조하게 되었다. 이를 위한 국제적인 제도적 장치가 UN의 탄생이며 UN헌장, 세계인권선언, 각종 협약과 선언 등이 이루어졌다.

UN헌장에서 선언한 여성의 권리보장을 위한 평등추구는 지금까지 진행되어 오고 있다. 1948년 12월 10일 UN의 세계인권선언(The Universal Declaration of Human Rights)에서는 모든 사람은 태어날 때부터 자유롭고 존엄성과 권리에 있어서 평등과 성별에 의한 어떠한 차별 없이 본 선언에 선포된 모든 자유와 권리를 향유할 권리를 가진다는 것을 선포하였다.

그동안 UN이 기울인 여성의 지위와 권리를 증진시키기 위한 국제법상의 활동은 각국이 다른 관습과 특수성을 지니고 있지만 이를 국제적인 기준에서 평등이라는 하나의 기준을 제시함으로써 지역적·국내적인 불평등과 편파적 시각을 시정하는 데 선도적 역할을 해왔다.

여성관련 국제협약은 처음에는 야간작업이나 광산노동 등의 중노동은 여성에게 금지한다는 여성보호적인 협약이 많았다. 그러나 차차 각국마다 조금씩 다르지만 여성의 법적 지위향상을 위해서 시정되어야 하는 전통적 신분과 관습 등에 관한 협약으로 이어졌다. 그리고 1979년에는 여성차별철폐협약을 중심으로 차별의 철폐를 통한 여성과 남성의 평등성으로 전개되었다.

2) UN의 여성차별철폐협약

1967년 11월 7일 UN이 채택한 여성차별철폐선언(Declaration of the Elimination of Discrimination against Women)은 법적 구속력이 없어

실효성이 크지는 못하는 문제가 있었다. 그래서 1979년 여성차별철폐협약(Convention on the Elimination of All Forms of Discrimination against Women)을 채택하였다. 오랫동안 논의되어 왔던 양성평등에 관한 기본입장을 재정리하고자한 것이다. 이 협약은 1979년 12월 18일에 UN총회에서 채택되고 1981년 9월 3일에 발효되었으며, 우리나라는 1984년 12월 27일에 이 협약에 비준하였다. 다만 가입 당시에는 국적에 대한 평등조항과 혼인과 가족생활에서의 남녀평등조항 등을 유보조항으로 남겨 놓았었다.

이 협약에서는 여성에 대한 모든 차별을 금지하는 입법 및 조치를 취할 것과 정치적 및 공적 활동, 국제적 활동, 국적, 교육, 고용, 보건, 경제적・사회적 활동, 농촌여성, 민사관계, 혼인과 가족관계 등을 포함하는 모든 영역과 부문에서의 양성평등을 실현하기 위해 국가가 하여야 할 조치를 규정하고, 양성평등이 여성의 권리와 국가의 의무임을 강조하였다. 이 협약은 이전의 여성차별철폐선언과 달리 가입국의 의무조항이 규정되어 있고, 법적 구속력이 부여되어 본격적인 여성차별철폐입법 등이 이루어지는 계기가 되었고(최윤희, 오늘의 법여성학, 2007: 43면), 국제법적으로 가장 영향력 있는 조치가 된 것이다.

1999년 10월 6일에는 이 협약의 실효성을 강화하기 위해 UN총회에서 여성차별철폐협약의 선택의정서가 채택되었다. 이에 따라 협약에 보장된 권리를 침해받은 개인이나 집단이 모든 이용 가능한 국내의 구제절차를 통해서 권리구제를 받지 못한 경우에는 유엔 여성차별철폐위원회에 진정하여 구제를 받을 수 있게 되었다.

우리나라에서는 2006년 10월 18일 여성차별철폐협약 선택의정서에 가입하고, 2007년 1월 18일에 발효되었다. 동 선택의정서에 의하면 협약당사국은 협약이 보장하는 권리를 침해하거나 협약상의 의무를 위반한 경우에는 당사국의 국민 혹은 당사국 관할권 내에 있는 외국인이 직접 UN 여성차별철폐위원회에 진정을 제기할 수 있도록 하는 개인통보제도를 규정하고 있다. 그 밖에 심각하고도 조직적인 인권침해가 발생할 경우 위원회는 당사국의 동의하에 직권으로 직접 조사할 수 있는 조사절차를 규정하고 있다.

3) UN의 여성폭력철폐선언

1993년 12월 12일에 유엔총회에서는 '여성폭력철폐선언'(Declaration of the Elimination of Violence against Women)을 채택하였다. 이 선언에서는 여성에 대한 폭력이 남녀 간의 불평등한 힘의 관계를 단적으로 나타내고 여성의 종속적 지위를 고착시키며 여성의 인권과 기본적 자유를 침해하는 것으로 여성차별철폐협약에서 말하는 여성차별에 해당됨을 선언하였다.

이 선언에서는 여성에 대한 폭력은 "공사 모든 영역에서 여성에게 신체적·성적 혹은 심리적 손상이나 괴로움을 주거나, 줄 수 있는 성별에 기반한 폭력행위 그리고 그러한 행위를 하려는 협박, 강제, 임의적인 자유 박탈"로 보고 여성폭력의 범주를 가족 내 폭력, 일반사회에서의 폭력 그리고 국가에 의한 폭력으로 구분하는 등 국제적 차원에서 여성에 대한 폭력의 정의와 그 유형에 대해 최초로 규정하였다. 그리고 국가가 폭력을 당한 여성의 권리침해를 조사하여 공정하고 효과적인 구제를 도모하며 가해자를 처벌하고 피해자를 보호하기 위한 다양한 법제도를 발전시킬 것과 국가에게 여성폭력의 방지를 위해 법을 집행할 책임이 있는 공직자에 대해 여성의 입장을 이해하기 위한 훈련을 받을 조치 등의 책무를 부과하고 있다.

4) ILO의 활동

국제노동기구(ILO: International Labour Organization)는 1919년에 창설되어 여성과 소년의 건강과 안전을 보호하는 협약과 권고들을 채택하였다. 1951년 남녀 동일가치노동 동일보수에 관한 협약과 권고를 채택하였고 여성의 노동보호와 남녀고용평등의 실현을 위한 활동을 해왔다. ILO는 성별에 따른 역할분담이나 기능특성은 남녀고용차별의 근원이 된다는 것과 모성보호는 남녀 간의 본질적 차이이며 생물학적 차이인 여성의 임신·출산·수유와 같은 모성기능에 대한 보호로 실질적 남녀평등의 구현을 위해 필수불가결한 것으로 보았다. 또한 가족의 책임은 여성만의 것이 아니라 남녀가 공동으로 부담하여야 하고 남녀고용평등실현을 위해서는 모든 근로자가 가정과 직장의 양립을 조화롭게 도모할 조치가 필요하다고 보았다.

1990년대에 들어와서 ILO는 여성이 다수를 차지하는 비정규직 근로자의 노동권, 특히 여성시간제 근로자, 가내노동자, 파견직 근로자에 대한 성차별금지와 모성보호, 그리고 외국인 근로자와 그 가족의 권리의 보호를 규정한 협약을 채택하여 양성평등의 실현을 전개하였다. 그리고 2000년대에 들어 모성보호협약을 개정하여 모성보호를 더욱 강화하고자 하였다.

5) UN 및 세계여성기구

(1) UN여성10년 선언

1967년 여성차별철폐가 선언되고 1975년에 멕시코의 멕시코시티에서 열린 세계여성대회에서는 평등과 발전 및 평화에의 여성의 공헌을 선언한 멕시코선언을 채택하고 '세계여성의 해'를 선포하였다. 이 세계여성의 해의 목표달성을 위한 지속적이고 장기적인 노력을 위해 1975년부터 1985년까지를 '세계여성10년'으로 선포하였다.

멕시코선언에서 채택한 평등, 발전, 평화 선언은 각 국가의 동등한 참여를 통한 평화의 강화와 여성의 발전을 실현시키기 위한 모든 차원에서의 평등을 추구할 것을 선포한 것이다. 평등은 법적인 평등뿐 아니라 기회의 평등, 결과의 평등을 말하며, 모든 영역과 모든 차원에서의 평등으로 이러한 평등은 여성발전과 직결되어 있고, 여성의 발전은 모든 분야에서의 발전의 필수적 요소가 되어야 한다고 보았다.

세계여성대회에서의 행동강령에서는 UN여성10년 중 전반기 5년 동안 달성해야 할 남녀평등실현의 최소한의 목표를 설정하였다. 여성전담기구를 설치하고, 정치 · 경제 · 사회 · 문화 · 교육 · 평화 · 보건의 7개 분야에서 남녀의 평등을 위한 219개 조항을 설치하고 전 세계가 차별 없는 사회로 발전할 것을 목표로 하였다. 세계여성대회행동강령에서는 교육 · 취업 · 보건에 있어서 여성에게 더 많은 기회를 주어야 하고, 여성의 정책결정의 차원에의 참여, 가사노동 및 비수익성 활동을 통하여 여성의 사회공헌의 인정 등을 채택하였다.

(2) UN여성10년 세계회의

① 코펜하겐 세계여성회의

UN여성10년 세계회의는 1980년 덴마크 코펜하겐에서 여성발전10년 사업의 중간점검을 위해 유엔여성10년 후반기를 위한 사업계획 및 의안을 채택하였다. 이 대회에서는 세계여성의 해의 목적을 실천하는 데 있어서 그동안 이룩한 진보에 대해 검토 · 평가하고 재조정을 하도록 하였다. 이 대회의 개회식에서 51개국이 UN여성차별철폐협약에 서명함으로써 여성문제의 국제적 해결에 동참하였다.

② 나이로비 여성회의

1985년 케냐의 나이로비에서 세계여성회의가 개최되었고, 이 대회에서는 UN여성10년의 성과를 검토 · 평가하고 앞으로 추진해 나가야 할 문제들을 점검하였다. 그간의 발전계획과 사업계획에서 제시한 목표가 미흡하게 수행되었다는 아쉬움에 다시 '2000년을 향한 여성발전전략'을 채택하고 향후 15년을 제2의 여성발전기간으로 새 출발을 다짐하였다. 이 전략에서는 평등 · 발전 · 평화를 기조로 한발지역의 여성, 도시의 빈곤여성, 노령여성, 젊은 여성, 학대받는 여성, 극빈여성, 여성매매, 강제매춘, 전통적 생계수단을 빼앗긴 여성, 홀로 가족을 부양하는 여성, 심신장애여성, 구금 및 형법에 저촉된 여성, 피난민 · 난민 · 여성 · 어린이, 소수민족과 토착지 여성 등에 대해 규정하고 국제적 · 지역적으로 이에 협력할 것을 요구하였다.

제5절 한국 여성의 지위와 참여 현황

1. 사회변화와 차별

우리사회가 가부장적 사회와 사회 제도적 모순 속에 여성에 대한 차별이 사회에서 용인되던 시기를 벗어난 것도 그리 멀지 않다. 그동안 다양한 분야에서 여러 가지 모양으로 여성에 대한 차별을 없애고자 매진해왔고 그 결실은 괄목할 만하게 되었다.

최근 여성의 사회활동은 자라나는 젊은 여성들에게 미래에 대한 비전을 심어줄 만큼 가시적인 성과를 이룩하고 있다. 사법고시, 행정고시, 외무고시 등에서 여성합격률의 증가, 여성의 정치참여 확대, 여성 대통령과 여성 국무총리의 등장, 스포츠에서 여성의 활약 등은 기존의 사고를 변화시킬 만큼 우리 사회에 획기적인 영향을 주고 있다.

그러나 이러한 여성들의 활약이 사회 고위직에서의 일부의 경우가 대부분이고 여전히 그 외의 분야에서의 여성의 지위는 구조적으로 열외시되고 노동현장에서의 차별은 여전히 상존하고 있다. 아직도 관행이라는 명목 하에 이루어지는 차별이 존재하고 사회적 인식은 제도적 변화를 바로 따르지 못하고 있다.

1990년대 이후 한국 여성의 지위는 많은 상승을 해왔지만 세계적인 수준에서 한국여성의 지위는 여전히 낮은 것으로 평가되고 있다.

2. 한국 여성의 지위 현황

1) 평등 및 삶의 질 척도 개발

국제적으로 각국의 평등 정도 또는 삶의 질 정도를 측정하기 위해 여러 가지 지수를 개발하고 있다. UN개발프로그램의 일환으로 유엔개발계획(UNDP:United Nation Development Plan)은 1990년부터 매년 인간개발지수를 발표해 왔고, 1995년 UN 제4차 세계여성회의를 계기로 남녀평등정도를 측정하기 위해 여성개발지수(GDI)를 개발하는 한편 여성권한척도(GEM)를 개발했다. 그런데 이러한 여성개발지수와 여성권한척도가 선진국을 위주로 지표가 구성되어 있다는 지표선택의 적절성 문제가 제기되어 여성개발지수(GDI)와 여성권한척도(GEM)를 폐기하고, 2010년부터는 성불평등지수(GII)를 도입하여 사용하고 있다.

한편 세계경제포럼(WEF)은 세계 각국의 남녀평등 정도를 지수화한 남녀평등지수를 발표해 사용하고 있다.

2) 여성개발지수(GDI)

여성개발지수(GDI : Gender related Development Index)는 교육수준 · 국민소득 · 평균수명 등에 있어서의 남녀평등정도를 측정하는 것이다. 이는 문자해독률, 취학률, 남녀 소득차, 피임 · 이혼 · 외출의 자유, 상속의 평등, 소비 · 지출에 대한 아내의 결정권, 여성에 대한 폭력 수준 등을 평가기준으로 남녀간의 성취수준이 얼마나 평등하게 이루어지는지를 점수로 계산하여 산정한다. 이 기준에 따라 남녀의 완전한 평등지수를 1로 놓고 각국의 점수를 산출한다. 2008년 기준한국의 여성개발지수는 26위를 차지하였다.

3) 여성권한척도(GEM)

여성권한척도(GEM: Gender Empowerment Measure)는 유엔이 사회영역 중 정치 분야의 정책 결정과정에 여성이 남성과 동등하게 참여하고 있는지를 나타내는 지수이다. 여성국회의원수, 행정관리직, 전문기술직 여성비율, 남녀 소득비율, 정치분야 정책과정에 여성의 참여도 등을 기준으로 측정한다.

〈표 1-1〉 한국의 GEM 변화 추이

연도	순위(대상)	점수	여성의원 비율(%)	여성행정 관리직(%)	여성전문 기술직(%)	남녀 소득비
2009	61(109)	0.554	14.0	9	40	0.52
2008	68(108)	0.540	13.7	8	40	0.52
2007	64(93)	0.510	13.4	8	39	0.40
2006	53(75)	0.502	13.4	7	38	0.46
2005	59(80)	0.479	13.0	6	39	0.48
2004	68(78)	0.377	5.9	5	34	0.46

우리나라의 '2009년 여성권한척도(GEM)'는 109개국 대상으로 61위를 기록했다고 유엔개발계획(UNDP)은 발표했다. 이는 전년도와 비교해 여성국회의원 비율이 13.7%에서 14.0%로, 여성 행정관리직 비율이 작년 8.0%에서 9.0%로 각각 상승한 데 기인한 것으로 분석되고 있다.

4) 인간개발지수(HDI)

인간개발지수(HDI :Human Development Index)는 유엔개발계획(United Nations Development Programme:UNDP)이 매년 발표하는 수치로 1990년부터 각국의 수명, 교육, 소득 등 206개 지표를 토대로 측정된다. 이는 각 국가의 교육수준(Education Index), 1인당소득(GNI Index), 기대수명(Life Expectancy Index)을 측정하여 국가의 삶의 질을 점수로 계량화함으로써 인간개발의 성취 정도를 나타내는 지수이다. 소득, 교육, 빈곤, 실업, 환경, 건강 등 인간생활과 관련된 기본 요소들을 기초로 생활에서 느끼는 행복감을 측정하는 일종의 행복지수라 할 수 있다. 인간개발지수는 국민총생산지수가 같은 두 국가가 어떤 인간개발결과를 가져왔는지를 알 수 있는 지수이다.

2013년 유엔개발계획(UNDP)이 발표한 인간개발보고서(Human Development Report : 2012년 자료 기준)에서 우리나라는 인간개발지수(HDI)가 1점 만점에 0.909로 187국 중 12위를 차지한 것으로 나타났다.

5) 성격차지수(GGI)

세계경제포럼(WEF: World Economic Forum)은 2006년부터 성격차지수(GGI: Gender Gap Index)를 내용으로 하는 글로벌 성격차보고서(Global Gender Gap Report)를 매년 발표하고 있다. GGI는 경제참여와 기회, 교육적 성취, 보건과 생존, 정치권한으로 구성되어 있다.

① 경제참여 및 기회는 여성의 근로참여 정도, 동일업종 참여시 남녀 임금 격차, 추정 소득, 여성의 관리직 진출 정도, 여성의 전문직 참여 정도를, ② 교육참여 및 기회는 문맹률, 초등, 중등, 고등 교육 수혜 정도를, ③ 건강 및 생존은 성비, 평균수명을, ④ 정치적 영향력은 여성국회의원의 진출 정도, 여성의 장관직 진출 정도, 여성의 국가수반 직무수행 정도 등을 평가한다.

2017년 우리나라 성격차지수는 0.65로 144개국 중 118위로, 2016년 116위, 2015년 115위에 이어 하락세이다. 위 네 개 부문 중 경제 참여 및 기회는 121위, 교육참여 기회는 105위, 건강 및 생존은 84위, 정치적 영향력은 90위를 차지하였다.

세계 성격차지수 1위는 0.878지수를 나타낸 아이슬란드가 차지하고 이어 노르웨이(0.830), 핀란드(0.823), 스웨덴(0.816) 등 스칸디나비아반도 국가들이 상위권에 올랐다.

WEF는 성격차보고서 발간을 시작한 2006년 이후 매년 보였던 느리지만 꾸준한 진전이 멈추고 있고, 경제 및 정치 부문에서 남녀간 격차는 여전히 두드러지고 있으며 이대로라면 임금과 고용 등 부문에서 2234년까지 성격차가 좁아지지 않을 것이란 분석을 내놓았다.

6) 성불평등지수(GII)

성불평등지수(GII: Gender Inequality Index)는 과거 유엔개발계획(UNDP)이 발표했던 여성권한척도(GEM)와 남녀평등지수(GDI)를 폐기하면서, 각 국의 성불평등성을 측정하기 위하여 새롭게 개발하여

2010년부터 발표하고 있는 국제 성평등지수이다.

GII는 생식 건강(Reproductive health), 여성 권한(Empowerment), 노동 참여(Labour market) 3개 부문에서 모성사망률, 청소년 출산율, 여성의원 비율, 중등 이상 교육받은 인구, 경제활동 참가율 등 5개 지표를 통해 성불평등을 측정한다.

GII의 지수값은 0~1의 범주를 가지며, 점수가 0이면 완전 평등한 상태(no inequality)이고 1이면 완전 불평등한 상태를 의미한다.

각 영역별로 생식건강영역은 모성 사망률(여성의 임신, 분만 및 관련 합병증으로 인해 출생 10만명당 사망하는 여성수)을, 청소년 출산율(15~19세 여성인구 1,000명당 출산자 수)로 구성되어 있으며, 이 영역의 지표는 모성 사망률과 청소년 출산율이 없는 기준점과 비교하여 비율이 낮을수록 평등한 상태를 나타내는 것이다. 여성권한영역은, 중등학교 이상 교육을 받은 인구비율(25세 이상 인구 중에서 중등교육 이상의 교육을 받은 인구비율), 의회대표성으로 구성되어 있으며, 이 영역의 지표는 남녀비율의 격차가 적을수록 평등한 상태를 나타낸다. 그리고 노동시장 영역의 지표는, 경제활동 참가로 구성되어 있으며, 이 영역의 지표는 남녀 비율의 격차가 적을수록 평등한 상태를 나타낸다.

유엔개발계획의 발표에 따르면 2015년 한국의 성불평등지수는 0.067로 188개국 중 10위로 나타났다.

〈표 1-2〉 세계 성평등 순위와 성불평등 지수

순위	국가명	성불평등지수	순위	국가명	성불평등지수
1	스위스	0.04	8	핀란드	0.056
2	덴마크	0.041	9	독일	0.066
3	네덜란드	0.044	10	한국	0.067
4	스웨덴	0.048	11	싱가포르	0.068
5	아이슬란드	0.051	21	일본	0.116
6	노르웨이 · 슬로베니아	0.053	43	미국	0.2

자료 : 유엔개발계획

그러나 GII의 지수값 중 남녀 임금격차, 노동시장 직종격리 및 남녀간 시간사용 등의 영역이 제외되는 등 경제활동 영역지표가 제한적이어서 성평등 수준을 충분히 나타내지 못하는 한계가 지적된다.

7) 국가성평등지수

여성가족부가 국제적으로 비교·발표되는 성평등지수와 별도로, 2009년부터 국가 성평등지수를 개발하여 2010년부터 발표하고 있다. 가족, 복지, 경제활동 등 8개 부문의 25개 지표를 통해 국가의 성평등 수준을 계량적으로 측정할 수 있도록 지수를 산정하고 있다. 우리나라의 국가 성평등지수는 외국과의 비교를 위한 것이 아니며, 국가 차원에서 사회 부문별 성평등 수준(남녀의 격차)과 추이를 파악하기 위한 것이다.

〈표 1-3〉 2016 국가성평등지수

(단위 : 점)

영역	국가성평등지수	사회 참여 영역			인권·복지 영역			의식·문화영역	
분야	종합	경제활동	의사결정	교육·훈련	복지	보건	안전	가족	문화·정보
지수	72.7	72.4	26.5	93.7	72	97	64.1	78	87.3

*성비가 완선평등상태는 100점, 완전불평등상태는 0점

2016년 국가성평등지수는 72.7점으로 2015년도 70.2에 비해 2.5 상승한 것으로 나타났다. 분야별로는 보건분야가 97.0으로 가장 높은 성평등 수준을 나타내었고, 의사결정분야가 26.5점으로 여성의 참여가 가장 낮게 나타났다.

이 조사를 기준으로 평등수준이 낮은 부문과 개선이 지체되고 있는 부문의 정책 우선순위를 두어 추진하고 있다.

8) 유리천장지수(Glass-Ceiling Index)

2017년 영국 유력 시사 주간지 이코노미스트지가 '국제 여성의 날'인 3월 8일에 국가별 '유리천장지수'를 발표하였다. 유리천장이란 여성과 소수민족 출신자들의 사회 진출 및 승진을 막는 보이지 않는 장벽을

말한다. 이 지수가 낮을수록 여성에 대한 사회적 장벽이 심하다는 것이다. 이 발표에서 OECD 29개국 중 한국은 꼴찌를 차지하는 불명예를 안았다.

1위는 아이슬란드, 2위 스웨덴, 3위 노르웨이를 차지하고 일본이 28위 한국이 29위를 차지한 것이다. 1위를 차지한 아이슬란드와 세부적 비교를 보면 다음과 같이 나타났다.

〈표 1-4〉 2017 한국과 아이슬란드 유리천장지수 세부분야 비율

(단위 : %)

	여성관리직비율	남성대비임금	기업 여성임원 비율	의회 여성의원비율
아이슬란드	41.2	86.4	44	47.4
한국	10.5	63.3	2.4	17

2015년 한국여성과학기술인 지원센터 여성과학기술인력 실태조사보고서에서도 "과학계에도 유리천장은 있다"고 보고한 바 있다. 이 조사에 의하면 2015년 R&D분야 승진자 중 여성 비율이 여성은 13.7%, 남성은 86.3%로 나타나고, 연구관리직 중 여성 비율은 여성이 8.5%, 남성이 91.5%로 나타났다.

여성에 대한 노동현장에서의 차별은 남성과 많은 격차를 보이고 있는 것이 수치로 나타나고 있고, 일하는 여성에게 최악인 나라라는 오명에서 벗어나기 위해 우리 사회가 함께 고민하고 해결해 나가야 하는 문제로 삼아야 할 것이다.

3. 여성의 정치참여

여성의 정치 분야의 참여 증가는 입법에서의 여성활동이 활발해지는 것을 의미하며, 여성 관련 입법에서 여성의 목소리와 경험 등을 반영할 수 있게 된다. 사회적 구조에 있어서 개인의 경제적 지배에 있어서 정치적 영역은 여성에게 극히 제한적 활동을 할 수밖에 없었다. 이러한 점을 개선하고자 정치권에서 여성의 정치참여 확대를 위한 법제도적

개선을 해왔다.

2000년 제16대 총선을 앞두고 국회의원 비례대표후보자 공천에서 여성에게 30%를 할당하는 것을 정당법에 명문화하였다. 2002년 제3차 동시지방선거를 앞두고는 광역의회 비례대표 후보로 50%를 할당하고, 지역구 광역의회의원 후보에 대한 30%할당 권고를 명문화하였다. 그 이후 2004년 4월 15일에 실시한 제17대 총선 전에 국회의원 지역구 의원 후보 30%와 비례대표 여성후보 50%할당을 정당법에 명시하였다. 2006년 5월 31일 동시 지방선거에서 비례대표 국회의원과 비례대표의회의원선거 후보자 50%를 여성으로 추천하고 후보자 명부 매 홀수에 여성을 추천하도록 하고, 지역구 국회의원 및 지역구 지방의회의원 선거 후보자 중 30%를 여성후보자로 추천을 권고하는 규정을 공직선거법에 명시하였다.

그 결과 17대 국회에서는 여성국회의원비율이 16대 국회에 비해 2배 이상 늘어났고 이는 여성정책의제를 보다 비중 있게 다룰 것으로 예상되었다. 그래서 여성국회의원의 수는 성인지적 정책의 내용과 방향에 중대한 영향을 미칠 수 있게 되었다.

2000년 비례대표 30% 할당제 실시로 여성국회의원은 15대에 17.4%에서 16대에서 23.9%로 증가하였고, 2004년 비례대표 50% 할당제가 실시된 선거에서는 여성국회의원은 51.8%를 시작으로 계속 50%대를 넘었고, 2016년 20대 국회에서 비례여성국회의원은 53.2%까지 이르는 가시적인 성과를 이룩하였다.

그러나 여전히 전체 국회의원 중 여성국회의원이 차지하는 비율은 20대 국회에서 300명 중 51명으로 17%에 머물러 있는 것으로 나타났다.

〈표 1-5〉 역대 국회의원 선거 여성 국회의원 현황

(단위 : 명(%))

국회	전체		지역구		비례대표	
	총의원수	여성의원수(%)	총의원수	여성의원수(%)	총의원수	여성의원(%)
1대(1948)	200	1(0.5)		1(0.5)		
2대(1950)	210	2(0.9)		2(0.9)		
3대(1954)	203	1(0.5)		1(0.5)		
4대(1958)	233	3(1.3)		3(1.3)		
5대(1960)	233	1(0.4)		1(0.4)		
6대(1963)	175	2(1.1)	131	1(0.7)	44	1(2.3)
7대(1967)	175	3(1.7)	131	1(0.7)	44	2(4.5)
8대(1971)	204	5(2.5)	153	0(0.0)	51	5(9.8)
9대(1973)	219	12(5.5)	146	2(1.4)	73	10(13.7)
10대(1978)	231	8(3.5)	154	1(0.6)	77	7(9.1)
11대(1981)	276	9(3.3)	184	1(0.5)	92	8(8.7)
12대(1985)	276	8(2.9)	184	2(1.1)	92	6(6.5)
13대(1988)	299	6(2.0)	224	0(0.0)	75	6(8.0)
14대(1992)	299	8(2.7)	237	1(0.4)	62	7(11.3)
15대(1996)	299	11(3.7)	253	3(1.2)	46	8(17.4)
16대(2000)	273	16(5.9)	227	5(2.2)	46	11(23.9)
17대(2004)	299	39(13.0)	243	10(4.1)	56	29(51.8)
18대(2008)	299	41(13.7)	245	14(5.7)	54	27(50.0)
19대(2012)	300	47(15.7)	246	19(7.7)	54	28(51.9)
20대(2016)	300	51(17.0)	253	26(10.3)	47	25(53.2)

출처: 중앙선거관리위원회 선거통계참조

여성정치참여는 지방의회에서 여성의원이 차지하는 비율에서는 저조한 실정이었으나 점점 확대 추세에 있다. 2010년 지방선거에 의해 여성광역의원이 761명 중 113명(14.8%), 여성기초의원은 2,888명 중 626명(21.7%)이었으나 2014년 지방선거에서 여성광역의원은 789명 중 113명으로 변동이 없었으나 여성기초의원은 2,898명 중 732(25.3%)명으로 크게 증가한 것을 확인할 수 있다. 이는 기초의원선거에서 비례여성할당 50%에 홀수번의 도입결과가 꾸준하게 나타나고 있는 것이라 하겠다. 다만 시도지사는 여전히 한명도 여성당선인이 없어 여전히 상층부로 올라갈수록 여성 정치인의 진입이 필요하다고 하겠다.

지방자치시대에 중앙에서 제시한 정책을 지방에서 잘 이룩하려면 지방의 역량이 증가되어야 하고 특히 여성정책역량이 잘 갖추어져야 지방여성정책발전이 이룩될 수 있다.

따라서 향후 양성평등이 이루어지려면 여성의 국회로의 진출뿐만 아니라 지방정치 참여가 더욱 확대되어야 하며, 이를 바탕으로 하여 정책에서의 성인지 정책 또한 확대, 강화되어야 할 것이다.

제 2 장 성평등의 추구

[사례 1] 가산점과 평등문제

A녀는 4년 동안 7급 공무원시험 공부를 해오고 있는 학생으로 3번의 시험을 보았으나 모두 낙방했고, 마지막 시험에서는 평균 1점도 안 되는 점수차로 떨어졌다. 한편 동기생 친구 B군은 군제대후 1년간 시험준비 후 동일직의 공무원시험에 합격하여 근무하고 있다. A녀는 분발하여 1년간 준비를 하여 또 공무원시험을 보았으나 이번에는 0.5점 차이로 탈락하였다. 그러던 중 A녀는 B군이 제대 후 가산점 5점을 받았던 사실을 알고 한편으로 부럽기도 하고, 불공평하다는 생각이 들었다. A녀는 군제대자에게 주어지는 가산점의 부당성을 어떤 근거로 주장할 수 있을까?

제 1 절 헌법과 양성평등

1. 평등사상의 전개

평등사상은 이미 고대 그리스의 정의의 관념과 결부되어 왔었다. 고대 철학자 아리스토텔레스(Aristoteles)는 평등을 정의의 요소로 파악하고 평등을 평균적 정의와 배분적 정의로 구분하였다.

중세에 평등사상은 '신 앞의 평등'으로서 당시 중요한 역할을 하였다. 근대에 와서 이러한 '신 앞의 평등'은 자연법론자들에 의해 인간의 생래적 평등에 기초한 '법 앞의 평등'으로 발전하게 되었다. 이것은 국가권력은 '모든 인간을 차별하지 말고 평등하게 대할 것'을 요구하게 되고 특히 국가권력 구성에 평등하게 참가하는 평등한 정치적 참여의 요구로 발전하게 되었다. 근대의 사상 만인의 평등이라는 이념은 중세의 봉건적 압제와 차별로부터의 평등으로 형식적 평등을 의미했다. 그러나 현대에 들어와서 자유경제, 자본주의 발달 속에 격심한 빈부격차를 초래하게 되고 사회생활의 구체적인 불평등의 개선을 요구하는, 경제적·사회적·실질적 평등을 의미하게 되었다.

근대 평등의 원리는 1776년 Virginia 권리장전(제1조), 1789년 프랑스 인권선언(제1조), 미국의 독립선언과 각주헌법을 비롯하여 세계 각국의 헌법에 성문형태로 규정되게 되었다. 현대의 실질적 평등사상은 1919년 Weimar헌법(제151조)에 의해 확립되었으며, 국제적으로 세계인권선언(제7조 등), 국제인권규약(B규약, 제3조 등), 유럽인권규약(제14조), 유럽사회헌장(제1조, 18호) 등에서 규정되었다.

2. 평등의 개념과 종류

1) 평등의 개념

평등의 개념은 둘 또는 그 이상의 비교대상을 전제로 한다. 평등은 이 대상들을 상호비교하고 판단하는 것으로 서로 다른 대상들 간의 상호관계를 의미하는 관계개념이다. 따라서 평등은 단 하나의 대상을 전제로 판단하는 동일성(Identität)과 다르다.

이러한 평등개념도 평등이 헌법규범의 구성요소이므로 헌법적 개념으로서의 평등은 헌법과의 연관 속에서의 개념이어야 한다. 즉 헌법상의 평등은 문제되는 비교의 대상들을 서로 비교하고 그에 대한 법적 효과로서의 평등 또는 불평등이 각각 헌법적으로 허용되는 것인가의 여부를 판단하여야 한다(계희열, 헌법학(중), 2001: 204면).

우리 헌법은 전문에서 "정치·경제·사회·문화의 모든 영역에 있어서 각인의 기회를 균등히 하고,…안으로는 국민생활의 균등한 향상을 기하고"라고 선언하고, 제11조 1항에서 "모든 국민은 법 앞에 평등하다. 누구든지 성별·종교 또는 사회적 신분에 의하여 정치적·경제적·사회적·문화적 생활의 모든 영역에 있어서 차별을 받지 아니한다"라고 규정하고, 제31조 1항에서 "모든 국민은 능력에 따라 균등하게 교육을 받을 권리를 가진다"라고 하여 교육의 기회균등을 규정하고 있다. 또한 제32조 4항에서 "여자의 근로는 특별한 보호를 받으며, 고용·임금 및 근로조건에 있어서 부당한 차별을 받지 아니한다"라고 하여 근로관계에서의 성차별금지를 규정하고, 제36조 1항에서 "혼인과 가족생활은 개인의 존엄과 양성의 평등을 기초로 성립되고 유지되어야 하며, 국가는 이를 보장한다"라고 하여 혼인과 가족생활에서의 양성평등을 규정하고 있다. 그리고 제41조 1항에서 "국회는 국민의 보통·평등·직접·비밀선거에 의하여 선출된 국회의원으로 구성한다"고 규정하여 선거에 있어서의 평등을 규정하고 있다.

2) 평등의 종류

(1) 형식적 평등과 실질적 평등

형식적 평등은 법 앞의 평등을 말한다. 형식적 평등은 모든 사람은 그 지위나 신분 등에 상관없이 평등하게 법을 적용한다는 법적용의 평등이다. 법을 적용하는 기관은 행정권과 사법권으로 평등원칙에 구속된다.

이에 대해 실질적 평등은 법 내용의 평등을 말한다. 법을 평등하게 적용하는 것도 중요하지만 법의 내용 자체가 불평등하다면 아무리 법을 평등하게 적용하더라도 평등은 실현될 수 없다. 즉 평등의 실현은 법의 내용이 평등하여야 하며, 이는 법을 평등하게 제정하여야 가능하다.

(2) 절대적 평등과 상대적 평등

절대적 평등에는 모든 사람을 모든 면에서 항상 평등하게 취급하는 것을 말하는 무제한적 절대평등설과 신분을 이유로 한 차별만은 절대적으로 금지한다는 제한적 절대평등설이 있다. 그러나 이러한 절대적 평등은 실질적인 평등을 가져올 수 없다.

상대적 평등은 모든 사람을 모든 면에서 항상 평등하게 취급하는 것이 아닌 합리적인 근거나 정당한 이유가 있으면 그에 따른 차별을 인정하는 것이다. 상대적 평등이 실질적 평등을 의미하는 것으로 충분하지는 않다. 구체적으로 비교되는 사실관계가 단지 일정 요소에서만 동일한 경우 법적으로 동일성 여부를 판단하기 위해서는 결정적인 기준이 되는 어떠한 요소가 문제가 된다.

3. 평등의 내용

1) 평등원칙과 평등영역

(1) 평등원칙과 적용

헌법 제11조 1항 1문의 "모든 국민은 법 앞에 평등하다"는 것은 그 보호영역을 한정할 수 없는 일반적 평등원칙을 규정한 것이다. 구체적으로 평등원칙이 적용될 경우 일정한 사항을 직접 규정하는 개별적 평등원칙이 우선 적용되며, 이러한 개별적 평등원칙이 존재하지 않을 경우에 일반적 평등원칙을 적용한다.

헌법상 '법 앞의 평등'은 법적용의 평등뿐만 아니라 입법에 있어서 법 내용의 평등까지 요구된다. 따라서 평등원칙은 집행권과 사법권 및 입법자 모두를 구속하는 것이다.

(2) 평등 영역

헌법 제11조 1항은 "누구든지 성별·종교 또는 사회적 신분에 의하여 정치적·경제적·사회적·문화적 생활의 모든 영역에 있어서 차별을 받지 아니한다"라고 규정하여 차별금지 사유와 차별금지 영역에 대해 규정하고 있다. 따라서 남녀는 법적으로 평등하며 남녀의 성에 의한 차별을 해서는 안된다. 그러나 남녀의 신체구조와 생리적 차이에 근거한 차별이나 그 밖의 합리적 근거에 의한 차별은 인정된다. 따라서 헌법 제32조 4항의 여성근로자의 특별보호, 고용·임금·근로조건에 있어서 여성의 부당차별금지, 제36조 2항의 국가의 모성보호, 제34조 3항의 국가의 여성의 복지와 권익향상의 노력 등은 인정된다. 또한 근로기준법상 여성근로자에게만 생리휴가를 주는 것과 헌법 제39조 1항, 병역법 제3조 1항에 의해 남성에게만 병역의무를 부과하는 것은 부당한 차별로 보지 않는다.

2) 평등심사기준

(1) 평등심사문제

평등원칙은 모든 국가권력을 구속하는 원칙이지만 입법자의 평등에 대한 판단을 헌법재판소가 심판하는 경우 그 심사기준과 심사한계가 문제된다. 평등에 있어서는 둘 이상의 대상을 전제하므로 ① 우선 비교의 관점에 따른 비교대상을 정하고 나서 ② 본질적으로 동일한 것을 다르게 취급하고 있는지의 여부를 정한 다음, ③ 그 차별이 헌법상 정당한지의 여부를 결정할 것이다. 여기서 적용하는 심사기준으로 대표적인 것이 독일의 자의금지원칙과 미국의 합리성심사원칙이 있다.

(2) 독일의 평등심사기준

독일의 학설과 판례는 일반적 평등원칙을 자의금지원칙을 통해 설명하고자 하였고, 특히 독일 연방헌법재판소는 초기부터 계속되는 판결에서 평등을 자의금지원칙에 의해 판결하였다. 여기서 '자의'란 입법자에 의하여 의도적으로 불합리하게 행해진 차별이라는 의미의 주관적 자의가 아니라, 차별을 통하여 규율하려는 사실상황과의 관계에 있어서 차별이 명백한 불합리적인 객관적 자의를 말한다(한상운, 헌법강의,

2001: 241면).

그러나 자의금지원칙에 따른 평등심사를 통해서는 실효성 있는 입법자의 구속이 이루어질 수 없다고 보아 그 후에는 좀더 구체적으로 법률이 의도하는 차별이 인적차별인가 아니면 사항적 차별인가로 구분하여, 인적 차별의 경우에는 보다 엄격한 차별과 차별목적간의 상호관계를 비례의 원칙을 기준으로 하는 비례성심사기준을 적용하고, 그 밖의 사항적 차별의 경우에는 여전히 자의금지의 원칙을 적용하여 구별하고 있다.

(3) 미국의 평등심사기준

미국 연방대법원은 평등원칙을 비합리적인 차별금지의 원칙으로 이해하여, 차별목적이 정당한 경우 그 목적 달성을 위한 수단으로서의 차별이 합리성이 있는지를 심사하는 기준으로 차별영역에 따라 3가지 기준을 적용해 왔다.

첫째, 합리성심사기준으로 차별이 합리적인 이유에서 정당화될 수 있는가라는 단순한 합리성을 심사한다. 이는 1950년대 Warren대법원장 이전의 미연방대법원이 채택한 기준으로 모든 차별영역에서 채택한 완화된 심사기준으로 주로 경제, 사회영역의 입법에 적용된 기준이다.

둘째, 엄격심사기준으로 1950년대 후반 Warren대법원장 시대에 합리성심사와 함께 구별되는 엄격한 심사기준을 채택하였다. 이 기준은 차별이 긴급한 정부의 목적(compelling)을 추진하는 데 필요한 경우(necessary)에 한하여 허용된다는 것으로, 입법이 인종이나 국적에 편견을 가지고 소수에 대해 불이익을 주는 '의심스러운 차별'의 경우에 적용하였다. 이외에도 종교·언론·출판·집회·청원의 자유와 선거권·피선거권·주간이동권·재판청구권 등 국민의 기본적 권리의 차별에도 엄격한 심사를 적용하였다.

셋째, 중간심사기준으로 Warren대법원 이후 Burger대법원과 Rehnquist대법원에서 채택한 기준으로 이는 차별입법이 중요한 입법목적(important)과 그 차별이 목적과 수단사이에 실질적 관련성이 있을 것(substantially related)을 요하는 것이다. 성별이나 적서차별 등은 거의 의심스러운 차별로서 엄격심사보다 완화된 중간심사기준을 적용하였다.

그 밖에 미연방대법원은 전통적으로 차별 받아온 소수집단에 대해 일정한 영역에서 보다 많은 혜택을 주도록 하는 적극적 평등실현조치(affirmative Action)를 채택하기도 하였으나, 이는 오히려 상대 백인에 대해 불리한 취급을 하게 한다 하여 역차별론을 가져오기도 하였다.

(4) 한국의 평등심사기준

헌법재판소는 그동안 평등심사기준으로 자의성심사기준과 비례성심사를 기준으로 적용해 왔다. 또한 최근에 와서는 심사기준을 좀더 세분화하고 있다.

자의성심사는 권력분립원리 아래에서 헌법재판의 심사기준이 되는 통제규범으로서의 평등원칙은 단지 자의적인 입법의 금지기준만을 의미하게 되므로 헌법재판소는 입법자의 결정에서 차별을 정당화할 수 있는 합리적인 이유를 찾아볼 수 없는 경우에만 평등원칙의 위반을 선언할 수 있다는 것을 근거로 하고 있다(헌재1997.1.16, 90헌마110등). 따라서 이 심사는 어떤 입법수단이 가장 합리적이고 타당한 수단인가를 판단하지 않고 단지 입법자의 정치적 형성이 헌법적 한계 내에 머물고 있는가 하는 것에 국한하게 된다.

원칙적 자의성심사 이외에도 헌법재판소는 차별을 정당화하는 이유만을 심사하지 않고 차별을 정당화하는 이유와 차별사이의 비례성을 심사하는 보다 엄격한 기준을 적용하기도 한다. 즉 "평등에 관한 비례성심사에 있어서 헌법재판소는 헌법 제37조 2항의 규정에 따라 이러한 기본권에 대한 제한이나 차별적인 대우를 하고자 하는 때에는 첫째, 제한 또는 차별의 목적이 국가안전보장 · 질서유지 또는 공공복리를 위하여 필요하고 정당한 것이어야 하고, 둘째, 그 수단 · 방법이 목적의 실현을 위하여 실질적인 관계가 있어야 할 뿐만 아니라 그 정도 또한 적정한 것이어야 한다"(헌재 1989.5.24, 89헌가37)라고 한다.

참 고

헌법재판소는 비례성 원칙(과잉금지원칙)의 내용으로
① 목적의 정당성, ② 방법의 적정성, ③ 피해의 최소성, ④ 법익의 균형성의 4가지를 들고 있다.

3) 차별대우금지

[사례 2] 사내부부 퇴직문제

A회사는 경영이 악화되어 정리해고를 해야 하는 지경에 이르렀다. A회사에서는 사내부부를 우선 해고 대상으로 삼았다. 사내부부 중 한사람은 생계유지를 위해 근무할 수 있으니 혼자 회사 근무하는 사람보다는 가계에 어려움이 없을 것이라 생각한 결과이다. 사내부부 중 여자에게 퇴직을 종용하여 B부부 중 아내가 사직서를 쓰고 퇴직하였으나 억울한 면이 있다고 생각하였다. B부부 중 아내는 구제받을 수 있을까?

(1) 차별행위금지 규정

헌법은 제11조 1항 제2문에서 "누구든지 성별·종교 또는 사회적 신분에 의하여 정치적·경제적·사회적·문화적 생활의 모든 영역에 있어서 차별을 받지 아니한다"라고 규정하여, 차별금지의 사유와 차별금지의 영역을 명시적으로 규정하여 모든 영역과 사유에 있어서 차별대우를 금지하고 있다.

「국가인권위원회법」에서는 이러한 헌법상 차별금지에서 더 나아가 광범위한 사유에 의한 차별행위를 금하고 있다. 「국가인권위원회법」에서 제시하고 있는 차별행위는 다음과 같다.

"평등권침해의 차별행위"라 함은 합리적인 이유 없이 성별, 종교, 장애, 나이, 사회적 신분, 출신지역(출생지, 등록기준지, 성년이 되기 전의 주된 거주지역 등을 말한다), 출신국가, 출신민족, 용모 등 신체조건, 기혼·미혼·별거·이혼·사별·재혼·사실혼 등 혼인 여부, 임신 또는 출산, 가족형태 또는 가족상황, 인종, 피부색, 사상 또는 정치적 의견,

형의 효력이 실효된 전과, 성적 지향, 학력, 병력 등을 이유로 한 다음에 해당하는 행위를 말한다.

① 고용(모집, 채용, 교육, 배치, 승진, 임금 및 임금 외의 금품 지급, 자금의 융자, 정년, 퇴직, 해고 등을 포함한다)과 관련하여 특정한 사람을 우대·배제·구별하거나 불리하게 대우하는 행위

② 재화·용역·교통수단·상업시설·토지·주거시설의 공급이나 이용과 관련하여 특정한 사람을 우대·배제·구별하거나 불리하게 대우하는 행위

③ 교육시설이나 직업훈련기관에서의 교육·훈련이나 그 이용과 관련하여 특정한 사람을 우대·배제·구별하거나 불리하게 대우하는 행위

④ 성희롱 행위(이상 「국가인권위원회법」 제2조 3호)

다만 현존하는 차별을 해소하기 위하여 특정한 사람(특정한 사람들의 집단을 포함한다)을 잠정적으로 우대하는 행위(잠정적 우대조치)와 이를 내용으로 하는 법령의 제·개정 및 정책의 수립·집행은 평등권 침해의 차별행위로 보지 아니한다.

(2) 성차별금지

① 성차별의 개념

일반적으로 성은 생물학적 성(Sex)과 사회적 성(Gender)으로 구분하고 있다. 생물학적 성은 남성과 여성이 각기 다르게 가지고 있는 생물학적 차이에서 기인하는 것으로 보는 성으로, 이는 생래적인 것으로 변하지 않는 것을 말한다. 이에 대해 사회적 성은 여성과 남성의 사회문화적 차이에 기인하는 것으로 보는 성을 말하며, 이는 시대와 장소에 따라 변할 수 있는 것을 말한다.

성차별(Sex Discrimination)이란 다른 합리적 이유가 없이 성을 이유로 고용, 재화, 용역 등의 사회적 영역에서 한쪽의 성을 우대, 배제, 구별하거나 불이익을 주는 행위를 말한다. 차별에는 성을 이유로 다른 성의 사람에 비해 불리하게 대우하는 직접차별뿐만 아니라, 정책, 규칙,

기준, 관행 등이 일방의 성에게 결과적으로 불리한 영향을 미치는 경우인 간접차별도 포함된다.

여성차별철폐협약에서는 "정치·경제·사회·문화·시민적 또는 그 밖의 분야에 있어서 결혼 여부에 관계없이 남녀평등의 기초 위에서 여성의 인권과 기본적 자유를 인식, 향유 또는 행사하는 것을 저해하거나 무효화하는 효과 또는 목적을 가지는 성에 근거한 모든 구별, 배제 또는 제한"하는 것을 성차별로 정의하고 있다.

「남녀고용평등과 일·가정 양립 지원에 관한 법률」에서 성차별의 개념은 성별, 혼인, 가족 안에서의 지위, 임신 또는 출산 등의 사유로 합리적인 이유 없이 채용 또는 근로의 조건을 다르게 하거나 그 밖의 불리한 조치를 하는 경우를 포함시키고 있다(제2조 1호).

캐나다의 「인권법」과 미국의 「민권법」(Title Ⅶ)에서는 임신과 출산에 따른 차별을 성차별로 규정하고 있다. 호주의 「성차별금지법」은 성별, 혼인여부, 임신 또는 임신가능성을 이유로 한 차별, 성희롱, 가족에 대한 책임을 이유로 한 차별을 성차별로 규정하고 있다.[1] 그리고 영국의 「성차별금지법」은 성차별에 대한 진정이나 소송을 제기하였다는 이유로 불이익한 대우를 하는 것과 불법적인 차별행위를 부추기는 광고행위 그리고 타인에게 불법적인 차별행위를 하도록 지시하는 행위도 불법행위로 금지하고 있다.[2]

따라서 성차별은 성별을 이유로 하는 차별은 물론 혼인, 임신, 출산, 가족관계에 따른 차별, 성희롱, 불이익한 대우나 불법적 차별행위의 경우를 포함하는 것이다.

① 성차별금지규정

헌법은 혼인과 가족생활에 있어서의 양성평등과 국가의 보장의무를 규정하여(제36조 1항) 국가생활에 있어서 실질적인 남녀평등을 구현하고자 하고 있다. 이를 위해 헌법을 위시하여 「남녀차별금지 및 구제 등

1) 호주의 성차별금지법(Sex Discrimination Act, 1984) 제3장 제1절 3.
2) 이준일, 66면.

에 관한 법률」(현재, 폐지), 「여성발전기본법」(현재 「양성평등기본법」으로 전면 개정), 「남녀고용평등과 일 · 가정 양립 지원에 관한 법률」, 「근로기준법」 등을 제정하여 시행해 왔다.

남녀는 법적으로 평등하며 원칙적으로 남녀의 성에 따른 차별을 하여서는 안 된다. 그러나 남녀의 신체구조와 생리상 차이에 근거한 차별이나 그 밖의 합리적 근거에 의한 차별은 인정된다. 따라서 여성근로자의 특별보호(헌법 제32조 4항 전단), 고용· 임금· 근로조건에 있어서 여성의 부당차별금지(제32조 4항 후단), 국가의 모성보호(제36조 2항), 국가의 여성복지와 권익향상을 위한 노력(제34조 3항) 등은 인정된다. 또한 「근로기준법」에서 여성근로자에게만 생리휴가를 주는 것(제73조), 헌법(제39조 1항)과 「병역법」(제3조 1항)에 의해 남성에게만 병역의무를 지게 하는 것 등은 부당한 차별로 보지 않는다.

② 성차별금지를 반영한 판례

가. 가족법 분야

- 성년 남자에게만 종원의 자격을 부여하고 성년 여성에게는 그 자격을 부여하지 않는 것이 우리 법질서가 지향하는 남녀평등의 이념에 부합하지 않는다고 판시(대법원 2005.7.21, 2002다1178)
- 민법 제809조 1항의 동성동본금혼규정의 위헌제청에서 동성동본금혼규정이 평등원칙에 위반된다하여 헌법불합치결정을 내린 것(헌재 1997.7.16, 95헌가6)
- 「국적법」 제2조 1항 1호의 위헌제청에서 이 조항이 출생에 의한 국적취득에 있어 부계혈통주의를 규정한 것으로 헌법 제11조 1항, 헌법 제36조 1항에 위배되어 위헌이라고 결정한 것(헌재 2000.8.31, 97헌가12)[3]

---

3) 주요 개정사항은 ① 출생 당시에 부가 대한민국의 국민인 경우에 그 자녀에게 우리 국적을 부여하는 부계혈통주의를 채택했었으나, 부 또는 모 어느 한 쪽이 대한민국 국민이면 그 자녀에게 우리 국적을 부여하는 부모양계혈통주의(제2조 1항, 1호)를 취하고, ② 국적취득을 목적으로 하는 위장혼인방지를 위해 대한민국 국민의 처가 된 외국인에게 우리 국적을 부여하던 제도를 폐지하고 대한민국 국민과 혼인한 외국인은 남녀 모두 혼인 후 국내에 2년 이상 거주하는 등 일정 요건을

- 호주제는 혼인·가족생활을 어떻게 꾸려나갈 것인지에 관한 개인과 가족의 자율적 결정권을 존중하라는 헌법 제36조 1항에 부합하지 않는다는 것(헌재 2005.2.3, 2001헌가9)

나. 노동법 분야

- 조기정년제도가 여성에 대한 차별취급이다(대법원 1988.12.27, 85다카657; 대법원 1996.8.23, 94누13589)
- 혼인을 퇴직사유로 하는 내용의 채용조건 내지 회사 방침에 따라 이루어진 사직서 수리에 의한 의원면직 처리는 정당한 이유 없는 해고에 해당된다는 것(대법원 2000.8.30, 2000누2817)~대한제분사건
- 원고들(사내부부)이 1988.8.31자로 사직서를 제출함으로써 표명한 사직의사는 의원면직의 외형만을 갖추고 있을 뿐 실질적으로는 해고에 해당한다(대법원 2002.7.26, 2002다19292)~알리안츠 생명보험 사건
- 임금책정에 있어 성에 따라 그 기준을 달리 적용함으로써 여자근로자에게 동일가치의 노동에 종사하는 남자근로자보다 적은 임금을 지급한 것은 동일노동가치에 관한 법리를 오해하여 판결에 영향을 미친 위법이 있다(대법원 2003.3.14, 2002도3883)~동일가치노동 동일임금 관련
- 「제대군인 지원에 관한 법률」 제8조 1항 등 위헌확인에서 동 법률에 규정된 가산점제도는 헌법 제11조에 위배된다고 하여 위헌결정을 내린 것(헌재 1999.12.23, 98헌마363)
- 서울대교수 성희롱이 불법행위를 구성한다는 판결(대법원 1998.2.10, 95다39533)

다. 형법 분야

- 대법원은 강간죄(형법 제297조)의 객체를 부녀만으로 한 일반사회

갖추고 법무부장관의 귀화허가를 받아야만 국적을 취득하게 하고(제6조 2항), ③ 남편이 우리나라 국적을 취득하면 처도 자동으로 대한민국 국민이 되는 수반취득 조항과 처의 단독귀화금지조항을 삭제하여 혼인한 여성에게 독자적인 국적선택권을 보장해주는 것에 대한 것이다.

관념상 합리적인 근거 없는 특권을 부녀에게만 부여하고 남성에게 불이익을 주었다고 할 수 없다(대법원 1967.2.28, 67도1)

- 아내강간 성립 부정(대법원 1970.3.10, 70도29)
- 아내폭력에 대한 정당방위 부정(대법원 2001.5.15, 2001도1089)
- 의붓아버지의 지속적 강간에 대한 살해 행위의 정당방위 부정(대법원 1992.12.22, 92도2540)
- 트랜스젠더에 대한 강간죄 성립 인정(대법원 2009.9.10, 2009도3580)
- 간통죄 처벌은 평등에 반하지 않는다(헌재 1990.9.10, 89헌마82; 1993.3.11, 90헌가70; 2001.10.25, 2000헌바60; 2008.10.30, 2007헌가17 · 21, 2008헌가7 · 26, 2008헌바21 · 47(병합))고 하였으나 2015년에 간통죄 처벌은 위헌(헌재 2015.2.26., 2009헌바17, 205 등)이라고 보았다.

[사례 3] 간접차별

A녀는 졸업 후 서울 중앙본점에서 남성이 많은 부서에서 근무하다가 갑자기 지방지점 발령을 받아 근무하고 있다. 몇 개월 후 본점에서 일하는 입사동기를 만나 술을 한잔 하던 중 자신은 동일한 일을 하는데 급료에 차이가 있는 것을 알게 되어 차별이라고 항의하고 있다. A는 어떤 주장을 하여야 그것이 받아들여질까?

(3) 간접차별의 금지

고용상 차별을 금지하고 있는 「남녀고용평등과 일 · 가정 양립 지원에 관한 법률」에서는 "차별이라 함은 사업주가 근로자에게 성별, 혼인, 가족 안에서의 지위, 임신 또는 출산 등의 사유로 합리적인 이유 없이 채용 또는 근로의 조건을 다르게 하거나 그 밖의 불리한 조치를 하는 경우를 말한다"라고 하여 간접차별(indirect Discrimination) 또한 차별임을 강조하고 있다. 그리고 이러한 간접차별은 구체적으로 ① 사업주가 채용 또는 근로의 조건은 동일하게 적용하더라도 그 조건을 충족할 수 있는 남성 또는 여성이 다른 한 성에 비하여 현저히 적고, ② 그로 인하여 특정 성에게 불리한 결과를 초래하며, ③ 그 조건이 정당한 것임을 입증할 수 없는 경우를 포함한다고 보고 있다.

간접차별의 경우는 단체협약, 취업규칙 등에 모호한 규정으로 표시되므로 그 차별이 명료하게 나타나지 않는다. 동일사업장 내에서 남성근로자와 여성근로자간에 근로조건의 차이를 두는 경우에는 차별금지규정이 적용되지만 남녀근로자의 사업장을 달리하거나 차별을 당하는 여성근로자와 동일한 업무를 하는 남성근로자가 없는 경우에는 그 비교가 불가능하게 된다. 그러므로 종전에 명백한 규정이나 법률에서의 직접차별의 규제만으로 교묘하고 변화된 고용형태에 대응하기 어려운 점과 성차별의 부당행위의 근절을 위해서는 간접차별도 차별로 규제할 필요가 있다. 다만, 다음의 경우와 같이

① 직무의 성격에 비추어 특정성이 불가피하게 요구되는 경우

② 근로여성의 임신·출산·수유 등 모성보호를 위한 조치를 취하는 경우

③ 그 밖에 이 법 「남녀고용평등과 일·가정 양립 지원에 관한 법률」 또는 다른 법률에 의하여 적극적 고용개선조치를 취하는 경우에 하는 차별은 차별로 보지 않는다.

4) 적극적 평등실현조치

[사례 4] 할당제와 평등

교육부는 초등학교에 여교사가 거의 90% 이상을 차지하자 아이들의 교육에는 남녀교사가 배치되는 것이 바람직하다는 판단 하에 각 대학의 사범대학에 남학생의 비율을 30% 정도가 될 수 있도록 남녀 비율 조정을 하도록 하여 각 대학에서는 사범대학 총 모집학생의 30%를 남학생을 책정하여 선발하였다. A여학생은 C교대에 지원하여 낙방했으나, 자기보다 점수가 낮은 B남학생이 C사범대학에 합격하자 이는 불평등한 것이라고 주장하였다. 이에 대해 C교대는 어떻게 대응할 수 있을까?

(1) 적극적 평등실현조치의 의의와 유래

적극적 평등실현조치(affirmative Action)란 역사적으로 차별을 받아온 특정 집단에 대하여 차별로 인한 불이익을 보상해 주기 위한 것으로 그 집단의 구성원에게 취업이나 학교입학 등에 있어서 우선적으로 사회적 이익을 부여하는 정부의 정책을 말한다.

적극적 조치는 첫째, 과거의 차별로 인한 불이익을 보상해주기 위한 조치이다. 둘째, 과거의 차별로 인한 영향을 없앨 수 있도록 현재의 여러 구조를 개선할 수 있는 조치이다. 셋째, 사실상의 차별이 이루어질 때까지만 작동하는 잠정적 조치이다.

미국에서는 흑인과 여성 등 특정한 집단의 구조적 차별을 인식하고 이를 해소시키고자 하였다. 이들에 대한 과거의 차별을 보상하고 실질적인 평등을 실현하고자 차별의 기초가 된 인종이라든가 성별 등을 고려하여 우선적으로 처우(preferential Treatment)하였다.

이러한 적극적 평등실현조치는 미국의 케네디대통령이 1961년 행정명령 제10925호로 채택함으로써 시작되었다. 고용에 있어서 차별행위를 금지하는 것은 1964년에 제정된 「민권법」 제7편(Title 7 of the Civil Rights Act)에 잘 나타나 있다. 즉 "사용자가 고용의 보장, 기간, 조건 또는 특권에 관하여 피고용인의 인종, 피부색, 종교, 성, 출생국을 이유로 그에 대하여 차별행위를 하는 것은 불법고용행위(unlawful Employment)이다"라고 규정하여 근로자들에게 차별없는 고용을 통해 평등한 기회를 보장하고자 하였다. 그래서 「민권법」에서는 직장여성을 임신, 출산과 관련하여 차별하는 것을 금지하고, 사업장에서의 고의적 성차별과 성희롱이 있는 경우 사업주에게 배상을 명하고 그 피해를 구제받을 수 있도록 하였다.

「민권법」은 처음에 주된 목적이 직장에서의 인종차별을 금지하는 데 있었지만 후에는 직장에서의 성차별을 철폐하는 데 큰 역할을 하였다.

여성문제는 1980년대부터 법적, 제도적 개선을 통하여 여성의 지위

발전을 이루고자 해 왔으나 여전히 사회적 불평등에 놓여 있고 사회 많은 부문에서의 여성의 저대표성은 시정되지 않고 있어 왔다. 이러한 사회 전반에 분포되어 있는 불평등을 극복하기 위해 평등실현을 위한 적극적 조치들로 관심이 이동되고 활성화되어 왔다.

1990년대 들어서면서 정치참여에 있어서 여성에 대한 할당제의 실시가 요구되기 시작하고, 여성공직참여의 확대를 위해 '여성공무원채용목표제'가 실시되었다. 1995년에는 「여성발전기본법」에 잠정적 우대조치 규정을 신설함으로써 사실상의 남녀평등을 달성하고자 하였다.

(2) 할당제

① 할당제의 개념

특정한 성을 우대하는 적극적 조치로 할당제가 있다. 할당제는 현존하는 차별을 해소하기 위해 국가, 지방자치단체 또는 사업주가 잠정적으로 특정한 성을 우대하는 잠정적 조치이다. 한 성을 다른 성과 비교해 볼 때 그 비율에 있어서 심한 차이를 보일 때 그 차이를 차별로 본다. 이러한 차별을 제거하기 위해 법적, 정치적 수단을 통해 낮은 성의 비율이 일정한 수준에 이를 때까지 우선적으로 고려하는 제도이다. 예를 들면 정치적 대표성을 위해 여성의 비율이 저조할 때 여성의 참여가 일정한 비율에 도달할 때까지 여성을 우선적으로 고려하거나, 채용목표를 정하여 그 목표에 도달할 때까지 특정 성을 우선적으로 고려하여 할당하는 경우이다.

② 할당제의 종류

할당제에는 일정한 직위나 자리의 일정 비율을 무조건적으로 한 성에게 할당하는 경직된 할당제(예: 비례대표할당제), 자격이 동일할 때 또는 그 직에 필요한 최소한의 자격만 갖추면 특정한 성에게 우선적으로 고려하는 최소자격요건할당제(예: 양성평등채용목표제)가 있다. 또한 특정한 성에 대한 임용의무를 인사결정시마다 부과하지 않고 일정기간 내에 목표율만 달성할 의무를 부과하는 목표할당제(예: 고위직공무원, 여성교수 비율), 우선 남녀할당을 정하고 낙후된 성에 대해서

할당목표에 도달할 때까지 우선적으로 고려하는 확정할당제 등이 있다.

③ 할당제의 근거 및 위헌성

특정한 성에게 비율을 할당해주는 할당제가 헌법상 평등권을 침해하여 위헌이라는 견해와 남녀의 실질적 평등의 실현을 위해 채택하는 수단으로서 헌법상 평등권 규정에 합치한다는 합헌론이 대립되고 있다. 요컨대 헌법상 평등은 절대적, 형식적 평등이 아닌 상대적, 실질적 평등을 의미한다. 국가는 이러한 실질적 평등을 구현할 의무를 지며, 이러한 실질적 평등을 구현하기 위한 수단으로서 할당제는 헌법상 평등의 견지에서 어긋나지 않는다고 보아야 한다.

④ 여성정치할당제

가. 여성공천할당제

여성의 정치참여기회를 확대하고자 여야 간 합의에 의해 2000년 2월 16일 정당법을 개정하여 각 정당에게 국회의원 및 시・도의회의원의 비례대표후보의 30%를 여성으로 추천하도록 하는 여성공천할당제를 실시하였다. 그 결과 전체의 3%에 불과하던 여성국회의원의 비율이 16대 국회에서는 5.9%(비례대표는 총 여성국회의원 16명 중 11명)로 향상되었고, 17대 국회에서는 13%(비례대표는 총 여성국회의원 39명 중 31명)로 2배로 증가하였다. 그리고 18대 국회에서는 41%(비례대표는 총 여성국회의원 41명 중 27명), 19대 국회에서는 15.7%(비례대표는 총 여성국회의원 47명 중 28명)로 증가하고, 20대 국회에서는 17%(비례대표는 총 여성국회의원 51명중 25명)로 증가하였다.

이같이 여성국회의원수의 증가로 여성의 지위가 향상되었다고는 하나 아직도 전체적인 여성의 지위향상을 위한 국가의 정책적 조치는 필요한 실정에 있다.

나. 여성추천보조금 할당

현행 「정치자금법」 제26조 2항에서는 "여성추천보조금을 지역구・시・도 의회의원선거와 지역구자치구・시・군 의회의원선거에서의 당해 연도의 예산에 계상된 여성추천보조금의 100분의 50을 각 선거의 여성추천보조금 총액으로 한다"고 규정하고 있다.

⑤ 양성평등채용목표제

가. 양성평등채용목표제의 실시

우리나라는 여성공무원이 일정 직급에 있어서 일정 비율이 채워질 때까지 여성을 채용하기 위한 정책인 양성평등채용목표제(공무원채용목표제)를 실시해 왔다. 여성의 공직진출의 확대를 위해 1995년 12월 12일 개정된 「공무원임용시험령」[4]과 1996년 3월 23일 개정된 「지방공무원임용령」에 의해 양성평등채용목표제가 1996년부터 2002년까지 한시적으로 5급 행정 · 외무고시와 7급 행정 · 공안직 · 외무행정직 등을 대상으로 적용되었다. 양성평등채용목표제는 여성합격률이 저조한 분야에 여성 진출을 돕기 위해 모집단위 5명 이상의 공무원 채용시험에서 여성을 최소 30% 이상이 되도록 추가채용하기 위해 도입되었다. 이 제도는 여성합격자수가 매년 책정되는 여성채용목표율에 미치지 못하는 경우에만 적용되는 것인데, 그 목표율은 1996년에 10%, 1997년에 13%, 1998년에 15%, 2000년 이후에는 20% 이상으로 책정되었다. 그 시행방법은 5급은 -3점, 7급은 -5점까지 합격선을 낮춰서 책정된 목표비율만큼 여성을 정원 외로 합격시키는 것이다.

나. 양성평등채용목표제의 변화

양성평등채용목표제는 한 성이 70%이상이 되지 않도록 30%가 안된 성을 추가적으로 채용하는 제도이다.

그 동안에 여성의 비율이 저조했던 직급에 일정비율의 여성을 채용하기 위해 실시해 온 이러한 양성평등채용목표제가 근래에 와서는 오히려 여성공무원이 남성공무원보다 많아져 남성이 수혜자가 되는 추세를 보이고 있다. 2004년에 채용된 7 · 9급 지방공무원 1만 2,302명 중 50.5%인 6,216명이 여성으로 공무원채용시험에서 여성이 초강세를 보

4) 제11조의3: 시험실시기관의 장은 여성공무원의 임용기회를 확대하기 위하여 필요하다고 인정하는 경우에는 한시적으로 여성이 시험실시단계별로 선발예정비율의 일정비율 이상이 될 수 있도록 선발예정인원을 초과하여 여성을 합격시킬 수 있다.

이고 있다.

2006년 5월 11일 행정자치부(현, 안전행정부)의 지방자치단체 여성공무원 통계에 따르면 2005년 7·9급 지방공무원 공채에서 양성평등채용목표제에 의해 추가로 합격한 124명 중 남성이 68명으로 여성의 56명보다 많았다. 이 같은 여성합격률 상승으로 지방 여성공무원이 차지하는 비율은 2005년 말 전체 지방공무원 26만 6,176명 중 26.5%(7만 568명)로 2004년의 25.2%(6만 4,683명)보다 1.3%(5,885명)가 높아져 하급공무원 채용시험에서 양성평등채용목표제로 인한 혜택이 남성에게 많이 돌아간 것으로 설명된다.

그러나 중앙부처 4급이상 여성관리자의 비율은 2006년 5.4%이고, 지방자치단체 6급이상 여성공무원비율은 12.2%인 것으로 보아 여성고위관리직에서는 여성의 비율이 여전히 저조한 실정에 있다.

양성채용목표제와 마찬가지로 여성채용목표제의 시행효과 분석을 바탕으로 하여 여성관리자 임용확대계획도 수립되게 되었으며, 관리자급에 나타나는 여성공무원 인력구조의 불균형을 개선해 나가고자 2006년 12월까지 정부 전체의 5급 이상 관리직 공무원 중 여성비율이 10%이상이 되도록 추진하도록 하고, 4급이상 여성관리직 비율은 2011년 10%로 확대하고자 하였다. 이는 여성들의 공직 유치에 중점을 두고 추진해왔던 여성채용목표제에서 한 걸음 더 나아가, 여성공무원들을 적극적으로 관리직으로 육성·지원하고자 하는 것이다.

다. 잠정적 우대조치(적극적 조치) 규정

(가) 여성차별철폐협약

여성차별철폐협약은 사실상의 평등을 실현하기 위해 잠정적 특별조치(temporary special Measure)를 취할 수 있도록 규정하고 있다. 동 협약은 "남성과 여성 사이의 사실상 평등을 촉진할 목적으로 당사국이 채택한 잠정적 특별조치는 본 협약에서 정의한 차별로 보지 아니하나, 그 결과 불평등한 또는 별도의 기준이 결코 유지되어서는 안 된다"라고 규정하고 있다. 그리고 이러한 조치는 기회와 대우의 평등이라는 목적이 달성되었을 때 중단되어야 하는 잠정적인 것임을 언급하고 있다. 또한 모성을 보호할 목적으로 협약에 수록된 제 조치를 포함한 특별조치를 채택하는 것은 차별적인 것으로 보아서는 안 된다는 것을 명시하고 있다.

(나) 「양성평등기본법」 등

i) 「양성평등기본법」은 국가 및 지방자치단체는 차별로 인하여 특정 성별의 참여가 현저히 부진한 분야에 대하여 합리적인 범위 안에서 해당 성별의 참여를 촉진하기 위하여 관계 법령에서 정하는 바에 따라 적극적 조치를 취하도록 노력하도록 하고 있다.

여성가족부장관은 국가기관 및 지방자치단체의 장에게 위의 적극적 조치를 취하도록 권고하고, 그 이행 결과를 점검하도록 하고 있다. 이를 위해 여성가족부장관은 공공기관 및 사업보고서 제출 대상법인의 성별 임원 수 및 임금 현황 등에 관하여 조사하고 그 결과를 매년 공표할 수 있고, 관계 중앙행정기관의 장이나 그 밖의 관련 기관의 장에게 필요한 자료의 제공을 요청할 수 있도록 하고 있다.

ii) 「국가인권위원회법」은 현존하는 차별을 해소하기 위하여 특정한 사람(특정한 사람들의 집단을 포함)을 잠정적으로 우대하는 행위와 이를 내용으로 하는 법령의 제·개정 및 정책의 수립·집행은 평등권침해의 차별행위로 보지 아니한다고 규정하고 있다.

iii) 「여성기업지원에 관한 법률」에서는 여성창업과 자금지원에 대해 정부는 창업자 및 창업지원관련 사업을 하는 자에 대한 지원을 실시함에 있어 여성창업자 및 여성창업 지원실적이 우수한 창업지원관련 사업자를 우대할 수 있고, 중소기업청장은 여성의 창업을 촉진하기 위하여 「중소기업창업 지원법」 규정에 의한 창업보육센터 사업자를 지정할 때에는 여성을 위한 창업보육센터 사업자를 우선 지정할 수 있다고 규정하고 있다. 그리고 국가 및 지방자치단체는 기업에 대한 자금을 지원함에 있어 여성기업의 활동과 창업을 촉진하기 위하여 여성기업을 우대할 것을 규정하고 있다.

4. 평등에 대한 권리의 제한

1) 헌법에 의한 제한

헌법은 평등에 대한 권리의 예외적인 특권을 인정하는 경우를 규정하고 있다. 대통령의 재직 중에 형사상 특권을 부여하고 있고, 국회의원은 면책특권과 불체포특권을 부여하는 직무와 관련한 특권이 인정되고 있다. 국가유공자·상이군경 및 전몰군경의 유가족은 우선적으로 취업의 기회를 갖도록 규정하고 있다.

모든 근로자는 원칙적으로 법률이 정하는 자의 경우에 단결권·단체교섭권·단체행동권의 근로3권을 갖는다. 그러나 주요방위산업체 종사 근로자의 단체행동권은 제한될 수 있다. 일반인과 달리 군인 또는 군무원 등은 군사법원의 재판을 받는다.

2) 법률에 의한 제한

국가는 개인이 가지는 기본권을 최대한 보장할 의무가 있지만 기본권이 어떠한 제약도 받지 않는 무제한적인 것은 아니다. 헌법 제37조 2항은 “국민의 모든 자유와 권리는 국가안전보장·질서유지 또는 공공복리를 위하여 필요한 경우에 한하여 법률로써 제한할 수 있으며, 그 본질적 내용은 침해할 수 없다”고 규정하여 기본권의 제한내용을 명시하고 있다. 평등권의 경우도 현실적으로 보장되는 자유가 되게 하려면 전체적인 법질서 내에서의 법적인 자유이어야 하며 평등권도 이 한계 내에서 보호될 수 있는 것이다. 따라서 평등권도 국가안전보장· 질서유지 또는 공공복리를 위해서 제한을 받을 수 있다. 그러나 평등권을 제한하는 경우에도 국가는 개인이 지닌 기본권을 최소한으로 제한하면서 국가의 목적을 달성하여야 하여야 하며 이때 비로소 국가가 개인의 기본권을 제한하는 정당성이 확보된다고 할 수 있다. 따라서 개인의 평등권을 제한하는 경우에도 필요최소한 제한하면서도 평등권이 유명무실화될 정도의 본질적 내용을 침해하는 제한은 할 수 없는 것이다.

제 2 절 양성평등 추진법

1. 양성평등기본법

1) 양성평등기본법의 입법배경

헌법의 평등이념에 입각해 정치·경제·사회·문화의 모든 영역에서 양성평등을 촉진하고 여성의 사회참여확대와 복지증진 등의 여성발전을 도모하고자 「여성발전기본법」은 1995년 12월 30일(법률 제5135호)에 제정, 공포되었다. 그동안 「여성발전기본법」은 헌법의 양성평등 이념을 구현하기 위하여 국가와 지방자치단체의 책무 등에 관한 기본적인 사항을 규정하여 1995년 이 법 제정 이후 중앙과 지방자치단체의 여성정책 및 예산 수립의 근거가 되어 양성평등과 여성의 사회 참여 확대 및 권익 증진에 많은 영향을 미쳐 왔다.

그러나 이 법이 제정된 지 20년이 지나 여성정책의 패러다임이 '여성발전'에서 '실질적 양성평등 실현'으로 전환되고 있는 여성정책을 둘러싼 사회 환경과 관련 법제도가 크게 변화하고 있는 반면 이 법은 큰 개정 없이 1995년 제정 당시의 기본적인 내용과 구성이 유지되고 있어 기본법으로서 그 기능을 다하지 못하고 있음이 지적되어 왔다.

세계적으로 여성정책의 패러다임이 '성 주류화'정책으로 바뀌어 가고 있고 우리나라도 이를 반영하여 성별영향분석평가, 성인지 예산, 성인지 통계 등 양성평등 촉진을 위한 제도들이 이미 실시하고 있지만 「여성발전기본법」은 이러한 변화를 반영하지 못하고 있어 양성평등 정책에 맞는 기본법 성격의 법으로 법체계를 재정비할 필요성 제기되어 왔다.

그래서 「여성발전기본법」을 법명을 입법취지에 맞게 「양성평등기본법」

으로 변경하여 전면 개정하였다. 따라서 「양성평등기본법」은 양성평등과 관련된 권리 보장과 정부의 책임성을 강화하고, 양성평등 정책 추진체계의 내실화를 기하며, 양성평등 촉진을 위한 시책의 강화, 정책의 양성평등 효과를 강화하기 위해 성 주류화 조치의 체계화와 이를 통한 여성과 남성이 동등한 참여와 대우를 받고 모든 영역에서 평등한 책임과 권리를 공유하는 실질적 양성평등 사회를 실현하고자 하고 있다.

이 「양성평등기본법」 이외에도 「남녀고용등과 일·가정 양립 지원에 관한 법률」, 「근로기준법」, 「국가인권위원회법」 등에서 고용, 근로에 있어서 차별을 금지하는 내용을 담고 있다.

〈표 2-1〉 양성평등정책추진체계

구분	여성가족부	고용노동부	국가인권위원회
법령	「양성평등기본법」	「남녀고용등과일·가정 양립 지원에 관한 법률」 「근로기준법」 「고용보험법」	「국가인권위원회법」
내용	• 공공기관에서의 양성평등 정책 참여 • 성 주류화 조치 • 성별영향분석평가	• 모성보호 · • 민간기업의 고용상 차별에 대한 포괄적 금지	• 고용차별을 포함하여 인권을 침해하는 18종의 차별행위금지
이행 방법	• 정부기관 평가지표로 활용	• 사업장 지도·감독 • 사고사건은 시정 지시후 미처리시 사법처리 • 고용평등위원회설치 운영	• 시정권고

2) 양성평등기본법의 목적과 내용

(1) 목적과 이념

이 법은 「대한민국헌법」의 양성평등 이념을 실현하기 위한 국가와 지방자치단체의 책무 등에 관한 기본적인 사항을 규정함으로써 정치·경제·사회·문화의 모든 영역에서 양성평등을 실현하는 것을 목적으로 하고 있다.

이 법이 추구하는 기본이념은 개인의 존엄과 인권의 존중을 바탕으로 성차별적 의식과 관행을 해소하고, 여성과 남성이 동등한 참여와 대우를 받고 모든 영역에서 평등한 책임과 권리를 공유함으로써 실질적 양성평등 사회를 이루는 것이다.

(2) 주요 내용

① 양성평등정책 기본계획 수립 등

여성가족부장관은 양성평등정책에 관한 기본계획을 5년마다 수립하여야 한다. 중앙행정기관의 장과 시 · 도지사는 기본계획에 따라 연도별 시행계획(이하 "시행계획"이라 한다)을 각각 수립 · 시행 및 추진실적을 제출하고 여성부장관은 시행계획을 점검하고 조정을 요청할 수 있다.

② 양성평등정책 추진

가. 성주류화 조치

국가와 지방자치단체는 법령 및 정책의 직무를 수행하는 과정에서 성평등 관점을 통합하는 성 주류화 조치를 취하여야 하고, 그 실효성을 높이기 위하여 다양한 방법과 도구를 적극 개발하여야 한다.

나. 성별영향분석 평가

국가와 지방자치단체는 제정·개정을 추진하는 법령과 성평등에 중대한 영향을 미칠 수 있는 계획 및 사업 등이 성평등에 미치는 영향을 분석 · 평가하는 성별영향분석평가를 하여야 한다.

다. 성인지 예산 및 성인지 통계

국가와 지방자치단체는 관계 법률에서 정하는 바에 따라 예산이 여성과 남성에게 미치는 영향을 분석하고 이를 국가와 지방자치단체의 재정운용에 반영하는 성인지 예산을 실시하여야 한다. 또한 국가와 지방자치단체는 인적 통계를 작성하는 경우 성별 상황과 특성을 알 수 있도록 성별로 구분한 성인지 통계를 산출하고, 이를 관련 기관에 보급하여야 한다. 여성가족부장관은 성인지 예산에 필요한 기준제시, 자문 및 교육훈련 등 지원을 할 수 있고, 성인지 통계의 개발, 산출, 자문 및 교육훈련 등 필요한 사항을 지원할 수 있다.

라. 성인지 교육

국가와 지방자치단체는 소속 공무원 등에게 사회 모든 영역에서 법령, 정책, 관습 및 각종 제도 등이 여성과 남성에게 미치는 영향을 인식하는 능력을 증진시키는 성인지 교육을 실시하여야 한다. 국가와 지방자치단체는 성인지 교육을 한국양성평등교육진흥원 또는 관련 전문기관에 위탁할 수 있다.

마. 국가성평등지수 등

여성가족부장관은 국가의 성평등수준을 계량적으로 측정할 수 있도록 성평등한 사회참여의 정도, 성평등 의식·문화 및 여성의 인권·복지 등의 사항이 포함된 국가성평등지표를 개발·보급하여야 한다. 여성가족부장관은 국가성평등지표를 이용하여 국가의 성평등 정도를 지수화한 국가성평등지수를 매년 조사·공표하고, 국가성평등지표를 기초로 지역성평등지표를 매년·공표하여야 한다. 성평등수준이 낮은 지표에 관해서는 개선 방안을 마련하도록 하고, 각 지표별 통계와 지표의 특성 등에 관한 정보를 국민들이 편리하게 사용할 수 있도록 필요한 조치를 하여야 한다.

③ 양성평등 참여

가. 적극적 조치 등

국가와 지방자치단체는 차별로 인하여 특정 성별의 참여가 현저히 부진한 분야에 대하여 합리적인 범위에서 해당 성별의 참여를 촉진하기 위하여 관계 법령에서 정하는 바에 따라 적극적 조치를 취하도록 노력하여야 한다. 여성가족부장관은 국가기관 및 지방자치단체의 장에게 적극적 조치를 취하도록 권고하고, 그 이행 결과를 점검하여야 한다.

나. 정책결정과정 참여

국가와 지방자치단체는 정책결정과정에 여성과 남성이 평등하게 참여하기 위한 시책을 마련하여야 하며, 위원회를 구성할 때 위촉직 위원의 경우에 해당 분야 특정 성별의 전문인력 부족 등 부득이한 사유가 있다고 인정되어 실무위원회의 의결을 거친 경우 이외에는 특정 성별이 위촉직 위원 수의 10분의 6을 초과하지 아니하도록 하여야 한다.

국가와 지방자치단체는 관리직위에 여성과 남성이 균형있게 임용될 수 있도록 직종·직급·고용형태별 남녀 직원 현황, 관리직 남녀 비율 현황, 남녀 직원 근속연수 현황, 승진 대상자 중 남녀의 승진 비율, 남녀 관리직에 대한 연도별 임용 목표 및 달성 시기를 고려하여 해당 기관의 연도별 임용목표비율을 포함한 중장기 계획인 관리직 목표제 등을 시행하여야 한다.

공공기관의 장은 관리직 목표제 등을 시행하여야 하고, 해당 기관의 임원 임명 시 여성과 남성이 균형있게 임명될 수 있도록 노력하여야 한다.

다. 공적 참여

국가와 지방자치단체는 공직에 여성과 남성이 평등하게 참여하기 위한 시책을 마련하여야 하고, 공무원의 채용·보직관리·승진·포상·교육훈련 등에서 여성과 남성에게 평등한 기회를 보장하여야 한다.

라. 정치 참여

국가와 지방자치단체는 여성과 남성의 동등한 정치 참여를 지원하기 위한 시책을 마련하도록 노력하여야 한다.

마. 경제활동 참여

국가와 지방자치단체는 근로자의 모집·채용·임금·교육훈련·승진·퇴직 등 고용 전반에 걸쳐 양성평등이 이루어지도록 하여야 한다.

국가기관등과 사용자는 여성이 승진·전보 등 인사상 처우에서 성별에 따른 차별 없이 그 자질과 능력을 정당하게 평가받을 수 있고, 여성이 임신·출산·육아 등을 이유로 경력이 단절되지 아니하도록 노력하는 등 직장 내의 양성평등한 근무환경 조성을 위하여 필요한 조치를 취하여야 한다.

④ 인권 보호 및 복지 증진 등

가. 성차별의 금지

국가와 지방자치단체는 관계 법률에서 정하는 바에 따라 성차별 금지를 위한 시책 마련에 노력하여야 한다.

나. 성폭력 · 가정폭력 · 성매매 범죄 · 성희롱 등의 예방과 방지조치

국가와 지방자치단체는 성폭력 · 가정폭력 · 성매매 범죄 및 성희롱을 예방 · 방지하고 피해자를 보호하고 상담하여야 한다. 국가와 지방자치단체는 성폭력 · 가정폭력 · 성매매 범죄의 예방과 성희롱 예방교육을 성평등 관점에서 통합하여 실시할 수 있고 가해자를 교정하기 위하여 필요한 시책을 강구하여야 한다. 특히 성희롱 방지를 위해 교육 등 조치, 점검을 실시하여야 하고, 성희롱 방지조치가 부실하다고 인정되는 때 관리자에 대한 특별교육 등 필요한 조치를 하여야 한다.

다. 복지 및 건강 증진

국가와 지방자치단체는 지역·나이 등에 따른 여성 복지 수요를 충족시키기 위한 시책을 강구하여야 하며, 장애인, 한부모, 북한이탈주민, 결혼이민자 등 취약계층 여성과 그 밖에 보호가 필요한 여성의 복지 증진을 위하여 필요한 조치를 하여야 한다.

국가와 지방자치단체는 보건의료에 대한 양성평등한 접근권을 보장을 위한 노력과 모성건강 등 여성의 생애주기에 따른 건강증진에 관한 시책을 마련하여야 한다.

⑤ 양성평등 문화 확산 등

가. 가사 및 교육과 양성평등

국가와 지방자치단체는 가사노동에 대한 경제적 가치를 정당하게 평가하여 이를 법령 · 제도 또는 시책에 반영하도록 노력하여야 한다. 국가와 지방자치단체는 가정에서부터 양성평등에 관한 교육이 이루어

지도록 노력하고, 학교교육과 국공립 연수기관, 평생교육시설 연수교육과정 등에서 양성평등 의식을 높이는 교육이 실시되도록 노력하여야 한다.

나. 문화조성과 양성평등

국가와 지방자치단체는 신문, 방송, 잡지, 인터넷 등 대중매체에서 성별을 이유로 한 차별, 편견, 비하 또는 폭력적 내용이 개선되도록 지원하고, 대중매체를 통하여 양성평등 의식이 확산되도록 노력하는 등 양성평등한 문화조성을 위한 효과적인 사업을 발굴하고 추진하여야 한다.

다. 여성친화도시 조성 및 국제협력

국가와 지방자치단체는 지역정책과 발전과정에 여성과 남성이 평등하게 참여하고 여성의 역량강화, 돌봄 및 안전이 구현되도록 정책을 운영하는 여성친화도시 조성 노력을 하여야 한다.

국가와 지방자치단체는 양성평등 실현을 위한 국제조약을 체결하거나 이행하기 위하여 노력하여야 한다. 또한 국제기구나 국제회의에서 여성과 남성의 평등한 참여를 지원하고, 국제개발협력을 실시함에 있어서 양성평등 실현을 위한 시책을 마련하여야 한다.

라. 평화통일 과정 참여

국가와 지방자치단체는 국내외 여성평화증진 및 통일을 위한 활동을 지원하는 등 국내외 평화 문화 확산과 통일 추진과정에서 여성과 남성이 평등하게 참여할 수 있도록 노력하여야 한다.

⑥ 기금의 설치 등

국가는 이 법의 목적을 실현하기 위한 사업 등을 지원하는 데 필요한 재원을 확보하기 위하여 양성평등기금을 설치하고, 이에 필요한 사항은 조례로 정한다.

⑦ 양성평등정책 관련 기관 및 시설 · 단체 등 지원

가. 양성평등 정책 관련 기관 등 설치 · 운영

국가와 지방자치단체는 양성평등정책을 연구 · 교육 기관을 설치 · 운영하고, 양성평등한 사회참여를 촉진하기 위하여 능력개발 및 교육훈련을 위한 양성평등정책 관련 시설을 설치·운영할 수 있다.

나. 한국양성평등교육진흥원 설립 등

국가는 양성평등교육 등을 효율적이고 체계적으로 추진하고 진흥시키기 위하여 한국양성평등교육진흥원을 설립하여, 양성평등을 위한 교육 및 진흥 사업, 공무원에 대한 성인지 교육, 여성과 남성의 지도력 함양 교육, 성희롱 예방교육 강사 등 전문인력 양성 사업, 공무원 교육훈련기관의 양성평등 교육과정을 강화하기 위한 교류 협력 지원 사업, 양성평등 교육 프로그램 개발과 교육 연구 사업, 양성평등 교육 관련 자료 출간 사업, 위 사업에 부수되는 사업 또는 이와 관련하여 국가기관 등으로부터 위탁받은 사업한다.

다. 여성인력개발센터의 설치·운영 등

국가와 지방자치단체는 여성인력 개발을 위한 여성인력개발센터를 설치·운영할 수 있고, 이를 위해 위 센터에 예산의 범위에서 운영에 필요한 경비의 전부 또는 일부를 보조할 수 있다.

라. 여성사박물관의 설립·운영

여성가족부장관은 역사 속 여성의 역할과 역사발전에 기여한 인물을 조명하고, 여성을 위한 교육과 국민의 양성평등의식 고양을 위한 장으로 활용하기 위하여 여성사박물관을 설립·운영할 수 있다.

2. 국가인권위원회법

1) 국가인권위원회의 설치와 구성

국가인권위원회(이하 “인권위”라 한다)는 2001년 5월 24일 「국가인권위원회법」을 제정함으로써 그 활동을 시작하였다. 국가인권위원회제도는 법원이나 헌법재판소의 사법적 인권보장을 보완해 주는 제도로서 의미를 가진다. 「국가인권위원회법」은 대한민국의 국민뿐만 아니라 국내에 있는 외국인에 대해서도 적용한다.

인권위는 위원장 1인, 상임위원 3인을 포함한 11인의 인권위원으로 구성된다. 상임위원 2인을 포함한 위원 4인은 국회에서 선출, 4인은 대통령이 지명, 3인은 대법원장이 지명한 자를 대통령이 임명하며, 4인 이상을 여성으로 임명한다. 위원장은 위원 중 대통령이 임명한다. 위원은 교육공무원 이외 공무원직을 겸할 수 없고, 정당에 가입할 수 없다.

2) 국가인권위원회의 목적

인권위는 모든 개인이 가지는 불가침의 기본적 인권을 보호하고 그 수준을 향상시킴으로써 인간으로서의 존엄과 가치를 구현하고 민주적 기본질서의 확립에 이바지함을 목적으로 한다.

3) 인권, 차별행위, 성희롱의 정의

(1) 인권의 정의

「국가인권위원회법」에서 "인권"이라 함은 헌법 및 법률에서 보장하거나 대한민국이 가입·비준한 국제인권조약 및 국제관습법에서 인정하는 인간으로서의 존엄과 가치 및 자유와 권리를 말한다.

(2) 차별행위의 정의

「국가인권위원회법」에서 평등권 침해의 차별행위는 "합리적인 이유 없이 성별, 종교, 장애, 나이, 사회적 신분, 출신지역(출생지, 등록기준지, 성년이 되기 전의 주된 거주지역), 출신국가, 출신민족, 용모 등 신체조건, 기혼·미혼·별거·이혼·사별·재혼·사실혼 등 혼인 여부, 임신 또는 출산, 가족형태 또는 가족상황, 인종, 피부색, 사상 또는 정치적 의견, 형의 효력이 실효된 전과, 성적 지향, 학력, 병력 등을 이유로 하는 행위로

① 고용(모집, 채용, 교육, 배치, 승진, 임금 및 임금 외의 금품 지급, 자금의 융자, 정년, 퇴직, 해고 등을 포함한다)과 관련하여 특정한 사람을 우대·배제·구별하거나 불리하게 대우하는 행위

② 재화 · 용역 · 교통수단 · 상업시설 · 토지 · 주거시설의 공급이나 이용과 관련하여 특정한 사람을 우대 · 배제 · 구별하거나 불리하게 대우하는 행위

③ 교육시설이나 직업훈련기관에서의 교육 · 훈련이나 그 이용과 관련하여 특정한 사람을 우대 · 배제 · 구별하거나 불리하게 대우하는 행위를 포함한다고 하고 있다.

다만 예외적으로 ① 현존하는 차별을 해소하기 위하여 특정한 사람(특정한 사람들의 집단을 포함)을 잠정적으로 우대하는 행위와 ② 이를 내용으로 하는 법령의 제 · 개정 및 정책의 수립 · 집행은 평등권침해의 차별행위로 보지 아니한다고 본다.

(3) 성희롱 행위의 정의

「국가인권위원회법」에서 성희롱은 "업무, 고용 그 밖의 관계에서 공공기관의 종사자, 사용자 또는 근로자가 그 직위를 이용하거나 업무 등과 관련하여 성적 언동 등으로 성적 굴욕감 또는 혐오감을 느끼게 하거나 성적 언동 그 밖의 요구 등에 대한 불응을 이유로 고용상의 불이익을 주는 것을 말한다"라고 규정하고 있다.

4) 국가인권위원회의 업무와 권한

(1) 인권침해 등에 관한 조사, 연구, 권고 또는 의견 표명

인권위는 인권에 관한 법령 · 제도 · 정책 · 관행의 조사와 연구 및 그 개선이 필요한 사항에 관한 권고 또는 의견의 표명을 할 수 있다. 인권위는 인권의 보호와 향상을 위하여 필요하다고 인정하는 경우 관계기관 등에 대하여 정책과 관행의 개선 또는 시정을 권고하거나 의견을 표명할 수 있다. 즉 인격권, 행복추구권, 표현의 자유, 프라이버시권, 양심의 자유, 통신의 자유 등을 침해하는 정보의 수집이나 그 유통행위에 대하여 시정을 권고하거나 의견표명을 할 수 있다. 권고를 받은 기관의 장은 그 권고사항을 존중하고 이행하기 위하여 노력하여야 한다.

또한 인권침해행위와 차별행위에 대한 조사와 구제, 인권상황에 대한 실태조사, 인권에 관한 교육 및 홍보, 국제인권조약에의 가입 및 그 조약의 이행에 관한 연구와 권고 또는 의견의 표명 등의 업무를 수행한다.

「국가인권위원회법」에서는 관계 국가행정기관 또는 지방자치단체의 장은 인권의 보호와 향상에 영향을 미치는 내용을 포함하고 있는 법령을 제정 또는 개정하고자 하는 경우에는 미리 위원회에 통보하도록 규정하고 있다.

(2) 인권침해 및 차별행위의 조사

인권위에서는 인권침해 및 차별행위의 조사와 구제조치를 한다. 인권위의 조사는 ① 인권침해나 차별행위를 당한 피해자 또는 그 사실을 알고 있는 사람이나 단체의 진정, ② 진정이 없더라도 믿을 만한 상당한 근거가 있고 그 내용이 중대하다고 인정할 때에는 위원회의 직권으로 행할 수 있다.

조사대상은 ① 국가기관, 지방자치단체 또는 구금보호시설의 업무수행과 관련하여 헌법 제10조 내지 제22조에 보장된 인격을 침해당한 경우, ② 법인 또는 사인에 의하여 차별행위를 당한 경우에 이루어진다.

따라서 국가기관이나 지방자치단체나 구금·보호시설에서 개인정보의 수집·처리 등과 관련하여 인권침해에 대해 이를 조사할 수 있다. 그리고 법인·단체 또는 사인의 행위에 의한 인권 침해가 발생한 경우에는 그것이 성별, 종교, 장애, 나이, 사회적 신분, 출신지역, 출신국가, 출신민족, 용모 등 신체조건, 혼인여부, 임신 또는 출산, 가족상황, 인종, 피부색, 사상 또는 정치적 의견, 형의 효력이 실효된 전과, 성적 지향, 병력을 이유로 한 차별행위와 연관되는 경우에만 조사할 수 있다. 단, 국회의 입법 및 법원과 헌법재판소의 재판은 그 조사대상에서 제외한다.

인권위의 조사방법은 진정인·피해자·피진정인인 당사자 또는 관계인에 대한 출석 요구, 진술청취 또는 진술서 제출요구, 당사자·관계인·관계기관에 대한 관련자료 제출요구나 관련사실 조회, 실지조사나 감정 등에 의한다. 이러한 요구 등에 불응하는 자에게는 과태료가 부과된다.

(3) 인권침해 및 차별행위의 구제조치

인권위가 할 수 있는 조치로는 접수한 진정을 각하하거나 조사결과 기각할 수 있고, 다른 기관에 이송할 수 있다. 진정을 인용하는 경우에는 ① 수사기관에 대한 수사개시와 필요한 조치의 의뢰, ② 당사자에 대한 합의 권고, ③ 당사자의 신청이나 위원회의 직권에 의한 조정을 할 수 있다. ④ 피진정인이나 그 소속기관 등의 장에 대한 구제조치 또는 징계 등의 권고, ⑤ 검찰총장 등에 대한 고발, ⑥ 피해자를 위한 법률구조요청, ⑦ 일정한 경우에 진정에 대한 결정 이전에 피진정인이나 그 소속기관 등의 장에 대한 긴급구제조치의 권고를 할 수 있다.

(4) 인권침해의 유형· 판단기준 및 예방조치 등

인권위는 인권침해의 유형· 판단기준 및 예방조치 등에 관한 지침의 제시 및 권고를 하고, 국제인권조약에의 가입 및 그 조약의 이행에 관한 연구와 권고 또는 의견의 표명 등의 업무를 수행한다.

그리고 인권위는 해마다 전년도 활동내용과 인권상황 및 개선대책에 관한 보고서를 작성하고 이를 대통령과 국회에 보고하여야 한다.

제 3 절 성평등정책

1. 성평등정책의 의미와 출발점

성평등정책은 단순히 여성의 문제를 개인적 차원에서만 인식하는 것이 아니라 사회적·국가적 차원의 문제로 인식하고 이를 해결하기 위한 선택과 행동계획을 말한다. 성평등정책은 한 사회를 구성하는 남녀가 평등해야 한다는 기본 인식하에 국가가 평등저해 요소들을 제거하고 개선노력을 제도적으로 마련하는 것이다. 이는 불평등한 상황 하에서 여성들이 감수하는 불이익에 대해 국가가 일차적 책임을 가지고 여성문제를 해결하려는 행동계획이다. 그동안 뿌리박혀 온 가부장제와 남녀불평등의 현실에 국가가 정책적으로 개입하는 것이다.

성평등정책의 출발은 단순히 여성을 대상으로 한 정책인가? 성평등정책은 그동안 여성들이 상대적으로 사회적 불평등을 체험한 집단으로 성차별을 해소하고 성평등 실현의 이상적 목표 달성위해 여성 '정책'이란 현실에 기반하는 것을 출발점으로 한다. 이를 통해 여성들에게 인간으로서 누려야 할 보편타당한 권리를 회복시켜 주고 불평등한 처우를 유발하는 제도 및 환경, 인식 개선을 시도하는 것이다. 이는 궁극적으로 양성평등 사회를 지향하는 취지와 부합하는 것이다.

2. 주요 성 분석틀

1) Harvard 분석틀

이 분석은 노동의 성분업 개념에 기반을 두고 정책과 관련된 사람들, 여성과 남성이 하는 일 분석/ 정책이 여성에 미치는 영향, 여성이 정책에 미치는 영향 분석/노동의 성분업, 자원 혜택에 성별 통제 결정 요소들, 사업참여 수혜에 남녀 차별적 기회와 제약 초래 요소를 규명분석한다. 이 분석은 농촌지역의 사업에 유용한 틀로 남녀 차이 분석 경험이 별로 없는 생산적, 재생산적 작업의 양 측면을 분석하는 데 유용하다.

2) Moser 3중 역할 분석틀

이 분석은 정책설계 과정이나 젠더훈련에 사용될 도구로 여성의 3중 역할을 제시한다. 3중 역할은 생산적, 지역사회적 역할 분석 통해 노동의 성별 분업을 가시화하고 남성과 여성의 차별적 요구를 드러낸다.

3) GAM 분석틀

이 분석은 지역수준에서 성차의 규명과 남녀에 대한 정책개입의 서로 다른 영향 확인하고자 하는 것이다. 이는 사회의 4수준 즉 여성, 남성, 가구, 지역사회 수준에서의 노동, 시간, 자원, 사회문화적 요인의 네 영역에 대한 영향을 검토한다.

4) Longwe 분석틀

이 분석에서는 여성의 세력화 수준 평가를 통계, 참여, 의식화, 접근, 복지의 5개 수준 개념을 도입한다. 이 분석에서 평등수준은 위계적인 것으로서 더 높은 수준에 초점을 둔 정책이 여성의 세력화를 증대하기 쉬운 것으로 여성의 평등과 세력화의 현실적 의미, 정책개입의 세력화 지원의 정도를 이해하는데 유용하다.

5) 사회관계 분석틀(The Social Relations Apporach Framework:SRA)

성분석틀은 개발자의 가치 반영, 그 가치는 궁극적으로 정책에 영향을 미치므로 사용자는 분석틀에 내재된 가치를 잘 아는 것이 중요하다. 성분석 수행을 위해서는 주요 성 분석틀의 이해와 해결하고자 하는 문제에 도움이 되는 분석을 선택하는 것이 필요하며, 분석 목적과 범주에 따라 분석틀의 변화 사용도 가능할 것이다.

몰성적 정책은 남성과 여성의 구별에 실패한 정책으로 현존 성별관계에 입각, 여성배제 쉽다. 성인지적 정책은 남성은 물론 여성도 개발의 행위자로서 남성과 다른 방식의 제약을 인식하는 정책으로 여성의 요구, 흥미, 우선순위는 남성과 다를 수 있고 충돌할 수 있음 인식하는 것이다. 이는 성중립적 정책과 성특화적 정책으로 구분할 수 있는데, 성중립적 정책은 성별차이에 대한 지식을 주어진 현재의 성별 관계를 기반으로 한 상황에서 여성과 남성 모두의 현실적 요구 충족에 사용되는 반면 성특화적 정책은 성별 차이에 대한 지식을 여성이나 남성 어느 한쪽의 현실적 요구 반영에 사용한다.

성재분배적 정책은 여성과 남성의 평등한 관계의 구현을 위해 자원과 책임의 현 분배를 변형하는 것을 목적한다. 이 정책은 전략적 이해의 초점을 구축하는 방식으로 현실적 요구를 충족시키는 기획이 가능하다.

3. 성주류화

성주류화(gender mainstreaming)는 공공정책을 추진하는데 있어 입법, 추진하는 모든 부분에 양성에 관련된 함의를 반영하는 것을 말한다. 여성이슈를 정책의 주류에 통합시켜 나간다는 관점으로 1995년 제4차 유엔세계여성대회에서 여성발전과 성평등을 추진하는 성주류화가 선택되었다.

성주류화는 일반정책에 성(gender)관점을 삽입하는 것으로 여성이 정책의 주류화에 동등하게 참여하여 양성평등 사회를 실현하는 결과를 창출하는 새로운 패러다임으로 변화하는 것이다. 성주류화 전략은 성인지통계, 성별영향평가, 성인지예산 확충, 성별분리통계정책 등에서 추진되고 있다.

4. 성별영향평가와 성인지 정책

1) 정책추진의 경향성

국제적으로 성주류화가 주창된지 20여년간 정치 · 경제 · 사회 · 문화의 모든 영역에서 급변화되는 사회에서 국내적으로도 성평등사회 구현을 위한 방안으로 성주류화 전략을 채택하고 이를 양성평등기본법에 규정하여 실천해오고 있다. 이는 여성의 발전에 초점을 맞추어오던 정책이 양성으로 정책의 초점이 전환되고 수행해오는 것을 보여주는 것이다.

2) 성별영향평가(gender impact assessment)

(1) 성별영향평가 개념과 필요성

성별영향평가는 성분석, 양성평등 분석을 위해 모든 공공정책에 성관점(gender-based)을 통합시키고자 하는 것이다. 이는 성주류화를 위한 도구적 역할을 하며 정책에서 성차별성을 제거하여 남성과 여성 모두 만족도를 향상시키고 정책의 활용도 및 효과성을 제고하게 한다.

성별영향평가는 여성의식이나 요구 및 경험을 고려하지 못한 정책 개발과 집행은 여성은 물론 사회전체 발전에 장애가 되는 것으로 정책 수요자로서 여성과 남성 모두에게 긍정적 영향 미칠 수 있는 정책개발과 집행을 위한 도구로 작용하게 한다. 이로써 여성과 남성이 공동참여와 균등한 발전기회 보장을 통해 실질적 양성평등 정책 마련에 기여하게 되고 정책개발에 필요한 성과 관련된 정보를 제공하게 해준다.

(2) 싱별영향 평가 내상 정책 예(여성가속부 성별영향평가 지침)

① 행정 및 정책결정부문

○ 선거관계 법령 제 · 개정

○ 공무원 국내외 훈련, 공무원 시험 관리, 사무환경 개선

○ 공무원 인사교류, 파견 및 결원 보충제도 등

○ 개방형 직위 운영, 국가 인재 관리 등

② 경제활동 및 고용부문

○ 소득세, 재산세, 소비세 각종 조세 관련제도

○ 물가안정대책, 소비자 보호정책, 시장경제제도 개선

○ 일자리 창출 등 청년실업 대책, 비정규직 근로자 보호

○ 직업적응훈련 사업, 자활직업 훈련 사업 등

③ 교육부문

○ 초 · 중등학교 인성교육, 교과용 도서개발 등

○ 교육 소외계층 지원 등 교육복지정책

○ 교원양성, 연수 등 교원정책 등

④ 복지부문

○ 4대 보험, 각종 보건 · 의료정책, 사회복지전달체계 개선

○ 노인 · 장애인 복지, 아동 · 청소년 보호 · 육성, 보육정책

○ 기초생활보장제도 운영, 최저생계비 지원

○ 사회적 일자리 창출, 자활공동체 육성사업 등

⑤ 가족부문

○ 취약계층 가족(모 · 부자가정, 미혼모 등) 지원

○ 저출산 대비정책, 모자보건정책

○ 부부 단위, 가족단위 상담 · 교육사업 실시 등

⑥ 문화 · 사회 환경부문

○ 예술 · 문화활동 지원, 생활체육 활성화, 관광 육성사업

○ 수도 및 생활하수, 오염 물질의 위해 방지, 폐기물 등 지원

○ 재활용정책, 지방의제 21조례

○ 자원봉사자 육성 · 관리정책 등

⑦ 기타부문

○ 태풍 · 산불 피해 등에 대한 구호 업무

○ 탈북자 지원 정책

○ 편의시설 설치 관련 법령 및 정책, 농촌 정보화 사업 등

3) 성인지 정책

성인지적 관점(gender perspective)이란 각종 제도나 정책이 특정 성에 유리하거나 불리하지 않은지, 성역할 고정관념이 개입되어 있는지 여부 등의 문제점을 검토하는 하는 것을 말한다.

성인지(gender sensitivity)란 특정 성별에게 불평등이 발생하지 아니하도록 여성과 남성에게 미치는 영향을 인식 · 반영하는 능력을 증진시키는 것을 말한다. 이는 성별 역할과 지위, 입장과 경험을 동등하게 고려하여 성별 차이를 반영하거나 불평등을 시정하는 것이다.

성인지 정책은 여성과 남성이 지닌 경험의 차이에 이해 서로 다른 요구나 이해를 하고 있다는 사실을 제도나 정책에 반영하는 것이다. 이는 남녀성차별을 개선하기 위해 각종 제도나 정책에 있어서 여성과 남성에게 미치는 영향을 고려하여 성불평등이 발생하지 않도록 하는 궁극적으로 양성평등에 기여하는 정책이다. 성인지 정책으로 성인지 예산(gender sensitive budgets)제도를 실행하고 있다. 성인지 예산은 특정 성에 불평등이 발생하지 않도록 성별영향을 고려하여 예산안을 편성하는 것으로 공공예산을 편성하고 집행하는 전 과정에 성인지적 관점을 도입하는 것이다. 예산에 남성과 여성의 삶 차이와 특성을 반영하여 계획, 집행하고, 그 효과가 양성에 평등하게 반영되도록 하는 것이다.

대표적인 예로

① 편견과 고정관념을 배제하고 남녀간 차이를 고려하는 경우 정책의 공정성을 높일 수 있다-호주제 폐지

② 남녀의 차이를 고려하는 정책이 효율적이고 양성평등한 결과를 가져올 수 있다-양성평등채용목표제, 남녀좌변기 수량차 설치

③ 성별고정관념을 극복하면 사회의 성평등 감수성을 높일 수 있다-육아휴직제 등을 들 수 있다.

***[비교 개념]**

○성인지성(gender awareness)

:여성과 남성의 차이가 학습된 행동을 바탕으로 사회문화적으로 구성, 결정을 이해하는 것

○성인지력(gender sensitivity)

:현존하는 성차이와 성차별, 성과 관련된 문제를 인지할 수 있는 능력으로 성차별적 영향 배제에 필요한 통찰력

[판례 2-1] 국적취득 부계혈통주의

국적법 제2조 제1항 제1호 위헌제청(헌재 2000. 8. 31. 97헌가12 전원재판부)

□ 사건의 개요

(1) 신청인은 1955. 9. 3.에 김○익(1928. 10. 13.생)을 아버지로 하고 염○수(1933. 3. 27.생)를 어머니로 하여 평안북도 만포시에서 출생하여 1957년경 부모를 따라 중국 흑룡강성 목단강시에 이주하여 그곳에서 성장하였다.

(2) 신청인은 1995. 11. 4. 03:00경 전남 무안군 해안을 통하여 대한민국에 밀입국하여 서울로 상경하였는데 그 다음날 경찰공무원에게 검문을 받고 귀순의사를 밝혔으나 같은 달 8. 서울외국인보호소에 수감되었고 서울외국인보호소장은 같은 달 24. 신청인에 대하여 강제퇴거명령을 하였다.

(3) 이에 신청인은 자신이 대한민국의 헌법 및 국적법에 의한 대한민국의 국민이므로 강제퇴거명령의 대상인 '외국인'에 해당하지 아니한다는 이유로 위 강제퇴거명령의 무효확인 등을 구하는 이 사건 본안소송을 제기하였다.

(4) 신청인이 대한민국의 국민이라고 주장하는 근거는, 자신의 아버지인 위 김○익의 아버지가 조선인이었으므로 국적에관한임시조례(1948. 5. 11. 공포. 남조선과도정부 법률 제11호) 제2조 제1항 및 제헌헌법 제3조, 제100조에 따라 위 김○익은 제헌헌법의 공포와 동시에 대한민국의 국적을 취득하였는데, 그 후 1955. 9. 3.에 신청인이 대한민국의 국민인 위 김○익을 아버지로 하여 출생하였으므로 신청인은 1948. 12. 20. 법률 제16호로 제정된 국적법 제2조 제1항 제1호에 따라 대한민국의 국적을 취득하였다는 것인바, 기록에 나타난 각 증거들을 종합하여 볼 때

위 김○익은 조선인을 아버지로 하여 출생한 것으로 보이지만 위 국적에관한임시조례가 시행되기 이전에 이미 중국 흑룡강성에 거주하면서 중국국적을 취득한 것으로 인정되고 그가 그 이후 신청인 출생 이전에 중국국적을 포기하였다는 점에 대하여는 이를 인정할 자료가 부족한 상태이므로 신청인 출생 당시 위 김○익이 대한민국의 국민이었다고 보기는 어렵다.

(5) 이에 신청인은 나아가 그가 대한민국의 국민이라고 주장하는 새로운 근거로, 자신의 어머니인 위 염○수의 아버지가 조선인이었으므로

국적에관한임시조례 제2조 제1항 및 제헌헌법 제3조, 제100조에 따라 위 염○수가 제헌헌법의 공포와 동시에 대한민국의 국적을 취득하였는데, 그 후 1955. 9. 3.에 신청인이 대한민국의 국민인 위 염○수를 어머니로 하여 출생하였으므로 신청인은 대한민국의 국적을 취득함이 당연할 것임에도 불구하고, 1948. 12. 20. 법률 제16호로 제정된 국적법 제2조 제1항 제1호는 부계(父系)혈통주의에 입각하여 아버지가 대한민국의 국민인 경우만 그 자(子)가 대한민국의 국적을 취득하도록 하고 있으므로 신청인이 대한민국의 국적을 취득하지 못한 것이라고 주장하면서, 위 국적법 제2조 제1항 제1호가 헌법상의 평등원칙에 위배하여 남녀를 부당하게 차별하고 있다는 이유로 위헌심판제청을 신청하였다.

이에 제청법원은 1997. 8. 20. 이를 받아들여 헌법재판소에 위헌심판을 제청하였다.

□ 심판의 대상

출생에 의한 국적취득에 있어 부계혈통주의를 규정한 구 국적법[5] 제2조 제1항 제1호가 헌법상 평등의 원칙에 위배되는지 여부(적극)

○ 구국적법 제2조(국민의 요건)①다음 각 호의 1에 해당하는 자는 대한민국의 국민이다.

1. 출생한 당시에 부가 대한민국의 국민인 자

□ 이 심판사건 계속 중 제청대상 구법조항은 부칙 7조에 1997. 12. 13. 법률 제5431호로 국적법을 전문개정하면서 부모양계혈통주의(父母兩系血統主義)로 개정되었다.

국적법(1997. 12. 13. 법률 제5431호로 전문개정된 것) 부칙 제7조 (부모양계혈통주의 채택에 따른 모계출생자에 대한 국적취득의 특례)①이 법 시행 전 10년 동안에 대한민국의 국민을 모로 하여 출생한 자로서 다음 각 호의 1에 해당하는 자는 이 법의 시행일부터 3년 내에 대통령령이 정하는 바에 의하여 법무부장관에게 신고함으로써 대한민국의 국적을 취득할 수 있다.

1. 모가 현재 대한민국의 국민인 자
2. 모가 사망한 때에는 그 사망 당시에 모가 대한민국의 국민이었던 자

5) 1948. 12. 20. 법률 제16호로 제정되고, 1997. 12. 13. 법률 제5431호로 전문개정되기 전의 것. 구법.

□ 결정이유의 요지[위헌의견]

○ 재판의 전제성

구법상 부가 외국인이기 때문에 대한민국 국적을 취득할 수 없었던 한국인 모의 자녀 중 신법이 경과규정에서 신법 시행 전 10년 동안에 태어난 자에게만 대한민국 국적을 취득하도록 규정한 것이 헌법에 위반되는지 여부를 판단하기 위하여는 출생에 의한 국적취득에 있어 부계혈통주의를 규정한 구법조항의 위헌 여부에 대한 판단이 전제가 된다.

○ 헌법상 평등원칙 위배

부계혈통주의 원칙을 채택한 구법조항은 출생한 당시의 자녀의 국적을 부의 국적에만 맞추고 모의 국적은 단지 보충적인 의미만을 부여하는 차별을 하고 있다. 이렇게 한국인 부와 외국인 모 사이의 자녀와 한국인 모와 외국인 부 사이의 자녀를 차별 취급하는 것은, 모가 한국인인 자녀와 그 모에게 불리한 영향을 끼치므로 헌법 제11조 1항의 남녀평등원칙에 어긋난다.

한국인과 외국인 간의 혼인에서 배우자의 한쪽이 한국인 부인 경우와 한국인 모인 경우 사이에 성별에 따른 특별한 차이가 있는 것도 아니고, 양쪽 모두 그 자녀는 한국의 법질서와 문화에 적응하고 공동체에서 흠없이 생활해 나갈 수 있는 동등한 능력과 자질을 갖추었는데도 불구하고 전체 가족의 국적을 가부(家父)에만 연결시키고 있는 구법조항은 헌법 제36조 1항이 규정한 "가족생활에 있어서의 양성의 평등원칙"에 위배된다.

모가 한국인인 자녀들은 외국인이므로 원칙적으로 대한민국의 공무원이 될 수 없고, 거주·이전의 자유, 직업선택의 자유, 재산권, 선거권 및 피선거권, 국가배상청구권 및 사회적 기본권 등을 누릴 수 없거나 제한적으로밖에 향유하지 못하게 된다. 그러므로 구법조항은 자녀의 입장에서 볼 때에도 한국인 모의 자녀를 한국인 부의 자녀에 비교하여 현저하게 차별취급을 하고 있으므로 헌법상의 평등원칙에 위배된다.

□ 결론

이상과 같은 이유로, 구법 제2조 1항 1호에 대한 위헌여부심판제청을 각하하고, 신법 부칙 제7조 1항 중 "…10년 동안에" 부분은 헌법에 합치하지 아니하나 경과규정에 관한 새로운 입법이 이루어질 때까지 잠정적으로 적용하도록 명하기로 하여 관여한 재판관 전원의 일치된 의견으로 주문과 같이 결정한다.

[판례 2-2] 군가산점제도의 위헌성(헌재 1999.12.23, 98헌마363)

□ 사건의 개요

청구인 이○진은 1998. 2. 이화여자대학교를 졸업한, 청구인 조○옥, 박○주, 김○원, 김○정은 같은 대학교 4학년에 재학 중이던 여성들로서 모두 7급 또는 9급 국가공무원 공개경쟁채용시험에 응시하기 위하여 준비 중에 있으며, 청구인 김○수는 연세대학교 4학년에 재학 중이던 신체장애가 있는 남성으로서 역시 7급 국가공무원 공개경쟁채용시험에 응시하기 위하여 준비 중에 있다.

청구인들은 제대군인이 6급 이하의 공무원 또는 공・사기업체의 채용시험에 응시한 때에 필기시험의 각 과목별 득점에 각 과목별 만점의 5퍼센트 또는 3퍼센트를 가산하도록 규정하고 있는 「제대군인지원에관한법률」 제8조 1항, 3항 및 동법시행령 제9조가 자신들의 헌법상 보장된 평등권, 공무담임권, 직업선택의 자유를 침해하고 있다고 주장하면서 1998. 10. 19. 이 사건 헌법소원심판을 청구하였다.

□ 심판의 대상

• 제대군인지원에관한법률(1997. 12. 31. 제정) 제8조(채용시험의 가점)

① 제7조 제2항의 규정에 의한 취업보호실시기관이 그 직원을 채용하기 위한 시험을 실시할 경우에 제대군인이 그 채용시험에 응시한 때에는 필기시험의 각 과목별 득점에 각 과목별 만점의 5퍼센트의 범위안에서 대통령령이 정하는 바에 따라 가산한다. 이 경우 취업보호실시기관이 필기시험을 실시하지 아니한 때에는 그에 갈음하여 실시하는 실기시험・서류전형 또는 면접시험의 득점에 이를 가산한다.

② 취업보호실시기관이 실시하는 채용시험의 가점대상직급은 대통령령으로 정한다.

• 제대군인지원에관한법률시행령(1998. 8. 21. 제정) 제9조(채용시험의 가점비율 등)

① 법 제8조 제1항의 규정에 의하여 제대군인이 채용시험에 응시하는 경우의 시험만점에 대한 가점비율은 다음 각 호의 1과 같다.

1. 2년 이상의 복무기간을 마치고 전역한 제대군인 : 5퍼센트
2. 2년 미만의 복무기간을 마치고 전역한 제대군인 : 3퍼센트

□ 헌법재판소의 판단

1. 가산점제도, 제대군인

(1) 가산점제도

가산점제도란, 일정한 취업보호실시기관이 채용시험을 실시할 경우 제대군인이 그 채용시험에 응시한 때에는 필기시험의 각 과목별 득점(필기시험에 갈음하여 실시하는 실기시험・서류전형 또는 면접시험의 득점 포함)에 각 과목별 만점의 5% 또는 3%를 가산하는 제도를 말한다.

(2) 제대군인

제대군인이란 병역법 또는 군인사법에 의한 군복무를 마치고 전역(퇴역・면역 또는 상근예비역소집해제를 포함)한 자를 뜻한다(이 법 제2조). 대한민국 국민인 남자는 국방의 의무가 있고(헌법 제39조 1항, 병역법 제3조 1항), 병역법과 군인사법에 의하여 군복무를 하여야 하는바(병역법 제3조 1항, 제4조), 병역에는 현역, 예비역, 보충역, 제1국민역, 제2국민역이 있으나(동법 제5조 1항), 전역이라는 법문의 해석상 제대군인에는 ① 현역복무(전투경찰대원 및 교정시설경비교도로 전환복무되는 경우 포함)를 마치고 전역한 자와 ② 상근예비역으로 근무를 마치고 소집해제 된 자만 포함된다. 그리하여 보충역으로 군복무를 마친 자나 제2국민역에 편입된 자는 제대군인에 해당하지 아니한다. ③ 여자는 지원에 의하여 현역에 복무할 수 있으므로(병역법 제3조 1항 2문), 여성도 제대군인이 될 수 있다. 한편, ④ 현역복무중에 있는 자로서 전역예정일부터 6월 이내에 있는 자는 제대군인으로 본다(이 법 제8조 2항).

2. 헌법재판소 판단

(1) 가산점제도의 위헌여부

가산점제도가 헌법에 근거를 둔 제도인지, 아니면 단순히 입법정책적 제도인지는 가산점제도의 위헌여부를 판단하는데 있어 고려하여야 할 중요한 요소 중의 하나이므로 먼저 이에 관하여 본다.

① 헌법 제39조 2항은 "누구든지 병역의무의 이행으로 인하여 불이익한 처우를 받지 아니한다"고 규정하고 있는데, 이 조항이 가산점제도의 헌법상 근거로 될 수 있는지 본다.

헌법 제39조 1항에 규정된 국방의 의무는 외부 적대세력의 직・간접적인 침략행위로부터 국가의 독립을 유지하고 영토를 보전하기 위한 의무로서, 헌법에서 이러한 국방의 의무를 국민에게 부과하고 있는 이상 병역법에 따라 군복무를 하는 것은 국민이 마땅히 하여야 할 이른바 신성한 의무를 다 하는 것일 뿐, 국가나 공익목적을 위하여 개인이 특별한 희생을 하는 것이라고 할 수 없으므로 헌법 제39조 2항은 병역의무를 이행한 사람에게 보상조치를 취하거나 특혜를 부여할 의무를 국가에게 지우는 것이 아니라, 법문 그대로 병역의무의 이행을 이유로 불이익한 처우를 하는 것을 금지하고 있을 뿐이다. 그리고 이 조항에서 금지하는 "불이익한 처우"라 함은 단순한 사실상, 경제상의 불이익을 모두 포함하는 것이 아니라 법적인 불이익을 의미하는 것으로 보아야 한다. 그런데 가산점제도는 이러한 헌법 제39조 제2항의 범위를 넘어 제대군인에게 일종의 적극적 보상조치를 취하는 제도라고 할 것이므로 이를 헌법 제39조 2항에 근거한 제도라고 할 수 없다.

② 헌법 제32조 6항은 "국가유공자·상이군경 및 전몰군경의 유가족은 법률이 정하는 바에 의하여 우선적으로 근로의 기회를 부여받는다" 고 규정하고 있으나, 제대군인은 여기서 말하는 "국가유공자·상이군경 및 전몰군경의 유가족"에 해당하지 아니한다. 구 국가유공자예우등에관한법률에 의하더라도 국가유공자에 해당하지 아니하며(제4조), 단지 입법의 편의상 국가유공자를 위한 가산점제도를 제대군인에게 준용하였을 뿐이었고(제70조), 이 법이 제정되면서부터는 제대군인을 국가유공자와 분리하여 별도로 규율하고 있다. 그러므로 헌법 제32조 6항도 가산점제도의 근거가 될 수 없고, 달리 헌법상의 근거를 찾아볼 수 없다.

이와 같이 가산점제도에 헌법적 근거가 없는 이상 이 제도는 제대군인의 사회복귀를 돕겠다는 취지하에 입법정책적으로 도입된 것에 불과하다 할 것이다.

(2) 평등권 침해여부

① 가산점제도는 제대군인과 제대군인이 아닌 사람을 차별하는 형식을 취하고 있다. 현행 법체계상 제대군인과 비제대군인에 어떤 인적 집단이 포함되는지 구체적으로 살펴보아야만 한다. 위에서 본 바와 같이 제대군인에는 ① 현역복무를 마치고 전역(퇴역·면역 포함)한 남자 ② 상근예비역 소집복무를 마치고 소집해제된 남자 ③ 지원에 의한 현역복무를 마치고 퇴역한 여자, 이 세 집단이 포함되고, 비제대군인에는 ① 군복무를 지원하지 아니한 절대다수의 여자 ② 징병검사 결과 질병 또는 심신장애로 병역을 감당할 수 없다는 판정을 받아 병역면제처분을

받은 남자(병역법 제12조 1항 3호, 제14조 1항 3호) ③ 보충역으로 군복무를 마쳤거나 제2국민역에 편입된 남자, 이 세 집단이 포함된다.

그러므로 먼저 무엇보다도 가산점제도는 실질적으로 남성에 비하여 여성을 차별하는 제도이다. 제대군인 중 위 ③의 유형에는 전체여성 중의 극히 일부분만이 해당될 수 있으므로 실제 거의 모든 여성은 제대군인에 해당하지 아니한다. 그리고 남자의 대부분은 제대 군인 중 위 ①과 ②유형에 속함으로써 제대군인에 해당한다. 이 사건 심판기록에 편철된 「병역처분자료 통보」에 의하면 1994년부터 1998년까지 5년간 현역병입영대상자 처분을 받은 비율은 81.6%에서 87%(보충역은 4.6%에서 11.6%, 제2국민역은 6.4%에서 9.8%, 병역면제는 0.4%에서 0.6%)까지 이르고 있음을 알 수 있는데, 이는 우리나라 남자 중의 80%이상이 제대군인이 될 수 있음을 나타내는 것이다. 이와 같이 전체 남자 중의 대부분에 비하여 전체 여성의 거의 대부분을 차별취급하고 있으므로 이러한 법적 상태는 성별에 의한 차별이라고 보아야 한다.

② 다음으로 가산점제도는 현역복무나 상근예비역 소집근무를 할 수 있는 신체건장한 남자와, 질병이나 심신장애로 병역을 감당할 수 없는 남자, 즉 병역면제자를 차별하는 제도이다. 현역복무를 할 수 있느냐는 병역의무자의 의사에 따르는 것이 아니라 오로지 징병검사의 판정결과에 의하여 결정되는바(병역법 제11조, 제12조, 제14조), 질병이나 심신장애가 있는 남자는 아무리 현역복무를 하고 싶어도 할 수 없고 그 결과 제대군인이 될 수 없어 가산점 혜택을 받을 수 없기 때문이다.

③ 마지막으로 가산점제도는 보충역으로 편입되어 군복무를 마친 자를 차별하는 제도이기도 하다. 보충역 판정여부는 신체등위, 학력 등을 감안하고 또 병역수급의 사정에 따라 정해지는 것으로서(병역법 제5조 1항 3호, 제14조) 이 또한 본인의 의사와는 무관하다. 보충역으로 편입되는 자는 병역의무 이행의 일환으로 일정기간 의무복무를 마치더라도(보충역은 공익근무요원, 공익법무관, 공중보건의사, 전문연구요원 또는 산업기능요원으로 복무한다) 그 복무형태가 현역이 아니라는 이유로 가산점혜택을 받지 못하는 것이다.

제대군인에 대한 사회복귀의 지원은 합리적이고 적절한 방법을 통하여 이루어져야 한다.

또한 군복무기간을 호봉산정이나 연금법 적용 등에 있어 적절히 고려하는 조치도 가능할 것인데, 현행법은 이미 이러한 제도를 두고 있다.

다음으로 제대군인에 대하여 여러 가지 사회정책적·재정적 지원을 강구하는 것이 가능할 것이다. 그러한 지원책으로는 취업알선, 직업훈련이나 재교육 실시, 교육비에 대한 감면 또는 대부, 의료보호 등을 들 수 있다. 이와 같은 지원조치를 제대군인에 대하여도 여건이 허용하는 한 어느 정도 제공하는 것이야말로 진정으로 합리적인 지원책이 될 것이다.

그런데 가산점제도는 이러한 합리적 방법에 의한 지원책에 해당한다고 할 수 없다. 가산점제도는 공무원 채용시험의 필기시험의 각 과목별 만점의 5% 또는 3%를 제대군인에게 가산토록 함으로써 제대군인의 취업기회를 특혜적으로 보장하고, 그 만큼 제대군인이 아닌 사람의 취업의 기회를 박탈·잠식하는 제도이다. 그런데 제대군인이 아닌 사람들이란 다름 아니라 절대다수의 여성들과 상당수의 남성들(심신장애가 있어 군복무를 할 수 없는 남자, 보충역에 편입되어 복무를 마친 남자)로서 이들 가산점제도는 아무런 재정적 뒷받침 없이 제대군인을 지원하려 한 나머지 결과적으로 이른바 사회적 약자들의 희생을 초래하고 있으므로 우리 법체계의 기본질서와 체계부조화성을 일으키고 있다고 할 것이다.

요컨대 제대군인에 대하여 여러 가지 사회정책적 지원을 강구하는 것이 필요하다 할지라도, 그것이 사회공동체의 다른 집단에게 동등하게 보장되어야 할 균등한 기회 자체를 박탈하는 것이어서는 안 되는데, 가산점제도는 공직수행능력과는 아무런 합리적 관련성을 인정할 수 없는 성별 등을 기준으로 여성과 장애인 등의 사회진출기회를 박탈하는 것이므로 정책수단으로서의 적합성과 합리성을 상실한 것이라 하지 아니할 수 없다.

이와 같이 가산점제도에 헌법적 근거가 없는 이상 이 제도는 제대군인의 사회복귀를 돕겠다는 취지하에 입법정책적으로 도입된 것에 불과하다 할 것이다.

가산점제도는 결국 여성들과 같이 가산점을 받지 못하는 사람들을 6급 이하의 공무원 채용에 있어서 실질적으로 거의 배제하는 것과 마찬가지의 결과를 초래하고 있다.

뿐만 아니라 가산점제도는 제대군인에 대한 이러한 혜택을 몇 번이고 아무런 제한없이 부여하고 있다. 채용시험 응시횟수에 무관하게, 가산점제도의 혜택을 받아 채용시험에 합격한 적이 있었는지에 관계없이 제대군인은 계속 가산점혜택을 받을 수 있다. 이는 한 사람의 제대군인을 위하여 몇 사람의 비제대군인의 기회가 박탈당할 수 있음을 의미하는 것이다.

가산점제도로 인하여 침해되는 것은 헌법이 강도높게 보호하고자 하는 고용상의 남녀평등, 장애인에 대한 차별금지라는 헌법적 가치이다. 그러므로 법익의 일반적, 추상적 비교의 차원에서 보거나, 차별취급 및 이로 인한 부작용의 결과가 위와 같이 심각한 점을 보거나 가산점제도는 법익균형성을 현저히 상실한 제도라는 결론에 이르지 아니할 수 없다.

결론적으로 가산점제도는 제대군인에 비하여, 여성 및 제대군인이 아닌 남성을 비례성원칙에 반하여 차별하는 것으로서 헌법 제11조에 위배되며, 이로 인하여 청구인들의 평등권이 침해된다.

(3) 공무담임권의 침해여부

제대군인 지원이라는 입법목적은 예외적으로 능력주의를 제한할 수 있는 정당한 근거가 되지 못하는데도 불구하고, 가산점제도는 능력주의에 기초하지 아니하는 불합리한 기준으로 공무담임권을 제한하고 있다. 가산점제도는 제대군인에 해당하는 대부분의 남성을 위하여 절대 다수의 여성들을 차별하는 제도이고, 그 기준을 형식적으로는 제대군인 여부에 두고 있으나 실질적으로는 성별에 두고 있는 것과 마찬가지임은 앞에서 본 바와 같다. 그러나 공직수행능력에 관하여 남녀 간에 생리적으로 극복할 수 없는 차이가 있는 것이 아니므로 공직자선발에 있어서 적성·전문성·품성 등과 같은 능력이 아니라 성별을 기준으로 공직취임의 기회를 박탈하는 것은 명백히 불합리한 것이어서 헌법적으로 그 적정성을 인정받을 수 없다.

가산점제도는 또한 제대군인에 해당하는 남자와 병역면제자, 보충역복무자를 차별하는 제도이고, 이 경우 차별의 실질적 기준은 현역복무를 감당할 수 있을 정도로 신체가 건강한가에 있으므로 역시 공무수행능력과는 별다른 관계도 없는 기준으로 공직취임의 기회를 박탈하는 것이다. 가산점제도에 의한 공직취임권의 제한은 위 평등권침해 여부의 판단부분에서 본 바와 마찬가지 이유로 그 방법이 부당하고 그 정도가 현저히 지나쳐서 비례성원칙에 어긋난다.

결론적으로 가산점제도는 능력주의와 무관한 불합리한 기준으로 여성과 장애인 등의 공직취임권을 지나치게 제약하는 것으로서 헌법 제25조[6]에 위배되고, 이로 인하여 청구인들의 공무담임권이 침해된다.

6) "모든 국민은 법률이 정하는 바에 의하여 공무담임권을 가진다."

3. 결 론

「제대군인지원에관한법률」제8조 1항 및 제3항, 동법시행령 제9조는 청구인들의 평등권과 공무담임권을 침해하는 위헌인 법률조항이다.

[판례 2-3] 관습법상 종중회원자격

(대법원 2005. 7. 21. 선고 2002다13850 전원합의체 판결)

□ **사건의 개요**(원심판결(서울고법 2002. 1. 11. 선고 2000나36097 판결)의 요지))

원심은, 피고는 청송 심씨의 시조인 심홍부의 19세손인 혜령공 심철지(심철지)의 후손 중 성년 남자들을 구성원으로 하는 종중이고, 원고들은 혜령공 심철지의 여자 후손들인 사실을 인정하고, 원고들도 혜령공 심철지의 후손으로서 피고 종중의 구성원 자격을 갖는다는 원고들의 주장에 대하여, 종중은 공동선조의 분묘수호, 제사, 종원 상호간의 친목을 목적으로 하여 공동선조의 후손 중 성년 남자를 종원으로 하여 구성되는 종족의 자연적 집단으로서 혈족 아닌 자나 여자는 종중의 구성원이 될 수 없으므로 피고가 혜령공 심철지(심철지)의 후손 중 성년인 남자들로 구성된 종중인 이상 원고들은 그 구성원이 될 수 없다고 하여 원고들의 위 주장을 배척하였다.

□ **판시사항**

종중 구성원의 자격을 성년 남자만으로 제한하는 종래의 관습법의 효력

□ **판결이유의 요지**

종원의 자격을 성년 남자로만 제한하고 여성에게는 종원의 자격을 부여하지 않는 종래 관습에 대하여 우리 사회 구성원들이 가지고 있던 법적 확신은 상당 부분 흔들리거나 약화되어 있고, 무엇보다도 헌법을 최상위 규범으로 하는 우리의 전체 법질서는 개인의 존엄과 양성의 평등을 기초로 한 가족생활을 보장하고, 가족 내의 실질적인 권리와 의무에 있어서 남녀의 차별을 두지 아니하며, 정치·경제·사회·문화 등 모든 영역에서 여성에 대한 차별을 철폐하고 남녀평등을 실현하는 방향으로 변화되어 왔으며, 앞으로도 이러한 남녀평등의 원칙은 더욱 강화될 것인바, 종중은 공동선조의 분묘수호와 봉제사 및 종원 상호간의 친목을 목

적으로 형성되는 종족단체로서 공동선조의 사망과 동시에 그 후손에 의하여 자연발생적으로 성립하는 것임에도, 공동선조의 후손 중 성년 남자만을 종중의 구성원으로 하고 여성은 종중의 구성원이 될 수 없다는 종래의 관습은, 공동선조의 분묘수호와 봉제사 등 종중의 활동에 참여할 기회를 출생에서 비롯되는 성별만에 의하여 생래적으로 부여하거나 원천적으로 박탈하는 것으로서, 위와 같이 변화된 우리의 전체 법질서에 부합하지 아니하여 정당성과 합리성이 있다고 할 수 없으므로, 종중 구성원의 자격을 성년 남자만으로 제한하는 종래의 관습법은 이제 더 이상 법적 효력을 가질 수 없게 되었다.

[별개의견] 남계혈족 중심의 사고가 재음미·재평가되어야 한다는 점에 대하여는 수긍한다 하더라도 종중의 시조 또는 중시조가 남자임을 고려할 때, 종중에 있어서의 남녀평등의 관철의 범위와 한계에 대하여는 보다 신중한 검토가 필요하고, 특히 종중은 다른 나라에서 유래를 찾아보기 어려운 우리나라에 독특한 전통의 산물이므로, 헌법 제9조에 비추어 우리의 전통문화가 현대의 법질서와 조화되면서 계승·발전되도록 노력하여야 할 것인바, 고유한 의미의 종중에 있어서 종원의 가장 주요한 임무는 공동선조에 대한 제사를 계속 실천하는 일이고, 따라서 종원은 기제·묘제의 제수, 제기 구입, 묘산·선영 수호, 제각 수리 등을 비롯한 제사에 소요되는 물자를 조달·부담하는 것이 주된 임무였으며, 종원의 이러한 부담행위는 법률적으로 강제되는 것이 아니고 도덕적·윤리적 의무에 불과하여, 그들의 권리가 실질적으로 침해되는 바가 없었으므로 법률이 간섭하지 않더라도 무방하다고 보기 때문에 종래의 관습법상 성년 남자는 그 의사와 관계없이 종중 구성원이 된다고 하는 부분은 현재로서는 문제될 것이 없고, 결국 관습법과 전통의 힘에 의하여 종래의 종중관습법 중 아직까지는 용인되는 부분이 있을 수 있다는 것을 이유로, 그러한 바탕 없이 새롭게 창설되는 법률관계에 대하여서까지 다수의견이 남녀평등의 원칙을 문자 그대로 관철하려는 다수의견은 너무 기계적이어서 찬성할 수 없다.

[다수의견의 보충의견]-1인 재판관

성년 여성에게도 종원 자격을 부여하는 것이 옳고 또 종원 자격을 부여해야 한다면, 희망하는 여성에 한하여 부여할 것이 아니라 여성 전부에게 자격을 부여하고, 실제로 종중에 참여하여 활동할 것인지 여부는 개인의 의사에 맡겨두는 것이 종중의 본질과 특성에 부합할 뿐만 아니라, 오늘날의 전체 법질서와 우리 사회가 지향하는 기본이념과 가치에 부응하는 것이라고 생각하기에, 이상과 같이 다수의견에 대한 보충의견을 밝힌다.

사례 해결

[사례 1]

가산점제도는 헌법 제39조 2항 병역의무 조항의 범위를 넘어 제대군인에게 적극적 보상을 취하는 조치로 제대군인의 사회복귀를 도우려는 취지로 도입된 것으로 헌법상 근거가 없는 것이다. 가산점제도는 실질적으로 남성에 비하여 여성을 차별하고 장애인 등 병역면제자 및 보충역 남성을 차별하는 제도로 헌법상 평등권을 침해하는 것이다. 그리고 가산점제도는 능력주의와 무관한 불합리한 기준으로 여성과 장애인 등의 공직취임권을 지나치게 제약하여 공무담임권을 침해한다고 할 수 있다.

[사례 2]

성차별은 합리적인 이유가 없이 성을 이유로 고용, 재화, 용역 등의 사회적 영역에서 한쪽의 성을 우대, 배제, 구별하거나 불이익을 주는 행위로 사내부부 중 여성을 우선적 정리해고 대상으로 하는 것은 이러한 합리적인 이유없이 불리한 조치를 하는 경우로, 「남녀고용평등과 일·가정 양립 지원에 관한 법률」및 「국가인권위원회법」, 「근로기준법」등을 위반하고 헌법상 평등권을 침해하는 것이다.

[사례 3]

사업주가 합리적인 이유 없이 남녀근로자의 사업장을 달리하여 차별을 하는 것은 한쪽 성이 현저히 적고, 이로 인해 특정 성에 불리한 결과를 초래하고 그 조건이 정당한 것임을 입증하지 못하는 경우에는 간접차별로 고용상 차별을 금지하고 있는 「남녀고용평등과 일·가정 양립 지원에 관한 법률」에 위반된다.

[사례 4]

현존하는 차별을 해소하기 위해 국가, 지방자치단체, 사업주가 잠정적으로 특정한 성을 우대하는 잠정적 조치로서 한 성이 다른 성에 비교해 볼 때 심한 차이를 보일 때 정책적 수단을 통해 일정한 수준에 이를 때까지 우선적으로 고려하는 것이 할당제이다. C교대가 책정한 남녀비율의 차등으로 불이익을 당한 여학생이 생길 수 있다고 할지라도 국가나 대학은 정책적으로 초등학교에 남녀교사의 비율이 어느 정도 형성될 때까지 잠정적으로 남학생의 비율을 책정하여 선발할 수 있다.

제 3 장 여성과 가정생활

제 1 절 여성과 가족관계

1. 가족제도와 여성지위의 변화

1) 삼국시대 여성의 지위

우리나라에서 삼국시대에는 여성의 사회적 지위는 여성의 사회적 지위가 인정된 것을 알 수 있다. 고구려 동명왕인 주몽의 어머니 유화부인의 등장과 국사의 신탁을 여성에게 청한 것이나 신라초기에 왕녀에게 신궁의 수호를 삼도록 한 것은 여성중심의 사회적 유풍을 보여주는 것이라 할 수 있다.

2) 고려시대 여성의 지위

고려시대에 여성의 지위는 자유롭고 높았던 것으로 기록되어 있다. 고려시대 여성은 사회활동이 비교적 자유롭고 상례나 제례 등 종교 행사에 여성들의 참여 기회가 많았다. 상속에 있어서도 남녀 균분상속이었고 여자도 호주가 되고 호적도 남녀구분 없이 출생 순으로 기록했었다. 또한 여성은 이혼이나 재혼도 자유로워 성적인 억압이 없이 생활할 수 있었다.

3) 조선시대 여성의 지위

봉건사회 이념인 유교사상에 터잡은 조선조에 여성의 지위는 오로지 남성에 대한 복종만을 요구하였고 모든 사회제도는 남성을 위주로 형성되었었다.

조선시대 혼인제도는 봉건귀족의 친족조직인 종법제도 하에서 남계혈통주의, 족외혼제, 장자상속제도 등이 가(家)를 형성하는 근간이 되었다. 혼인은 당사자의 의사가 아닌 양가 사이에 중매를 통하여 이루어졌다. 유교의 영향으로 여성에게 삼종지도와 칠거지악이 강요되어, 혼인하여 여자가 아들을 낳지 못하면 칠거지악의 하나로 여겨 기처(棄妻)가 가능했다. 그리고 당시에 축첩제도로 처 이외의 첩(妾)을 두는 것이 전혀 비난의 대상이 되지 않았고 정조는 오로지 여자에게만 요구되는 것이었다.

처는 철저하게 부의 지배하에 있었기 때문에 거의 모든 행위에 대해 부에 대한 절대적 복종이 강요되고 부의 허가 없이는 어떠한 행위도 허용되지 않았다.

부부 모두에게 원인이 있는 경우 한쪽이 다른 쪽을 법률상 강제로 이혼시키는 의절(義絶)제도가 있었다. 또한 혼인생활을 계속할 수 없을 때 합의하에 갈라서는 일종의 협의이혼이 있었으나 이는 명목상 합의일 뿐이지 당시 사정으로 보아 실제로는 부가 일방적으로 처를 버리는 것이었다. 부모가 혼인을 정하는 혼인제도로, 여성은 남편에 종속적인 지위를 갖는 사회적 지위가 협소하고 낮았다.

조선시대에는 제사나 상속이 모두 남성중심으로 변화되어 부계중심의 가족제도가 확립되었다. 상속은 남녀균분을 원칙으로 하였으며 다만 적서차별, 가계를 잇는 장자에게는 그 고유 상속분에 2분을 더하였다.

이러한 상속에 있어 균분제도는 1600년대부터 붕괴되기 시작하여 1700년대 중엽 무렵에는 장남을 우대하고, 제사와 종가를 유지하기 위하여 여성차별이 이루어졌다.

부부가 함께 모은 재산이나 결혼시 가져온 지참금도 남편이 처분하고 재산도 아내가 아닌 아들에게 상속시키고 아들이 없으면 친족의 남자를 양자로 삼아 재산상속을 시켰다.

용어알기

- 삼종지도(三從之道): 조선시대 여성에게만 주어진 출가하기 전에는 아버지를 따르고 출가한 후에는 남편을 따르고 남편이 죽은 뒤에는 아들을 따른다는 3가지의 도
- 칠거지악(七去之惡): 아내를 내쫓을 수 있는 7가지 허물로 시부모에 불손함, 무자식, 음탕한 행실, 투기, 불치병, 지나친 수다, 도둑질

4) 일제시대

일제시대에는 일부일처제, 이혼청구권 등 여성에게 제한된 권리가 인정되기는 하였으나 대부분은 조선시대 봉건사회의 불평등한 폐습들이 상존해 있었다.

1912년 「조선민사령」에 의하여 신분관계는 우리 관습에 의하고 조선시대와는 별로 다를 바 없었다. 처음에는 혼인 적령에 관계없이 일단 성립한 혼인은 유효한 것이었으나 「조선민사령」의 개정으로 남자는 만 17세, 여자는 만 15세가 되어야 혼인할 수 있는 혼인 적령제도를 두었다.

1923년에 혼인신고주의를 두고 혼인에 있어서 당사자들의 의사를 신고하도록 하였으나 당사자의 연령여하를 막론하고 호주 또는 부모의 동의를 얻도록 하였다. 초기에는 축첩을 허용하여 첩이 부의 호적에 입적되었으나 1915년 8월 7일에 첩의 입적신고를 폐지하고 법률상 일부일처제를 두었다. 「조선민사령」의 개정으로 협의이혼과 재판상 이혼이 가능하도록 하였으나 이는 봉건사회의 가부장제하에서 부에게 모든 권한이

있는 부의 전권적 행사였고 실제로는 남녀 간에 불평등한 것이었다.

처(妻)가 하는 모든 재산상 행위는 반드시 부(夫)의 허가 없이는 이루어지지 못하였다. 즉 일본 구민법 규정을 적용하여 재산을 빌려주거나 보증을 서는 행위, 동산, 부동산의 권리득실 목적행위, 소송행위, 증여 또는 유증, 수락행위, 상속승인 또는 포기행위 등은 반드시 부의 허가를 통해서만 가능했다.

호주상속은 남자만이 할 수 있었고, 재산상속은 여자도 허용되었지만 남녀차별은 그대로 남아 있었고 출가한 여자에게는 상속권이 없었다.

그러다가 민법이 제정되어 시행된 1960년 이후 여성은 비로소 구체적인 권리를 보장받기 시작하였다. 그러나 당시에는 여전히 민법상에도 불평등한 여성의 지위를 규정하고 있었고 이를 시정하고자 몇 번의 가족법의 개정이 있었다.

2. 가족법(민법)의 제정과 개정

우리 민법은 1958년 2월 22일(법률 제471호)에 제정되고, 1960년 1월 1일에 발효되었다. 우리 민법이 제정되기 전에 통용되었던 구민법의 대부분은 우리의 전통적 관습을 그대로 답습한 것이었다. 그래서 제정 당시 민법, 특히 가족법 분야는 많은 불평등한 문제를 담고 있었다. 이러한 문제를 해결하고자 학계와 여성계인사들을 중심으로 가족법 개정의 논의와 노력이 있었고 몇 차례에 걸쳐 가족법의 개정이 있었다.

1962년 12월 31일 개정(법률 제1250호)된 가족법은 혼인 기타의 사유로 법률상 당연히 분가되는 법정분가 규정을 두었다. 그리고 1977년 12월 31일 개정(법률 제3051호, 1979년 1월 1일 시행), 1989년 1월 13일 개정(법률 제4199호, 1990년 1월 1일 시행), 2005년 3월 31일 개정(법률 제7428호, 2008년 1월 1일 시행), 2007년 12월 21일 개정(법률 제8720호, 2007년 12월 21일 시행), 2009년 5월 8일 개정(법률 제9650호, 2009년 8월 9일 시행), 2011년 3월 7일 개정(법률 제104295호, 2013

년 7월 1일 시행), 2011년 5월 19일 개정(법률 제10145호, 2013년 7월 1일 시행), 2012년 2월 10일(법률 제11300호, 2013년 7월 1일 시행), 2014년 10월 15일 개정(법률 제12777호, 2015년 10월 16일 시행), 2016년 12월 2일 개정(법률 제14278호, 2017년 6월 3일 시행), 2017년 10월 31일 개정(법률 제14965호, 2018년 2월 1일 시행)에 가족법의 많은 개정이 있었다.

3. 가족법의 개정 경과와 개정 내용

1) 1979년 가족법의 개정 경과와 개정 내용

(1) 개정 경과

불평등한 가족법 개정을 위해 여성단체들이 연합하여 '범여성가족법 개정촉진위원회'를 결성하고 호주제, 동성동본불혼규정 폐지 등 10개 항목의 개정을 추진하였으나 국회는 오히려 원래의 개정안에서 호주제, 동성동본 혼인금지 등 논란이 많은 부분을 삭제하고 통과시켰다. 이를 살펴보면 다음과 같다.

(2) 주요 개정내용

① 혼인제도의 개정

가. 성년의제 규정

성년자는 부모의 동의 없이 혼인할 수 있으며, 미성년자는 혼인하려면 부모의 동의를 얻어야 한다. 그러나 혼인하면 성년으로 간주되는 성년의제제도를 규정하였다.

나. 부모의 친권공동행사

친권은 부모가 공동으로 행사하되 당사자 간 합의가 되지 아니하는 경우에는 부가 친권을 행사하도록 하였다.

다. 가정법원확인제도

종전대로 협의 이혼제도를 인정하였으나 협의 이혼신고에 대한 가정법원의 확인제도를 마련하였다.

그러나 민법의 개정에도 불구하고 여전히 남계혈통 계승을 위한 호주제도와 친족의 범위가 부계혈족 8촌 이내, 모계혈족 4촌 이내로 차별이 있었고, 동성동본불혼의 경우 남계혈통을 중시하였다. 또한 자녀는 부의 성과 본을 따르며 부가에 입적하게 하는 등 개정된 조항 내에도 여전히 성차별의 내용을 담고 있었다.

용어알기

- 친권

친권은 부모가 미성년자를 보호, 교양할 권리의무를 말한다. 부모가 이혼하는 경우에 이혼 후 친권행사자는 부모협의로 하고, 협의가 이루어지지 않는 경우는 당사자 청구로 가정법원이 정한다.

- 후견

행위무능력자에 대하여 능력을 보충해 주는 제도이다. 성년자의 경우 부모가 1차적으로 친권자로서 법정대리인이 되지만 친권자가 없는 경우 후견인으로 하여금 미성년자의 법률행위에 대한 동의나 대리를 할 수 있도록 하고 있다.

- 법정상속분

피상속인(사망자)이 지정상속을 하지 않은 경우 법률의 규정에 의해 정해진 상속분을 말한다.

② 재산제도의 개정

가. 법정상속분의 개정

재산상속에서 호주상속을 하는 장남을 제외한 아들과 미혼인 딸은 균등하게 재산을 상속하고 처의 상속분은 장남과 같았다. 호주상속을 하는 장남자에게 고유의 상속분의 5할을 가산하고 출가한 딸의 상속분은 차남의 1/4로 하였다. 그리고 남편의 경우 처의 전 재산을 그의 직계존속과 상관없이 단독 상속하도록 하는 등 여전히 재산상속에 있어서 성차별을 하고 있었다.

나. 유류분 신설

일정한 상속인을 위하여 반드시 상속재산의 일정부분을 유족에게 남겨놓도록 하는 제도가 유류분제도이다. 유류분은 배우자와 자녀의 경우에는 법정상속분의 1/2, 직계존속과 형제자매는 법정상속분의 1/3을 받을 수 있도록 하였다.

다. 재산의 부부공유추정

부부간 누구의 소유인지가 불분명한 재산은 호주의 소유로 추정되던 것을 부부의 공유로 추정하도록 하였다.

용어알기

• 친족

친족은 출생(혈연관계), 입양(양자관계), 혼인을 통해서 일방배우자와 상대방 배우자와 혈연관계에 있는 자 사이에 생기는 신분관계이다. 친족이라는 가족관계를 기초로 하여 후견, 부양, 상속 등과 관련한 법률효과를 부여한다. 친족관계의 범위는 가족법, 형법, 사회보장법, 세법, 국적법, 병역법 등 많은 법률상의 권리의무의 발생근거가 된다.

• 인척

혼인을 매개로 하여 일정한 신분관계가 생기는 자로 시부모, 장인, 장모, 시동생, 처제 등의 관계를 말한다.

• 혈족

혈연을 매개로 이루어진 친족관계로 직계혈족과 방계혈족으로 구분되고, 직계혈족은 다시 직계존속(부모, 조부모 등)과 직계비속(자녀, 손자손녀 등)이 있고, 방계혈족으로는 형제자매, 조카, 숙부, 이모, 사촌 형제자매 등이 있다.

2) 1990년 가족법의 개정 경과와 개정 내용

(1) 개정 경과

1990년 민법 개정안은 김장숙 의원 외 147인의 발의로 1988년 11월 7일에 국회에 제출되었는데 호주제도의 폐지, 동성동본불혼제도의 폐지가 주요 골자였다. 1989년 12월 8일 제147회 국회에서는 동 개정 법안에 대한 의견 청취 후 동법안을 본회의에 상정하지 않았고 대신 위원회에서 만든 대안을 국회본회의에 제출하기로 하였다. 국회는 1989년 12월 19일 본회의에서 위원회의 대안을 수정없이 통과시켰다. 그래서 의원 발의 개정안의 호주제도 폐지가 위원회의 대안에서 호주승계제도로 수정, 존치되었고 개정안의 동성동본불혼제도의 폐지는 그대로 존치시켰다.

(2) 주요 개정 내용

① 호주의 권한 축소(호주승계제도)

호주상속을 모두 호주승계로 바꾸어, 호주상속순위는 호주승계순위로, 호주상속회복청구권은 호주승계회복청구권으로 개정하였다. 직계비속 장남자도 분가할 수 있도록 호주승계권의 포기를 허용하여 강제적 호주상속제가 임의적 호주승계제로 전환되었다. 이에 따라 기존의 상속에는 호주상속과 재산상속이 있었으나 민법개정으로 호주상속은 호주승계로 되고 상속은 상속재산만을 의미하게 되었다.

민법개정 전 호주는 가(家) 내부에서 상당한 권한을 행사할 수 있었으나, 1990년의 민법개정으로 그 권한이 대폭 축소되었다.

개정 전 민법은 호주에 대하여 가족부양의무를 지우고 있었으나, 1990년 개정 시 이를 삭제하였다. 1990년의 가족법개정으로 호주의 권한은 매우 빈약하게 되었고, 호주의 의무는 전혀 없게 되었다. 여기서 호주의 가부장적 권한이 거의 삭제되었으므로 호주제는 실질적으로 형해화된 것이고, 상징적인 의미만 있는 것이 아니냐고 할 수 있다. 그러나 아직도 거가동의권, 직계혈족 입적권과 같은 권리가 유지되고 있다는 점은 물론, 강제적 가(家)의 구성과 이에 수반되는 가족관계의 강제형성, 가(家)의 승계라는 호주제의 요소는 엄존하고 있었다. 이는 호주제도가 상징적인 의미만 지니는 것이 아니라 민사실체법적 효과를 지니고 있는 것이다. 예컨대 여자가 혼인하면 친가의 가족에서 시가(媤家) 또는 부가(夫家)의 가족으로 신분이 전환되고, 자녀가 이혼한 모를 따라 재혼가정에서 가족공동체를 이루고 있더라도 재혼한 부가(夫家)의 가족이 될 수 없었다. 또한 호주의 장남자가 사망하고 그 처와 자녀들이 시가와는 별도로 완전히 독립된 생활공동체로 살아가더라도 그 처를 중심으로 한 독립적인 가족관계를 따로 형성하지 못하고 여전히 그 처의 시아버지이자 그 자녀들의 할아버지인 호주와의 가족관계에 얽매이게 되어 있었다. 호주제도는 신분관계를 강제로 변화시키기도 하고 신분관계의 변화를 방해하기도 하고 있어 엄연한 법적 효과가 있는 것을 의미하는 것이었다. 개정전 민법의 호주제도는 개정된 민법에서 다음과 같이 변경되었다.

가. 처가 부의 혈족이 아닌 직계비속을 부가에 입적시키는 경우, 부가의 호주와 부의 동의를 얻도록 하였으나, 부가의 호주동의를 삭제하였다.

나. 호주는 가족에 대한 부양의무를 부담하였으나 이를 삭제하였다.

다. 여호주는 그 가의 계통을 승계할 남자가 입적한 경우에 호주의 변경으로 호주에서 가족의 지위로 격하되었던 것을 삭제하였다.

라. 호주가 폐가하고 타가에 입적한 때에는 가족도 함께 입적하고 타가에 입적할 수 없는 가족은 일가창립을 하였으나 타가입적을 원하지 않는 가족이나 타가에 입적할 수 없는 경우에 모두 일가창립을 할 수 있도록 하였다.

마. 양자는 양부와 동성동본의 혈족인 경우에 한하여 호주상속을 할 수 있었으나 이성양자도 호주승계가 가능하게 하였다.

② 친족관계의 개정

친족은 사회 관습상 그 개념이 막연한 것으로 각 시대와 민족에 따라 다르다. 법률은 관습상 친족을 그대로 법률상 친족으로 인정하지 않고, 신분에 의하여 부양관계, 상속관계 등 일정한 가족법상의 권리와 의무를 가지게 하는 범위를 인정하고 있다.

가. 친족의 범위 개정

친족의 범위를 개정 전에는 8촌 이내의 부계혈족, 4촌 이내의 모계혈족, 남편의 8촌 이내의 부계혈족, 남편의 4촌 이내의 모계혈족, 처의 부모, 배우자로 규정하고 있었으나, 부계, 모계혈족간의 차이와 부부간의 차이를 없애고, 8촌 이내의 혈족과 4촌 이내의 인척 그리고 배우자를 친족의 범위로 규정하였다. ㉠ 8촌이내의 혈족은 자연혈족(혈연)과 법정혈족(입양)을, ㉡ 4촌 이내의 인척으로 혈족의 배우자(형제의 처, 고모의 부, 자매의 부, 질(姪:조카)의 처)와 배우자의 혈족(배우자의 부모, 조부모, 형제자매, 형제자매의 자) 및 배우자의 혈족의 배우자(배우자의 백숙부 또는 형제의 처)를, ㉢ 배우자는 법률상 혼인에 의하여 결합한 남녀를 말한다.

나. 혈족관계 개정

법정혈족관계로서 계모자관계와 적모서자관계는 소멸되었다.

③ 혼인제도 개정

가. 약혼해제 사유 개정

약혼해제 사유를 「성병, 폐병 기타 불치의 악질이 있는 때」에서 폐병을 빼고 불치의 정신병을 추가하였다. 그리고 「약혼 후 2년 이상 그 생사가 불명한 때」 규정에서 약혼 후 생사불명기간을 2년에서 1년을 단축하였다.

나. 혼인취소사유 추가

혼인적령(남자 만 18세, 여자 만 16세)위반의 혼인을 혼인취소사유에 추가하였다.

다. 부부의 동거장소

민법상 부부의 동거장소는 원칙으로 부의 주소나 거소이고 입부혼

(예: 데릴사위)의 경우에는 처의 주소나 거소였으나, 부부의 협의에 따라 정하고 협의가 이루어지지 않는 경우에는 당사자의 청구에 따라 가정법원이 정하도록 하였다.

라. 면접교섭권제도의 신설

이혼한 부모 중 자녀를 양육하지 않은 자가 자녀와 면접, 방문할 수 있는 면접교섭권제도를 신설하였다. 다만 자(子)의 복리를 위하여 필요한 때에는 당사자의 청구에 의하여 가정법원은 면접교섭권을 제한하거나 배제할 수 있도록 하였다.

마. 친권의 공동행사

미성년자에 대한 친권은 부모공동으로 행사하고, 부모의 의견이 일치하지 않는 경우에 친권을 행사하였으나, 이 경우도 당사자의 청구로 가정법원이 결정하도록 하였다.

바. 이혼 시 양육책임

이혼에 따른 자녀의 양육사항을 협정하지 아니한 때에는 양육책임이 부에 있었으나 이 경우도 당사자가 자의 양육에 관해 협의하여 정하도록 하였다.

④ 재산제도 개정

가. 법정상속분 개정

법정상속분을 개정하여 재산상속인이 호주상속을 하는 경우에 상속분은 그 자신 고유의 상속분의 5할을 가산하도록 되어 있었으나 이를 삭제하여 호주상속을 하는 경우에도 다른 상속인과 동일하게 재산상속을 하도록 하였다. 동순위의 상속인이 수인인 때에는 그 상속분은 균분으로 하고, 피상속인(사망자)의 배우자의 상속분은 직계비속(예: 자녀, 손자손녀 등)과 공동으로 상속하는 때에는 직계비속의 상속분의 5할을 가산하고 직계존속(예: 부모, 조부모 등)과 공동으로 상속하는 때에는 직계존속의 상속분의 5할을 가산하도록 개정하였다.

나. 불분명한 재산의 공유추정

호주 또는 가족의 누구에게 속한 것인지 불분명한 재산은 호주의 소유로 추정하던 것을 가족의 공유로 추정하도록 하였다.

다. 부부 공동생활비용 부담

부부의 공동생활에 필요한 비용은 당사자 간에 특별한 약정이 없으면 부의 부담으로 하고 있었으나 특별한 약정이 없으면 부부의 공동부담으로 한다고 개정하였다.

라. 재산분할청구권 신설

협의이혼 시에 재산분할청구권을 신설하였다. 재산분할청구권은 이혼한 당사자 일방이 상대방에 대하여 그 재산의 분할을 청구하는 제도로서, 부부공동생활에서 축적된 재산에 대하여 협력지분을 공평하게 청산하는 것이 합리적이라는 취지에서 규정한 것이다.

마. 기여분제도 · 상속재산 분여제도

기여분제도는 공동상속인 중 1인이 상속재산의 유지와 증가에 기여하였거나 피상속인을 특별히 부양한 경우 상속분 산정에 있어서 그 기여액을 고려하여 상속액에 가산해 주는 것이고, 특별연고자에 대한 상속재산의 분여제도는 상속인이 없는 경우 피상속인과 생계를 같이 하고 있던 자, 피상속인을 요양 · 간호한 자, 기타 피상속인과 특별한 연고가 있던 자의 청구가 있으면 상속재산의 전부 또는 일부를 분여해 주는 제도이다. 이는 특별연고자가 상속재산을 분여받을 권리와 성질이 같은 것이라고 할 수 있다.

바. 제사용 재산 소유권

분묘에 속한 1정보 이내의 금양 임야와 600평 이내의 묘토인 농지, 족보와 제구 등 소위 제사용 재산의 소유권을 호주승계인이 아니라 실질적으로 제사를 주재하는 자가 승계하도록 하였다.

3) 2005년 가족법의 개정 경과와 개정 내용

(1) 개정 경과

1990년 가족법이 개정될 때 호주의 권한은 거의 폐지되고 명목상의 권한만이 남아 있었다. 그러나 호주제도는 가부장제의 제도를 여전히 가지고 있다고 하여 여성계를 중심으로 호주제를 폐지하려는 운동이 꾸준히 펼쳐져 왔고 이에 힘입어 2005년 3월에는 그 동안에 논란이 되어왔던 호주제 폐지를 골자로 하는 민법개정안이 통과되었다. 이에 따라 2008년 1월 1일부터 호주제를 폐지하고, 친양자제도를 도입하였고, 부모 협의 하에 어머니의 성과 본을 따를 수 있도록 하였다. 이로써 우리의 가족법은 헌법에 규정되어 있는 평등하고 자유권적 이념에 부합되는 가족법의 실현에 기여하게 되었다.

(2) 주요 개정 내용

① 호수제도 폐지 등[1)]

호주란 가족집단의 가장을 의미한다. 호주를 중심으로 그와 그의 배우자, 혈족 그리고 그 가에 입적한 자는 가(家)를 구성한다. 법률상 가란 호주를 중심으로 하여 호주와 가족이라는 법률상 신분관계로 상호간에 연결된 관념적인 호적상의 가족집단을 말한다.

호주에 관한 규정과 호주제도를 전제로 한 입적 · 복적 · 일가창립 · 분가 등에 관한 규정을 삭제하고 호주와 가(家)의 구성원과의 관계로 정의되어 있는 가족에 관한 규정을 새롭게 정하였다. 이로써 호적제가 폐지되고 개인이 태어나면서 각자 하나의 신분등록부를 갖는 새로운 신분등록제가 도입되었다.

호주상속제가 있었던 1990년 개정민법 이전에 호주권에는 재산권적 성격이 있었으나, 호주상속제가 호주승계제로 전환되어 약한 신분권적 성격만이 남아 있게 되었다. 그러나 명목상에 지나지 않는 호주제도라

---

1) 민법 제 778조 · 제780조 및 제782조 내지 제796조 삭제.

하여도 이로 인해 차별을 조장하고 여성의 권익이 침해되었으므로, 호주제도에 대해 헌법재판소는 헌법불합치 판결(2005.2.3, 2001헌가9)을 내렸고 폐지되기에 이르렀다.

② 친족관계의 개정

가. 자녀의 성과 본

자녀의 성과 본은 부(父)의 성과 본을 따르는 것을 원칙으로 하되, 혼인신고시 부모의 협의에 의하여 모의 성과 본도 따를 수 있도록 하였다. 자녀의 복리를 위하여 자녀의 성과 본을 변경할 필요가 있는 때에는 부 또는 모 등의 청구에 의하여 법원의 허가를 받아 이를 변경할 수 있도록 하였다.

나. 친양자제도 신설

종전 양자제도를 그대로 유지하면서 양자의 복리를 더욱 증진시키기 위하여, 양친과 양자를 친생자관계로 보아 종전의 친족관계를 종료시키고 양친과의 친족관계만을 인정하며 양친의 성과 본을 따르도록 하는 친양자제도를 신설하였다.

친양자제도는 만 15세 미만자에 한하여 가정법원의 친양자재판을 받아 친생자관계를 인정받는 제도로, 입양제도와 달리 성과 본의 변경이 가능하고 재판상 파양만 인정된다.

③ 혼인제도의 개정

가. 동성동본금혼제 폐지

양성평등과 혼인의 자유를 침해할 우려가 있는 동성동본금혼제도를 폐지하고 근친혼금지제도로 전환하되, 근친혼제한의 범위를 합리적으로 조정하였다.

나. 재혼금지기간 폐지

부성추정의 충돌을 피할 목적으로 여성에 대하여 6월의 재혼금지기간을 두고 있었다. 그러나 이는 여성에 대한 차별적인 규정으로 비춰지고, 친자관계감정기법의 발달로 이러한 제한 규정을 둘 필요성이 없어졌으므로 이를 삭제하였다.

다. 친생부인제도 개선

지금까지 친생부인의 소(訴)는 부(夫)만이 제기할 수 있고 제소기간도 출생을 안 날부터 1년 내로 제한하였으나, 이는 혈연진실주의 및 부부평등의 이념에 부합되지 아니하는 측면이 있으므로 앞으로는 부(夫)뿐만 아니라 처(妻)도 제소할 수 있도록 하였다. 제소기간도 친생부인 사유를 안 날부터 2년 내로 연장하는 등 친생부인제도를 합리적으로 개선하였다.

라. 친권행사자 결정

부모가 이혼하거나 부 사망 후 친가에 복적 또는 재혼한 때에는 그 모는 전혼 중의 출생자에 대한 친권자가 되지 못하였다. 그러나 부모가 이혼한 경우에 부모의 협의로 친권 행사자를 정하고 협의할 수 없거나 협의가 이루어지지 않는 경우에 당사자의 청구에 의하여 가정법원이 결정하도록 하였다. 그리고 부모 등 친권자가 친권을 행사함에 있어서는 자(子)의 복리를 우선적으로 고려하여야 한다는 의무규정을 신설하였다.

용어알기

- 친생부인의 소

민법상 혼인중에 출생한 자(子)에 대하여 그 자가 혼인이 성립된 날로부터 200일 후 또는 혼인관계가 종료된 날로부터 300일 내에 출생한 경우에(친생자의 추정이 있는 경우) 그 자가 자기의 친생자임을 부인하는 소송. 친생부인(親生否認)의 소(訴)는 부(夫) 또는 처(妻)가 다른 일방 또는 자(子)를 상대로 하여 그 사유가 있음을 안 날부터 2년 내에 이를 제기하여야 한다.

(3) 호주제도 폐지와 가족관계등록제도

① 가족관계등록제도 신설

구 호주제도가 2005년 2월 헌법재판소로부터 양성평등의 헌법원칙에 위배된다는 헌법불합치 판결을 받아 민법이 개정되었다. 그리하여 호주제 폐지에 따른 호적법의 대체법으로 2007. 4. 27. 「가족관계의 등록 등에 관한 법률」이 제정(2007. 5. 17. 법률 제8435호로 공포, 2008. 1. 1.부터 시행)되어 양성평등의 원칙에 합치되는 방향으로 새로운 신분등록제가 설치되었다.

② 구성편제

가족관계등록부는 국민 개인별로 등록기준지에 따라 가족관계의 등록에 관해 편제되어 있다. 기존 호적의 기재사항을 기초로 가족관계등록부가 작성되어 별도의 신고를 할 필요가 없다. 다만 2008.1.1. 이후에 태어난 사람은 기존 호적이 없으므로 출생신고에 따라 가족관계등록부를 새로 작성하게 된다.

기존 호적에서는 할아버지, 손자, 형제, 배우자, 자녀 등이 가족으로 나타나는데 새로운 가족관계등록부에서는 본인을 기준으로 부모, 배우자 및 자녀만 나타나며, 호적이 가족의 모든 신분사항을 보여주고 있었으나 가족관계증명서는 가족이름, 출생연월일 등 개인을 특정하는데 필요한 사항만을 보여준다.

가족관계등록부에서는 발급받을 수 있는 증명서의 종류를 ㉮ 가족관계증명서, ㉯ 기본증명서, ㉰ 혼인관계증명서, ㉱ 입양관계증명서, ㉲ 친양자입양관계증명서로 세분화하였다. 각 증명서에는 본인의 등록기준지·성명·성별·본·출생연월일 및 주민등록번호의 공통사항과 각각의 개별사항을 기록하도록 되어 있다.

〈표 3-1〉 증명서 종류 및 등록부기록사항

증명서 종류	기재 사항	
	공통 사항	개별 사항
가족관계 증명서	본인의 등록기준지 · 성명 · 성별 · 본 · 출생연월일 및 주민등록번호 (인적사항)	부모, 배우자, 자녀의 인적사항-3대에 한함
기본 증명서		본인의 출생, 사망, 개명 등 인적사항(혼인 · 입양 여부 별도)
혼인관계 증명서		배우자 인적사항 및 혼인 · 이혼에 관한 사항
입양관계 증명서		양부모 또는 양자의 인적사항 및 입양 · 파양에 관한 사항
친양자입양관계 증명서		친생부모 · 양부모 또는 친양자 인적사항 및 입양 · 파양에 관한 사항

4) 2007년 가족법의 개정 경과와 개정 내용

(1) 개정 경과

2005년 3월 31일에 호주제도의 폐지를 주골자로 하여 가족법이 개정되었다. 그러나 개정된 가족법상의 내용에 여전히 차별적인 규정과 논란이 되는 사항이 있어 이를 시정하고자 2007년에 다시 가족법의 개정이 있었다. 즉 그 동안 약혼연령과 혼인연령이 남자 18세, 여자 16세로 다르게 규정하여 논란이 되어 왔다. 이에 헌법상의 양성평등원칙 구현을 위하여 남녀의 약혼연령 및 혼인적령을 일치시켰다. 또한 높은 이혼율과 신중하지 못한 이혼을 방지하기 위하여 이혼숙려기간 제도를 도입하고, 이혼 가정 자녀의 양육 환경을 개선하기 위하여 협의이혼시 자녀 양육사항 합의를 의무화하는 등, 민법 규정의 운영상 나타난 일부 미비점을 개선 · 보완하려 하였다. 그리고 유엔아동권리협약상 "아동이익 최우선의 원칙"을 실현함과 아울러 아동의 권리를 강화하고자 하였으며, 협의이혼시 양육과 관련한 의무조항을 두었다.

(2) 주요 개정 내용

① 기간계산 규정

국민의 권리행사 및 의무이행이 용이하도록 기간의 말일이 토요일 또는 공휴일에 해당하는 경우에는 기간은 그 익일로 만료하도록 하였다.

② 남녀의 약혼연령 및 혼인적령

개정 전 민법은 약혼연령 및 혼인적령에 관하여 남자는 만 18세, 여자는 만 16세로 달리 규정하고 있으나 이는 불합리한 차별로서 남녀평등에 반한다는 비판이 있어, 약혼연령 및 혼인적령을 남녀 모두 만 18세로 조정하였다.

③ 이혼숙려기간의 도입

협의이혼 당사자는 일정 기간(양육하여야 할 자녀가 있는 경우는 3개월, 양육하여야 할 자녀가 없는 경우는 1개월)이 경과한 후 가정법원으로부터 이혼의사 확인을 받아야만 이혼이 가능하도록 하는 이혼숙려제도를 두어 신중하지 아니한 이혼을 방지하고자 하였다.

④ 협의 이혼시 의무조항

기존 협의이혼제도는 당사자 사이에 자녀 양육사항 및 친권자 지정에 관한 합의 없이도 이혼이 가능함에 따라 이혼 가정 자녀의 양육환경이 침해되는 문제가 있었다. 따라서 협의 이혼하고자 하는 부부에게 양육자의 결정, 양육비용의 부담, 면접교섭권의 행사여부 및 그 방법 등이 기재된 양육사항과 친권자결정에 관한 협의서 또는 가정법원의 심판정본을 이혼 확인시 의무적으로 제출하도록 하였다.

⑤ 자녀의 면접교섭권

기존에는 부모에게만 면접교섭권을 인정하고 있어 자녀는 면접교섭권의 객체로 인식되는 문제가 있었다. 이를 해소하기 위해서 자녀에게도 면접교섭권을 인정하였다.

⑥ 재산분할청구권 보전을 위한 사해행위취소권 신설

재산분할청구권의 보전을 위해 사해행위취소권을 신설하였다. 부부의 일방이 다른 일방의 재산분할청구권 행사를 해함을 알면서도 재산권을 목적으로 하는 법률행위를 한 때에는 다른 일방은 그 취소 및 원상회복을 가정법원에 청구할 수 있다. 이러한 사해행위취소 청구의 소는 채권자가 취소원인을 안 날로부터 1년, 법률행위가 있은 날로부터 5년 내에 제기하여야 한다.

5) 2009년 가족법의 개정 경과와 개정 내용

(1) 개정 경과

개정 민법은 이혼시 자녀의 양육비의 부담내용이 확정된 경우에 가정법원의 양육비부담조서의 작성제도를 도입하였다.

(2) 주요 개정 내용

-양육비부담조서를 작성 신설

개정 민법에서는 이혼시 양육비를 효율적으로 확보하기 위해 양육비의 부담에 대하여 당사자가 협의하여 그 부담내용이 확정된 경우, 가정법원이 그 협의한 양육비 부담에 관한 내용을 확인하는 양육비부담조서를 작성하도록 하는 양육비부담조서 작성제도를 신설하였다.

6) 2011년 3월 가족법의 개정 경과와 개정 내용

(1) 개정 경과와 개정 이유

2011년 3월 7일 개정민법은 청소년의 성숙화에 따라 성년연령을 낮추고 있는 세계적 추세와 「공직선거법」 등의 법령 등의 현실을 반영하여 성년연령을 하향 조정하였다.

기존의 금치산·한정치산 제도를 대신하여 성년후견제로 확대·개편하고, 금치산·한정치산 선고의 청구권자를 추가하여 후견을 내실화하였다. 노인, 장애인 등에 대한 보호를 강화하고, 거래 상대방을 보호하기 위하여 성년후견 등에 대해 등기로 공시하도록 하였다.

(2) 주요 개정 내용

① 성년 연령의 하향

청소년의 조숙화 경향에 따라 성년연령을 낮추고 있는 세계적 추세와 「공직선거법」 등의 법령 등을 반영하여 성년연령을 만 20세에서 만 19세로 낮추게 하였다.

② 성년후견 · 한정후견 · 특정후견제도의 도입

기존의 금치산 · 한정치산제도가 획일적으로 행위능력을 제한하는 문제점을 내포하고 있다고 보고, 대신 더욱 능동적이고 적극적인 사회복지시스템인 성년후견 · 한정후견 · 특정후견제도를 도입하였다. 또 기존 금치산 · 한정치산 선고의 청구권자에 후견감독인과 지방자치단체장을 추가하여 후견을 내실화하고 성년후견 등을 필요로 하는 노인, 장애인 등에 대한 보호를 강화하였다.

③ 제한능력행위자 능력의 확대

성년후견을 받는 사람의 법률행위 중 일용품의 구입 등 일상생활에 필요한 행위이거나 후견개시의 심판에서 달리 정한 것은 취소할 수 없도록 하였다. 또한 피한정후견인의 법률행위는 가정법원이 한정후견인의 동의 사항으로 결정한 것이 아니면 확정적으로 유효한 법률행위로 인정되며, 특정후견을 받는 사람의 법률행위는 어떤 법적 제약이 없도록 하였다.

④ 피후견인의 복리의 실질적 보장

피후견인의 복리에 대해 후견인의 폭넓은 조력이 가능하도록 하고, 피후견인의 신상에 관한 결정권은 피후견인 본인에게 있다는 원칙과 후견인의 임무 수행시 피후견인의 의사 존중 의무를 명시하는 등 피후견인의 복리를 실질적으로 보장할 수 있도록 하였다.

⑤ 후견인의 법정순위 폐지 및 복수(複數) · 법인(法人) 후견 도입 등

후견인의 법정순위를 폐지하고, 복수(複數) · 법인(法人) 후견인도 선임할 수 있도록 하였다. 가정법원이 피후견인의 의사 등을 고려하여 후견인과 그 대리권 · 동의권의 범위 등을 개별적으로 결정하도록 하였다.

⑥ 후견감독인 선임제도의 도입

친족회를 폐지하는 대신 가정법원이 후견감독인을 사안에 따라 개별적으로 선임할 수 있도록 함으로써 후견인의 임무 해태, 권한 남용에 대한 실질적인 견제가 가능하도록 하였다.

⑦ 피후견인의 보호

피후견인이 사무를 처리할 능력이 부족하거나 부족하게 될 상황을 대비하여 재산관리 및 신상보호 사무를 자신이 원하는 후견인에게 위탁하는 내용의 계약을 체결할 수 있도록 하였다. 공정증서에 의한 후견계약 체결과 효력발생시기를 가정법원의 임의후견감독인 선임시로 하는 등 피후견인의 권익보호의 제도적 장치를 마련하였다.

⑧ 성년후견의 등기를 통한 공시

거래의 안전을 보호하고 피성년후견인과 거래하는 상대방인 제3자를 보호하기 위하여 후견계약 등을 등기하여 공시하도록 하였다.

7) 2011년 5월 가족법의 개정 경과와 개정 내용

(1) 개정 경과와 개정 이유

2011년 5월 19일 개정된 민법은 단독 친권자로 정해진 부모의 일방이 친권을 행사할 수 없는 경우에 부모의 다른 일방을 친권자로 지정하거나 후견이 개시되도록 하였다.

입양취소, 파양, 양부모 사망의 경우 친생부모 또는 그 일방을 친권자로 지정하거나 후견이 개시되도록 하고, 단독 친권자인 부모 일방이 유언으로 후견인을 지정한 경우에 필요하다고 인정되면 후견을 종료하고 부모의 다른 일방을 친권자로 지정하게 하는 등 미성년자의 복리를 증진시키기 위한 방향으로 민법의 내용을 개정하고자 하였다.

(2) 주요 개정 내용

① 단독 친권자의 사망, 입양 취소, 파양 또는 양부모의 사망의 경우

㉮ 이혼 등으로 단독 친권자로 정해진 부모의 일방이 사망한 경우에 생존하는 부 또는 모, 미성년자, 미성년자의 친족은 그 사실을 안 날부터 1개월, 사망한 날부터 6개월 내에 가정법원에 생존하는 부 또는 모를 친권자로 지정할 것을 청구할 수 있도록 하였다. 이러한 친권자 지정 청구가 있는 경우라도 미성년자의 복리를 위하여 적절하지 않다고

인정되면 가정법원은 직권으로 후견인을 선임하면서 위 청구를 기각할 수 있도록 하였다.

㉯ 생존하는 부 또는 모, 미성년자, 미성년자의 친족이 친권자 지정의 청구를 하지 아니하는 경우에는 가정법원이 직권으로 또는 미성년자, 미성년자의 친족, 이해관계인, 검사의 청구에 의하여 후견인을 선임할 수 있도록 하였다. 이 경우에는 생존하는 부 또는 모의 의견을 듣도록 하고, 후견인을 선임하는 것이 미성년자의 복리를 위하여 적절하지 않다고 인정하면 가정법원은 직권으로 생존하는 부 또는 모를 친권자로 지정하고 후견인 선임 청구를 기각할 수 있도록 하였다.

㉰ 가정법원이 직권으로 또는 미성년자, 미성년자의 친족, 이해관계인, 검사의 청구에 의하여 미성년자에 대한 친권자 또는 후견인이 정해질 때까지 후견인의 임무를 대행할 사람을 선임할 수 있도록 하여, 미성년자에게 법정대리인이 없는 기간이 생기지 않도록 하였다.

㉱ 미성년자의 복리를 위하여 적절하지 아니하다는 이유로 생존하는 부 또는 모를 친권자로 지정하지 않고 후견인이 선임된 경우에도 이후 양육환경이나 양육능력의 변경 등으로 생존하는 부 또는 모가 친권을 행사하는 것이 미성년자의 복리를 위하여 필요한 경우에는 가정법원은 생존하는 부 또는 모, 미성년자의 청구에 의하여 후견을 종료하고 생존하는 부 또는 모를 친권자로 지정할 수 있도록 하였다.

㉲ 입양이 취소되거나 파양된 경우 또는 양부모가 모두 사망한 경우에 친생부모 또는 그 일방, 미성년자, 미성년자의 친족이 가정법원에 친생부모 또는 그 일방을 친권자로 지정할 것을 청구할 수 있도록 하여, 단독 친권자가 사망한 경우에 미성년자의 법정대리인 선임 절차와 동일한 절차를 거쳐 미성년자의 법정대리인을 선임하도록 하였다.

② 친권자 지정시 자의 복리 우선 고려

가정법원이 친권자를 지정할 때에는 자(子)의 복리를 우선적으로 고려하도록 하고, 이를 위해 관련 분야의 전문가 등으로부터 자문을 받을 수 있도록 하였다.

③ 단독 친권자의 친권을 행사할 수 없는 중대한 사유가 있는 경우

이혼 등으로 단독 친권자로 정해진 부 또는 모가 친권을 상실하거나 소재불명이 되는 등 친권을 행사할 수 없는 중대한 사유가 있는 경우에는 단독 친권자가 사망한 경우 미성년자의 법정대리인을 선임하는 절차를 준용하여 미성년자의 법정대리인을 선임하도록 하였다. 미성년자에 대한 법정대리인 지정 후 부 또는 모가 친권을 회복하거나 소재가 발견되는 등 친권을 행사할 수 있게 된 경우에는 그 부 또는 모, 미성년자, 미성년자의 친족의 청구에 의하여 친권자를 새로 정할 수 있도록 하였다.

④ 단독 친권자가 유언으로 미성년자의 후견인을 지정한 경우

단독 친권자가 유언으로 지정하여 미성년자의 후견인이 선임된 경우라 하더라도 가정법원이 미성년자의 복리를 위하여 필요하다고 인정하면 생존하는 부 또는 모, 미성년자의 청구에 의하여 위 후견을 종료하고 생존하는 부 또는 모를 친권자로 지정할 수 있도록 하였다.

8) 2012년 가족법의 개정 경과와 개정 내용

(1) 개정 경과와 개정 이유

종래 미성년자의 입양과 파양이 시·읍·면의 장에 대한 신고만으로 가능하여 아동학대의 습벽이 있는 사람 등도 손쉽게 입양을 할 수 있었고, 양부모가 보험금을 수령할 목적으로 입양한 영아를 살해하거나 입양한 아동을 성폭행하는 등의 범죄가 연이어 발생하는 등 부적격자에 의한 입양이 심각한 사회문제가 되어 왔다.

2012년 2월 10일 개정 민법은 이러한 미성년자의 복리에 끼치는 악영향을 방지하고자 미성년자 입양시에는 가정법원의 허가를 받도록 하고, 미성년자에 대한 파양은 재판을 통해서만 할 수 있도록 하며, 부모의 소재를 알 수 없는 등의 경우에는 부모의 동의 없이도 입양이 가능하게 하는 등 입양제도를 개선하고자 하였다. 현실에 맞게 친양자로 입양될 수 있는 연령을 15세 미만에서 미성년자로 높이고, 중혼에 대한

취소청구권자로 직계비속을 추가하는 등 종래 제도의 운영상 나타난 미비점을 개선·보완하고자 하였다.

(2) 주요 개정 내용

① 미성년자 입양에 대한 가정법원의 허가제 도입 등

부적격자인 양부모에 의한 입양과 파양이 심각한 사회문제가 되자, 미성년자를 입양할 때에는 가정법원의 허가를 받도록 하고 파양도 재판으로만 가능하도록 하였다. 가정법원이 입양을 허가할 때에는 양부모가 될 사람의 양육능력, 입양의 동기 등을 심사하여 허가 여부를 결정하도록 하고, 미성년자에 대한 파양은 재판에 의해서만 가능하도록 입양절차를 개선하였다.

이와 같이 입양과 파양에 국가기관인 법원이 후견적으로 개입할 수 있게 함으로써 양자가 될 미성년자와 양자인 미성년자의 복리가 위태롭게 되는 것을 방지하고자 하였다.

② 부모의 동의 없는 입양 허가

종래 부모의 동의를 통해서만 양자가 될 수 있어, 부모의 소재를 알 수 없는 경우에는 동의를 받을 수 없고, 부모가 입양 동의를 조건으로 금전적 대가를 요구하기도 하였다. 이러한 문제점을 보완하고자 ㉮ 부모의 소재를 알 수 없는 등의 사유로 부모의 동의를 받을 수 없는 경우에는 부모의 동의가 없더라도 가정법원이 입양을 허가할 수 있도록 하고, ㉯ 부모가 3년 이상 자녀에 대한 부양의무를 이행하지 아니한 경우 등에는 부모가 동의를 거부하더라도 가정법원이 입양을 허가할 수 있도록 하였다.

③ 친양자 입양 가능 연령 완화

종래 친양자가 될 사람은 15세 미만이어서, 사실상의 친자관계가 형성된 재혼 가정의 경우 즉, 오랜 공동생활을 해온 계부모와 계자녀 사이에 이러한 연령 제한으로 인하여 친양자 입양을 하지 못하는 경우가 발생하였다. 이러한 점을 보완하고자 친양자 입양의 연령 제한을 완화하여 미성년자이면 친양자 입양을 할 수 있도록 하였다. 이는 재혼 가정의 현실을 반영하여 친양자 입양 요건을 개선함으로써 재혼 가정의 화합과 자녀들의 복리를 증진시키고자 한 것이다.

9) 2014년 민법개정(2014. 10. 15., 일부개정)

(1) 개정 경과와 개정 이유

그동안에 부모의 학대나 개인적 신념 등으로 자녀의 생명·신체 등에 위해가 발생해도 친권의 상실 선고 외에는 활용할 수 있는 제도가 없었다. 이러한 경우 자녀를 보호하기 위하여 친권을 일정한 기간 동안 제한하거나 친권의 일부만을 제한하는 제도 등을 마련하고자 2014. 10. 15. 민법의 일부를 개정하였다. 이로써 구체적인 사안별로 자녀의 생명 등을 보호하기 위하여 필요 최소한도의 친권 제한 조치가 가능하게 된 것이다.

(2) 수요 개정 내용

① 친권자의 동의를 갈음하는 법원의 재판 제도 신설

가정법원은 친권자의 동의가 필요한 행위에 대하여 친권자가 정당한 이유 없이 동의하지 아니함으로써 자녀의 생명, 신체 또는 재산에 중대한 손해가 발생할 위험이 있는 경우에는 자녀, 자녀의 친족, 검사 또는 지방자치단체의 장의 청구에 의하여 친권자의 동의를 갈음하는 재판을 할 수 있다.

② 친권의 일시 정지 제도의 도입

가정법원은 부 또는 모가 친권을 남용하여 자녀의 복리를 현저히 해치거나 해칠 우려가 있는 경우에는 자녀, 자녀의 친족, 검사 또는 지방자치단체의 장의 청구에 의하여 그 친권의 상실 또는 일시 정지를 선고할 수 있다.

가정법원은 친권의 일시 정지를 선고할 때에는 자녀의 상태, 양육상황, 그 밖의 사정을 고려하여 그 기간을 정하여야 한다. 이 경우 그 기간은 2년을 넘을 수 없다.

가정법원은 자녀의 복리를 위하여 친권의 일시 정지 기간의 연장이 필요하다고 인정하는 경우에는 자녀, 자녀의 친족, 검사, 지방자치단체의 장, 미성년후견인 또는 미성년후견감독인의 청구에 의하여 2년의 범위에서 그 기간을 한 차례만 연장할 수 있다.

③ 친권의 일부 제한 제도의 도입

가정법원은 거소의 지정이나 징계, 그 밖의 신상에 관한 결정 등 특정한 사항에 관하여 친권자가 친권을 행사하는 것이 곤란하거나 부적당한 사유가 있어 자녀의 복리를 해치거나 해칠 우려가 있는 경우에는 자녀, 자녀의 친족, 검사 또는 지방자치단체의 장의 청구에 의하여 구체적인 범위를 정하여 친권의 일부 제한을 선고할 수 있다.

10) 2016년 민법 개정

(1) 개정 경과와 개정 이유

그동안의 민법은 부부가 이혼하여 자녀를 직접 양육하지 아니하는 부모 일방에게 자녀에 대한 면접교섭권을 인정하고 있다. 그런데 자녀를 직접 양육하지 아니하는 부모 일방이 사망하거나 자녀를 직접 양육하지 아니하는 부모 일방이 중환자실 입원, 군복무, 교도소 등 피치 못할 사정으로 면접교섭권을 행사할 수 없을 때에는 조부모의 면접교섭권을 인정하여 손자녀와의 최소한의 교류를 이어나갈 수 있게 할 필요가 있다는 점이 제기되어 왔다.

이에 2016. 12. 2., 민법 일부개정을 통하여 자녀를 직접 양육하지 아니하는 부모 일방이 사망하거나 자녀를 직접 양육하지 아니하는 부모 일방이 피치 못할 사정으로 면접교섭권을 행사할 수 없을 때 그 부모의 직계존속이 가정법원의 허가로 손자녀와의 면접교섭권을 행사할 수 있도록 하고자 한 것이다.

(2) 주요 개정 내용

손자녀의 양 집안간의 균형있는 교류를 유지하여 아이의 심리적 안정과 건전한 성장을 위해 직계존속의 면접교섭권을 인정하는 조항을 신설하였다. 즉 "자를 직접 양육하지 아니하는 부모 일방의 직계존속은 그 부모 일방이 사망하였거나 질병, 외국거주, 그 밖에 불가피한 사정으로 자를 면접교섭할 수 없는 경우 가정법원에 자와의 면접교섭을 청구할 수 있다. 이 경우 가정법원은 자의 의사, 면접교섭을 청구한 사람과 자의 관계, 청구의 동기, 그 밖의 사정을 참작하여야 한다"고 규정하였다.

11) 2017년 민법개정

(1) 개정 경과와 개정 이유

민법 규정 중(제844조제2항) 혼인관계종료의 날부터 300일 이내에 출생한 자는 혼인 중에 포태한 것으로 추정하는 부분에 대해 헌법재판소가 헌법불합치결정(2013헌마623, 2015. 4. 30. 결정)한 취지를 반영하고자 한 것이다. 이에 따라 2017.10.31.,민법 일부개정으로 혼인관계가 종료된 날부터 300일 이내에 출생한 자녀에 대하여 어머니와 어머니의 전 남편은 친생부인의 허가 청구를, 생부는 인지의 허가 청구를 할 수 있도록 하여 친생부인의 소보다 간이한 방법으로 친생추정을 배제할 수 있도록 하였다.

(2) 주요 개정 내용

① 친생부인의 허가 청구

친생부인의 허가 청구조항을 신설하여 어머니 또는 어머니의 전 남편은 혼인관계가 종료된 날부터 300일 이내에 출생한 자녀는 혼인 중에 임신한 것으로 추정(제844조제3항)하여 가정법원에 친생부인의 허가를 청구(혼인 중의 자녀로 출생신고가 된 경우는 제외)할 수 있도록 하였다. 이 청구가 있는 경우에 가정법원은 혈액채취에 의한 혈액형 검사, 유전인자의 검사 등 과학적 방법에 따른 검사결과 또는 장기간의 별거 등 그 밖의 사정을 고려하여 허가 여부를 정하도록 하였다.

② 인지의 허가 청구

생부의 인지의 허가 청구 조항을 신설하여 혼인관계가 종료된 날부터 300일 이내에 출생한 자녀는 혼인 중에 임신한 것으로 추정되나, 생부가 가정법원에 인지의 허가를 청구(자녀가 이미 혼인 중의 자녀로 출생신고가 된 경우는 제외)할 수 있도록 하였다.

이 청구가 있는 경우에 가정법원은 혈액채취에 의한 혈액형 검사, 유전인자의 검사 등 과학적 방법에 따른 검사결과 또는 장기간의 별거 등 그 밖의 사정을 고려하여 허가 여부를 정하도록 하였다.

제 2 절 혼인 · 이혼과 여성의 권리

1. 혼인제도의 변화

혼인은 남녀가 부부로서 평생을 함께할 것을 목적으로 하는 결합관계로 시대와 사회에 따라 다양하게 변천해 왔다. 역사적으로 혼인은 난혼(promiscuity), 군혼(groupmarriage), 일부다처혼(polygamy), 일처다부혼(polyandry), 일부일처제(monogamy)가 있어 왔고, 오늘날 대부분의 국가는 일부일처제를 택하고 있다. 혼인은 인류가 본능에 기초한 종족보존의 본능적인 결합관계에서 점차 혼인당사자를 위한 것으로 변천해 왔다.

우리나라는 신라, 고구려에서는 일부다처혼이 행해졌다. 고려시대에는 첩제도가 성행하였고 첩도 처와 같이 개가가 금지되었다. 고려 말에는 축첩장려정책으로 양반은 물론 서인에게도 일처일첩이 허용되었다. 조선왕조에 와서는 간략한 혼인식례를 하는 양첩과 혼인의식이 전혀 없는 천첩의 축첩제도가 공인되었다. 일제시대에도 첩제도가 공인되었으나 1915년 첩의 입적신고를 금지하여 비로소 일부일처제가 법률상 확립되었다.

2. 약혼과 혼인에 있어서 여성의 권리

1) 약혼에 있어서 여성의 권리

[사례 5] 약혼의 효력

25세 동갑인 A녀와 B남은 6개월간 사귄 연인사이로 간략하게 고가의 패물만 주고받고 약혼식을 하고 6개월이 지난 후 결혼을 하기로 약속하였다. 1년이 지난 지금 뚜렷한 이유 없이 결혼을 차일피일 미루고 있다. 확인해 본 즉 B남은 다른 사람과 사귀고 있었다. A녀는 결혼을 강제할 수 있을까 아니면 약혼을 해제할 수 있을까. 그리고 약혼을 해제하는 경우 고가의 패물은 돌려주어야 할까?

약혼은 장차 혼인할 것을 목적으로 하는 남녀 간의 일종의 계약이다. 반드시 당사자간 합의를 요하므로 과거 혼인 양자의 부모끼리 합의하여 행하던 정혼은 무효이다.

(1) 약혼의 요건

① 실질적 요건

약혼은 당사자의 합의만으로써 성립한다. 남자, 여자 모두 만18세가 되면 부모 또는 후견인의 동의를 얻어 약혼할 수 있다. 약혼적령에 달하지 않은 약혼은 취소할 수 있다. 성년에 달한 자는 부모나 후견인의 동의 없이 자유로이 약혼할 수 있다. 배우자 있는 자가 약혼하거나 약혼자 있는 자가 하는 이중약혼은 원칙적으로 인정되지 않는다. 근친관계에 있는 자 사이의 약혼은 혼인장애가 되는 사유를 갖는 것으로 무효라고 보아야 한다.

② 형식적 요건

약혼에는 아무런 방식도 필요하지 않다. 따라서 예물교환이나 약혼식 없는 약혼이 무효가 되지 않는다.

(2) 약혼의 해제

약혼 당사자는 ① 약혼 후 자격정지 이상의 형의 선고를 받은 때, ② 약혼 후 금치산 또는 한정치산의 선고를 받은 때, ③ 성병, 불치의 정신병 기타 불치의 악질이 있는 때, ④ 약혼 후 타인과 약혼 또는 혼인을 한 때, ⑤ 약혼 후 타인과 간음한 때, ⑥ 약혼 후 1년 이상 그 생사가 불명한 때, ⑦ 정당한 이유 없이 혼인을 거절하거나 그 시기를 지연하는 때, ⑧ 기타 중대한 사유가 있는 때에 약혼을 해제할 수 있다.

약혼의 해제는 상대방에 대하여 의사표시로 하면 되고 상대방에게 의사표시를 할 수 없는 경우에는 해제의 원인이 있음을 안 때에 해제된 것으로 본다. 약혼이 해제된 경우에는 당사자 일방이 과실이 있는 상대방에 대하여 이로 인해 발생한 재산상 손해, 정신상 고통에 대해 손해배상책임을 진다.

당사자 쌍방의 과실이 있는 경우나 쌍방의 과실이 없는 경우에는 손해배상청구권이 발생하지 않는다고 보아야 한다. 쌍방과실이 있는 경우에는 과실상계에 따라 손해배상액을 정한다. 약혼으로 교환한 예물에 대해서 유책자는 예물반환청구권이 없다. 혼인이 성립한 후에 혼인이 해소되더라도 약혼 시에 받았던 예물의 반환은 하지 않아도 된다.

(3) 약혼의 효과

약혼 당사자는 서로 성실하게 교제하여 장래에 부부공동체를 이룰 의무를 지지만 그 의무를 위반하는 경우라도 혼인을 강제할 수는 없다. 다만 일방이 의무를 위반하는 경우에 상대방은 손해배상청구권을 행사할 수 있다고 보아야 한다.

약혼자 사이에 출생한 자가 있는 경우 혼인 외의 자이나 약혼당사자가 혼인하면 그 자녀는 준정(準正)에 의해 혼인 중의 출생자가 된다.

2) 혼인에 있어서 여성의 권리

(1) 혼인의 성립

민법은 혼인의 성립에 관하여 무효와 취소요건을 규정하고 있다.

① 실질적 요건

(가) 혼인당사자간에 혼인할 의사의 합치가 있어야 하며, 의사의 합치가 없는 혼인은 무효이다. 부부가 되는 것으로 가장하는 가장혼인은 당사자 간 혼인할 의사가 없는 것으로 무효라고 보아야 한다(대법원 1980.1.29, 72므62, 63).

당사자가 혼인의사를 가지고 있으나 신고를 게을리 하고 있는 경우, 당사자가 혼인관계를 해소하기로 합의하였으나 일방이 혼인의사를 명백히 철회하지 않는 이상 일방에 의한 혼인신고는 무효라고 할 수 없다(대법원 2000.4.11, 99므1329).

(나) 남녀 모두 만 18세인 혼인적령에 달해야 한다. 당사자가 이 혼인연령에 달하지 못한 자인 경우에 혼인신고의 수리가 거부된다.

(다) 부모의 동의가 있어야 한다.

미성년자가 혼인하는 경우 부모의 동의를 얻어야 하며 만일 부모일방이 동의권을 행사할 수 없는 경우에는 다른 일방의 동의를 얻어야 한다. 부모가 모두 동의권을 행사할 수 없는 경우에는 후견인의 동의를 얻어야 한다. 부모 또는 후견인이 없거나 또는 동의할 수 없는 때에는 친족회의 동의를 얻어 혼인할 수 있다.

(라) 근친혼 등이 아니어야 한다.

동성동본불혼규정은 1997.7.16. 헌법재판소의 헌법불합치결정으로 1999. 1.1.부터 그 효력이 상실되었고 2008년 민법개정으로 폐지되었다. 우생학적 또는 윤리학적인 견지에서 민법에서는 근친혼을 금하고 있다. 혼인신고서에는 민법 제809조 1항에 따른 근친혼에 해당되지 아니한다는 사실을 기재하여야 한다.

(마) 중혼이 아니어야 한다.

배우자가 있는 법률상 혼인의 중혼은 하지 못한다. 법률상 혼인과 사실혼관계와 중복되는 경우에는 중혼이 아니다. 중혼이 된 경우에 전혼에 대하여는 혼인을 계속하기 어려운 중대한 사유가 있는 것으로 하여 이혼의 원인이 되나 후혼은 취소할 수 있다.

② 형식적 요건

혼인은 「가족관계의 등록 등에 관한 법률」에 정한 바에 의하여 신고함으로써 그 효력이 생긴다. 혼인신고는 당사자 쌍방과 성년자인 증인 2인이 연서하고 「가족관계의 등록 등에 관한 법률」 제71조에 의한 기재사항을 기재한 혼인신고서를 신고본인의 등록기준지 또는 신고인의 주소지나 현재지에서 신고하여야 한다. 신고는 수리에 의하여 효력이 발생한다.

외국에 있는 우리국민 사이의 혼인은 그 지역을 관할하는 대한민국 재외공관의 장에게 신고하거나 신청할 수 있다.

생존 중에 유효하게 작성하여 우송한 신고서는 본인 사망 후에 도달하는 경우에도 수리하여야 하며 사망 시에 신고한 것으로 본다.

용어알기

- **근친혼**

민법상 근간의 혼인은 금지한다. 민법이 금하는 근친혼은

① 8촌 이내의 혈족(친양자의 입양 전의 혈족을 포함한다) 사이의 혼인

② 6촌 이내의 혈족의 배우자, 배우자의 6촌 이내의 혈족, 배우자의 4촌 이내의 혈족의 배우자인 인척이거나 이러한 인척이었던 자 사이의 혼인

③ 6촌 이내의 양부모계(養父母系)의 혈족이었던 자와 4촌 이내의 양부모계의 인척이었던 자 사이의 혼인이다.

(2) 혼인의 무효와 취소

① 혼인의 무효

혼인의 무효란 처음부터 당사자 간에 혼인의 효력이 발생하지 않는 것을 말한다.

(가) 당사자 간에 혼인의 합의가 없는 때

(나) 당사자간에 8촌 이내의 혈족인 때

(다) 당사자간에 직계인척관계가 있거나 또는 있었던 때.

(라) 당사자간에 양부모계의 직계혈족관계가 있었던 때

혼인이 무효가 되면 그 혼인은 처음부터 아무런 효과가 발생하지 않는다.

② 혼인의 취소

혼인의 취소란 일단 성립한 혼인이 일정한 사유에 의해 취소시부터 혼인의 효력이 없는 것을 말한다.

(가) 혼인연령에 달하지 않은 혼인은 당사자 또는 그 법정대리인이 그 취소를 청구할 수 있다.

(나) 근친혼 등의 금지 규정에 위반한 경우에는 당사자, 그 직계존속 또는 4촌 이내의 방계혈족이 그 취소를 청구할 수 있다.

(다) 중혼인 경우에는 당사자 및 그 배우자, 직계존속, 4촌 이내의 방계혈족 또는 검사가 그 취소를 청구할 수 있다.

(라) 혼인 당시 배우자 일방에게 부부생활을 계속할 수 없는 악질 기타 중대한 사유가 있음을 알지 못하고 혼인한 때에는 그 혼인은 취소할 수 있다.

(마) 사기 또는 강박으로 인한 혼인은 취소할 수 있다. 사기 또는 강박으로 인하여 혼인의 의사를 표시한 때에는 사기를 안 날 또는 강박을 면한 날로부터 3월을 경과한 때에는 취소권이 소멸한다.

혼인의 취소의 효력은 소급하지 않고 장래를 향하여 해소되는 것이다. 그러므로 혼인에 의해 출생한 자는 혼인이 취소되어도 혼인중의 자이다. 이혼 시 인정되는 재산분할청구권은 혼인 취소의 경우에도 인정된다.

용어알기

• 무효와 취소
무효란 법률행위가 성립한 처음부터 법률상 당연히 그 효력이 발생하지 않는 것을 말한다. 이에 대해 취소는 일단 유효하게 성립한 법률행위의 효력을 나중에 행위 시에 소급하여 소멸시키는 것을 말한다. 무효와 취소의 근본적 차이는 취소는 특정인이 그 효력을 잃게 하기 위한 주장 내지 행위를 하는 때 비로소 효력이 없는데 반해 무효는 누구의 주장이나 행위를 기다리지 않고서 당연히 처음부터 효력이 없는 것으로 된다는 점이다.

(3) 혼인의 일반적 효력

① 친족관계의 발생

부부는 혼인으로 인하여 배우자의 신분을 취득하고, 8촌 이내의 혈족과 4촌 이내의 인척과 친족관계가 생긴다.

② 동거 · 부양 · 협조의 의무

동거의무는 동거하는 거소를 같이 하는 의무를 말한다. 그러나 직업상, 해외유학, 질병 등의 정당한 이유로 일시적으로 별거하는 것은 합의가 있는 한 유효하다고 보아야 하고, 이는 서로 인용하여야 한다.

동거장소는 부부의 협의에 의하여 정한다. 협의가 이루어지지 않을 경우에는 당사자의 청구에 의하여 가정법원이 정한다. 정당한 이유 없이 동거를 거절하였을 경우에는 악의의 유기로서 이혼사유가 된다.

부부는 서로 부양하여야 하며 협조하여야 한다. 부부의 공동생활에 필요한 비용의 부담은 당사자 사이에 특별한 약정이 없으면 부부가 공동으로 부담한다. 부양의무를 이행하지 않는 경우에는 심판에 의하여 부양을 강제할 수 있고 부양의무의 불이행은 악의의 유기로 이혼의 원인이 된다.

③ 정조의무

부부는 서로 정조를 지켜야 한다. 이 의무에 위반하여 부정한 행위를 한 경우에는 이혼의 원인이 되고 손해배상책임을 진다.

④ 부부간 계약취소권

부부간의 계약은 혼인 중 언제든지 부부 일방이 이를 취소할 수 있다. 그러나 제3자의 권리를 해하지는 못한다.

⑤ 성년의제

미성년자가 혼인을 한 때에는 성년에 달한 것으로 본다. 따라서 혼인한 미성년자는 (법률)행위능력을 취득하게 되고 친권과 후견은 종료한다. 일단 성년의제가 되면 성년 이전에 한 혼인이 해소되더라도 행위능력에 있어서 성년으로 해석하여야 한다.

3. 이혼에 있어서 여성의 권리

[사례 6] 이혼사유와 재산

> A녀와 B남은 결혼 10년이 된 부부로 아이가 한 명 있다. A녀는 요즈음 쇼핑에 취미를 붙여 아이가 학교가 있는 동안 자주 쇼핑을 하러 갔던 것이 이제는 감당하기 어려울 만큼 쇼핑중독에 빠져 있다. B는 수도 없이 말렸지만 성과가 없자 다툼이 잦아졌다. B남은 더 이상 해결 방법이 없다고 생각해 이혼하기로 하나, A녀는 이혼하지 않겠다고 한다. B남은 이혼할 수 있을까? 이혼한다면 이들 재산과 아이의 양육은 어떻게 해야 할까?

1) 이혼 사유의 변화

통계청 자료에 의하면 2003년부터 이혼 건수는 줄어들고 있지만, 지난 50년간 이혼 사유에 있어 많은 변화가 있었다고 한다. 통계청이 제시한 각 년도별 주요 이혼사유는 다음과 같다.

〈표 3-2〉 연도별 부부 이혼사유

연도\사유	주요 이혼사유	여성의 이혼사유 순	남성의 이혼사유 순
1950~1960년대	배우자의 외도, 배우자 직계 가족과의 갈등	남편의 외도→부당한 대우→기타 중대한 사유 순	기타 중대한 사유→배우자의 가출→배우자의 외도 순
1970년대	이혼 사유의 순위에는 큰 변화 없음	〈남편의 외도〉 감소, 〈기타 중대한 사유〉 증가	〈배우자의 가출〉 증가
1980년대		〈기타 중대한 사유〉, 〈부당한 대우〉 증가	〈배우자의 가출〉 증가.
1990년대		〈부당한 대우〉 증가. - 기타 중대한 사유 증가 : 성격 차이→경제 갈등→생활무능력→빚→그 외 순(폭언, 기물파손, 주벽, 의처증, 도박, 불성실한 생활, 배우자의 이혼 강요, 장기별거, 생활양식의 차이, 성적갈등, 알코올중독, 신체적 질병)	기타 중대한 사유
2000년대	기타 중대한 사유: 성격차이→경제 갈등→장기별거 순	가정폭력→남편의 외도 순	아내의 외도→가출 순

2) 이혼의 종류

(1) 협의 이혼

당사자가 서로 합의해서 혼인을 해소하는 것을 협의이혼이라고 한다. 우리 민법은 당사자의 의사합의가 있으면 이혼할 수 있도록 하고 있다. 미국 등 서방국가들은 재판상 이혼만을 허용하고 있으나 우리는 협의이혼과 재판상 이혼을 모두 인정하고 있다.

① 협의이혼의 요건

협의이혼이 유효하게 성립하기 위하여서는 실질적 요건과 형식적 요건을 필요로 한다.

가. 실질적 요건

(가) 당사자 사이에 이혼의 합의가 있어야 한다.

이혼의사의 합치가 없는 이혼의 경우는 무효이며, 자유로운 의사에 의한 이혼이어야 한다. 따라서 사기·강박에 의한 이혼의사의 합의는 취소할 수 있다.

(나) 금치산자는 부모 또는 후견인의 동의를 얻어야 한다. 부모 또는 후견인이 없거나 동의할 수 없을 때에는 친족회의 동의를 얻어 이혼할 수 있다.

(다) 자녀가 있는 경우에는 친권자를 정하여 이혼신고서에 기재하여야 한다.

나. 형식적 요건

협의이혼이 성립되려면 일정한 기간의 경과 후 등록기준지 또는 주소지를 관할하는 가정법원의 확인을 받아 신고하여야 한다. 협의이혼은 가정법원의 확인을 받은 날로부터 3개월 이내에 신고함으로써 효력이 생긴다. 신고는 당사자 쌍방과 성년자인 증인 2인이 연서한 서면으로 한다.

재외국민이 협의이혼을 하고자 하는 경우에 서울가정법원, 해외공관의 장인 영사, 공사 등의 확인이 있어야 신고가 수리된다. 따라서 이러한 확인이 없는 신고는 무효로 보아야 한다.

② 이혼숙려제도

가. 이혼숙려제도의 개념

이혼숙려제도란 협의이혼을 신청할 경우 성급한 이혼을 막기 위해 부부가 서로 생각할 시간을 갖게 하는 제도를 말한다. 이 제도는 2004년 12월 27일 서울가정법원 가사소년제도 개혁위원회에서 협의이혼의사확인절차와 관련하여 숙려기간제도 및 상담제도를 도입하기로 의결하였다. 이에 따라 서울가정법원에서는 2005년 3월 2일부터 서울가정법원을 중심으로 시범적으로 실시되었던 이혼숙려기간이 2006년 들어 전국적으로 시행되었다. 숙려기간도 시범 운영 당시 1주일이었던 것이 3

개월로 연장되었고, 이 기간이 경과한 후에 협의이혼의사확인기일을 지정하게 된다.

나. 이혼숙려제도의 취지

이혼숙려제도는 이혼에 대해 숙려시간을 갖게 함으로써 경솔한 이혼을 방지하고 이혼결정에 대해 재고할 기회를 주기 위하여 둔 제도로 세계 각국[2])에서도 이 제도를 활용하고 있다. 이는 이혼이 자신과 가족, 자녀들에게 미치는 영향 등을 생각하여 이혼을 결정하기에 앞서 이혼결정에 대하여 깊이 생각하게 함으로써 이혼율의 감소를 유도하고 무분별한 이혼의 확산을 방지하고 자녀들의 복지와 가정생활의 지속을 도모하자는 것이 이 제도의 취지이다.

다. 이혼숙려제도의 실효성 확인

대법원에 따르면 2005년 3월부터 서울가정법원 등 전국 법원 80%에서 2~4주간의 이혼 숙려기간 제도를 시범 운영한 결과 서울가정법원의 경우 2004년 10%에 불과했던 협의 이혼 신청 취하율이 2007년에는 21.1%까지 상승한 것으로 나타났다고 한다. 이와 같이 이혼숙려기간을 두지 않은 때보다 이를 둔 경우에 이혼신청 취하율이 2배 이상 증가하였고 따라서 이혼 숙려기간제가 홧김 이혼을 예방하는 효과를 가져왔다는 결론 하에 이혼숙려제도를 2008년 6월 22일부터 시행하게 되었다.

라. 이혼숙려제도의 내용

(가) 이혼에 관한 안내

협의상 이혼을 하려는 자는 가정법원이 제공하는 이혼에 관한 안내를 받아야 하고, 가정법원은 필요한 경우 당사자에게 상담에 관하여 전문적인 지식과 경험을 갖춘 전문상담인의 상담을 받을 것을 권고할 수

2) 외국의 경우 이혼숙려기간으로 그리스, 스웨덴, 오스트리아는 6개월, 프랑스, 벨기에는 3개월, 스위스는 2개월, 독일은 1년을 규정하고 있다. 미국은 각 주마다 이혼숙려기간을 달리 정하고 있어 알라바마주, 아리조나주, 노스캐롤라이나주, 사우스캐롤라이나주, 버지니아주, 뉴욕주는 1년, 아칸소주, 뉴저지주는 8개월, 미시간주, 루이지애나주, 버몬트주는 6개월, 코네티켓주는 18개월, 펜실바니아주는 2년, 켄사스주, 유타주가 3년 등이다.

있다. 이러한 일정기간의 상담 등을 통해 이혼에 대한 충분한 정보를 제공받고 이혼에 대해 재고의 기회를 주려고 하고 있다.

(나) 이혼숙려기간

가정법원에서 안내를 받은 날부터 다음의 기간이 경과한 후에 이혼의사의 확인을 받을 수 있다.

i) 미성년인 자녀(임신 중인 자를 포함)가 있는 경우에는 3개월

ii) 성년 도달 전 1개월 후 3개월 이내 사이의 미성년인 자녀가 있는 경우에는 성년이 된 날

iii) 성년 도달 전 1개월 이내의 미성년인 자녀가 있는 경우에는 1개월

iv) 자녀가 없거나 성년인 자녀만 있는 경우에는 1개월

(다) 이혼숙려기간의 단축 · 면제

i) 가정폭력 등 급박한 사정이 있어 이혼숙려기간의 단축 또는 면제가 필요한 사유가 있는 경우 이를 소명하여 사유서를 제출할 수 있다. 이 경우 특히 상담위원의 상담을 통하여 사유서를 제출할 수 있다.

ii) 사유서 제출 후 7일 이내에 확인기일의 재지정 연락이 없으면 최초에 지정한 확인기일이 유지되며, 이에 대하여는 이의를 제기할 수 없다.

(라) 이혼과 자의 양육책임

i) 미성년인 자녀의 양육과 친권자결정에 관하여 상담위원의 상담을 받은 후 협의서를 작성할 것을 권고한다. 협의 시 양육자의 결정, 양육비용의 부담, 면접교섭권의 행사 여부 및 그 방법을 정하여야 한다.

ii) 양육에 관한 협의가 자의 복리에 반하는 경우에 가정법원은 보정을 명하거나 직권으로 그 자의 의사연령과 부모의 재산상황, 그 밖의 사정을 참작하여 양육에 필요한 사항을 정한다.

iii) 양육에 관한 사항의 협의가 이루어지지 아니하거나 협의할 수

없는 때에는 가정법원은 직권으로 또는 당사자의 청구에 따라 이에 관하여 결정한다. 이 경우 가정법원은 제3항의 사정을 참작하여야 한다.

iv) 가정법원은 자(子)의 복리를 위하여 필요하다고 인정하는 경우에는 부·모·자(子) 및 검사의 청구 또는 직권으로 자(子)의 양육에 관한 사항을 변경하거나 다른 적당한 처분을 할 수 있다.

(마) 이혼 신청 및 이혼 신고시 제출서류

i) 이혼 신청시 제출서류

미성년인 자녀(임신 중인 자를 포함하되, 법원이 정한 이혼숙려기간 이내에 성년에 도달하는 자녀는 제외)가 있는 부부는 이혼에 관한 안내를 받은 후 그 자녀의 양육과 친권자결정에 관한 협의서 1통과 사본 2통 또는 가정법원의 심판정본 및 확정증명서 3통을 제출하여야 한다. 이에 부부가 함께 출석하여 신청하고 이혼에 관한 안내를 받은 경우에는 협의서는 확인기일 1개월 전까지 제출할 수 있고 심판정본 및 확정증명서는 확인기일까지 제출할 수 있다. 미제출 또는 제출지연 시 협의이혼확인이 지연되거나 확인되지 않을 수 있다.

ii) 이혼 신고시 제출서류

미성년인 자녀가 있는 경우 이혼신고 시에 협의서등본 또는 심판정본 및 그 확정증명서를 첨부하여 친권자지정 신고를 하여야 하며, 임신 중인 자녀는 이혼신고 시가 아니라 그 자녀의 출생신고 시에 협의서등본 또는 심판정본 및 그 확정증명서를 첨부하여 친권자지정 신고를 하여야 한다.

(2) 재판상 이혼

재판상 이혼사유는 다음과 같다.

① 배우자의 부정한 행위가 있었을 때

부부사이의 성적 신의성실의무(정조의무)에 위반하는 모든 행위를 말한다.

여기서 성적 신의성실의무란 간통에까지는 이르지 않으나 부부의 정조의무에 충실하지 않은 일체의 행위가 포함된다는 것이 통설, 판례의 태도이다(대법원 1963.3.14, 63다54).

② 배우자가 악의로 다른 일방을 유기한 때

배우자의 '악의의 유기'란 정당한 사유 없이 동거, 부양, 협조의 의무를 이행하지 않는 것이다. 따라서 질병, 경제적 이유, 학대, 구타 등 부득이한 사정으로 별거하는 것은 악의의 유기가 되지 않는다.

③ 배우자 또는 직계존속으로부터 심히 부당한 대우를 받았을 때

'심히 부당한 대우'의 정도는 사회통념과 당사자의 신분, 지위 등을 참작하여 결정할 것이나, 적어도 배우자 일방이 부부의 동거생활을 계속하는데 대하여 고통을 느낄 정도를 말한다고 본다.

④ 자기의 직계존속이 배우자로부터 심히 부당한 대우를 받았을 때

⑤ 배우자의 생사가 3년 이상 분명하지 아니한 때

이 경우 이혼판결은 공시송달과 궐석재판의 절차를 통해 이루어지고, 비록 이혼 판결 후 생사불명자가 생존, 귀환하더라도 혼인이 부활하지 않는다고 본다.

⑥ 기타 혼인을 계속하기 어려운 중대한 사유가 있을 때

'중대한 사유'란 혼인관계가 심각하게 파탄되어 혼인에 적합한 생활을 회복할 수 없을 정도에 이른 것으로 이에 대한 판단은 법원이 개별적 사건에 대한 구체적 사실에 따라 판단하게 된다고 본다.

'기타 혼인을 계속하기 어려운 중대한 사유가 있을 때'는 다른 일방이 그 사유를 안 날로부터 6개월, 그 사유가 있은 날로부터 2년을 경과하면 이혼을 청구하지 못한다.

예) 혼인을 계속하기 어려운 중대한 사유: 배우자의 범죄, 부당한 피임, 성병의 감염, 이유 없는 성교의 거부, 성적 불능, 불치의 정신병, 부부간 애정상실 또는 성격 불일치, 수년간 계속된 사실상 별거, 과도한 신앙생활, 알코올중독, 마약중독, 부의 방탕, 지나친 사치 등

3) 이혼의 일반적 효과

[사례 7] 양육권과 면접교섭권

A남과 B녀는 이혼하면서 미성년자 아들 C는 아직 어리므로 엄마인 B녀가 기르기로 하고, A남은 한 달에 한 번 정도는 아들과 만날 수 있는 것에 합의하였다. 이혼 후 A남은 자신의 신세를 한탄하며 술로 세월을 달랬다. A남은 아들이 보고 싶어 만나려고 하는데 B녀는 알코올 중독을 이유로 아이의 교육상 허락할 수 없다고 한다. B녀는 재혼하였고 아들 C는 아빠를 만날 때마다 아빠하고 살고 싶다고 헤어지지 않으려고 했었다. A남이 아들을 정기적으로 만날 수 있는 방법이 있을까?

이혼은 혼인에 의해 이루어진 부부관계를 해소시키고 신분상 · 재산상 모든 관계를 혼인전의 상태로 복귀시키는 것을 말한다.

(1) 부부관계의 소멸

이혼으로 부부관계는 소멸한다. 따라서 부부로서 갖는 모든 권리의무는 소멸하고, 혼인으로 인해 생긴 인척관계도 소멸한다. 다만 부모와 자녀 사이의 친족관계는 변하지 않는다.

(2) 자녀의 양육권 및 친권

① 양육권

이혼으로 인해 발생하는 가장 중요한 사항은 자의 보호에 관한 문제라고 할 수 있다. 이혼한 경우에도 자녀의 양육 및 친권행사에 관하여 부모는 동등한 권리를 갖는다. 이혼을 하는 경우 자녀의 양육자와 양육에 관한 필요한 사항은 부모의 협의에 의하여 정한다. 부모가 양육에 관한 사항의 협의가 되지 않거나 협의할 수 없는 때에는 가정법원이 당사자의 청구 또는 직권에 의하여 그 자의 연령, 부모의 재산상황 기타 사정을 참작하여 양육에 필요한 사항을 정하며 언제든지 그 사항을 변경 또는 다른 적당한 처분을 할 수 있다.

이혼할 때 가장 중요한 문제가 이러한 양육에 관한 것이나 우리의 경우는 법률상 형식적인 조항에 치우쳐 있어 실질적인 자의 복리를 위한 보장이 미흡한 것이 현실이다. 이혼 시에 양육비문제가 아이의 양육에 있어서 가장 필요한 것이고 이것이 앞으로 자녀의 성장이나 교육을 위해서 필수불가결한 것이다. 그래서 미국에서는 이혼 시에 '자녀를 위한 최선의 이익'을 가장 중요한 요소로 보고 자녀 양육자를 결정하고 자녀 양육비지급의무를 결정한다. 일방이 자녀 양육권(physical custody)을 가지게 되면 다른 일방은 자녀 양육비 지급의무를 지게 된다. 장래에 대학에 진학을 하거나 결혼 시에 결정권을 갖는 법적인 양육권은 부부가 이혼 시에 공평하게 반분한다. 이같이 미국에서의 법은 자녀의 양육에 있어서도 부부 중 양육자가 아닌 타방에게는 양육비지급의무를 지우고 있어 이혼 후에도 부모로서 책임을 다하도록 하고 있다.

② 친권

이혼으로 인하여 자에 대한 공동친권의 행사는 단독친권행사로 변경된다. 이혼 시 부모의 협의에 의해서 친권을 행사할 자를 정하고 부모의 의견이 일치하지 아니하는 경우에는 당사자의 청구에 의하여 가정법원이 이를 정한다. 그러나 일단 친권자가 정해졌더라도 친권자를 변경할 필요가 있는 경우에 가정법원은 자의 복리를 위하여 필요하다고 인정되는 경우에는 자의 4촌 이내의 친족의 청구에 의하여 정하여진 친권자를 다른 일방으로 변경할 수 있다.

(3) 자(子)의 면접교섭권

면접교섭권(visiting Right)이란 이혼 후 부모 중 자녀를 직접 양육하지 않는 자가 자녀와 면접, 교통, 방문, 숙박, 서신교환 등을 할 수 있는 권리를 말한다. 이는 1990년 민법개정에서 신설된 것으로, 면접교섭권의 행사방법과 범위에 관하여는 우선 부모가 협의하여 정하여야 한다.

가정법원은 자의 복리를 위하여 필요한 때에는 당사자의 청구 또는 직권에 의하여 면접교섭을 제한하거나 배제할 수 있다. 방탕한 생활, 알코올 중독 등으로 자녀의 양육에 악영향을 끼칠 염려가 있는 경우는 자의 복리를 위해서 면접교섭권이 제한될 수 있다.

[판례 3-1] **호주제도의 위헌성**:민법 제781조 제1항 본문 후단부분 위헌제청 등(헌재 2005. 2. 3. 2001헌가9 · 10 · 11 · 12 · 13 · 14 · 15, 2004헌가5(병합) 전원재판부)

ㅁ 사건의 개요

당해사건의 신청인들은 혼인하였다가 이혼하고 일가를 각 창립한 자들로서, 전 부(夫)와의 사이에 태어난 그들 자(子)의 친권행사자이며 양육자인데도 그들 자(子)의 호적은 부(父)인 전 부(夫)가 호주로 있는 가(家)에 편제되어 있다. 신청인들은 그들의 자(子)를 자신의 가(家)에 입적시키기 위하여 2000. 10.경 관할 호적관청에 각기 입적신고를 하였으나 호적관청은 민법 제781조 제1항 본문을 들어 입적신고를 받아들이지 아니하였다.

이에 신청인들은 당해사건 법원에 각 호적관청의 처분에 대한 불복을 신청하였고, 그 재판계속 중에 민법 제778조, 제781조 제1항 본문이 위헌이라고 주장하면서 위헌법률심판제청신청을 하였는데, 당해사건 법원은 2001. 3. 27.(2001헌가9 사건의 경우) 및 같은 달 29.(2001헌가10 사건의 경우) 민법 제781조 제1항 본문 중 후단에 대한 신청은 받아들여 헌법재판소에 위헌법률심판을 제청하고, 나머지 조항에 대한 신청은 모두 각하하였다.

ㅁ 심판의 대상 민법(2005. 3. 31. 법률 제7427호로 개정되기 전의 것)으로

민법 제778조(호주의 정의) 일가의 계통을 계승한 자, 분가한 자 또는 기타 사유로 인하여 일가를 창립하거나 부흥한 자는 호주가 된다.

제781조(자의 입적, 성과 본) ① 자는 부의 성과 본을 따르고 부가에 입적한다. 다만, 부가 외국인인 때에는 모의 성과 본을 따를 수 있고 모가에 입적한다.

제826조(부부간의 의무) ③ 처는 부의 가에 입적한다. 그러나 처가 친가의 호주 또는 호주승계인인 때에는 부가 처의 가에 입적할 수 있다.

□ 결정이유의 요지[위헌의견]

호주제도의 위헌성

○ 양성평등원칙 위반

(가) 성역할에 관한 고정관념에 기초한 차별

헌법 제36조 제1항은 혼인과 가족생활에서 양성의 평등대우를 명하고 있으므로 남녀의 성을 근거로 하여 차별하는 것은 원칙적으로 금지되고, 성질상 오로지 남성 또는 여성에게만 특유하게 나타나는 문제의 해결을 위하여 필요한 예외적 경우에만 성차별적 규율이 정당화된다.

호주제는 남계혈통을 중심으로 인위적 가족집단인 가를 구성하고 이를 승계한다는 것이 그 본질로, 남계혈통 위주로 가를 구성하고 승계한다는 것은 성에 따라 아버지와 어머니를, 남편과 아내를, 아들과 딸을, 즉 남녀를 차별하는 것인데, 이러한 차별을 정당화할 만한 사유가 없다.

호주제의 남녀차별은 가족 내에서의 남성의 우월적 지위, 여성의 종속적 지위라는 전래적 여성상에 뿌리박은 차별로서 성역할에 관한 고정관념에 기초한 차별에 지나지 않는다.

(나) 호주승계 순위의 차별

남사라는 이유만으로 어머니와 누나들을 제치고 아들이, 또한 할머니, 어머니를 제치고 유아인 손자가 호주의 지위를 차지하게 된다. 미혼의 딸도 아들이나 손자가 없을 경우에는 호주가 될 수 있으나, 나중에 혼인하게 되면 남편 또는 시아버지가 호주인 가의 가족원으로 입적되므로 평생을 미혼으로 지내지 않는 한 호주의 지위를 계속 유지한다는 것은 불가능하다. 호주제는 모든 직계비속남자를 정상적 호주승계자로 놓고 고안된 제도이며, 여자들은 남자들이 없을 경우 일시적으로 가를 계승시키기 위하여 보충적으로 호주 지위가 주어지는 잔여범주로서 존재하는 것이다.

(다) 혼인 시 신분관계 형성의 차별

혼인이란 남녀가 평등하고 존엄한 개인으로서 자유로운 의사의 합치에 의하여 생활공동체를 이루는 것이어야 하므로 부부관계라는 생활공동체에 있어 남녀는 동등한 지위를 유지하여야 한다. 그런데 민법 제826조 제3항 본문에 의하여 여자는 혼인하면 법률상 당연히 부(夫)의 가에 입적하게 되는바, 처의 입적제도는 호주승계에 있어서 여자의 열등적 지위와 결합하여 여성으로 하여금 어려서는 아버지(때로는 오빠 또는 남동생)의 가에, 혼인하여서는 남편의 가에, 늙어서는 아들의 가에 귀속토록 하고 있는데, 이는 여성에 대한 봉건적 삼종지의(三從之義)의 한 모습을 오늘날에 재현하고 있는 것이라 할 수 있을지언정 개개의 여성을 존엄한 독립적 인격체로서 존중하라는 헌법 제36조 제1항에서 예정하고 있는 여성의 모습과는 거리가 멀다.

(라) 자녀의 신분관계 형성의 차별

1) 부가입적(父家入籍)원칙의 문제

민법 제781조 제1항 본문 후단은 "자는 …… 부가에 입적한다."고 규정하고 있다. 이 조항에 따라 혼인중의 자(子)는 출생에 의하여 당연히 부가(父家)에 입적한다.

부부간의 자는 모가(母家)에 입적하는 입부혼(入夫婚)이 있지만 극히 예외적 경우를 제외하고는 자를 부가에 입적하는 것으로 규정하고 있다. 자를 부가에 입적시킨다는 이 민법조항의 본질적인 의의는 단순히 호적법상 호적편제의 기준에 그치는 것이 아니라 남계혈통을 통한 가의 계승이라는 호주제의 관철에 있다.

2) 부모가 이혼한 경우의 문제

자(子)에 대한 신분법적 규율은 첫째로, 자의 복리향상에 그 목적을 두어야 하고, 둘째, 가능한 한 친자관계 당사자의 자율적 결정을 존중하는 것이어야 한다. 그런데 일률적으로 자를 부가(父家)에 입적하도록 함으로써 부모가 이혼한 경우에 대단히 심각한 문제가 야기된다.

현실적으로 모(母)가 자녀의 친권자와 양육자로 지정되어 생활공동체를 형성하더라도 자녀는 민법 제781조 제1항 본문 후단에 따라 여전히 부(父)의 호적에 남아 있게 된다.

그리하여 부의 양육권 포기, 재혼 등으로 부와 자녀간의 교류가 전혀 단절되어 있더라도, 자녀학대, 성추행, 폭행 등으로 가정파탄의 원인을 부가 제공한 경우에도, 당사자인 자녀가 아무리 부가를 떠나 모가에의 입적을 원하더라도, 부 스스로 자녀의 모가입적을 분명히 원하는 경우에도 그 자녀는 여전히 부가에 소속되고 그 부가 자녀들의 호주가 된다. 반면 모는 주민등록상의 '동거인'에 불과하게 된다.

이러한 결과는 헌법에 반함은 물론 오늘날의 가족현실에도 전혀 부합하지 않는다.

3) 인수입적(引收入籍)의 문제

처가 부(夫)의 혈족이 아닌 직계비속을 가에 입적시키려면 부의 동의가 있어야 하며, 이 경우에 그 직계비속이 타가(他家)의 가족인 때에는 그 호주의 동의를 얻어야 한다(민법 제784조). 그리하여 이혼 후 자녀를 양육하여 오다가 재혼한 처가 전부(前夫) 소생의 자녀들과 함께 살더라도 재혼한 부(夫)의 동의가 없으면 자녀들과 각기 다른 가의 구성원이 될 수밖에 없다. 설령 재혼한 부가 동의하더라도, 전부(前夫)가 동의하지 않으면 자녀들은 전부(前夫)의 가를 떠날 수 없다.

부(夫)가 처의 혈족이 아닌 직계비속을 입적함에는 처의 동의라는 제한이 없는데 비하여, 처의 경우 위와 같은 제한을 둔 것은 부계혈족 아닌 혈족의 부가(夫家)입적을 제한하려는 것이고(제784조 제1항의 경우), 또한 가계계승을 고려한 것으로서(동조 제2항의 경우) 역시 남계혈통만을 중시하는 호주제의 정신과 맞닿아 있다.

4) 미혼모의 경우의 문제

미혼모가 자녀를 출산한 경우 부가 인지하지 않으면 모가에 입적한다(민법 제781조 제2항). 그러나 생부가 인지하면 모나 자녀의 의사에 상관없이 부의 가에 입적된다. 생부가 모와 혼인할 의사가 없고, 자녀를 양육하지도, 그럴 의사가 없더라도 생부의 일방적 행위에 의하여 자녀는 가족관계의 엄청난 변화를 감수하여야 하는데, 이 또한 남성우월적 사고에 터잡은 것이다.

○ 개인의 존엄 위반

첫째, 대한민국 국민은 예외 없이 호주이든, 가족이든 법률상의 가족단체인 가에 소속되어야 한다. 둘째, 개인의 의사에 반하여 호주의 지위를 강제로 부여한다. 셋째, 모든 개인은 가족 내에서 평등하고 존엄한 개체로서가 아니라 호주와의 관계를 통하여 가족 내의 신분적 지위가 자리매김 된다.

호주제는 개인을 독립적 인격체로서 존중하는 것이 아니라 오로지 남계혈통 중심의 가의 유지와 계승이라는 목적을 위한 대상적·도구적 존재로 파악하고 있다. 호주제는 혼인과 가족생활 당사자의 복리나 선택권을 무시한 채 가의 유지와 계승이라는 관념에 뿌리박은 특정한 가족관계의 형태를 법으로써 일방적으로 규정하고 강요하는 것인데, 이는 혼인과 가족생활에서 개인의 존엄을 존중하라는 헌법 제36조 제1항의 요구에 부합하지 않는다.

○ 변화된 사회환경과 가족상(家族像)

오늘날 가족이란 일반적으로 부모와 미혼자녀로 구성되는 현실의 생활공동체를 의미하는 것으로 인식되고 있고, 대부분의 가족이 그러한 소가족의 형태를 띠고 있다. 가족의 기능이나 가족원의 역할분담에 대한 의식도 현저히 달라졌고 특히 남녀평등관념이 정착되고 있다. 이제 가족은 한 사람의 가장(호주)과 그에 복속하는 가속(家屬)으로 분리되는 권위주의적인 조직이 아니며, 가족원 모두가 인격을 가진 개인으로서 존중되는 민주적인 관계로 변화하고 있다. 부부의 관계는 물론 부모와 자녀의 관계도 대화와 상호 존중의 원리에 의해 형성·유지되어야 한다는 관념이 확산되고 있다.

한편, 사회의 분화에 따라 가족의 형태도 매우 다변화되고 있다.
호주제와 가제도는 이러한 오늘날의 현실적 가족의 모습과 더 이상 조화되지 않으며 그 존립기반이 이렇게 무너진 지금 호주제를 더 이상 존치할 필요는 없다고 할 것이다......

개인의 혈통이나 가계의 전승은 족보를 통하여 충분히 그 목적을 달성할 수 있고, 숭조사상, 경로효친과 같은 미풍양속은 사회·문화·윤리의 문제로서 호주제라는 법제도와 무관하게 얼마든지 유지·발전시킬 수 있음을 분명히 하여 둔다.

□ 결론

결론적으로, 민법 제778조는 당사자의 의사와 자결권을 외면한 채 법률로 호주의 지위를 강요한다는 점에서 개인의 존엄에 반할 뿐만 아니라 호주 지위의 획득에 있어 남녀를 차별하고 있으며, 민법 제781조 제1항 본문 후단 및 민법 제826조 제3항 본문은 당사자의 의사와 자율적 선택권을 무시한 채 혼인 및 자녀에 관한 신분관계를 일방적으로 형성한다는 점에서 개인의 존엄에 반하고 나아가 정당한 이유 없이 남녀를 차별한다.

이상과 같은 이유로 주문과 같이 결정한다. 이 결정에 대하여는 아래 5.와 같은 재판관 김영일, 재판관 권 성의 반대의견·아래 6.과 같은 재판관 김영일의 위 반대의견에 대한 별개의견과 아래 7.과 같은 재판관 김효종의 반대의견이 있는 외에는 나머지 재판관 전원의 의견이 일치되었다.

□ 헌법불합치 결정의 선택

위헌결정으로 호주제가 폐지되면 호주를 기준으로 가별로 편제토록 되어 있는 현행 호적법이 그대로 시행되기 어려워, 신분관계를 공시·증명하는 공적 기록에 큰 공백이 생긴다. 그 동안 국민들의 신분관계의 변동사항을 방치할 수는 없으므로 부득이 헌법불합치결정을 선고하면서 호적법 개정 시까지 심판대상조항들을 잠정적으로 계속 적용케 하는 것이 필요하다.

[반대의견]-2인의 재판관(합헌의견)

1990년 민법의 개정으로 가족법상의 권리의무제도로서는 유명무실하게 되었으나, 현행 민법은 이와 같이 호주제에 담겨 있던 권리의무관계를 거의 다 없애면서도 가적의 법정에 관한 규정은 여전히 남겨 두고 있고, 호적법은 그러한 가적을 호적편제의 기준으로 삼고 있기 때문에, 호주제는 호적편제의 기준으로 되는 점에서는 여전히 의미를 가지고 있기 때문이다. … …

현행법상의 호주제는 조선 후기의 완고하게 변질된 부계혈통주의가 아닌 고대 이래 조선 중기까지 이어져온 우리 고유의 합리적 부계혈통주의의 전통을 이어받아 부계혈통주의의 존립을 위한 극히 기본적인 요소만을 담고 있는 것으로서, 일제의 잔재로서의 색채를 불식하고 우리 고유의 관습으로 복귀한 것으로 평가할 수 있다.… …

우리 민법도 이러한 현실을 감안하여 직계비속장남자를 포함하여 임의분가를 허용하고(민법 제788조 제1항), 혼인신고로 자동적으로 분가되는 법정분가의 제도(직계비속장남자는 제외)를 마련함으로써(민법 제789조), 호적과 현실생활공동체를 될 수 있는 대로 부합시키고 부부중심의 가족제도를 실현할 수 있도록 하고 있다. 또한 호적법 제19조의2 제2항 제1호에서 입양, 입양의 취소, 파양, 이혼 기타의 사유로 인하여 타가에 입적하여야 할 자에게 배우자나 직계비속이 있는 때에는 법정분가에 준하여 신호적을 편제하도록 하고 있는 것도 부부중심의 가족제도를 실현시키고자 하는 취지이다.

임의분가제도를 통하여 호적상 등재되는 가족구성관계의 선택권을 부여함으로써 삼대 가족을 강요하지는 않으면서도, 이러한 가족관계가 호적상 반영될 수 있는 길을 열어놓고 있는 호주제가 현실적 가족공동체를 질곡하고 민주적 사회발전을 저해하는 요소로 작용하고 있다고 보기는 어렵다.

□ 호주제도의 합헌성(반대의견)

○ 혼인제도와 가족제도의 제도적 보장의 헌법규범적 의미

혼인과 가족생활에 관한 헌법 또는 가족법의 규정을 해석·판단함에 있어서는 그 성격상 긴장관계에 있는 양성평등의 요청과 전통존중의 요청을 함께 충족시킬 수 있는 조화로운 방안을 모색하여야 할 것이나, 오늘의 시점에서 우리의 혼인과 가족생활에서 요구되는 평등의 내용이 구체적으로 어떠한 것이어야 하는지를 규명하는 것은 결코 쉬운 일이 아니다. …가족법의 영역에서 도식적인 평등의 잣대로 우리의 전통문화를 함부로 재단함으로써 전통가족문화가 송두리째 부정되고 해체되는 결과를 초래해서는 안될 것이다.

○ 양성평등의 원칙 위반 여부

• 입법목적의 정당성

호주제가 계승·발전시키고자 하는 전통적인 가족제도가 부계혈통주의에 근거하고 있다는 이유만으로 호주제의 입법목적 자체가 부당한 것이라고는 보기 어렵고, 이러한 점은 기본적으로 가족법이 갖고 있는 전통성과 보수성 및 국가의 전통문화의 계승·발전 의무를 명문으로 규정하고 있는 헌법 제9조에 비추어 보면 더욱 명백하다고 할 것이다.

• 차별대우의 적합성

호주제는 위와 같은 원칙 및 제도를 통하여 입법자가 추구하는 전통적인 가족제도의 계승 및 발전이라는 입법목적의 달성을 촉진하고 있다고 할 것이므로, 정책수단으로서의 적합성을 가지고 있다고 보아야 할 것이다.

• 차별효과의 최소침해성

처의 부가입적 원칙과 자의 부가입적 원칙은 그것이 부계혈통주의에 입각한 가의 구성을 위한 전제로서 우리 사회의 오랜 전통과 현실에 기초한 것일 뿐만 아니라, 여성에 대한 실질적 차별을 내용으로 하고 있는 것으로 보기 어렵다는 점에서 차별효과의 최소침해성을 충족시키고 있다고 할 것이다.

호주제를 구성하고 있는 처의 부가입적 원칙, 자의 부가입적 원칙 및 호주승계제도는 어느 것이나 차별효과의 최소침해성에 위배되지 아니하므로, 호주제는 차별효과의 최소침해성의 요건도 충족하고 있다고 할 것이다.

• 법익의 균형성

근본적으로 부계혈통주의를 폐지하지 아니하는 한, 그로 인하여 초래되는 여성들에 대한 불리한 상징적·심리적 효과를 완전히 불식하기는 어려운 것이고, 구체적인 경우의 실제적인 차별효과는 호주제의 근간을 건드리지 않고서도 자의 부가입적의 원칙에 대한 수정·보완 등을 통하여 해결할 수 있는 문제라는 점을 고려한다면, 현행법상의 호주제가 법익균형성을 상실한 제도라고 단정하기는 어렵다.

현행법상의 호주제는 남성에 비하여 여성을 비례의 원칙에 반하여 차별하는 것으로는 볼 수 없고, 따라서 평등의 원칙에 위반되지 아니한다.

○ 개인의 존엄 위반 여부

호주의 직계비속장남자의 경우도 임의분가가 가능하도록 하였으며(민법 제788조 제1항), 호주승계권을 포기할 수 있도록 하여 호주승계를 임의화하였을 뿐만 아니라(민법 제991조), 호주가 가족에 대하여 행사할 수 있는 권한이 실질적으로 모두 소멸되어 호주의 지위가 호적기재의 기준 즉, 호적부상의 필두자 나아가 상징적인 의미의 가통계승자에 지나지 않는 점 등을 고려하면, 개인의 존엄을 실질적으로 침해하는 요소를 발견하기 어렵다고 할 것이므로, 이를 두고 혼인과 가족생활에서 개인의 존엄을 존중하라는 헌법 제36조 제1항의 명령에 위배되는 것으로는 보기 어렵다.

[반대의견에 대한 별개의견]

부모가 이혼한 경우에는 모가 자녀의 양육자로 지정되어 생활공동체를 형성하더라도, 자녀는 민법 제781조 제1항 본문 후단에 따라 여전히 부의 호적에 남아 있게 된다. 미혼모가 자녀를 출산한 경우 부가 인지하지 않으면 '부를 알 수 없는 자'로서 모가에 입적하지만(민법 제781조 제2항), 생부가 인지하면 모나 자녀의 의사에 상관없이 부의 호적에 입적된다. 생부가 모와 혼인할 의사가 없고, 자녀를 양육할 의사가 없는 경우에도 그러하다. 자의 입적과 관련하여 현실에 맞지 않고 불합리하게 자의 의사를 지나치게 제한하고 모를 실질적으로 차별하는 것으로서 개인의 존엄 및 평등의 원칙에 반하는 것으로서 위헌이라고 하지 않을 수 없는바, 이러한 문제는 모두 자의 부가입적 원칙에 대한 예외가 협소하게 설정되어 있는 데 따른 것으로,…이 사건 심판대상 중 민법 제778조, 제826조 제3항 본문은 헌법에 위반되지 아니한다고 보나, 다만, 자의 부가입적 원칙을 규정하고 있는 제781조 제1항 본문 후단은 그 원칙 자체가 위헌은 아니나 원칙에 대한 예외의 협소한 설정으로 개인의 존엄 및 평등의 원칙에 반하는 결과가 되어 헌법에 위반된다고 보는 것이다.

[반대의견]-1인의 재판관

민법 제781조 제1항 본문 후단(자의 입적, 성과 본), 제826조 제3항 본문(처의 부가 입적, 부의 처가 입적)에 관하여는 위헌이라는 다수의견과 견해를 같이 하지만 민법 제778조(호주의 정의)에 관하여는 다수의견과 견해를 달리 하므로 아래와 같이 반대의견

민법 제778조가 규정하고 있는 개개의 사유를 살펴보더라도 그것이 개별규정과 연관되지 않는 이상 그 규정 자체가 개별규정의 내용을 떠나서 본질적으로 성역할에 관한 고정관념에 기초한 차별을 하고 있다고 보기는 어렵고, 민법에 가(家)라는 개념 및 호주라는 개념을 도입함으로써 그 형식적, 기본적인 틀만을 제시하고 있을 따름이다. … …

가족제도에 관한 법률적 기초를 공고히 하고 가족간의 법률관계를 명확히 하기 위하여 민법이 가제도(家制度)를 두고 있는 것은 헌법이 보장하는 가족제도를 형성하고 유지하는 데 기여한다 할 것이어서 법적 개념으로서의 가(家)의 존재 자체를 규정하고 있는 민법 제778조가 헌법 제36조 제1항을 비롯한 헌법에 위배된다고 볼 수 없다.……

민법 제778조가 규정하는 가(家)와 개인의 관계는 관념적인 것으로서 상징적인 의미 이상을 가질 수 없어서 그로 인한 기본권 침해의 정도가 심대하다고 보기 어렵다.…

따라서 민법 제778조가 가(家)의 존재를 규정하고 개인이 이에 속하게 하였다고 하여 이를 헌법에 위배된다고 볼 수는 없다.… …

현행 민법에 이르기까지 구법상 갖고 있던 호주의 실질적 권한은 상당부분 배제되어 호주의 지위가 단순한 호적상 기준자, 즉 필두자(筆頭者)의 지위에 불과하게 되었음을 고려하면, 호주의 관념을 민법에 도입한 것만으로 호주가 아닌 국민을 차별하여 그의 기본권이 심각하게 침해되었다고 보기도 어렵다고 판단된다. 따라서 양성의 평등을 침해하는 등 위헌적 요소가 있는 개별규정이 효력을 상실하거나 합헌적으로 시정된다면, 굳이 형식적, 추상적으로 호주의 관념만을 인정한 민법 제778조가 입법재량을 벗어난 위헌적 규정이라고 할 수 없다. …민법 제778조가 일가의 관념적 필두자로서 호주라는 개념을 인정하였고 이에 따라 의사에

반하여 호주가 되는 경우가 생긴다고 하여 그것이 현저히 자의적인 방식에 의하여 개인의 존엄을 침해하는 위헌적인 조치라고 할 수 없다.… 그렇다면 민법 제778조가 호주에 관하여 규정하고 있는 것도 입법자의 입법재량의 범위 내에서 이루어진 입법적 조치라고 할 것이므로, 이를 헌법 제36조 제1항에 위배된 위헌인 규정이라고 할 수 없다.

이상의 이유로 이 사건 심판대상 조항 중 민법 제781조 제1항 본문 후단 및 민법 제826조 제3항 본문은 헌법 제36조 제1항에 위배되어 헌법에 위반된다고 할 것이나, 민법 제778조는 가족제도의 보장을 위한 입법재량의 범위 내에서 이루어진 입법적 조치로서 헌법에 위반되지 아니한다.

[판례 3-2] 동성동본 불혼의 위헌성: 민법 제809조 제1항 위헌제청
(헌재 1997.7.16. 95헌가6 내지 13(병합) 전원재판부)

□ 사건의 개요

서울가정법원은, 동성동본(동성동본)인 자와 혼인하려 하는 제청신청인들의 혼인신고를 수리하지 아니한 처분에 대하여 그들이 불복을 신청한 위 각 낭해사건에서, 민법 제809조 제1항의 위헌여부가 그 사건들의 재판의 전제가 된다 하여 1995. 5. 17. 각 위헌법률심판제청결정을 하였고(95호파3029 내지 3036), 그 각 결정서는 모두 같은 달 29. 우리 재판소에 접수되었다.

□ 심판의 대상

민법 제809조(동성혼 등의 금지) ① 동성동본인 혈족사이에서는 혼인하지 못한다.

□ 결정이유의 요지[위헌의견]-5인의 단순위헌의견

중국의 동성금혼 사상에서 유래하여 조선시대를 거치면서 법제화되고 확립된 동성동본금혼제는 그 제도 생성 당시의 국가정책, 국민의식이나 윤리관 및 경제구조와 가족제도 등이 혼인제도에 반영된 것으로서, 충효정신을 기반으로 한 농경중심의 가부장적, 신분적 계급사회에서 사회질서를 유지하기 위한 수단의 하나로서의 기능을 하였다. 그러나 자유와 평등을 근본이념으로 하고 남녀평등의 관념이 정착되었으며 경제적으로 고도로 발달한 산업사회인 현대의 자유민주주의사회에서 동성동본금혼

을 규정한 민법 제809조 제1항은 이제 사회적 타당성 내지 합리성을 상실하고 있음과 아울러 "인간으로서의 존엄과 가치 및 행복추구권"을 규정한 헌법이념 및 "개인의 존엄과 양성의 평등"에 기초한 혼인과 가족생활의 성립·유지라는 헌법규정에 정면으로 배치될 뿐 아니라 남계혈족에만 한정하여 성별에 의한 차별을 함으로써 헌법상의 평등의 원칙에도 위반되며, 또한 그 입법목적이 이제는 혼인에 관한 국민의 자유와 권리를 제한할 "사회질서"나 "공공복리"에 해당될 수 없다는 점에서 헌법 제37조 제2항에도 위반된다 할 것이다.

[헌법불합치의견]-2인 재판관

민법 제809조 제1항이 헌법에 위반된다는 결론에는 다수의견과 견해를 같이 한다. 그러나 동성동본제도는 수백년간 이어져 내려오면서 우리 민족의 혼인풍속이 되었을 뿐만 아니라 윤리규범으로 터잡게 되었고 혼인제도는 입법부인 국회가 우리민족의 전통, 관습, 윤리의식 등 여러 가지 사정을 고려하여 입법정책적으로 결정하여야 할 입법재량사항이므로, 비록 위 조항에 위헌성이 있다고 하여도 헌법재판소가 곧바로 위헌결정을 할 것이 아니라 입법형성권을 가지고 있는 국회가 우리민족의 혼인풍속, 윤리의식, 친족관념 및 그 변화 여부, 동성동본금혼제도가 과연 사회적 타당성이나 합리성을 완전히 상실하였는지 여부, 그 제도의 개선방법, 그리고 동성동본금혼제도를 폐지함에 있어 현행 근친혼금지규정이나 혼인무효 및 취소에 관한 규정을 새로 정비할 필요는 없는지 등을 충분히 고려하여 새로이 혼인제도를 결정할 수 있도록 헌법불합치결정을 하여야 한다.

□ 결론

이 사건 법률조항이 헌법에 위반된다는 점에 있어서는 재판관 7명의 의견이 일치되었으나, 재판관 5명은 단순위헌결정을 선고함이 상당하다는 의견이고 재판관 2명은 헌법불합치결정을 선고함이 상당하다는 의견으로서, 재판관 5명의 의견이 다수의견이기는 하나 헌법재판소법 제23조 제2항 제1호에 규정된 "법률의 위헌결정"을 함에 필요한 심판정족수에 이르지 못하였으므로 헌법불합치의 결정을 선고한다.

[반대의견]-2인 재판관

동성동본금혼제는 중국에서 유래한 것이 아니라 단군건국초부터 전래되면서 관습화된 우리 민족의 미풍양속으로서 전통문화의 하나이며, 비록 1970년대 이래 급속한 경제성장에 따라 우리의 사회환경이나 의식이 여러 면에서 변화하고 있지만 우리의 혼인관습이 본질적으로 변하였다고 볼만한 자료는 없다. 가족법은 그 특성상 전통적인 관습을 반영할 수밖에 없는 것이며 그 중 어느 범위에서 이를 입법화하여 강제할 것인가는 입법정책의 영역에 속하는 것으로 입법자의 판단이 명백히 비합리적이라고 판단되지 않는 이상 이를 위헌이라고 할 수는 없는 것인바, 민법 제809조 제1항은 전통적인 혼인관습을 법제화·강제화함으로써 사회질서를 유지하고자 함을 입법목적으로 하며, 전통문화라는 역사적 사실과 전통문화의 계승이라는 헌법적 이상에 부응한다. 그리고 국민의 행복추구권 즉, 혼인의 자유와 상대방을 자유롭게 선택할 수 있는 자유 등도 불가피한 경우에는 그 본질적 내용을 침해하지 않는 한도에서 법률로써 제한할 수 있으며, 또한 전통문화의 계승이라는 한계내에서만 보장된다 할 것인데, 이 사건 법률조항의 입법목적의 정당성을 긍정하는 한 이 조항이 배우자 선택권을 지나치게 제한하여 그 본실을 침해한다고 할 수는 없으며, 그 입법수단이나 방법의 적절성 및 법익침해의 균형성도 문제되지 아니하고, 전통관습의 법제화라는 입장에서 이 사건 법률조항을 둔 것이므로 이를 합리성이 없는 자의적 남녀차별이라고 할 수도 없다. 따라서 이 사건 법률조항은 과잉금지의 원칙이나 자의적 차별금지의 원칙에 반하여 국민의 기본권을 제한한다거나 혼인과 가족생활에 관한 헌법 제36조 그 밖의 헌법원리에 반한다고 할 수 없다.

이러한 헌법재판소의 결정에도 불구하고 국회법사위는 1999.12. 민법개정안의 심의를 마치면서 이미 효력을 상실한 법조항인 동성동본금혼조항을 개정민법에 그냥 두기로 결정하였고, 국회는 헌법재판소가 정한 시한[3]까지 아무런 조치를 하지 않아 이 조항은 1999.1.에 그 효력을 잃게 되었다.

3) 1998. 12. 31.

제 3 절 여성과 재산

[사례 8] 이혼시 재산 분할

갑녀와 을남은 결혼하여 홀시어머니와 함께 10년째 살고 있는데 결혼할 때부터 혼수를 적게 해 왔다고 구박하고 아이가 없는 것에 대해서도 갑녀가 문제가 있어서라고 하고 욕까지 한다. 갑녀는 을남에게 더 이상 살 수 없으니 이혼하자고 하면서 재산도 똑같이 나누자고 한다. 아파트(10억) 한 채와 예금 5천만원의 재산이 있다. 이들 부부의 이혼가능여부와 만약 이혼을 한다면 이 경우 재산은 어떻게 분배해야 할까?

1. 혼인의 재산상 효력

결혼한 부부에게 있어서는 재산의 귀속·관리·비용부담 등에 관하여 여러 가지 재산적 법률문제가 발생한다. 혼인으로 인해 발생한 부부공동생활에 필요한 비용의 부담이나 재산의 귀속, 관리 등 부부간의 재산관계를 정하게 되는데 이것이 부부재산제이다.

부부재산제에는 계약으로 자유롭게 정하는 부부재산계약과 부부재산계약이 체결되지 않은 경우나 불완전한 경우에 적용하는 법정재산제가 있다.

1) 부부재산계약

부부재산계약은 혼인 성립 전에 체결할 수 있으며, 결혼 이후에 체결된 부부재산계약의 효력을 인정하지 않는다. 부부재산계약으로는 주로 증여, 재산의 처분제한, 재산의 관리권, 재산의 사용수익권, 결혼비용부담, 혼인생활비용의 부담 등에 대해 할 수 있다. 부부재산계약은 혼인 중에 이를 변경하지 못하나, 정당한 사유가 있을 때에는 법원의 허가를 얻어서 변경할 수 있다.

2) 법정재산제

(1) 부부별산제

부부가 혼인신고 전에 부부재산계약을 체결하지 않는 한 그 재산관계는 법정재산제에 의한다. 민법은 부부재산에 있어서 완전한 별산제를 취하고 단지 제3자에 대하여 일정한 범위에서 부부의 연대책임을 인정하고 있다. 부부의 일방이 혼인 전부터 가지고 있던 고유재산과 혼인중 자기의 명의로 취득한 재산, 혼인중 시부모로부터 증여받은 재산은 그 특유재산으로 하여 각자가 관리・사용・수익한다.

(2) 부부공유제

귀속이 불분명한 재산, 즉 부부의 누구에게 속한 것인지 분명하지 아니한 재산은 부부의 공유로 추정한다.

(3) 혼인생활비용의 부담

부부공동생활에 필요한 비용의 부담은 당사자 사이에 특별한 약정이 없으면 부부가 공동으로 부담한다. 부부공동생활에 필요한 비용으로는 부부와 자녀의 생활비, 의료비, 교육비 등 혼인생활을 하는데 필요한 모든 비용을 들 수 있다. 부부의 공동부담부분은 부부가 협의하여 정하게 되나 협의가 이루어지지 않은 때에는 가정법원의 조정・심판에 의하여 결정된다.

(4) 일상가사대리권과 일상가사비용의 연대책임

부부는 일상가사에 대하여 서로 대리권이 있으며, 부부의 일방이 일상가사에 관하여 제3자와 법률행위를 할 때에는 다른 일방은 이로 인한 채무에 대하여 연대책임이 있다. 법률행위로 인한 책임은 그 행위를 한 남편이나 아내가 부담하는 것이 원칙이지만 상대방보호를 위하여 일상가사에 대해 부부간 연대책임을 인정하고 있다.

일상가사란 부부의 공동생활상 필요로 하는 통상의 사무를 말한다. 그 내용, 정도 및 범위는 부부의 사회적인 지위, 계급, 직업, 재산, 수입의 능력 등 개별적으로 인정할 현실적 생활능력을 고려하여 주관적 의사와 더불어 객관적으로 결정하여야 한다.

부부의 일방이 가사에 관하여 경험이나 사려가 없는 낭비자일 경우에 일상가사대리권을 제한할 수 있다. 이때는 일상의 식량의 구입만 허용한다든지 하고 그 외에는 금지를 하는 등 제한의 범위를 특정하여야 한다.

2. 이혼의 재산상 효력

1) 재산분할청구권

(1) 재산분할청구권의 의의

재산분할청구권은 이혼을 한 당사자의 일방이 다른 일방에 대하여 부부의 공동재산에 대해 청산한다는 의미로 재산분할을 청구하는 권리이다. 이혼으로 부부의 공동생활은 없어지고 경제생활도 종료되기 때문에 공동재산의 청산에 들어가게 된다. 이때 혼인 중 부부의 기여로 증식된 재산에 대해 분할을 청구할 수 있게 된다.

(2) 재산분할의 방법

재산분할에는 정확히 1/2씩 분할하는 방법(equal distribution)과 재산분할에 형평성을 고려하여 분할하는 방법(equitable distribution)이 있다.

미국의 부부재산제도는 부부별산제(the system of separate property)와 공동재산제(the system of community property)로 나뉜다. 부부별산제는 양배우자가 자신의 재산을 소유하고 그 권한을 행사하는 것이고 공동재산제는 결혼기간 동안에 취득한 모든 재산은 공동재산으로 추정되고 양 배우자는 공동재산에 대하여 1/2지분을 가지고 있다. 미국의 부부재산제도는 대다수의 주가 부부별산제를 채택하고 있고 공동재산제를 채택하고 있는 주도 있다. 특히 위스콘신주는 공동재산제의 원칙에 근거한 「통일부부재산법」(The Uniform Marital Property Act)을 채택하는데 이는 공동재산제에 가까운 것이다.[4]

미국에서는 일방의 배우자가 사망한 때에는 생존 배우자가 재산을 상속하지 못하는 경우가 발생하지 않도록 생존 배우자를 보호하기 위한 법이 제정되었고, 이혼에 의하여 재산을 분할할 때에는 대다수의 주에서 결혼기간 동안에 취득한 모든 재산을 특유재산과 부부재산으로 나눈 다음 특유재산은 각 소유자에게 주고 부부재산은 여러 요소들을 고려한 공평분할을 원칙으로 하고 있다.

(3) 재산분할청구권의 대상

우리민법은 부부별산제를 택하고 있어 부부의 일방이 혼인 중 그의 명의로 취득한 재산만을 그의 특유재산으로 보고 있고, 처의 가사노동에 대한 재산적 가치기여에 대한 평가는 이루어지지 않게 된다. 이에 대한 불합리함을 시정하고자 민법은 재산분할청구권을 신설하여 이혼 시 처의 경우 축적재산에 대한 대가를 받지 못하고 경제적으로 불리한 상태에 있는 처에 대한 몫을 평가해 주고자 하였다. 한 가정의 재산은 부부 공동의 협력에 의하여 이루어진 것이기 때문에 이혼 시에 이 재산에 대한 기여도에 따라 각자의 몫에 해당하는 재산의 분할을 청구할 수 있게 한 것이다.

재산분할청구권의 대상이 되는 재산은 당사자 쌍방의 협력으로 이룩한 공유재산이다. 부부공동명의로 취득한 재산, 혼인 중에 공동생활을 위하여 취득한 가재도구 등은 물론 부부일방의 명의로 되어 있는 것으로 혼인 중에 부부가 협력하여 취득한 재산, 대지 기타의 부동산, 부부

---

4) 미국의 경우는 혼인 후 부부가 취득한 재산은 모두 공유재산으로 보아 공유재산은 이혼 시에 반반씩 분할하도록 하고 있다. 특히 뉴욕주의 형평분배법에 의하면 결혼기간 중 사업에서 벌어들인 재산뿐 아니라 일방배우자가 획득한 자격증 등으로 벌어들인 수입도 재산분할의 대상으로 삼고 있다.

공동생활의 기금이 되는 예금, 주식 등도 이에 속한다. 재산분할청구의 대상이 되는 재산은 유형의 재산뿐만 아니라 장래의 퇴직금, 연금수급권, 보험, 영업상의 신용의 확립, 의사·변호사 등의 전문적 자격취득에 대한 협력·공헌 등의 무형재산도 포함되어야 한다.

(4) 재산분할청구권의 행사방법

재산분할청구권은 당사자 간의 협의 또는 재판상 청구를 통하여 행사할 수 있다. 재산분할을 할 것인가와 그 액수, 방법은 우선 당사자가 협의하거나 조정에 의하여 정하게 된다.

재산분할에 관하여 협의가 되지 아니하거나 협의할 수 없는 때에는 가정법원은 당사자의 청구에 의하여 당사자 쌍방의 협력으로 이룩한 재산의 액수 기타 사정을 참작하여 분할의 액수와 방법을 정한다. 그리고 재산분할청구권은 이혼한 날부터 2년을 경과한 때에는 소멸한다.

(5) 재산분할의 비율과 고려

재산분할에 있어서는 균분으로 하자는 평등설과 사건에 따라 부부가 혼인 중 재산의 형성에 기여한 내용에 따라 기여도를 평가하여 그 비율을 정하자는 기여도설이 대립되어 있다. 현행법상 재산분할의 비율은 그 기준이 추상적이어서 그 분할의 확정은 법관의 재량에 맡겨지고 있다.

재산분할은 대체로 처가 전업주부인 경우는 기여도를 1/3을 인정한 사례가 가장 많았고 많게는 50%까지 인정하고, 처가 가업에 참가하고 그 외 가사노동을 한 경우 처의 비율은 30%에서 50%까지 인정하였다. 부부가 함께 직장에 다닌 경우 처의 수입 및 가사, 육아에 대한 공헌도를 고려하여 재산형성에 대한 기여도를 50%를 인정한 사례가 가장 많았으나 그 기여도를 1/3로 인정한 경우도 있었다. 이처럼 각 경우도 법관의 재량이 중요한 변수가 되고 있어 그 기여도 인정비율이 일정하게 정해지지 않는다.

재산분할에 있어서는 혼인기간, 혼인중의 생활정도, 현재의 자산, 수입, 직업, 연령, 건강상태, 취업가능성, 재혼가능성, 자녀의 양육상황 등을 고려하여 판단하여야 한다(서울가정법원 1991.6.7, 89드58308 참조).

(6) 재산분할금의 지급방법

재산분할금의 지급은 금전급부나 현물급부에 의한다. 현물급부의 경우에는 물건의 특정으로써 가능하며 그 평가까지 정할 필요는 없고, 분할이 곤란한 경우에는 물건의 경매를 명할 수 있다. 금전급부를 하는 경우 일시급으로 할 것인가 분할급으로 할 것인가는 구체적인 사정에 따라 정하여야 할 것이다. 재산분할을 정기급으로 하는 경우 의무자가 이를 이행하지 않으면 권리자는 민사소송법에 의한 강제집행에 의하여 보호받을 수 있다.

가정법원이 신청에 의하여 의무자에게 일정한 기간 내에 의무집행을 명하고, 이에 위반하면 과태료를 부과한다. 이 명령을 받은 자가 정당한 이유 없이 3회 이상 의무를 이행하지 않으면 권리자의 신청에 의해 가정법원이 30일의 범위 내에서 그 의무이행이 있을 때까지 의무자를 감치에 처함으로써 이행을 강제할 수 있다.

2) 위자료청구권

위자료청구권은 배우자 일방이 유책의 상대방에게 정신상 고통에 대한 손해배상으로서 청구하는 권리이다. 위자료청구권의 행사는 상대방에게 유책사유가 있어야 하며, 당사자 쌍방에게 유책사유가 있는 경우에 상호간에 위자료청구권은 존재하지 않는다. 협의이혼을 하기로 하고 당사자 간에 위자료에 관한 약정을 할 수 있고, 당사자 간에 배상에 관한 계약이 성립되거나 소를 제기한 경우에는 이를 양도 또는 상속할 수 있다. 위자료청구권은 이혼 후 3년 내에 행사하여야 한다.

[판례 3-3] 재산분할청구시 증여세 세금부과: 구 상속세법 제29조의2 제1항 제1호 중 이혼한 자의 재산분할에 대한 증여세 규정부분 위헌소원(헌재 1997.10.30. 96헌바14 전원재판부)

□ 사건의 개요

(1) 청구인은 청구외 이○용과 1963. 6. 7. 혼인하여 혼인생활을 계속하다가 1991. 12. 11. 협의이혼하면서 위 이○용 명의이던 울산 중구 ○○동 대126㎡와 같은 동 133 대598㎡ 및 위 양 지상의 지상 2층 지하 1층의 연면적 1,005.2㎡의 건물에 대하여 1991. 12. 9. 청구인 명의로 1991. 12. 4.자 재산분재를 원인으로 한 소유권이전등기를 함과 아울러 청구인 명의로 있던 같은 동 153의 2 대119㎡ 중 청구인 지분 2분의 1 등의 부동산을 같은 날 같은 원인으로 위 이○용 앞으로 이전등기하였다.

이에 대하여 동울산세무서장은 1992. 12. 1.자로 청구인에게 1992. 12. 수시분 증여세로서 금 870,062,630원의 부과처분을 하였다가 1993. 3. 8. 배우자공제액 금 274,000,000원을 적용하여 금 690,662,630원으로 경정결정을 하고 다시 국세청 심사결정에 의거 1993. 3. 31. 증여차액공제를 적용, 금 601,957,440원으로 재경정결 정하였다.

(2) 이에 청구인은 부산고등법원에 위 동울산세무서장을 상대로 증여세부과처분취소의 소를 제기하여(94구279) 그 소송 계속중, 위 증여세부과처분의 근거가 되는 상속세법 제29조의2 제1항 제1호 중 이혼한 자의 재산분할에 대한 증여세 규정부분에 대하여 위헌여부심판의 제청신청(94부359)을 하였다. 부산고등법원은 1996. 2. 1. 위 신청을 기각하는 결정을 하였고, 청구인은 헌법재판소법 제68조 제2항에 따라 같은 달 13. 이 사건 헌법소원심판을 청구하였다.

□ 심판의 대상

이혼시 재산분할을 청구하여 상속세 인적공제액을 초과하는 재산을 취득한 경우 그 초과부분에 대하여 증여세를 부과하도록 규정하고 있는 상속세법 규정 이 사건 심판의 대상은 구 상속세법 제29조의2 제1항 제1호 중 "이혼한 자의 일방이 민법 제839조의2 또는 동 법 제843조의 규정에 의하여 다른 일방으로부터 재산분할을 청구하여 제11조 제1항 제1호의 규정에 의한 금액을 초과하는 재산을 취득하는 경우로서 그 초과부분의 취득을 포함한다"는 부분(이하 "이 사건 법률규정"이라 한다)이 헌법에 위반되는지 여부이다.

구 상속세법 제29조의2(증여세납세의무자) ① 다음 각호의 1에 해당하는 자는 이 법에 의하여 증여세를 납부할 의무가 있다.
1. 타인의 증여(이혼한 자의 일방이 다른 일방으로부터 재산분할을 청구하여 제11조 제1항 제1호(상속세인적공제)의 규정에 의한 금액을 초과하는 재산을 취득하는 경우로서 그 초과부분의 취득을 포함한다.)에 의하여 재산을 취득한 자(영리법인을 제외한다)로서 증여받을 당시 국내에 주소를 둔 자

구 상속세법 제11조(상속세인적공제) ① 국내에 주소를 둔 자의 사망에 의하여 상속이 개시된 경우에 상속개시 당시 피상속인에게 다음 각 호에 해당하는 자가 있는 경우에는 다음의 구분에 따른 금액을 과세금액에서 공제한다.
1. 배우자 : 600만원에 결혼연수를 곱하여 계산한 금액에 1억원을 합한 금액

민법 제839조의2(재산분할청구권) ① 협의상이혼한 자의 일방은 다른 일방에 대하여 재산분할을 청구할 수 있다.

□ 결정이유의 요지[위헌의견]

○ 실질적 조세법률주의에 위배

이혼시의 재산분할제도는 본질적으로 혼인 중 쌍방의 협력으로 형성된 공동재산의 청산이라는 성격에, 경제적으로 곤궁한 상대방에 대한 부양적 성격이 보충적으로 가미된 제도라 할 것이어서, 이에 대하여 재산의 무상취득을 과세원인으로 하는 증여세를 부과할 여지가 없으며, 설령 증여세나 상속세를 면탈할 목적으로 위장이혼하는 것과 같은 경우에 증여와 동일하게 취급할 조세정책적 필요성이 있다 할지라도, 그러한 경우와 진정한 재산분할을 가리려는 입법적 노력없이 반증의 기회를 부여하지도 않은 채 상속세 인적공제액을 초과하는 재산을 취득하기만 하면 그 초과부분에 대하여 증여세를 부과한다는 것은 입법목적과 그 수단간의 적정한 비례관계를 벗어난 것이며 비민주적 조세관의 표현이다. 그러므로 이혼시 재산분할을 청구하여 상속세 인적공제액을 초과하는 재산을 취득한 경우 그 초과부분에 대하여 증여세를 부과하는 것은, 증여세제의

본질에 반하여 증여라는 과세원인 없음에도 불구하고 증여세를 부과하는 것이어서 현저히 불합리하고 자의적이며 재산권보장의 헌법이념 에 부합하지 않으므로 실질적 조세법률주의에 위배된다.

○ 조세평등주의 위배

이혼시의 재산분할청구로 취득한 재산에 대하여 증여세를 부과하는 주된 입법목적은, 배우자의 사망으로 상속받는 재산에 대하여 상속세를 부과하는 것과 과세상 형평을 유지한다는 데 있다고 하나, 이혼과 배우자의 사망은 비록 혼인관계의 종료를 가져온다는 점에서 공통점이 있다 하더라도 그로 인한 재산관계, 신분관계는 여러 가지 면에서 차이가 있다. 그러므로 증여세의 상속세 보완세적 기능을 관철하는 데에만 집착한 나머지 배우자상속과 이혼시 재산분할의 재산관계의 본질적이고도 다양한 차이점을 무시하고 이를 동일하게 다루는 것은, 본질적으로 다른 것을 같게 다룸으로써 자신의 실질적 공유재산을 청산받는 혼인당사자를 합리적 이유없이 불리하게 차별하는 것이므로 조세평등주의에 위배된다.

[반대의견]-1인 재판관

이혼시의 청산에 따른 재산분할비율을 객관적으로 산출할 수 있는 기준을 법률로써 정하기가 매우 어려운 실정임을 감안할 때, 구 상속세법이 분할재산 중 배우자 인적공제액을 초과하는 부분에 대하여 증여세를 부과토록 한 취지는 재산형성에 있어서 배우자의 기여분을 배우자 인적공제액수 정도로 인정한 것으로 볼 수 있고, 한편 납세의무자측은 배우자 인적공제액을 초과한 부분이 실질적인 공유재산의 청산이라는 점을 주장, 입증하여 증여세의 감면을 받을 수 있는 것으로 해석되므로, 배우자 인적공제액을 초과하는 재산을 취득한 경우 그 초과부분에 대하여 증여세를 부과토록 하는 것은 입법의 목적과 수단에서 정당성·합리성을 모두 갖추고 있는 입법자의 광범위한 재량의 범위내에 있는 것으로 보지 않을 수 없다.

[판례 3-4] 재산분할액 산정의 기초가 되는 재산가액의 평가 방법

(대법원 2009.6.9. 자 2008스111 결정)

민법 제839조의2에 규정된 재산분할제도는 혼인 중에 취득한 실질적인 공동재산을 청산 분배하는 것을 주된 목적으로 하는 것이므로, 부부가 이혼을 할 때 쌍방의 협력으로 이룩한 재산이 있는 한, 법원으로서는 당사자의 청구에 의하여 그 재산의 형성에 기여한 정도 등 당사자 쌍방의 일체의 사정을 참작하여 분할의 액수와 방법을 정하여야 하는 것이고, 재산분할액 산정의 기초가 되는 재산의 가액은 객관성과 합리성이 있는 자료에 의하여 평가하여야 한다.

3. 상속과 유언

[사례 9] 상속문제

A남과 B녀는 여행 중에 만나 사랑하는 사이가 되었다. 상황이 여의치 않아 어차피 결혼할 건데 함께 살자고 하여 동거에 들어갔다. 그러던 중 A남은 다른 여자가 생겼다고 헤어지자고 하자 간통을 한 사람이 무슨 주장을 하느냐고 하면서 다투던 중 A남의 홀로 사는 父가 100억의 재산을 남기고 사망하였고, A남은 여동생이 하나 있다. 몇 달 후 A남 마저 교통사고로 사망하였다. B녀는 재산을 상속받을 수 있을까, 받게 된다면 얼마나 받을 수 있을까?

1) 상속

(1) 상속의 의의

상속이란 피상속인의 사망으로 상속인이 피상속인의 재산 등을 포함한 모든 권리의무를 포괄적으로 승계하는 것이다. 상속의 개시는 피상속인이 사망한 때 발생한다. 그리고 실종선고를 받은 자가 실종기간이 만료되면 사망한 것으로 보기 때문에 실종기간이 만료된 때로부터 상속이 개시된다. 2인 이상의 자가 동일사고로 사망하고 사망의 시기의 전후가 불분명한 경우에는 동시사망으로 추정되어, 상호상속이 이루어지지 않는다.

(2) 상속의 순위와 상속분

① 상속의 순위

피상속인의 사망으로 상속이 개시되는데 상속이 개시될 때 상속인의 자격을 가진 자가 수인인 경우에는 상속인의 순위를 정할 필요가 있게 된다. 민법은 상속인의 순위를 다음과 같이 정하고 있다.

(가) 제1순위의 상속인은 피상속인의 직계비속이다.

직계비속인 경우는 적출자· 비적출자· 양자, 여자, 남자에 관계없이 모두 제1순위의 상속인이 된다. 직계비속이 수인이 있는 경우 촌수가 같으면 동순위로 상속인이 되고, 촌수가 가까운 순으로 상속인이 된다.

태아는 상속순위에 있어서는 이미 출생한 것으로 본다. 처는 직계비속과 공동상속인이 된다.

(나) 제2순위의 상속인은 피상속인의 직계존속이다.

피상속인의 직계비속이 없는 경우에 직계존속이 상속인이 된다. 이 경우에 처는 직계존속과 공동상속인이 된다. 직계존속이 수인인 경우에 그 직계존속들이 촌수가 같으면 동순위이며, 촌수가 다르면 최근친이 상속인이 된다. 예를 들면 부모와 조부모가 있으면 부모가 상속인이 된다.

(다) 제3순위의 상속인은 피상속인의 형제자매이다.

이들은 피상속인의 직계혈족이 없는 경우에 인정되는 상속인이다. 즉 피상속인의 직계비속, 배우자, 직계존속 등이 없는 경우에 이루어지는 상속이다.

(라) 제4순위의 상속인은 피상속인의 4촌 이내의 방계혈족이다.

피상속인의 직계비속, 직계존속, 배우자, 형제자매가 없는 경우 이루어지는 상속으로, 촌수가 같으면 공동상속인이 된다. 피상속인의 방계혈족이면 되고 남녀, 혼인여부, 부계, 모계여부 등에 상관하지 않고 동일하게 상속이 이루어진다.

이상의 상속인들이 모두 존재하지 않는 경우 특별연고자의 분여청구가 가능하다. 그러나 특별연고자의 분여청구도 없는 경우 상속재산은 국가에 귀속된다.

② 상속분

상속분은 수인이 공동상속을 하는 경우 상속재산에 대한 각 공동상속인의 배당비율의 상속액을 말한다. 상속분은 피상속인의 의사 또는 법률의 규정에 의하여 정하여지는데, 전자를 지정상속분, 후자를 법정 상속분이라고 한다. 피상속인이 공동상속인에 대해 지정상속을 하지 않은 경우에 상속분은 민법의 규정(법정상속분)에 따른다.

동순위의 상속인 사이의 상속분은 균분으로 하고, 배우자는 피상속인의 직계비속이나 직계존속과 공동상속인이 되며, 배우자의 상속분은 직계비속이나 직계존속의 상속분에 5할을 가산한다. 배우자의 상속분이 공동상속인의 수에 따라 달라지며, 이에 대해 배우자상속권과 혈족상속권을 동일선상에 놓고 배정하는 것은 부부재산관계의 문제를 경시한 것이라는 비판이 있다(이은영, 법여성학강의, 2006: 180면).

③ 기여상속인, 특별연고자의 상속

기여상속인제도는 피상속인이 상속재산을 유지 또는 증가시키는데 있어서 공동상속인 중 특별히 기여한 자가 있는 경우에 그 기여의 정도에 따라서 일정한 재산을 상속재산에서 먼저 공제하여 주는 제도이다. 여기서 '특별히 기여한 자'라 함은 공동상속인 중에서 피상속인을 특별히 부양한 자를 말한다. 예를 들면 피상속인의 사업을 도와서 상속재산을 증식시키는데 기여한 자 또는 피상속인에게 자산을 제공한 자 등을 들 수 있다. 이같이 기여한 상속인이 있으면 상속분 산정에 있어서 기여분액을 가산하는 것이 당연한 것으로 본다. 그래서 피상속인의 재산에서 기여상속인의 기여분을 공제한 것을 상속재산으로 보고 상속분을 산정하여 여기에 기여분을 더한 만큼을 기여상속인의 상속분으로 하는 것이다.

기여한 경우의 예는 피상속인을 부양하거나 간호 또는 요양하기 위해 가옥을 매각하거나 직장을 포기한 경우, 부가 처와 동거하면서도 가업을 돌보지 않아 처가 가업인 식당을 경영하여 부명의의 재산이 크게 증가한 경우, 피상속인이 경영하는 공장에서 일하여 부의 재산증식에 공헌한 처의 경우, 간병인 없이 피상속인의 병간호를 하여 간병인에게 지급되어야 할 비용이 지출되지 않게 하여 피상속인의 재산이 감소되지 않고 유지되게 한 경우 등을 들 수 있다.

가정법원은 피상속인과 생계를 같이하고 있던 자, 피상속인의 요양·간호를 한 자, 기타 피상속인과 특별한 연고가 있던 자의 청구에 의하여 상속재산의 전부 또는 일부를 분여할 수 있게 하고 있다.

종래에 우리 민법은 상속인에 대한 공고를 한 후에 상속권을 주장하는 자가 없는 경우에 피상속인의 재산을 국고에 귀속하도록 하여 피상속인의 요양, 간호 등을 한 자나 사실혼의 배우자 혹은 사실상의 양자 등은 법률상 상속인이 아니므로 피상속인의 재산을 상속받을 수 없었다. 이러한 것을 1990년 민법개정으로 특별연고자에 대한 피상속인의 상속재산을 분여할 수 있도록 하였다.

2) 유류분

(1) 유류분의 의의

유류분이란 피상속인의 유언에 의한 재산처분의 자유를 제한함으로써 상속인에게 법정상속분에 대한 일정비율의 상속재산을 확보해 주는 제도이다. 피상속인이 자신의 재산을 자유로이 처분할 수 있는 것은 당연하지만 유언으로 유산전체를 타인에게 유증하거나 사회에 출연하는 것은 잔존 가족에게 생계의 위협이 되거나 불공평을 초래할 수 있다. 이를 위해 민법에서는 상속인에게 일정한 배분을 보장해 주는 유류분 제도를 1977년에 신설하였다.

(2) 유류분

민법에서 규정하는 상속인의 유류분은 다음과 같다.

가. 피상속인의 직계비속은 그 법정상속분의 2분의 1

나. 피상속인의 배우자는 그 법정상속분의 2분의 1

다. 피상속인의 직계존속은 그 법정상속분의 3분의 1

라. 피상속인의 형제자매는 그 법정상속분의 3분의 1

(3) 유류분의 산정

유류분자의 유류분액을 산출하기 위하여 피상속인의 재산의 액을 확정하여야 한다. 즉 피상속인의 상속개시 시에 가진 재산의 가액에 증여재산의 가액을 가산하고 채무의 전액을 공제하여 이를 산정한다. 증여는 상속개시 전의 1년간에 행한 것에 한하여 위의 규정에 의하여 그 가액을 산정한다. 상속개시 시에 가진 재산은 상속재산 중 소극적 재산(빚)이 아닌 적극적 재산을 의미한다.

3) 유언과 유증

(1) 유언

① 의의

유언이란 유언자가 사망과 동시에 일정한 법률효과를 발생시킬 목적으로 하는 상대방 없는 의사표시인 단독행위로 일정한 방식에 따라 한다. 유언은 법정의 유언사항에 관하여 유언한 경우에만 효력이 생기는 유언법정주의를 취한다. 민법이 인정하는 유언사항은 재단법인의 설립, 인지, 후견인의 지정, 친족회원의 지정, 상속재산 분할에 관한 지정, 유언집행자의 지정 또는 유증, 신탁 등으로 이에 해당되지 않는 내용의 유언은 무효이다. 유언은 만 17세 이상인 의사능력이 있는 자는 누구나 할 수 있으며, 금치산자는 의사능력이 회복된 때에 한하여 유언을 할 수 있다.

② 유언의 방식

유언은 피상속인이 사망한 후에 그 효력이 발생하므로 유언의 진의를 확인할 방법이 없게 되므로 유언에 관하여 엄격한 요식행위로서 민법에 5가지 유언의 방식을 규정하고 있다. 유언은 다음의 자필증서에 의한 유언 이외에는 증인의 참여가 필요하다. 민법은 미성년자, 금치산자, 한정치산자, 유언에 의하여 이익을 받을 자, 그 배우자와 직계혈족, 공정증서에 의한 유언에는 「공증인법」에 의한 결격자 등은 증인이 되지 못한다.

가. 자필증서에 의한 유언

자필증서에 의한 유언은 유언자가 그 전문과 연월일, 주소, 성명을 자서하고 날인하여야 한다. 증서에 의한 문자의 삽입, 삭제 또는 변경을 함에는 유언자가 이를 자서하고 날인하여야 한다.

나. 녹음에 의한 유언

녹음에 의한 유언은 유언서가 유언의 취지, 그 성명과 연월일을 구술하고 이에 참여한 증인이 유언의 확인과 그 성명을 구술하여야 한다.

다. 공정증서에 의한 유언

공정증서에 의한 유언은 유언자가 증인 2인이 참여한 공증인의 면전에서 유언의 취지를 구술하고 공증인이 이를 필기 낭독하여 유언자와 증인이 확인승인 후 각자 서명 또는 기명날인하여야 한다.

라. 비밀증서에 의한 유언

비밀증서에 의한 유언은 유언자가 필자의 성명을 기입한 증서를 봉인날인하고 이를 2인 이상의 증인이 면전에 제출하여 자기의 유언서임을 표시한 후 그 봉서표면에 제출년월일을 기재하고 유언자와 증인이 각자 서명 또는 기명날인하여야 한다.

마. 구수증서에 의한 유언

구수증서에 의한 유언은 질병 기타 급박한 사유로 인하여 자필증서, 녹음, 공정증서, 비밀증서의 방식에 의할 수 없는 경우에 한다. 유언자가 2인 이상의 증인의 참여로 그 1인에게 유언의 취지를 구수하고 그 구수를 받은 자가 이를 필기 낭독하여 유언자와 증인이 확인승인한 후 각자가 서명 또는 기명날인하여야 한다. 구수증서에 의한 유언은 그 증인 또는 이해관계인이 급박한 사유가 종료한 날로부터 7일 이내에 법원에 그 검인을 신청하여야 한다.

(2) 유증

유증이란 유언자가 유언으로 재산적 이익을 타인에게 무상으로 증여하는 것이다. 유증에는 적극적, 소극적 재산을 포괄하는 상속재산의 전부 또는 일부를 일정한 비율에 의하여 하는 포괄적 유증과 개개의 재산상의 이익을 구체적으로 특정하여 재산상의 이익을 주는 특정적 유증이 있다. 수증자란 유증을 받는 자로 자연인이나 법인 또는 상속인도 수증자가 될 수 있다. 수증자는 유증이 효력을 발생하는 유언자의 사망 시에 생존하여야 한다. 태아는 유증에 관하여도 이미 출생한 것으로 본다.

단순유증인 때에는 유언자가 사망한 때로부터 발생하고, 정지조건이 있는 유증은 조건이 성취한 때로부터 발생한다. 유언자가 유언으로 다른 의사를 표시한 때에는 그 의사에 의한다.

[판례 3-5] 사실혼관계가 해소된 경우의 재산분할청구
(대법원 1995.3.28, 93므1584)

사실혼은 사실상으로 혼인생활을 하고 있으나 혼인신고를 하지 않아 법률상 혼인이 인정되지 않는 부부관계를 말한다. 대법원은 "사실혼이란 당사자 사이에 혼인의 의사가 있고, 객관적으로 사회 관념상으로 가족질서적인 면에서 부부공동생활을 인정할 만한 혼인생활의 실체가 있는 경우이므로, 법률혼에 대한 민법의 규정 중 혼인신고를 전제로 하는 규정은 유추 적용할 수 없으나, 부부재산의 청산의 의미를 갖는 재산분할에 관한 점은 부부의 생활공동체라는 실질에 비추어 인정되는 것이므로 사실혼관계에도 준용 또는 유추적용 할 수 있다"라고 하여 사실혼관계의 해소 시에도 재산분할청구를 인정하고 있다.

[판례 3-6] 일상가사대리권과 연대책임
(대법원 1997.11.28, 97다31229)

부인이 교회에의 건축 헌금, 가게의 인수대금, 장남의 교회 및 주택임대차보증금의 보조금, 거액의 대출금에 대한 이자지급 등의 명목으로 금원을 차용한 행위는 일상 가사에 속한다고 볼 수는 없으며, 주택 및 아파트 구입비용 명목으로 차용한 경우 그와 같은 비용의 지출이 부부공동체를 유지하기 위하여 필수적인 주거 공간을 마련하기 위한 것이라면 일상의 가사에 속한다고 볼 여지가 있을 수 있으나 그 주택 및 아파트의 매매대금이 거액에 이르는 대규모의 주택이나 아파트라면 그 구입 또한 일상의 가사에 속하는 것이라고 보기는 어렵다고 판시하면서, 민법 제832조에서 말하는 일상의 가사에 관한 법률행위라 함은 부부의 공동생활에서 필요로 하는 통상의 사무에 관한 법률행위를 말하는 것으로, 그 구체적인 범위는 부부공동체의 사회적 지위·직업·재산·수입 능력

등 현실적 생활 상태뿐만 아니라 그 부부의 생활 장소인 지역 사회의 관습 등에 의하여 정하여지나, 당해 구체적인 법률행위가 일상의 가사에 관한 법률행위인지 여부를 판단함에 있어서는 그 법률행위를 한 부부공동체의 내부 사정이나 그 행위의 개별적인 목적만을 중시할 것이 아니라, 그 법률행위의 객관적인 종류나 성질 등도 충분히 고려하여 판단하여야 한다.

제 4 절 여성과 가정폭력

[판례 3-7] 혼인한 부부의 합산과세의 위헌성
(헌재 2002.8.29, 2001헌바82)

부부간의 인위적인 자산 명의의 분산과 같은 가장행위 등은 상속세 및 증여세법상 증여의제규정 등을 통해서 방지할 수 있고, 부부의 공동생활에서 얻어지는 절약가능성을 담세력과 결부시켜 조세의 차이를 두는 것은 타당하지 않으며, 자산소득이 있는 모든 납세의무자 중에서 혼인한 부부가 혼인하였다는 이유만으로 혼인하지 않은 자산소득자보다 더 많은 조세부담을 하여 소득을 재분배하도록 강요받는 것은 부당하며, 부부 자산소득 합산과세를 통해서 혼인한 부부에게 가하는 조세부담의 증가라는 불이익이 자산소득합산과세를 통하여 달성하는 사회적 공익보다 크다고 할 것이므로, 소득세법 제61조 제1항이 자산소득합산과세의 대상이 되는 혼인한 부부를 혼인하지 않은 부부나 독신자에 비하여 차별취급하는 것은 헌법상 정당화되지 아니하기 때문에 헌법 제36조 제1항에 위반된다.

1. 가정폭력의 개념 · 유형 · 특성

[사례 10] 가정폭력문제

A녀와 B남은 결혼한 지 10년 된 부부로 슬하에 2딸을 두고 있다. 그 동안 B남은 술만 먹고 오면 A녀를 상습적으로 구타해왔고, 이제는 아이들까지 때린다. 어느 날 A녀는 B남이 술이 잔뜩 취해와 또 구타를 하자 더 이상 살 수 없다고 이혼을 요구하자 더 심하게 때렸다. A녀는 더 이상 참을 수 없다고 생각하여 경찰에 신고하려고 했으나 감방에 갈 것을 생각하니 신고에 앞서 망설이고 있다. A녀는 남편이 구타만 하지 않게 된다면 살고 싶은데 해결방안은 없을까?

1) 가정폭력의 개념

우리나라의 「가정폭력범죄의 처벌 등에 관한 특례법」 제2조 1항에 의하면 가정폭력은 가정구성원 사이의 신체적, 정신적 또는 재산상 피해를 수반하는 행위로 가족 구성원 사이의 모든 형태의 폭력을 포괄하며 가족구성원 누구에게나 적용되는 개념이다. 즉 남편의 아내에 대한 폭력, 부모의 자녀에 대한 폭력, 자녀의 부모에 대한 폭력, 형제간의 폭력, 아내의 남편에 대한 폭력 등 가족 간의 모든 폭력을 망라하는 것이다. 가정폭력행위자란 가정폭력범죄를 범한 자 및 가정구성원인 공범을 말하며, 피해자란 가정폭력범죄로 인하여 직접적으로 피해를 입은 자를 말한다.

가정폭력의 개념으로 아내학대(wife-abuse), 아내구타(wife-battering), 아내폭행(wife-assault), 가정폭력(family violence), 배우자 학대(domestic violence), 부부폭력(conjugal-violence) 등의 용어가 혼용되고 있고, 가정폭력이 아내를 구타하는 경우라는 의미에서 아내학대와 가정폭력, 아내구타와 같은 용어들이 혼용되고 있다. 그렇지만 가정폭력은 아내폭력이 가장 많지만 아동폭력, 형제자매폭력, 노인폭력으로까지 이어질 수 있는 것으로 단지 아내폭력에 국한된 것은 아니라 할 것이다.

한편 외국의 경우에는 중립적인 개념인 '가정폭력(family violence)' 혹은 '배우자학대(domestic violence or spouse abuse)'라는 용어가 주로 사용된다.

가정은 사랑과 친밀감, 애정적 관계로 기능한 반면, 서로의 활동영역에 대한 침해가 잦으며, 연령과 성에 따른 종적인 관계로 인한 갈등을 해결하기 위해 폭력이 발생할 가능성도 높은 양면성을 지닌다. 이렇게 가정폭력은 가해자와 피해자가 서로 긴밀한 관계를 갖는다는 점에서 다른 형태의 폭력과 구별된다.

2) 가정폭력의 유형

가정폭력의 유형은 가정폭력의 가해자와 피해자간의 관계에 의한 분류와 가정폭력의 형태에 따른 분류의 두 가지로 분류할 수 있다. 전자는 남편의 아내에 대한 폭력, 아내의 남편에 대한 폭력, 부모의 자녀에 대한 폭력, 자식의 노부모에 대한 폭력, 형제자매간의 폭력, 친인척간의 폭력 등 매우 다양하게 나타날 수 있다. 또한 이 경우 가정폭력은 아내폭력, 아동학대, 노인학대, 장애인 학대 등으로 폭력유형을 나누기도 한다. 후자는 폭력의 형태에 따라 신체적 폭력, 정서적 폭력, 경제적 폭력, 방임, 유기, 성학대 등으로 나타날 수 있다. 학대를 받는 자의 성과 연령에 따라 상이한 측면이 있을 수 있지만 이 중에서 가장 심각하게 간주되는 것은 신체적 폭력과 성학대라 하겠다. 특히 아내에게는 신체적 폭력과 성학대가, 노인에게는 신체적 폭력 이외에 경제적 폭력과 유기가, 아동에게는 신체적 폭력 이외에 유기와 성학대가, 자매에게는 신체적 폭력과 성학대가, 형제와 기타 가족원에게는 신체적 폭력이 심각한 것으로 나타난다.[5)]

3) 가정폭력의 특성

가정폭력은 우선 다른 범죄보다 쉽게 일어나면서도 외부로 잘 노출

5) 여성가족부, 전국가정폭력실태조사보고서, 221면

되지 않는 은폐성을 지닌다. 가정에서 일어나는 폭력은 사적인 것으로 치부하여 가정폭력 피해자도 이를 외부에 알리는 것을 꺼려하고 이웃들도 이를 사생활침해 영역으로 여겨 신고를 꺼려온 것이다.

둘째, 가정폭력은 가정에서 부모가 행사하던 폭력을 보고 자란 아이가 성장하여 폭력을 행사하는 세습성을 지닌다. 가정폭력은 이처럼 세대를 거쳐 일어나는 악순환을 낳는 것이다. 대를 이어 일어날 수 있는 세습성이 있는 가정폭력이 애초부터 발생하지 않도록 하여야 한다.

셋째, 가정폭력은 대부분 오랫동안 되풀이 되어 발생하는 지속성을 지닌다. 작은 폭력에서 시작하여 큰 폭력에 이르기까지 습관적으로 무심코 하는 가정폭력이 파국에 이르게 되기도 한다. 가정폭력이 지속됨으로 육체적 상처 뿐 아니라 정신과 내면의 상처가 깊어지고 자아존중감이 낮아지게 한다.

2. 가정폭력의 발생이론과 검토

1) 가정폭력 발생이론

가정폭력 발생원인은 시대와 사회에 따라 그리고 학자들의 전공영역에 따라 상이한 접근 방식이 제시될 수 있다. 대표적인 가정폭력의 발생에 대한 원인을 다루고 있는 이론은 Gelles와 Straus(1979)[6]가 제시한 정신병리학적 이론, 사회심리학적 이론, 사회문화적 차원의 이론 등이 있고 이외에도 인간과 인간과의 관계가 문제되는 관계 이론을 들 수 있다.

(1) 정신병리학적 이론

정신병리학적 이론(psychopathological theory)은 가정폭력이 기본적으로 개인의 병리적인 속성에서 비롯된다고 보는 입장으로서, 가정폭력

6) Violence Againt Women, 여성문제연구, 대구효성카톨릭대 사회과학연구소, Vol. 22, 1994.

의 가해자는 개인적 행위자로서의 어떤 특성을 갖추고 있다는 관점에서 가정폭력을 이해하려고 하는 이론이다. 이는 가정폭력의 발생원인을 규명하는 가장 전통적인 접근방식으로, 가정폭력이 선천적인 신체적 불구, 정신적 및 성격적 결함에서 비롯되거나 후천적인 심신장애나 사고 등으로 정신적 질환을 안고 있는 사람, 알코올 및 마약중독 등에 의해 야기되는 가학적 행위로 이해한다.

(2) 사회심리학적 이론

사회심리학적 이론(social-psychological theories)은 사회환경, 타인, 집단, 그리고 조직과 개인과의 상호작용에 의하여 가정폭력을 이해하려는 관점이다. 특정개인이 대인관계에서의 좌절, 학습과정, 타인의 태도, 집단과 조직에 반영되는 자신의 태도 등에서 가정폭력의 원인을 찾으려는 입장이다. 이에는 자신의 목표가 좌절되었을 때 좌절에 대한 반응인 공격적 성향을 가짐에 의하여 가정폭력의 발생원인을 찾는 좌절-공격이론(frustration-aggression theory), 폭력행위를 하나의 '학습된 현상'으로 이해하는 사회학습 및 역할모형이론(social-learning and role-modeling theory), 대인관계에서비용이 보상을 초과하는 것으로 판단될 때 '분배적 공정성(distributive justice)'을 되찾기 위해 폭력이 사용된다는 교환이론, 폭력을 자원(resources)의 한 유형으로 보아, 자원이 불충분하거나 부족할 때 자신을 충족시키기 위한 자원으로서 폭력을 사용한다는 자원이론(resource theory), 지배와 복종, 그리고 경쟁을 하는 모든 집단과 조직에서 갈등은 불가피한 부분이라는 점을 기본적으로 전제하는 갈등이론(conflict theory) 등이 제시되고 있다.

(3) 사회문화적 이론

사회문화적 이론은 폭력을 가치, 제도, 체계운영 등과 같은 사회적 구조나 질서 그리고 기능, 하위문화, 사회체제 등과 같은 거시적 변인에 의해 가족 내에서의 개인폭력을 설명하려는 이론이다.

사회문화적 이론으로는 ① 가족은 '목적을 추구하고, 적응하는 사회체계'로 보며, 가정폭력이 발생되고 지속되는 과정(processes)에 초점을 두어 가해자는 지배체계를 지속시키기 위해, 피해자는 복종하지 않음으로써 폭력발생이 반복된다는 체계이론(systems theory), ② 가족의 적응력(adaptability)을 유지하기 위하여 가정폭력이 필요하다고 보는 기능이론(functional theory), ③ 스트레스, 좌절, 박탈과 같은 폭력유발요인의 차별적 분포에 의하여 그 원인을 규명하려는 구조적 이론(structural theory), ④ 접하는 문화에 따라 폭력의 발생이 달라진다는 문화적 이론(cultural theory), ⑤ 가정폭력을 일종의 경제적 및 정치적 현상으로 보는 이러한 가정 내에서의 지위와 권력의 박탈을 폭력이라고 보는 마르크스 이론(marxist theory), ⑥ 가정폭력을 남성에 의해 자행되는 여성에 대한 학대라고 보면서 남녀불평등에서 비롯되는 폭력만을 가정폭력의 범주에 포함시키는 여권론적 이론(feminist theory) 등이 있다.

(4) 관계적 이론(relational theory)

관계적 이론은 가정폭력이 발생하는 요인을 가족 구성원간의 관계문제로 보는 이론이다. 가족구성원들은 가부장적 사고 하에서는 지배, 복종의 관계로 이루어져 이러한 관계를 벗어나는 경우 가정폭력이 발생된다는 것이다. 부부간에 있어서도 의사소통이 원만하게 이루어지는 경우에는 폭력발생이 일어나지 않으나 원만한 의사소통능력이 부족하거나 할 수 없는 관계에 있다면 가정폭력이 발생된다고 본다.

2) 가정폭력이론에 대한 검토

가정폭력을 발생시키는 요인을 설명하는 이론으로 인간의 병리적인 속성이나 인간 심리적 부조화로 발생한다는 가정폭력이론, 사회생활의 기초가 되는 가정생활에서 일어나는 사회·문화적요인에 의해 발생하는 가정폭력이론, 가족구성원간의 원만하지 못한 관계에서 발생한다는 이론 등 다양한 이론이 제시되고 있다. 그러나 오늘날 일어나고 있는 가정폭력은 위 가정폭력이 발생하는 이론과 관련이 있더라도 원인과 폭력간의 상관관계가 어느 하나만의 이론으로 일어난다고 하지 못할 정도로 가정폭력은 다양화되고 있다는 것을 알 수 있다. 그리고 가정폭력은 사회와 문화의 차이, 지역적 차이, 개인차, 경험의 차이, 인식의 차이에서까지도 비롯될 수 있는 것으로 가정에서 발생하는 폭력의 원인은 위 이론 중 하나의 혹은 둘 그리고 그 이상의 이론이 중첩되어 일어날 수 있다.

3. 가정폭력의 현황

1) 가정폭력의 실태

2016년 여성가족부가 실시한 '2016년 가정폭력 실태조사'에 의하면 여성에 대한 1년간 배우자폭력 발생률은 2013년도에 비해 12.1%로 17.7%가 감소된 것으로 조사되었다. 폭력 유형별로는 정서적 폭력이 10.5%로 가장 많았고, 신체적 폭력 3.3%, 경제적 폭력 2.4%, 성적 폭력 2.3% 순으로 나타났다. 남성의 부부 폭력 피해율은 8.6%로 2013년 27.3%와 비교할 때 크게 줄어들었다. 폭력 유형별로는 정서적 폭력이 7.7%, 신체적 폭력 1.6%, 경제적 폭력 0.8%, 성적 폭력 0.3%순으로 나타났다.

여성이 배우자로부터 처음 폭력을 경험한 시기가 결혼 후 1년 미만이 18.1%, 결혼 후 1년 이상 5년 미만이 44.2%, 결혼 후 5년 내가 62.3%로 나타났고, 여성,남성 모두 결혼 후 5년 미만이라는 응답자가 50%를 상회하고 있는 점으로 보아 결혼 후 5년 이내에 폭력이 많이 시작되는 것으로 나타났다.

가정폭력 발생 이후 도움을 요청한 대상은 가족이나 친척이 12.1%, 이웃이나 친구가 10.3%, 경찰은 1.7%, 여성긴급전화 1366은 0.6%, 가정폭력상담소 및 보호시설/쉼터는 0.6으로 조사되었다. 경찰에 도움을 요청하지 않은 이유로 폭력이 심각하지 않다고 생각하여가 41.2%, 집안일이 알려지는 것이 창피해서가 29.8%, 신고해도 소용없을 것 같아서가 14.8%로 나타나 가정폭력을 심각한 폭력으로 여기지 않는 것을 알 수 있으며, 경찰이나 상담기관에 대한 폭력 해결에 대한 신뢰도가 낮은 것을 알 수 있다.

자녀학대율도 2013년 46.1%이던 것이 2016년에는 27.6%로 감소하였으나 여전히 자녀학대도 여전히 많은 것을 알 수 있다. 노인학대는 69.5%가 아들딸에 의해 일어나고 있고, 1년간 가족원으로부터 학대를 경험한 비율은 7.3%로 나타났다.

2) 법원의 통계와 태도

(1) 법원의 통계

1990년부터 2004년까지 전국 법원에 접수·처리된 이혼소송사건에서 배우자의 부정행위가 43.7%로 첫 번째 높은 이혼사유로 나타났고, 배우자 및 배우자의 직계존속에 의한 부당한 대우로 인한 아내들의 이혼청구가 25.2%의 두 번째로 나타나고 있다. 이는 여성들이 과거에는 남편의 폭력에 대해 참고 살았으나, 이제는 매를 맞고 살기보다는 헤어지는 것을 원한다는 것을 알 수 있는 것으로 풀이된다.

(2) 가정폭력 피해 아내의 남편 살해 문제에 대한 법원의 태도

남편을 살해하는 여성의 대부분 오랜 기간 남편으로부터 상습적으로 가정폭력에 시달려 오다가 폭력으로부터 벗어나기 위한 방어차원에서 남편을 살해하는 경우가 많다. 그러나 법원은 과거에 아내가 그동안 폭력에 시달렸건 스트레스를 받았건 상관없이 남편을 살해한 '살인'에 초점을 두고 이 문제를 다루어 왔었다.

법원은 그동안 가정폭력을 일삼아온 남편을 살해하여 기소된 사건과 같이 상습적인 아내폭력에 대해 정당방위를 인정하지 않는 등 가정폭력에 대해 통상의 폭력과 같이 취급해 왔다. 그러나 '가정폭력 피해 아내의 남편 살해사건'에 대한 사회적 관심이 높아지자 수사기관이나 재판부도 이에 대해 관심을 갖고 가정폭력 피해자의 입장을 고려하기 시작했다. 또한 가정폭력으로 인한 살인의 경우에 법원마다 정상의 참작

정도가 다른 것에 대해 논란이 되고 있다.

이런 가운데 생명의 존엄성을 강조하면서도 오랫동안 말할 수 없을 정도의 고통을 당하는 가정폭력의 심각한 피해를 당한 피해자에 대해 정상을 참작하는 판단들이 이어지고 있다. 지속적으로 폭력을 일삼아온 남편을 살해한 아내에 대해 집행유예가 선고되면서 사회적인 논제거리가 되기도 하였다.

4. 가정폭력에 관한 법[7]의 제정과정 및 제정 필요성

1) 가정폭력에 관한 법의 제정과정

가정폭력에 대해서는 1983년 '한국 여성의 전화'의 설치로 사회적 관심의 대상이 되기 시작하였고, 아내학대는 개인적인 문제가 아닌 사회적 문제임을 인식하게 되었다. 가정폭력 피해자를 위한 상담전화, 쉼터 제공, 상담소 설치 등 입법을 위한 여건을 조성하였고, 1988년 김광일 교수가 '가정폭력' 책을 출간하는 등 가정폭력은 중요한 사회적 문제로 받아들이게 되었다. 1992년 형사정책연구원에서 '가정폭력의 실태와 대책에 관한 연구'와 1993년 한국여성개발원이 '가정폭력의 예방과 대책에 관한 연구' 발표를 함으로써 가정폭력에 관한 입법을 위한 체계적인 이론적 토대를 구축하게 되었다.

1994년 세계가정의 해를 맞아 상담, 보호시설운영 단체들이 '가정폭력추방주간' 행사 후 '가정폭력특별법 제정을 위한 전국연대'를 결성하여 1995년부터 '가정폭력특별법'제정을 위한 활동을 전개하였다. 1996년에는 한국여성단체연합 내에 '가정폭력특별법 제정추진 특별위원회'를 설치하고 가정폭력특별법 제정 필요성 홍보를 강화하는 등 사회적으로 법제정을 위한 활동이 활발히 전개되었다.

1996년 8월에는 '가정폭력특별법 제정 추진 범국민운동본부'가 결성

7) 「가정폭력범죄의 처벌에 관한 특례법」 및 「가정폭력방지 및 피해자보호 등에 관한 법률」을 통틀어 일컫는 용어로 약어로 사용한다.

되어 가정폭력특별법 제정을 위한 서명운동을 벌여 8만 5천여명의 서명으로 '가정폭력특별법안'을 국회에 청원하였다.

정치권에서의 입법을 위한 활동도 이루어져 1996년 7월 19일 신한국당은 가정폭력방지대책위원회 제1차 회의를 열고 전국에 가정문제상담소, 아동학대예방센터를 설치하고 긴급전화와 112신고 등을 적극 활용하기로 하고 상습적인 가정폭력에 대해 보호명령 등 보호처분의 내용을 담은 법안 마련을 결의하였다.

신한국당은 가정을 해치지 않으면서 피해자를 보호하고 가해자의 교정·교화 목적으로 폭력사실의 신고의무제, 직계존속으로부터의 폭행의 고소, 고발, 법원의 심리중인 사건에 대한 비밀 등을 골자로 한 법안을 제출하였다. 국민회의는 가정폭력의 동기, 실태의 다양성과 교정 가능성을 고려해 보호처분의 종류를 최대한 확장하고, 진행 중인 폭력을 저지하기 위한 조치로 경찰의 현장출동의무화, 제지조치권, 퇴거명령 신청권 등을 부여하는 것을 골자로 하는 법안을 제출하였다. 이에 따라 각 당이 제안한 가정폭력방지 법률안에 대한 국회 법사위를 거쳐 1997년 11월 17일 마침내 「가정폭력범죄의 처벌 등에 관한 특례법」, 「가정폭력방지 및 피해자보호 등에 관한 법률」이 제정되었다.

2) 가정폭력에 관한 법의 제정 필요성

(1) 가정폭력해결 모색의 필요성

가정폭력범죄는 남편의 아내에 대한 폭력뿐 아니라 아내의 남편에 대한 폭력도 문제가 되는 등 그 대상과 종류, 수단 등이 다양화되고 있고 이와 더불어 아동학대, 노인학대, 가족학대 등도 증가하고 있다. 이처럼 가정폭력은 가족 구성원 사이에 누구에게나 일어날 수 있는 것으로 사생활 보호라는 보호막으로 인하여 비극적 사건의 자행은 도를 지나쳐 방관할 수 없는 지경에 이르렀고 가정폭력범죄를 단순히 가정 내에서 일어나는 사적 문제로만 방치할 수만 없게 되었다. 이에 국가가 개입하여 가정폭력범죄를 예방하고 피해자를 보호하여야 할 대책의 필요성이 제기되었다.

심각한 가정폭력문제해결을 위해 범죄자처벌과 피해자보호라는 2가지 상반된 법률의 제정을 하게 되었다. 즉 1997년에 제정되고 1998년 7월 1일부터 시행된 「가정폭력범죄의 처벌 등에 관한 특례법」(이하 "가정폭력범죄처벌 특례법"이라 한다)」, 「가정폭력방지 및 피해자보호 등에 관한 법률」(이하 "가정폭력방지 및 피해자보호법"이라 한다)은 이러한 사회적 배경과 필요에서 만들어졌다.

(2) 가정폭력에 대한 현행법의 한계 해결

① 형법과 「폭력행위 등 처벌에 관한 법률」 규정의 한계

형법 제25장 '상해와 폭행의 죄'의 제257조 1항에서 "사람의 신체를 상해한 자"를 처벌하는 규정에 의해서 아내를 구타하는 남편을 처벌할 수 있다. 그러나 폭력을 휘두른 남편을 신고하더라도 경찰은 단순한 부부싸움으로 보고 가정 내의 일이라고 상관하지 않으려고 하고 있어서 문제가 되어 왔다.

「폭력행위 등 처벌에 관한 법률」에서도 학대에 대한 상습성을 입증하기 위해 남편의 전과기록을 요구하고 있으나 전과기록이 없는 경우 폭력남편에 대한 처벌이 어려운 상태에 있게 되었다.

② 「한부모가족지원법」의 한계

「한부모가족지원법」에는 보호해야 할 '모'는 ① 배우자와 사별 또는 이혼하거나 배우자로부터 유기된 여성, ② 미혼여성(사실혼관계자 제외), ③ 정신 또는 신체장애로 인하여 장기간 노동능력을 상실한 배우자를 가진 여성으로 규정하고 있다. 따라서 남편의 폭력으로 가출한 여성으로서 자녀를 부양하고 있는 여성은 보호대상이 되고 있고 이 가정폭력피해여성은 「한부모가족지원법」에 근거하여 생계비, 아동교육지원비, 직업훈련비 및 훈련기간 중 생계비, 아동양육비 등 직업복지급여와 사업자금, 아동교육비, 의료비, 주택자금 등 복지자금대여의 수혜를 받을 수 있게 된다. 또한 폭력피해여성을 일시적으로 보호하기 위한 시설을 설치하도록 되어 있다.

이러한 「한부모가족지원법」의 존재에도 불구하고 구타당한 여성은 복지급여수혜를 받지 못하고 있고, 일시보호시설은 소수에 불과하여 폭력피해여성에 대해 실질적인 도움이 되지 못한 실정이었다. 따라서 여성을 가정폭력으로부터 도와줄 수 있는 실질적인 법이 요청되었다.

③ 민법규정의 한계

민법에서 재판상 이혼의 원인으로 '배우자 또는 그 직계존속으로부터 심히 부당한 대우를 받았을 때'와 '기타 혼인을 계속하기 어려운 중대한 사유가 있을 때'를 규정하고 있다.

그러나 당시 현실이 이혼 후에 경제적 자립문제, 자녀 양육문제, 사회적 편견 등으로 이혼이 쉽지 않을 뿐더러 이혼을 하려고 해도 아주 심각한 경우가 아니고는 법정에서는 재판상이혼의 요건에 해당되지 않는다고 보아 문제가 되었다.

④ 문제해결의 소극적 태도

수많은 가정폭력사건들이 일어나고 있으나 기존법은 이를 실제적으로 해결해 주지 못하고 있을 뿐 아니라 가정폭력을 단순한 부부싸움으로 치부해 버리고 적극적으로 대처하지 못하는 경향이 있어 왔다. 가정폭력의 경우 이를 경찰에 신고가 가능하지만 폭력피해여성이나 폭력피해가족의 신고는 매우 저조한 편이다. 그리고 신고를 한다 하더라도 경찰이 출동하지 않은 경우가 많았고 출동한 경우에도 상황이 진정되면 가정 내에서 해결하라고 하고 훈방 조치하는 등 소극적 태도를 취하는 것이 태반이었다.

가정폭력에 대해 신고를 하는 여성은 경찰이 출동하지 않는 경우가 많다는 것을 알면서도 생명이나 신체에 위협을 느껴 이를 벗어나기 위해서 신고를 하는 경우가 대부분임에도 불구하고 경찰의 안이한 대처가 또 다른 큰 피해를 낳게 하고 극단으로 치닫게 하는 불상사가 일어나게 되었다. 그리고 당시 법으로는 경찰이 가정폭력문제에 개입하는 것이 실제적으로 가능하지 못하였다. 그래서 경찰이 적극적으로 개입하여 심각한 가정폭력문제를 실제적으로 해결해 줄 수 있는 '가정폭력에 관한 법'의 제정이 필요하게 된 것이다.

5. 가정폭력에 관한 법의 내용

1) 가정폭력범죄처벌 특례법의 내용

(1) 법률의 목적

"가정폭력범죄처벌 특례법"은 가정폭력범죄의 형사처벌절차에 관한 특례를 정한 법이다. 이는 가정폭력범죄를 범한 자에 대하여 환경의 조정과 성행의 교정을 위한 보호처분을 행하게 하고, 가정폭력범죄로 파괴된 가정의 평화와 안정을 회복하고 건강한 가정을 가꾸며 피해자와 가족구성원의 인권을 보호하는 것을 목적으로 한다.

(2) 가정구성원의 범위

"가정폭력범죄처벌 특례법"에서 가정구성원은 ① 배우자 또는 배우자관계에 있었던 자(배우자는 사실혼 배우자 포함), ② 자기 또는 배우자와 직계존비속관계에 있거나 있었던 자(사실상의 양친자관계 포함), ③ 계모자와 자녀의 관계 또는 적모서자의 관계에 있거나 있었던 자, ④ 동거하는 친족관계에 있는 자이다.

(3) 가정폭력범죄의 범위

"가정폭력범죄처벌 특례법"은 다음과 같은 폭력성을 지닌 형법상의 범죄와 다른 법률에 의하여 가중처벌 되는 죄를 가정폭력범죄로 규정하고 있다. 즉 형법의 ① '상해와 폭행의 죄' 중 상해죄, 존속상해죄, 중상해죄, 존속중상해죄, 폭행죄, 존속폭행죄, 특수폭행죄, 상습범, ② '유기와 학대의 죄' 중 유기죄, 존속유기죄, 영아유기죄, 학대죄, 존속학대죄, 아동혹사죄, ③ '체포와 감금의 죄' 중 체포죄, 감금죄, 존속체포죄, 존속감금죄, 특수체포죄, 특수감금죄, 체포, 감금, 체포, 감금죄의 상습범, 미수범, ④ '협박의 죄' 중 협박죄, 존속협박죄, 특수협박죄, 협박,

존속협박죄의 상습범, 미수범, ⑤ '강간과 추행의 죄' 중 강간, 강제추행, 준강간, 준강제추행, 미수범, 강간 등 상해, 치상, 강간등 살인, 치사, 미성년자 등에 대한 간음, 미성년자에 대한 간음, 추행, 상습범, ⑥ '명예의 죄' 중 명예훼손죄, 사자(死者)의 명예훼손죄, 출판물 등에 의한 명예훼손죄, 모욕의 죄, ⑦ '주거침입의 죄' 중 주거 · 신체 수색의 죄, ⑧ '권리행사를 방해하는 죄' 중 강요죄, 미수범, ⑨ '사기와 공갈의 죄' 중 공갈죄, 미수범, ⑩ '훼손의 죄' 중 재물손괴죄 중 다른 법률에서 가중처벌되는 죄이다.

(4) 가정폭력범죄의 처리

가정폭력범죄는 신고, 고소, 고발 등을 통해 누구든지 수사기관에 접수할 수 있으며, 폭력신고를 받고 출동한 경찰은 반드시 사건 처리를 하여야 하며 출동한 사법경찰관은 필요한 응급조치를 취해야 한다. 사건조사결과 폭력을 가한 당사자가 다시 폭력을 행사할 위험이 있는 경우에는 사건을 검찰로 송치한다. 검찰은 이 사건을 불기소처분, 형사처벌, 가정보호사건 등 중 처벌할 유형을 정하여 처벌 수위를 결정한다.

가정보호사건처리에 대해 사법기관은 ① 임시조치를 하여 행위자가 피해자에게 접근하는 행위의 제한, ② 친권자인 행위자의 피해자에 대한 친권행사의 제한, ③ 보호관찰 등에 관한 법률에 의한 사회봉사, 수강명령, ④ 보호관찰 등에 관한 법률에 의한 보호관찰, ⑤ 가정폭력방지 및 피해자보호 등에 관한 법률이 정하는 보호시설에의 보호위탁, ⑥ 의료기관에의 치료위탁, ⑦ 상담소 등에의 상담위탁 등의 보호처분의 조치를 한다.

(5) 가정보호사건의 처리절차

① 신고의무 등

가정폭력범죄를 알게 된 때에 누구든지 수사기관에 신고할 수 있다. 반드시 수사기관에 신고의무가 있는 자로는 아동교육과 보호를 담당하는 기관의 종사자와 그 장, 그리고 아동, 60세 이상의 노인 기타 정상적인 판단능력이 결여된 자의 치료 등을 담당하는 의료인 및 의료기관의 장, 노인복지법에 따른 노인복지시설, 아동복지법에 따른 아동복지시설, 장애인복지법에 따른 장애인복지시설의 종사자와 그 장, 다문화가족센터의 전문 인력과 그 장, 국제결혼중개업자와 그 종사자, 구조대, 구급대의 대원, 사회복지전담 공무원, 아동복지법에 따른 아동상담소, "가정폭력방지 및 피해자보호법"에 따른 가정폭력 관련 상담소 및 보호시설, 「성폭력방지 및 피해자보호 등에 관한 법률」에 따른 성폭력피해상담소 및 보호시설에 근무하는 상담원과 그 장은 반드시 수사기관에 신고할 의무가 있다.

② 응급조치

신고를 받은 사법경찰관은 즉시 현장에 임하여 조치를 취해야 한다. 폭력행위의 저지, 행위자·피해자의 분리 및 범죄수사, 피해자의 가정폭력 관련 상담소 또는 보호시설인도(피해자 동의요), 긴급치료가 필요한 피해자의 의료기관 인도, 폭력행위의 재발시 임시조치 신청가능 통보 등의 조치를 하여야 한다.

③ 임시조치 등 청구

검사는 가정폭력범죄의 재발우려가 인정되는 때 직권 또는 사법경찰관의 신청에 의하여 법원에 임시조치의 청구를 할 수 있다.

피해자 또는 법정대리인은 검사 또는 사법경찰관에게 임시조치의 청구 또는 신청요청이나 의견진술을 할 수 있다.

④ 가정보호사건의 처리

검사가 피해자의 고소를 요하는 가정폭력범죄에서 고소가 없거나 취소된 경우, 피해자가 처벌을 희망하지 아니하는 명시적 의사표시가 있거나 처벌을 희망하는 의사표시가 철회된 경우의 가정폭력범죄로 보호처분에 처함이 상당하다고 인정될 때 가정보호사건으로 처리한다. 보호처분이 확정된 때에는 행위자에 대하여 동일한 범죄사실로 다시 공소를 제기할 수 없다(일사부재리원칙).

(6) 비밀의무

가정폭력범죄의 수사 또는 가정보호사건의 조사·심리 및 그 집행을 담당하거나 이에 관여하는 공무원, 보조원 또는 상담소 등에 근무하는 상담원과 그 장, 아동의 교육과 보호를 담당하는 기관의 종사자와 그 장은 그 직무상 알게 된 비밀 누설이 금지된다. 특정하여 파악할 수 있는 인적 사항이나 사진 등을 신문 등 출판물에 게재하거나 방송매체를 통한 방송이 금지된다.

피해자의 보호 하에 있는 아동이나 피해자인 아동의 교육 또는 보육 담당 학교 교직원 또는 보육시설종사자는 정당한 사유가 없는 한 해당 아동의 취학·진학·전학 또는 입소사실을 행위자인 친권자를 포함하여 누구에게든 누설해서는 안된다.

(7) 사건처리를 위한 조사심리

① 조사명령 등

판사는 조사관, 법원의 소재지 또는 행위자의 주거지 관할 보호관찰소장에게 행위자, 피해자 및 가정구성원에 대한 심문, 정신·심리상태, 가정폭력범죄의 동기·원인 및 실태 등의 조사를 명하거나 요구할 수 있다.

② 소환 및 동행영장

판사는 조사·심리 필요시 행위자·피해자·가정구성원 기타 참고인을 소환할 수 있고, 정당한 이유 없는 행위자의 소환 불응시 판사의 동행영장을 발부할 수 있다. 그리고 조사관, 법원서기관·법원사무관·법원주사·원주사보, 사법경찰관리로 하여금 동행영장을 집행하게 할 수 있다. 소재불명으로 1년 이상 동행영장을 집행하지 못한 경우 사건을 검찰청 검사에 송치할 수 있고, 이를 법정대리인, 보조인에게 통지하여야 한다.

③ 임시조치

가정보호사건의 원활한 조사·심리 또는 피해자의 보호를 위해 판사의 결정으로 행위자에게 다음의 임시조치를 취한다.

㉮ 피해자 또는 가정구성원의 주거 또는 점유하는 방실로부터의 퇴거 등 격리(2개월)

㉯ 피해자 또는 가정구성원의 주거 또는 직장 등에서 100미터 이내의 접근금지(2개월)

㉰ 피해자 또는 가정구성원에 대한 「전기통신기본법」의 전기통신을 이용한 접근금지(2개월)

㉱ 의료기관 기타 요양소에의 위탁(1개월)

㉲ 국가경찰관서의 유치장 또는 구치소에의 유치(1개월)

판사는 심리기일을 지정하여 행위자를 소환하되, 사생활보호나 가정의 평화와 안정을 위하여 필요하거나 선량한 풍속을 해할 우려가 있다고 인정되는 경우에는 비공개로 결정한다. 또한 증인으로 소환된 피해자 또는 가정구성원의 비공개신청이 있는 경우 증인심문의 방식, 장소는 판사가 결정할 수 있다.

(8) 보호처분

판사는 심리의 결과 보호처분이 필요하다고 인정될 때는 결정으로

① 행위자가 피해자 또는 가정구성원에게 접근하는 행위의 제한(6개월)

② 행위자가 피해자 또는 가정구성원에게 「전기통신기본법」 2조 1호의 전기통신을 이용하여 접근하는 행위의 제한(6개월)

③ 친권자인 행위자의 피해자에 대한 친권행사의 제한(6개월)

④ 「보호관찰 등에 관한 법률」에 의한 사회봉사·수강명령(각 100시간)

⑤ 「보호관찰 등에 관한 법률」에 의한 보호관찰(6개월)

⑥ 「가정폭력방지 및 피해자보호 등에 관한 법률」이 정하는 보호시설에의 감호위탁(6개월)

⑦ 의료기관에의 치료위탁(6개월)

⑨ 상담소 등에의 상담위탁(6개월) 등의 보호처분을 한다.

법원이 필요하다고 인정한 경우에 직권, 검사·보호관찰관 또는 수탁기관의 장의 청구결정으로 1회에 한하여 이를 변경하며, 보호처분은 1년 혹은 400시간(각각 200시간)을 초과할 수 없다.

보호처분을 받은 행위자가 불이행이나 집행에 따르지 않은 때 직권, 검사·피해자·보호관찰관 또는 수탁기관의 장의 청구결정으로 보호처분을 취소하고, 보호처분의 불이행시 2년 이하의 징역이나 2천만원 이하의 벌금 또는 구류에 처한다.

행위자의 성행이 교정되어 정상적인 가정생활유지의 판단 기타 보호처분이 계속 불필요하다고 인정하는 경우 직권, 검사·이해자·보호관찰관 또는 수탁기관의 장의 청구로 보호처분을 종료할 수 있다.

보호처분을 받은 행위자는 위탁 또는 보호처분에 필요한 비용을 부담하고, 예외적으로 국가가 부담할 수 있다.

(9) 피해자 보호명령

판사는 피해자의 보호를 위하여 필요하다고 인정하는 때에는 피해자 또는 그 법정대리인의 청구에 따라 결정으로 가정폭력행위자에게 ① 피해자 또는 가정구성원의 주거 또는 점유하는 방실로부터의 퇴거 등 격리, ② 피해자 또는 가정구성원의 주거, 직장 등에서 100미터 이내의 접근금지, ③ 피해자 또는 가정구성원에 대한 「전기통신사업법」 제2조 1호의 전기통신을 이용한 접근금지, ④ 친권자인 가정폭력행위자의 피해자에 대한 친권행사의 제한의 어느 하나에 해당하는 피해자보호명령을 할 수 있으며, 이들을 병과(倂科)할 수 있다.

판사는 피해자보호명령의 청구가 있는 경우에 피해자의 보호를 위하여 필요하다고 인정하는 경우에는 결정으로 위 피해자보호명령해당요건 중 어느 하나에 해당하는 임시보호명령을 할 수 있다.

(10) 배상명령

가정폭력사건에서 보호처분을 선고할 경우 직권 또는 피해자의 신청에 의하여 ① 피해자 또는 가정구성원의 부양에 필요한 금전의 지급,

② 가정보호사건으로 발생한 직접적인 물적 피해 및 치료비손해에 대한 배상명령을 할 수 있다. 법원은 가정보호사건에서 가정폭력행위자와 피해자 사이에 합의된 배상액에 관하여도 배상을 명할 수 있다.

배상명령제도는 형사사건의 경우 행위자가 형사처벌을 받는다 하더라도 피해자가 피해보상을 받으려면 따로 민사소송절차를 밟아야 하는 것이 원칙이나, 일정한 형사사건의 경우 행위자의 재판 과정에서 신속, 간편하게 보상을 받도록 해주기 위해 마련된 제도이다.

배상명령은 보호처분의 결정과 동시에 하여야 하며, 피해자의 배상명령신청, 금전지급이나 배상명령은 「소송촉진 등에 관한 특례법」을 적용한다.

현장 출입조사 (제9조의4)	현장 출동 경찰관은 가정 폭력 현장에 출입하여 피해상태 조사
응급조치 (제5조)	현장 출동한 사법 경찰관은 즉시 조치 1호: 폭력행위 제지 · 수사, 2호: 상담소, 보호시설 인도(동의요), 3호: 치료기관 인도, 4호: 임시조치 신청가능 통보
긴급 임시조치 (제8조의2)	가정폭력 재범의 우려가 있고 긴급을 요하는 경우에 피해자 신청 또는 사법경찰관 직권으로 결정 1호: 퇴거 등 격리, 2호: 주거, 직장 100m 접근 금지 3호: 전기통신이용 접근 금지
임시조치 (제8조, 29조)	검사 직권 또는 사법경찰관 신청에 의해 청구 1호: 퇴거 등 격리, 2호: 주거, 직장 100m 접근 금지 3호: 전기통신이용 접근 금지, 4호: 의료기관 등 위탁 5호: 유치장, 구치소 등 유치(1~3호 위반시 신청 가능)
가정보호사건 또는 일반형사사건 송치 (제7조)	'가정보호사건' 송치-가정폭력범죄처벌특례법 적용, 가정법원 관할, 접근제한, 친권행사 제한, 치료위탁, 감호위탁, 상담위탁 등 보호처분 결정 '일반형사사건' 송치-형법적용, 형사적 제재

[그림 3-1] 가정폭력사건의 처리 절차

2) 가정폭력방지 및 피해자보호법의 내용

(1) 법률의 구성과 목적

"가정폭력방지 및 피해자보호법"은 가정폭력을 예방하고 가정폭력피해자를 보호함으로써 건전한 가정을 육성함을 목적으로 한다.

(2) 국가와 지방자치단체의 의무 등

국가와 지방자치단체는 가정폭력의 예방과 방지를 위하여 가정폭력 신고체계의 구축 및 운영, 가정폭력의 예방과 방지를 위한 조사·연구·육 및 홍보, 피해자를 위한 보호시설의 설치·운영, 임대주택의 우선입주권 부여 등의 조치를 취하여야 한다.

국가와 지방자치단체는 가정폭력 관련상담소를 설치·운영할 수 있고, 국가나 지방자치단체 외의 자가 상담소를 설치·운영할 때에는 특별자치도지사·시장·군수·구청장에게 신고하여야 한다. 상담소는 가정폭력을 신고 받거나 이에 관한 상담에 응하는 일, 가정폭력으로 정상적인 가정생활과 사회생활이 어려운 경우, 긴급히 보호를 필요로 하는 경우 임시보호 또는 의료기관이나 가정폭력피해자 보호시설로 인도하는 일, 자문을 위한 변호사협회 또는 법률구조법인 등에 대한 필요한 협조와 지원요정, 경찰관서 등으로부터 인도받은 피해자 등 임시보호, 가정폭력 예방과 방지에 관한 홍보, 그밖에 가정폭력과 그 피해에 관한 조사·연구의 업무를 행한다.

여성가족부장관 또는 특별시장·광역시장·도지사·특별자치도지사는 ① 피해자의 신고접수 및 상담, ② 관련 기관·시설과의 연계, ③ 피해자에 대한 긴급한 구조의 지원 등의 업무를 수행하기 위하여 긴급전화센터를 설치·운영하여야 한다.

(3) 보호시설의 설치 및 업무

국가나 지방자치단체는 가정폭력피해자보호시설을 설치·운영할 수 있으며, 보호시설에서는 상담소에서 하는 일 이외에 피해자를 일시 보호하는 일, 피해자의 신체적·정신적 안정 및 가정 복귀를 돕는 일 등을 담당한다.

단기보호시설은 6개월의 범위 보호, 3개월의 범위 내에서 1차례 연장이 가능하고, 장기보호시설은 2년의 범위에서 자립을 위한 주거편의를 제공하고, 외국인보호시설은 배우자가 대한민국국민인 외국인 피해자는 2년 범위 내에서 보호하고, 장애인보호시설은 장애인 피해자 등을 2년의 범위 내에서 보호할 수 있다.

보호시설의 장은 가정폭력행위자로부터 구상권을 행사할 수 있다.

(4) 의료기관의 치료보호

피해자 본인 · 가족 · 친지나 긴급전화센터, 상담소나 보호시설의 장의 요청이 있을 경우에 의료기관은 치료보호를 하여야 하며, 치료비용은 원칙적으로 가정폭력행위자가 부담한다. 피해자가 치료보호비를 신청하면 국가나 지방자치단체가 가해자 대신 의료기관에 비용을 지급하여 치료하고 가해자에게 구상권을 행사한다(「국민기초생활보장법」 상 수급자, 「장애인복지법」 상 등록된 장애인 제외).

(5) 수사기관의 협조

긴급전화센터, 상담소 또는 보호시설의 장은 피해자를 긴급히 구조할 필요가 있는 경우 관할 경찰관서의 장에게 그 소속직원의 동행을 요청할 수 있고 특별한 사유가 없으면 경찰관서장은 이에 따라야 한다.

(6) 홍보 영상의 제작, 배포 등

여성가족부장관은 가정폭력의 예방과 계도, 피해자의 보호와 지원 등에 관한 홍보 영상을 제작하여 방송사업자에게 배포하여야 한다.

(7) 비밀누설금지

긴급전화센터, 상담소 또는 보호시설의 장이나 이를 보조하는 자 또는 그 직에 있었던 자는 직무상 알게 된 비밀을 누설하여서는 안 된다.

(8) 처벌

〈표 3-3〉

처 벌	대 상
1년 이하의 징역 또는 1천만원 이하의 벌금	• 국가나 지방자치단체 외의 자가 신고를 하지 아니하거나 인가를 받지 아니하고 상담소 · 보호시설 또는 교육훈련시설을 설치 · 운영한 자 • 업무의 정지 · 폐지 또는 시설의 폐쇄 명령을 받고도 상담소 · 보호시설 또는 교육훈련시설을 계속 운영한 자 • 긴급전화센터, 상담소 또는 보호시설의 장이나 이를 보조하는 자 또는 그 직에 있었던 자가 비밀 엄수의 의무를 위반한 자
3년 이하의 징역 또는 3천만원 이하의 벌금	• 피해자에 대한 불이익처분금지를 위반하여 피해자를 해고하거나 그 밖의 불이익을 준 자

6. 가정폭력에 관한 문제점과 해결

1) 가정폭력에 관한 법의 문제점과 해결

(1) 가정폭력범죄처벌 특례법의 문제점과 해결

① 가정폭력범죄의 개념과 범위

통상 가정폭력은 가정구성원에 대한 신체적 · 정신적 · 성적 학대와 유기로 정의하는데 "가정폭력에 관한 법"에서는 성적침해를 불포함하고 있다. "성폭력에 관한 법"[8]이 친족관계에 의한 성범죄를 규율하고 있으므로 가정폭력에도 이를 포함시켜 처리할 필요가 있다.

기존 형법 및 특별법상 범죄조항 이외에 통신 협박죄 등과 같이 가정폭력범죄와 관련한 규정을 둘 필요가 있다. 또한 형법규정 중 모욕죄나 명예훼손의 경우 "가정폭력에 관한 법"에서는 실효성이 없거나 이 범죄가 발생시 매번 경찰에 신고하여 재판과정을 밟는 것은 불합리하

8) 이하에서 「성폭력범죄의 처벌 등에 관한 특례법」과 「성폭력방지 및 피해자보호 등에 관한 법률」을 통칭해서 부른다.

며, 또한 오용이나 남용 가능성이 있다.

② 가정폭력범죄에 대한 응급조치

누구든지 가정폭력에 대해 신고할 수 있고 즉시 경찰이 개입하는 등 적극적 법 개입으로 초기해결이 요구되나 초기단계에서 응급조치가 미흡한 것이 문제이다. 그리고 경찰이 상황수습을 한 후 신고를 빌미로 사후 폭력이 증가한다는 데도 문제가 있다. 경찰관에게도 초기 개입하여 적당한 조치를 취할 수 있는 권한을 부여할 필요가 있으며, 경찰이 신고를 받고 출동하지 않은 경우에도 제재를 할 수 있는 조항을 둘 필요가 있다.

③ 가정보호사건의 처리조치

피해자보호를 위해 가정보호사건의 조사·심리시에 이루어지는 임시조치를 상황에 따라 적용할 필요가 있다. 예컨대 상습적 폭력행사시 수차례 경찰의 경고에도 범죄행위를 하는 경우나 4주 이상의 상해진단서나 2회 이상 처벌법에 따른 보호처분 받은 경우, 치명적인 흉기로의 폭력행위시는 곧바로 형사처벌을 하는 것 등을 들 수 있다.

또한 임시조치를 위반하는 경우에 제재조치가 필요하며, 벌금형의 경우 가해자의 경제능력을 파악하여 부과할 필요가 있다.

④ 보호처분의 내용 보충 및 다양화

가정폭력 사건의 경우에 재범률은 10% 내외로 보호처분을 활용하여 처벌 중심보다는 교정과 치료중심으로 이행되도록 내용을 보충할 필요가 있고, 치료위탁의 경우는 가해자에게 정신질환이 확실시되는 경우에 실시하되 정신과 의사의 진단서가 첨부되는 경우 등은 제한할 필요가 있고, 가정폭력 전담수사관과 법조인력을 보충할 필요가 있다. 그리고 보복으로 인한 가정폭력의 경우에는 강한 제재조치나 처벌 규정을 둘 필요가 있고, 보호시설에서 피해자의 직업능력을 원조해 줄 필요가 있다.

(2) 가정폭력 방지 및 피해자보호법의 문제점과 해결

① 국가와 지방자치단체의 책무

가정폭력예방과 피해자 보호를 위한 국가와 지방자치단체의 책무를 의무화하고 있는 것은 바람직하지만 의무이행을 위한 예산확보와 비용의 지원이 확대되어야 한다. 그리고 이외 민간단체에서 하는 상담소 보호시설의 지원육성을 위한 경비지원을 의무화할 필요가 있다.

② 법적 원조 영역 확대 필요

"가정폭력에 관한 법"에 의해 설치되지 않은 가정폭력 관련 상담소나 피해자 보호시설은 법적 원조를 받기가 어려운 실정이나 "가정폭력에 관한 법" 이외의 지역사회복지기관 등이 "가정폭력에 관한 법"의 적용을 받을 수 있도록 최대한 지원하고 육성, 신설이 가능하도록 하여 피해자 보호를 확대할 필요가 있다.

7. 가정폭력사건 처리의 문제점과 해결

(1) 가정폭력사건 처리의 문제점

① 처리절차의 문제

가정보호사건으로 가정법원에 송치되어 당사자에게 보호처분이 내려지는 것은 송치받은 날로부터 3개월 이내, 이송받은 경우에는 이송받은 날로부터 3월 이내에 하도록 되어 있다. 보호처분결정을 받은 당사자들이 보호처분 집행 의뢰기관에 의뢰되는 시기는 사건발생 이후 6개월이라는 상당한 시간이 경과된 후에 이루어질 수 있다. 그래서 이 시기에는 부부갈등도 어느 정도 가라앉거나 이혼을 한 경우도 있어 문제가 된다.

가정폭력사건은 가능한 한 신속하게 처리함으로써 피해자를 보호할 필요가 있다. 가정폭력사건이 재판이 이루어지는 데까지 걸리는 시간을 단축하여 피해자의 안전을 보호하고 가해자의 협박과 회유로 인한 소송을 철회하는 것을 줄일 필요가 있다. 이러한 점을 고려해 가정보호사건은 다른 쟁송보다 우선하여 신속히 처리하여야 한다는 규정을 두고 있지만, 하루하루가 심각한 가정폭력 관련자들의 입장을 고려할 필요가 있다.

② 가정폭력피해아내에 대한 남편살해의 법적용

가정폭력피해여성인 아내가 가해자인 남편살해사건에서 주장되는 것은 살인의 고의, 정당방위, 긴급피난, 심신장애 기타 정상참작사유 등이다.

가. 살인의 고의문제

가정폭력 피해아내가 남편을 살해한 경우에는 우발적 과실범임에도 불구하고 대부분 살인죄 판결하고 있다. 평소 폭력습관이 전혀 없던 아내가 이유나 과정이야 어찌되었건 남편을 죽였다는 죄책감에서 순순히 살인의 고의를 자백해 버리기 때문에 경찰, 검찰 단계에서 확보된 살인의 고의인정은 대부분 살인죄로 기소되어 중형을 선고해 왔다.

나. 아내를 살해한 남편과의 형평성

남편의 폭력에 시달려 온 아내들이 마지막 자구책으로 택한 남편의 살해가 살인으로 기소되어 처벌되는 것이 일반적인 반면, 평소 가정폭력을 일삼아 오던 남편의 폭력 연장선에서 아내를 살해한 경우는 '살해의 고의가 없었다'는 이유로 상해치사, 폭행치사, 중과실치사, 과실치사 등의 보다 가벼운 처벌을 받고 있어 죄에 대한 형량의 형평성에 대해 논란이 되어 왔다.

다. 정당방위

남편을 살해한 아내의 살인사건에서 법원은 정당방위는 거의 인정하지 않고 있고 인정하는 경우에도 극히 제한된 범위 내에서 인정하고 있다. 판례는 '상당성 판단'에 '생명은 그 어떤 것과도 비교할 수 없는 우월한 가치인 점'을 내세워 '사회통념상 상당성 있는 행위였음을 인정하기 어렵다'고 하면서 정당방위, 과잉방위, 오상방위 등에 대한 주장을 배척하고 있다. 현실적으로 정당방위의 인정 가능성이 다분한 것으로 보이고 생명에의 위협이나 폭력이 심각한 상태에서 이를 피하기 위해 살해한 경우에도 정당방위가 인정되지 않고 있다.

(2) 가정폭력사건 처리의 문제점 해결

① 가정폭력에 대한 공권력의 적극적 개입

가정폭력은 가정구성원에게 폭력을 행사하는 범죄행위이다. 이러한 가정폭력자에 대해서는 형사처벌뿐 아니라 가정보호사건의 행위자들을 교화와 치료의 대상자로 인식하여 공권력이 적극적으로 개입하여 해결할 것이 요구된다.

② 가정폭력관련 법규의 재정비

가정폭력관련 법규의 재정비를 통하여 가정폭력은 일반 폭력범죄와 달리 취급하고 있는 것에 대한 개선, 가정폭력 발생 초기단계에서 가정폭력을 예방, 방지할 수 있는 법제도의 확충과 기존법의 개선이 요구된다.

③ 수사 및 재판단계에서 상담, 치료부과

오랫동안 폭력에 시달려온 아내들의 정신심리적 상태를 고려하여 수사 및 재판단계에서 심리상담가를 활용하여 상담과 치료를 부과하는 적절한 양형방법의 확대가 요청된다. 특히 장기간 폭력에 시달리다 남편을 살해한 아내의 경우는 적절한 상담과 치료를 통해 이를 해결할 필요가 있다.

④ 가정폭력 전담 수사관 확충 및 가정폭력전담법원 설치 등

가정폭력사건을 다루는 가정폭력에 대한 전문지식을 갖춘 전담 수사가 필요하며, 이를 담당할 전담수사관의 확충이 필요하다. 가해자와 피해자의 환경, 폭력관계의 속성, 폭력 가해자의 특성(상습성, 지속성, 정신 심리적 특성 등), 피해여성의 특성(정신 심리적 특성)에 대한 구체적이고 정확한 자료, 진단결과를 통해 가정폭력문제를 판단하는 것이 필요하다. 또한 가정폭력사건에 대해 효과적이고 조직적인 대처를 위한 전담법원의 설치가 필요하며, 가정폭력의 특수성을 반영하기 위해 가정폭력관련 법서비스의 제공, 교화방안 마련과 피해자를 위한 다양한 프

로그램을 통한 훈련과 교육이 필요하다.

[판례 3-8] **가정폭력범죄 보호처분**(대법원 2008.7.24. 자 2008어4 결정)
[보호처분의 재항고]

□ 판시사항

[1] 가정폭력범죄의 처벌 등에 관한 특례법상 사회봉사명령의 법적 성질 및 형벌불소급원칙의 적용 여부(적극)
[2] 가정폭력범죄의 처벌 등에 관한 특례법상 사회봉사명령을 부과하면서 행위시법이 아닌 신법을 적용한 것이 위법하다고 한 사례

【원심결정】 제주지법 2008. 5. 30.자 2008서2 결정

□ 결정요지

[1] 가정폭력범죄의 처벌 등에 관한 특례법이 정한 보호처분 중의 하나인 사회봉사명령은 가정폭력범죄를 범한 자에 대하여 환경의 조정과 성행의 교정을 목적으로 하는 것으로서 형벌 그 자체가 아니라 보안처분의 성격을 가지는 것이 사실이다. 그러나 한편으로 이는 가정폭력범죄행위에 대하여 형사처벌 대신 부과되는 것으로서, 가정폭력범죄를 범한 자에게 의무적 노동을 부과하고 여가시간을 박탈하여 실질적으로는 신체적 자유를 제한하게 되므로, 이에 대하여는 원칙적으로 형벌불소급의 원칙에 따라 행위시법을 적용함이 상당하다.
[2] 가정폭력범죄의 처벌 등에 관한 특례법상 사회봉사명령을 부과하면서, 행위시법상 사회봉사명령 부과시간의 상한인 100시간을 초과하여 상한을 200시간으로 올린 신법을 적용한 것은 위법하다고 한 사례.

□ 판결이유의 요지

재항고이유를 판단한다.
원심은, 2006. 7. 말경에 있었던 재항고인의 이 사건 폭행행위에 대하여 현행 가정폭력범죄의 처벌 등에 관한 특례법(이하 '가정폭력처벌법'이라고 한다) 제41조, 제40조 제1항 제5호, 제4호를 적용하여 재항고인에게 6개월간 보호관찰을 받을 것과 200시간의 사회봉사 및 80시간의 수강을 명하고 있는데, 원심이 적용한 보호처분에 관한 위 규정은 이 사건 폭행

행위 이후인 2007. 8. 3. 법률 제8580호로 개정된 것으로서(신법) 개정 전 가정폭력처벌법(이하 '구 가정폭력처벌법'이라고 한다)에는 사회봉사 및 수강명령의 상한이 각각 100시간으로 되어 있다가(구법) 위 개정 당시 각각 200시간으로(신법) 그 상한이 확대되었다.

그런데 가정폭력처벌법이 정한 보호처분 중의 하나인 사회봉사명령은 가정폭력범죄를 범한 자에 대하여 환경의 조정과 성행의 교정을 목적으로 하는 것으로서 형벌 그 자체가 아니라 보안처분의 성격을 가지는 것이 사실이나, 한편으로 이는 가정폭력범죄행위에 대하여 형사처벌 대신 부과되는 것으로서, 가정폭력범죄를 범한 자에게 의무적 노동을 부과하고 여가시간을 박탈하여 실질적으로는 신체적 자유를 제한하게 되므로, 이에 대하여는 원칙적으로 형벌불소급의 원칙에 따라 행위시법을 적용함이 상당하다.

그렇다면 이 사건 폭행행위에 대하여는 행위시법인 구 가정폭력처벌법 제41조, 제40조 제1항 제4호, 제3호를 적용하여 100시간의 범위 내에서 사회봉사를 명하여야 함에도 불구하고, 원심은 현행 가정폭력처벌법을 잘못 적용한 나머지 위 상한시간을 초과하여 사회봉사를 명하였으니, 원심결정에는 법률적용을 그르친 위법이 있고, 이 점을 지적하는 재항고인의 주장은 이유 있다.

그러므로 나머지 재항고이유에 대하여 판단할 필요 없이 원심결정 전부를 파기하고, 사건을 다시 심리·판단하게 하기 위하여 원심법원에 환송하기로 하여 관여 대법관의 일치된 의견으로 주문과 같이 결정한다.

[판례 3-9] 가정폭력 정당방위

(대전지법 2006.10.18. 선고 2006고합102 판결)[살인] 항소

ㅁ 사건의 개요

피고인은 1976년경부터 남편인 피해자 공소외 1(48세)과 동거하다가 1984년경 결혼하여 슬하에 1남 1녀를 두고 함께 생활하여 왔는데, 상당한 기간 동안 사소한 정도의 부부싸움의 수준을 넘어 피해자로부터 가끔씩 심한 폭행이나 학대를 당해 오던 중, 2006. 4. 6. 00:00경 대전 유성구 (상세 주소 생략)(피고인의 집)에서, 술에 취해 귀가한 피해자가 피고인에게 욕설을 하면서 손바닥으로 피고인의 가슴을 밀치고 안방으로 도망가는 피고인을 쫓아가 다시 손바닥으로 피고인의 가슴을 밀어 침대에 넘어지게 하고 그곳에 있던 애완견을 들어 피고인의 얼굴에 집어던

지고, 계속하여 피해자의 폭행을 피하기 위하여 애완견을 안고 안방 화장실로 숨어들어가 문을 잠근 피고인에게 피해자가 "문 열어"라고 소리치며 화장실 문을 두드리면서 "너 이년아. 너 거기 숨어있는 거 다 안다. 공소외 2(장인) 그 개자식하고 그 황가년(장모)하고 다리 한 짝 없는 니 오빠, 그 병신새끼하고 내일 꼭 죽이겠다. 씨부랄년, 개같은 년, 젖탱이도 한 짝 없는 년, 지 몫도 못 타오는 년, 거머리처럼 붙어서 내 피나 빨아먹는 년."이라는 등으로 한참 동안 차마 입에 담기조차 힘든 폭언을 거듭하자, 평소 피해자로부터 지속적인 폭행이나 학대를 당해오면서 형성된 만성적인 외상 후 스트레스 장애와 중등도의 우울증 및 충동조절의 장애 등으로 말미암아 사물을 변별할 능력이나 의사를 결정할 능력이 미약한 상태에서, 같은 날 02:00경 피해자가 욕설을 하지 아니하고 집 안이 조용해지자 안방 화장실에서 나와 안방 문 앞에서 거실 쪽으로 고개를 내밀어 거실에 있는 소파 위에서 이불을 덮고 누워 잠자고 있는 피해자를 본 순간 피해자를 향한 그간의 분노감이나 적대감이 억누를 수 없을 정도로 폭발한데다가 피해자가 이제는 자신의 친정 식구들마저도 죽일지 모른다는 생각이 들어 더 이상 감정을 억제하지 못한 채 느닷없이 피해자를 살해하기로 마음먹고, 소파 옆 마룻바닥에 놓여있던 철제 아령 1개(증 제1호)를 두 손으로 집어들고 피해자의 머리 쪽으로 다가가 피해자의 왼쪽 머리 부분을 3회 가량 힘껏 내리쳐 피해자를 두개골 함몰 분쇄골절상 등으로 즉시 사망에 이르게 하는 방법으로 살해하였다.

□ 판시사항

[1] 정당방위와 긴급피난의 요건으로서 침해나 위난의 현재성 여부의 판단 방법

[2] 평소 남편으로부터 지속적인 폭행이나 학대를 당해오던 피고인이 잠자고 있는 남편을 살해한 사안에서, 살해 당시 객관적으로도 피고인 등의 법익에 대한 침해나 위난이 현존하고 있었다고 보기 어렵다는 이유로 정당방위나 긴급피난의 성립을 부정한 사례

□ 주 문

피고인에 대한 형을 징역 3년으로 정한다.

이 판결 선고 전의 구금일수 195일을 위 형에 산입한다.

다만, 이 판결 확정일로부터 5년간 위 형의 집행을 유예한다.
피고인에게 보호관찰을 받을 것을 명한다.
압수된 아령 1개(증 제1호)를 몰수한다.

□ 판결 요지

[1] 형법 제21조 제1항에 규정된 정당방위로 인정되려면 무엇보다도 자기 또는 타인의 법익에 대한 '현재의 부당한 침해'가 있어야 하고, 형법 제22조 제1항에 규정된 긴급피난으로 인정되려면 무엇보다도 자기 또는 타인의 법익에 대한 '현재의 위난'이 있어야 하며, 위와 같은 침해나 위난의 현재성 여부는 피침해자의 주관적인 사정에 따라 결정되는 것이 아니라 객관적으로 결정되어야 할 뿐만 아니라, 이러한 정당방위나 긴급피난이 범죄의 구성요건에 해당하는 어떤 행위의 위법성을 예외적으로 소멸시키는 사유라는 점에 비추어 그 요건으로서의 침해나 위난의 현재성은 엄격히 해석·적용되어야 한다.
[2] 평소 남편으로부터 지속적인 폭행이나 학대를 당해오던 피고인이 잠자고 있는 남편을 살해한 사안에서, 사회심리학자의 견해(이른바 '학대나 폭력의 지속적인 재경험')나 오랜 기간 동안 남편으로부터의 폭력이나 학대에 시달려온 피고인의 특별한 심리상태를 수긍하더라도, 그러한 사정만으로는 살해 당시 객관적으로도 피고인 등의 법익에 대한 침해나 위난이 현존하고 있었다고 보기 어렵다는 이유로 정당방위나 긴급피난의 성립을 부정한 사례.

□ 양형의 이유

고귀한 사람의 생명을 침해하는 범죄에 대하여는 원칙적으로 그에 상응하는 정도의 엄벌이 마땅함에도 불구하고, 이 사건에서 매우 이례적으로 피고인에 대한 징역형의 집행을 유예하는 이유는 다음과 같다.
① 피고인은 초범이고, 10여 년 동안 지속적이면서도 일방적으로 피해자로부터 당해 온 가정폭력이나 학대 때문에 형성된 '중등도 우울증 에피소드' 또는 그로 인한 충동조절의 장애 등으로 말미암은 심신미약의 상태에서 이 사건 범행을 저질렀던 것으로 인정된다.
② 피고인의 이러한 정신장애 때문에 피고인에 대한 교정이나 피고인의 원만한 사회복귀를 위하여는 엄정한 형의 부과 못지않게, 피고인에 대하여 꾸준하고도 적절한 정신과 치료가 불가피한 상황이다.

③ 피고인과 피해자 슬하의 두 자녀들은 이렇듯 비극적이고도 엄청난 결과가 초래된 데에는 피해자에게도 적지 않은 책임이나 잘못이 있다는 점을 공감하면서, 자신들에게는 피해자 못지않게 소중한 존재(어머니)인 피고인의 갱생과 조속한 가정 복귀를 소망하고 있는 상황인데, 이렇듯 불행한 결과의 피해자 측이기도 한 자녀들의 입장에서 볼 때에도 피고인에 대한 징역형을 즉시 집행하는 것만이 능사는 아닌 것으로 판단된다(피해자의 누나로서 피고인의 시누이이기도 한 공소외 6은 이 법정에 증인으로 출석하여, 피고인이 조속히 가정으로 복귀하여 불쌍한 자녀들을 위하여 이제부터라도 어머니 노릇을 제대로 해 주기를 바란다는 뜻을 피력한 바 있다.).

④ 이 법원의 심리결과, 가족들이나 주변 사람들의 지속적인 관심・배려, 피고인의 재활의지 등과 더불어 피고인에 대하여 적절한 입원치료 등이 병행된다면 피고인에 의해 혹시 저질러질지도 모를 재범의 위험이나 자살의 위험은 현저히 줄어들 수도 있는 것으로 보인다.

⑤ 따라서 피고인을 지금 당장 가족들로부터 상당한 기간 동안 격리하기보다는, 가정과 사회에서 적절한 치료를 받도록 배려하는 것이 피고인 본인은 물론 그 자녀들에게도 보탬이 될 것으로 판단하였다.

[판례 3-10] 아내폭력에 대한 정당방위 부정

(대법원 2001.5.15, 2001도1089)

피해자는 평소 노동에 종사하여 돈을 잘 벌지 못하면서도 낭비와 도박의 습벽이 있고, 사소한 이유로 평소 피고인에게 자주 폭행과 협박을 하였으며, 변태적인 성행위를 강요하는 등의 사유로 결혼생활이 파탄되어 1999.11.경부터 별거하기에 이르고, 2000.1.10.경 피고인이 서울가정법원에 이혼소송을 제기하여 그 소송 계속 중이던 같은 해 피해자가 피고인의 월세방으로 찾아오자 문 밖에 찾아온 사람이 피해자라는 것을 안 피고인은 피해자가 칼로 행패를 부릴 것을 염려하여 부엌칼 두 자루를 방의 침대 밑에 숨기고 피해자는 피고인에게 이혼소송을 취하하고 재결합하자고 요구했으나 피고인이 이를 거절하자 폭행하며 성교를 요구하였다. 이에 피해자의 요구와 폭력에 격분한 피고인이 그 상황에서 벗어나고 싶은 생각에서 침대 밑에 숨겨두었던 칼 한 자루를 꺼내들고 피해자를 찔러 사망에 이르게 하였다.

이 사건에서 1심 서울지법 동부지원(2000고합139)은 피고인에 대해 5

년 구형에 징역3년 집행유예 5년을 선고하였고, 항소심인 서울고법(2000노2528)에서 실형 2년이 선고되어 법정구속되었고, 대법원(2001도1089)에서 상고가 기각되어 형이 확정되었다.
재판부는 이 사건에서 피고인이 이와 같이 피해자로부터 먼저 폭행, 협박을 당하다가 이를 피하기 위하여 피해자를 칼로 찔러 즉사하게 한 행위는 피해자의 폭력으로부터 자신을 보호하기 위한 방위행위로서의 한도를 넘어선 것이라고 하지 않을 수 없고 따라서 이러한 방위행위는 사회통념상 용인될 수 없는 것이므로, 자기의 법익에 대한 현재의 부당한 침해를 방어하기 위한 행위로서 상당한 이유가 있는 경우라거나, 방위행위가 그 정도를 초과한 경우에 해당한다고 할 수 없다고 보아 아내의 살해에 대한 정당방위를 부정하였다.
이에 반해 20년간 아내를 구타해 오던 폭력전과 4범 남편 김OO가 새벽 3시경부터 아침까지 아내를 구타하여 사망하게 한 사건에서 김OO는 폭행치사로 5년을 구형받아 3년형을 선고, 확정판결(99고합129, 99노2110)을 받았다.

제 5 절 여성과 자기결정권

1. 낙태죄

[사례 11] 낙태문제

A녀는 원치 않는 임신을 하여 아이가 태어나면 기를 수 없을 것을 이유로 산부인과 B의사에 의해 낙태시술을 받으려고 한다. 의사 B에 의해 낙태수술을 받았다면 A녀와 의사B는 어떤 법적 처벌을 받게 될까?

1) 낙태처벌에 대한 논의

낙태가 원칙적으로 불법적인 것으로 되어 있음에도 불구하고 우리나라에서 1년에 낙태로 죽어가는 태아의 수는 150~200만명 정도로 세계 최대의 낙태율을 기록하고 있다. 그리고 이러한 낙태로 형사상 처벌을 받는 경우는 거의 찾아볼 수 없으며, 드물게 있는 경우에도 집행유예나 미제사건으로 처리되고 있는 실정이다. 낙태문제는 생명에 대한 경시풍조, 도덕적 타락으로 이어져 태아를 생명체로 보지 않거나 생명으로 보더라도 인간이 아니기에 신체의 일부로 생각하는 경향에서 비롯된 것이다. 낙태는 생명의 경시풍조와 함께 낙태 후 여성에게 올 수 있는 후유증도 낙태로 인한 심각한 여성의 문제가 되고 있다.

각국은 끊임없이 낙태를 법적으로 어느 정도의 범위에서 금지하거나 허용할 것인가의 문제에 대해 논쟁을 계속해 왔다. 낙태에 대한 논란은 여성의 낙태자유화와 태아의 생명보호사상 사이의 논쟁이며 아직도 진행되고 있는 사안이다.

1960년대 이후 낙태의 자유화 경향으로 시작되어 1970년대 초에는 낙태규제가 완화되고 여성의 자기결정권을 인정하고자 하는 낙태의 자유화의 결과로 1973년 미국연방대법원은 Roe v. Wade 사건(410 U.S. 113)에서 낙태를 여성의 프라이버시에 관한 권리로 보고, 임신 초기 3개월까지는 임부의 자유로운 낙태를 허용할 것으로 판시하였다. 그러나 그 후 1989년 Webster사건(492 U.S. 490)에서 헌법이 보장하는 기본권과 특권은 태아에게도 당연히 적용된다고 보아 낙태를 제한하는 법률을 지지하여 낙태자유화가 후퇴되기도 하였다. 그 후 1992년 Casey판결(505 U.S. 833), 2000년 Stenberg판결(530 U.S. 914), 2007년 Gonzales판결(550 U.S. 124) 등에서 여성의 낙태결정권이 프라이버시권리에 해당됨을 재확인하였다.

우리나라의 낙태에 관한 규정으로는 1953년의 형법상 낙태죄와 1975년 「모자보건법」상 임신중절수술의 허용한계에 관한 조항이 있다. 모자보건법에 임신중절수술의 허용한계에 관한 조항을 둠으로써 낙태죄의 처벌이 법적으로 완화되었다. 「모자보건법」에 의하여 허용되는 낙태는 현실적으로 극히 예외적인 것으로 규정하고 있고, 대부분의 낙태는 불법적인 것임에도 불구하고 거의 처벌되지 않아 낙태시술이 공공연히 자행되고 있어, 낙태죄규정은 실효성이 없는 규정으로 되고 있는 현실이다.

2) 사람의 시기와 낙태

사람의 시기를 정하는 문제는 사람과 태아를 구별하기 위한 것이다. 태아는 아직 출생하지 않아 사람이 아니므로 사람으로 볼 수 없지만, 태아도 생명을 가진 존재로 보호의 대상이 되어야 한다는 문제가 있다. 태아를 어느 시점으로부터 생명으로 보느냐에 따라 태아를 생명을 가진 주체와 인간으로서 누리는 권리의 주체가 되게 할 수 있기 때문에 사람의 시기는 낙태에 있어서도 중요한 문제가 아닐 수 없다.

태아가 어느 시점부터 생명권의 주체가 될 수 있을 것인가에 대해서는 각 국가마다 차이가 있다. 독일의 경우는 연방헌법재판소가 제1차 낙태판결에서 인간개체의 발생사적으로 보아 수태 후 14일 정도를 생명의 시작으로 인정하고 있으나(BVerfGE 39, 1(37)), 제2차 낙태판결에서는 태아의 성장 정도, 수태 후 경과기간, 모체의 생명 성장에의 준비성 여부에 관계없이 보호되어야 하는 것으로 보았다(BVerfGE 88, 203(254)).

우리 민법에서 사람은 생존하는 동안 권리와 의무의 주체가 되는 권리능력자가 되므로 아직 출생하지 않은 태아는 권리능력을 갖지 못한다. 형법에서도 죄의 주체는 사람이어야 하지만 아직 출생하지 않은 태아에게도 낙태죄의 객체가 되는 것으로 보아 생명을 보호하고자 하고 있다. 따라서 태아를 사람으로 보는 시기를 언제로 할 것인가 하는 것은 법적으로 중요한 의미를 갖는 것이다.

사람의 시기를 언제로 볼 것인가에 대해서는 일부노출설, 전부노출설, 독립호흡설, 진통설(분만개시설) 등이 있다. 민법에서는 분만이 완성되어 태아가 모체로부터 완전히 분리된 때가 사람이라고 하는 전부노출설을 취하고 있다. 반면 형법과 판례는 규칙적인 진통을 수반하는 분만을 개시하는 진통이 있을 때를 사람의 시기로 보는 진통설을 취하고 있다. 진통설에 의하면 자연분만의 경우에는 자궁구와 자궁경부의 개방진통시를, 제왕절개수술에 의하는 경우에는 분만을 대신하는 의사의 수술시를 사람의 시기로 본다. 따라서 분만개시 이후에 태아를 살해하는 경우에는 사람을 살해한 것으로 되어 형법상에서는 '분만 중의 영아살해'(형법 제251조)라는 살인죄로 처벌하고 있다.

낙태(Abortion: 인공임신중절)란 태아를 자연적인 분만기에 앞서 인위적으로 모체 밖으로 배출하거나 태아를 모체 안에서 살해하는 것을 말한다. 태아가 모체 밖에서 생존할 수 있다고 하더라도 자연적인 분만기 이전에 태아를 모체 밖으로 배출한 이상 낙태죄가 성립한다.

3) 형법상 낙태죄 규정

형법은 제27장에서 낙태의 죄를 규정하여 낙태를 예외 없이 처벌하도록 하고 있다.

(1) 규정

형법은 부녀가 약물 기타 방법으로 낙태한 때에 임신한 부녀를 자기낙태죄로 처벌하고 있다.

부녀의 촉탁 또는 승낙을 받아 낙태하는 동의낙태의 경우, 자기낙태죄와 동일하게 처벌한다. 여기서 '촉탁'은 부녀가 자진하여 의뢰하는 것을 말하며, '승낙'은 시술자가 부녀의 동의를 얻는 것을 말한다.

부녀의 촉탁 또는 승낙 없이 낙태하는 자는 부동의 낙태죄로 처벌하며, 의사, 한의사, 조산사, 약제사 또는 약종상이 부녀의 촉탁 또는 승낙을 받아 낙태하게 한 때에는 업무상 동의낙태죄로 처벌한다.

동의낙태죄를 범하여 부녀를 상해에 이르게 하거나 또는 치사에 이르게 한 때에는 동의낙태 치사상죄로 처벌하고, 업무상 동의낙태죄 또는 부동의낙태죄를 범하여 부녀를 상해에 이르게 하거나 또는 치사에 이르게 한 때에는 동의낙태 치사상죄로 처벌한다.

(2) 처벌

〈표 3-4〉

범죄 유형	처 벌
자기낙태죄(§269①)	• 1년 이하의 징역 또는 200만원 이하의 벌금
동의낙태죄(§269②)	• 1년 이하의 징역 또는 200만원 이하의 벌금
부동의 낙태죄(§270②, ④)	• 3년 이하의 징역에 처하며, 7년이하의 자격정지를 병과
업무상 동의낙태죄(§270①, ③)	• 2년 이하의 징역에 처하며, 7년 이하의 자격정지를 병과
낙태치사상죄(§269③, §270③)	• 동의낙태 치상:3년 이하의 징역 • 동의낙태 치사: 7년 이하의 징역
	• 업무상 동의낙태 또는 부동의낙태 치상:5년 이하의 징역 • 업무상 동의낙태 또는 부동의낙태 치사:10년 이하의 징역

4) 모자보건법상 낙태

「모자보건법」 제14조는 의학적·우생학적·윤리적 적응사유가 있는 경우에 임산부 본인과 그 배우자의 동의를 얻어 의사가 임신 중절수술을 할 수 있도록 하는 낙태가 허용되는 경우를 규정하고 있다.

(1) 일반요건

「모자보건법」상 적법한 낙태가 되기 위해서는

첫째, 시술은 의사에 의하여 행해져야 한다. 이는 임부의 이익을 위하여 의사의 정확한 진단과 적절한 방법에 의하여 인공임신중절수술이 행해지도록 하기 위한 것이다.

둘째, 본인과 배우자의 동의가 있어야 한다. 본인과 배우자(사실상 혼인관계에 있는 자 포함)의 동의를 얻어 인공임신중절수술을 할 수 있다. 이 동의가 유효하려면 인공임신중절의 의미를 이해할 수 있는 판단 능력이 있는 자의 자유로운 의사임을 요한다. 그러나 본인 또는 배우자가 심신장애로 의사표시를 할 수 없는 때에는 그 친권자 또는 후견인의 동의로 가능하고, 배우자의 사망·실종·행방불명 기타 부득이한 사유로 인하여 동의를 얻을 수 없는 경우에는 본인의 동의만으로 그 수술을 행할 수 있다.

셋째, 인공임신중절 허용기간은 임신한 날로부터 24주 이내에 있는 자에 한하여 할 수 있다(「모자보건법 시행령」 제15조 1항).

(2) 개별 적응요건

「모자보건법」상 적합한 인공임신중절을 위해서는 다음의 낙태 정당화 사유에 해당되어야 한다.

첫째, 우생학적 적응이다. 「모자보건법」은 본인 또는 배우자가 대통령령이 정하는 우생학적 또는 유전학적 정신장애나 신체질환이 있는 경우와 본인 또는 배우자가 대통령령이 정하는 전염성 질환이 있는 경우에 인공임신중절을 허용하고 있다.

「모자보건법시행령」에서는 인공임신중절수술을 할 수 있는 우생학적 또는 유전학적 정신장애나 신체질환은 다음과 같이 규정하고 있다.

인공임신중절수술을 할 수 있는 우생학적 또는 유전학적 정신장애나 신체질환은 ① 연골무형성증, ② 낭성섬유증, ③ 그 밖의 유전성 질환으로서 그 질환이 태아에 미치는 위험성이 높은 질환으로 하고 있다.

또한 인공임신중절수술을 할 수 있는 전염성 질환은 ① 풍진, ② 톡소플라즈마증 ③ 그 밖에 의학적으로 태아에 미치는 위험성이 높은 전염성 질환으로 한다고 규정하고 있다(동법 시행령 제15조 3항).

둘째, 윤리적 적응이다. 부녀가 강간 등의 범죄행위에 의하여 임신하게 된 경우에까지도 임신을 강요할 수 없으므로 모자보건법」에서는 강간 또는 준강간에 의하여 임신된 경우와 법률상 혼인할 수 없는 혈족 또는 인척간에 임신된 경우에 한하여 인공임신중절수술을 할 수 있도록 하고 있다.

셋째, 의학적 적응이다. 임신의 지속이 보건의학적 이유로 모체의 건강을 심히 해하고 있거나 해할 우려가 있는 경우를 의학적 정당화 사유로 규정하고 있다. 임신의 계속이 모체의 건강과 생명에 위험을 초래하는 경우로서 육체적·정신적 건강도 포함하고 있다.

5) 여성의 낙태에 대한 자기결정권

여성에게 일어나는 임신과 출산결정의 문제는 타인의 간섭이나 침해 없이 자신의 생식에 관한 의료상의 결정을 하는 개인의 사적인 영역에 속하는 것이다. 그러나 여성의 낙태결정은 여성 자신의 권리의 행사만으로 종결되는 것이 아닌 태아의 생명권이라는 권리와 맞물려 있는 특수성이 있다.

각 나라는 낙태에 대해 다양한 시각을 가지고 있다. 독일의 경우는 태아의 생명권과 여성의 자기결정권의 충돌문제의 해결과제로 보고 있다. 이 경우 태아에 대한 국가의 보호의무는 구체적인 결정에 있어서는 입법자의 과제에 속하는 것으로 본다. 태아에 대한 국가의 보호의무는 광범위한 것으로 입법자가 낙태를 원칙적으로 금지하고 출산하도록 하는 법적 의무를 여성에게 지우고 있다고 본다. 태아의 생명권과 임부의 자기결정권이 대립하는 경우에 이를 조정하고 해결하기위한 수단으로서 상담을 통한 출산을 유도함으로써 태아의 생명을 구하는데 봉사하며, 낙태가 불가피하고 법적으로 허용되어지는 경우에 임산부의 건강상 사회부조가 제공되도록 하고 있다.

미국의 경우 낙태논쟁은 태아의 생명우선권과 임부의 선택우선권의 대립양상으로 전개되었다. 이러한 논쟁은 1973년 Roe v. Wade 사건이후 더욱 가열되었다. 여성이 낙태를 할 것인지에 대한 결정에 대해 미국연방대법원은 프라이버시권에 속하는지와 연관되어 전개되어 왔다. 프라이버시의 권리는 국가의 침해로부터 개인의 자유로운 사적 영역을 전제로 자율적으로 결정할 수 있는 이익을 포함하는 것으로 받아들이면서도 일정한 시점이후부터는 태아의 생명보호에 임산부의 자기결정권을 양보하게 되는 것으로 보았다. 즉 Roe판결에서 3분기법 중 초반의 1/3기간은 임산부의 자기결정권을 인정하지만 이후의 태아가 생존능력을 가지는 시점부터는 임산부의 자기결정권은 태아의 생명권에 양보하게 되어 여성의 낙태결정권을 제한할 수 있는 것으로 보았다. 미 연방 대법원은 1992년 Casey판결에서 여성의 낙태결정의 권리는 여성에게 '부당한 부담(undue burden)'이 되는 경우에 한하여 가능하다고 보고 낙태에 대한 규제가 여성에게 '실질적 장애'를 주는 경우에는 여성에 대한 부당한 부담이 되어 위헌이라고 보았다.

우리 헌법이 태아의 생명권을 인정하고 있는 점에서 볼 때 여성의 낙태가 허용되는 경우는 태아의 생명권과 여성의 생명권의 충돌이라는 문제가 대두될 때 해결방안이라 생각되며, 태아의 생명권과 여성의 자기결정권의 충돌로 보게 되는 경우에는 여성의 낙태는 태아의 생명권을 우선시할 것인가 아니면 여성의 자기결정권을 우선시할 것인가라는 논쟁 속 해결이 불가피하다 할 것이다.

[판례 3-11] 자기낙태를 처벌하는 자기낙태죄규정(형법 제270조 제1항)처벌에 입각하여 조산사의 낙태행위는 헌법에 위반되는지 여부
(헌재 2012. 8. 23. 2010헌바402)

□ 사건의 개요

청구인은 조산사로서 2009. 2.경부터 부산에서 '○○조산원'이라는 상호로 조산원을 운영하는 자인바, '2010. 1. 28. 위 조산원에서 임부로부터 임신 6주된 태아를 낙태시켜 달라는 촉탁을 받고, 진공기를 임부의 자궁 안에 넣어 위 태아를 모체 밖으로 인위적으로 배출하는 방법으로 낙태하게 하였다.'는 등의 공소사실로 기소되어 재판을 받던 중(부산지방법원 2010고단2425), 처벌의 근거가 되는 형법 제270조 제1항에 대하여 위헌법률심판제청신청(부산지방법원2010초기2480)을 하였으나, 2010. 9. 14. 기각되었다.

이에 청구인은 2010. 10. 17. 형법 제270조 제1항이 헌법에 위반된다며 이 사건 헌법소원심판을 청구하였다.

□ 심판의 대상

이 사건 심판대상은 형법(1995. 12. 29. 법률 제5057호로 개정된 것) 제270조 제1항 중 '조산사'에 관한 부분이 헌법에 위반되는지 여부

[심판대상 조항]

제270조(의사 등의 낙태, 부동의낙태) ① 의사, 한의사, 조산사, 약제사 또는 약종상이 부녀의 촉탁 또는 승낙을 받아 낙태하게 한 때에는 2년 이하의 징역에 처한다.

□ 결정이유의 요지[합헌의견]

○ 임부의 자기결정권의 과도한 제한 여부

인간의 생명은 고귀하고, 이 세상에서 무엇과도 바꿀 수 없는 존엄한 인간 존재의 근원이며, 이러한 생명에 대한 권리는 기본권 중의 기본권이다. 태아가 비록 그 생명의 유지를 위하여 모(母)에게 의존해야 하지만, 그 자체로 모(母)와 별개의 생명체이고 특별한 사정이 없는 한 인간으로 성장할 가능성이 크므로 태아에게도 생명권이 인정되어야 하며, 태아가 독자적 생존능력을 갖추었는지 여부를 그에 대한 낙태 허용의 판단 기준으로 삼을 수는 없다. 한편, 낙태를 처벌하지 않거나 형벌보다 가벼운 제재를 가하게 된다면 현재보다도 훨씬 더 낙태가 만연하게 되어 자기낙태죄 조항의 입법목적을 달성할 수 없게 될 것이고, 성교육과 피임법의 보편적 상용, 임부에 대한 지원 등은 불법적인 낙태를 방지할 효과적인 수단이 되기에는 부족하다. 나아가 입법자는 일정한 우생학적 또는 유전학적 정신장애나 신체질환이 있는 경우와 같은 예외적인 경우에는 임신 24주 이내의 낙태를 허용하여(모자보건법 제14조, 동법 시행령 제15조), 불가피한 사정이 있는 경우에는 태아의 생명권을 제한할 수 있도록 하고 있다. 나아가 자기낙태죄 조항으로 제한되는 사익인 임부의 자기결정권이 위 조항을 통하여 달성하려는 태아의 생명권 보호라는 공익에 비하여 결코 중하다고 볼 수 없다. 따라서 자기낙태죄 조항이 임신 초기의 낙태나 사회적·경제적 사유에 의한 낙태를 허용하고 있지 아니한 것이 임부의 자기결정권에 대한 과도한 제한이라고 보기 어려우므로, 자기낙태죄 조항은 헌법에 위반되지 아니한다.

○ 비례원칙 위배여부

이 사건 법률조항은 그 법정형의 상한이 2년 이하의 징역으로 되어 있어 법정형의 상한 자체가 높지 않을 뿐만 아니라, 비교적 죄질이 가벼운 낙태에 대하여는 작량감경이나 법률상 감경을 하지 않아도 선고유예 또는 집행유예 선고의 길이 열려 있으므로, 지나치게 과중한 형벌을 규정하고 있다고 볼 수 없다. 그러므로 이 사건 법률조항은 책임과 형벌 간의 비례원칙에 위배되지 아니한다.

○ 평등원칙 위배 여부

낙태는 행위태양에 관계없이 태아의 생명을 박탈하는 결과를 초래할 위험이 높고, 일반인에 의해서 행해지기는 어려워 대부분 낙태에 관한 지식이 있는 의료업무종사자를 통해 이루어지며, 태아의 생명을 보호해야 하는 업무에 종사하는 자가 태아의 생명을 박탈하는 시술을 한다는 점에서 비난가능성 또한 크다. 나아가 경미한 벌금형은 영리행위를 추구하는 조산사에 대하여는 위하력을 가지기 어렵다는 점들을 고려하여 입법자가 이 사건 법률조항에 대하여 형법상 동의낙태죄(제269조 제2항)와 달리 벌금형을 규정하지 아니한 것이 형벌체계상의 균형에 반하여 헌법상 평등원칙에 위배된다고도 할 수 없다.

[위헌의견]-4인 재판관의 위헌의견

태아에 대한 국가의 보호 의무에는 여성이 임신 중 또는 출산 후 겪게 되는 어려움을 도와주는 것까지 포함된다고 보아야 할 것이고, 국가는 생명을 보호하는 입법적 조치를 취함에 있어 인간생명의 발달단계에 따라 그 보호정도나 보호수단을 달리할 수 있다. 현대 의학의 수준에서는 태아의 독자적 생존능력이 인정되는 임신 24주 이후에는 임부의 낙태를 원칙적으로 금지하고, 임부의 생명이나 건강에 현저한 위해가 생길 우려가 있는 등 특단의 사정이 있는 경우에만 낙태를 허용함이 바람직하다. 임신 중기(임신 13주-24주)의 낙태는 임신 초기(임신 1주-12주)의 낙태에 비하여 임부의 생명이나 건강에 위해가 생길 우려가 증가한다는 점에서 국가는 모성의 건강을 증진하기 위하여 낙태의 절차를 규제하는 등으로 임신중기의 낙태에 관여할 수 있다고 할 것이다. 그런데 임신 초기의 태아는 고통을 느끼지 못하는 반면, 임신 초기의 낙태는 시술방법이 간단하여 낙태로 인한 합병증 및 모성사망률이 현저히 낮아지므로 임신 초기에는 임부의 자기결정권을 존중하여 낙태를 허용해 줄 여지가 크다. 따라서 임신 초기의 낙태까지 전면적, 일률적으로 금지하고 처벌하고 있는 자기낙태죄 조항은 침해의 최소성 원칙에 위배된다. 한편, 형법상 낙태죄 규정이 현재는 거의 사문화되어 자기낙태죄 조항으로 달성하려는 태아의 생명보호라는 공익은 더 이상 자기낙태죄 조항을 통하여 달성될 것으로 보기 어려운 반면, 자기낙태죄 조항으로 제한되는 사익인 임부의 자기결정권은 결코 가볍게 볼 수 없어 법익의 균형성 요건도 갖추지 못하였다. 그러므로 자기낙태죄 조항은 임신 초기의 낙태까지 전면적, 일률적으로 금지하고 처벌하고 있다는 점에서, 임부의 자기결정권을 침해하여 헌법에 위반된다.
자기낙태죄 조항이 임부의 임신 초기의 낙태까지 전면적, 일률적으로 처벌하고 있다는 점에서 위헌이므로, 동일한 목표를 실현하기 위하여 임신 초기의 임부의 촉탁 또는 승낙을 받아 낙태시술을 한 조산사를 형사처벌하는 이 사건 법률조항도 위 범위 내에서 위헌이다.

[보충의견]-재판관 1인
임부의 자기결정권을 존중하여 임신 초기의 낙태를 허용하더라도 임부가 낙태에 대하여 충분히 숙고한 뒤에 결정할 수 있도록 함과 동시에 의학적으로 안전한 낙태시술이 이루어질 수 있도록 입법조치를 취하여야 한다.

2. 간통죄

1) 간통죄의 연혁

역사적으로 보면 과거 백제시대에는 간통한 여성을 남편 집 노비로 삼기도 하였고, 고려시대에는 아내가 간통하면 남편은 간통한 상대남자를 죽이고 처를 내쫓을 수 있었다. 그리고 조선시대 대명률에 의하면 간통은 신분에 따른 차별을 두지 않고 간통을 한 자가 배우자가 없는 경우에는 장 80대, 배우자가 있는 경우에는 장 90대의 형벌을 내렸다.[9]

대한제국 형법대전(1905.4.20. 대한제국법률 제3호)에는 유부녀가 간통한 경우에 그와 상간한 자에 대해 6월 이상 2년 이하의 유기징역으로 처벌하였고(동 제265조), 조선형사령(1912.4.1. 제령 11호)에서는 부인과 그 상간자의 간통에 대해 2년 이하의 징역의 형벌을 내렸다.

해방 후 대한민국은 일본이 1947년에 이미 간통죄 규정을 폐지했음

9) 조경애(2007), "간통죄 존폐 논의에 관한 법적 검토", 『경기가족 · 여성』 제2호, 경기도 가족여성개발원, 58쪽 참조.

에도 일본 식민지 시대 법령을 이어받아 간통을 처벌하였다. 대한민국 형법제정당시(1953.9.18.)에는 여성들이 축첩에 반대하는 운동을 전개하였고, 유부남의 간통행위처벌을 주장하였다.

1949년 11월 12일 법전편찬위원회는 형법초안을 정부에 제출하고 정부는 이 초안에 간통죄를 쌍벌주의로 하는 조문을 추가한 수정안을 국회에 제출하였다. 국회 법제사법위원회는 간통죄 규정 삭제 수정안을 제출하여, 1953년 3월 23일 본회의를 통과하고, 12회에 걸친 독회가 이루어졌다. 독회 논의 내용은 당시 간통죄가 표면적으로는 건전한 성풍속 또는 성도덕을 보호하는 것을 쟁점으로 삼고 있으나 그 실질은 양성불평등을 시정하기 위한 하나의 사회정책적 시스템으로써 이 조문에 대한 이견이 개진되었고, 나아가 현행 형법에는 규정되어 있지 않지만 중혼금지를 국가에 의해 공인되던 축첩제도와 연계하여 언급하고 있다.[10] 결과 1953년 10월 3일 국회의원 재직(110명)의원 과반수(56표)에 1표가 많은 57표 찬성으로 간신히 국회에서 통과되어,[11] 최초로 형법이 제정되면서 간통죄를 규정하되 이를 남녀쌍벌주의와 친고죄로 하였다.

그 후 1985년 12월 20일 법무부는 형법전 개정을 위한 기본방향 중 하나로 '사회의 가치관 및 윤리관의 변화에 따른 비범죄화'와 '사회정세의 변화에 따른 범죄화'를 제시하였다.[12] 이에 따라 간통죄 등 성풍속에 관한 범죄가 이에 포함되었다. 1989년 1월 형법개정소위원회는 위원 찬성 8, 반대 0, 기권 2로 간통죄 폐지를 결정하였으나, 1990년 9월 10일 헌법재판소가 간통죄에 대해 합헌결정을 하자 다시 간통죄 규정의 존치로 돌아섰다. 1992년 5월 27일 법무부는 형법상 간통죄의 법정형을 2년 이하 징역형에서 1년 이하 징역형이나 500만원 이하 벌금형으로

10) 이덕인(2011), "성풍속 처벌의 형사법적 한계", 형사정책연구원, 『형사정책연구』 제22권 제3호(통권 87호), 47쪽.

11) 신동운 · 최병천(1990), "형법 개정과 관련하여 본 낙태죄 및 간통죄에 관한 연구", 형사정책연구원, 『연구총서』, 142~143, 151~152쪽 참조.

12) 법무부(1992), 『형법개정법률안 제안이유서, 형사법개정자료』, 9쪽.

규정하려 하였으나,[13] 1995년 12월 29일 개정형법에서는 이러한 법무부안을 받아들이지 않고 종래의 형법상 간통죄 규정을 그대로 존치시켰다. 형법개정소위원회와 법무부의 간통죄폐지 의견은 받아들여지지 않고, 최근 헌법재판소가 간통죄 규정에 대해 위헌결정을 내릴 때까지 간통죄 규정의 위헌성 논란은 계속되어 왔다.

2) 헌법재판소 결정의 변화

그동안 헌법재판소는 간통죄를 처벌하는 형법 제241조에 대하여 1990년대 2건(1990. 9.10., 89헌마82;1993. 3.11., 90헌가70), 2000년대 2건(2001.10.25., 2000헌바60; 2008.10.30., 2007헌가17 · 21)의 4건에 대한 합헌결정을 내렸다. 1990년 결정에서는 6인의 합헌의견(4인의 다수의견과 2인의 다수의견에 대한 보충의견과 3인의 반대의견이 있었고, 1993년 결정은 1990년 결정을 그대로 유지하고, 이 재판이 있은 후 임명된 재판관 1인은 보충의견에 가담하였다. 2000년 결정에서는 합헌의견이 8인, 위헌의견이 1인으로 합헌의견이 압도적으로 많았다. 그리고 2008년 결정은 합헌의견 4인, 위헌의견 4인, 헌법불합치의견 1인으로 위헌의견이 더 많았으나 위헌결정에 이르는 심판정족수에 미치지 못해 합헌결정을 내린 바 있다.

이러한 네 차례의 합헌결정에 이어 최근 간통죄 규정에 대해 7인의 위헌의견으로, 1인의 위헌의견에 대한 보충의견과 2인의 합헌의견으로 위헌결정(2015.2.26)을 내림으로써 그동안에 60년 이상 논란이 되어온 간통죄 규정이 형벌규정에서 사라지게 되었다.

3) 간통죄규정의 위헌결정 내용

재판관 5인의 위헌의견에서 심판대상조항은 개인의 성적 자기결정권을 제한하고, 개인의 성생활이라는 내밀한 사적 생활영역에서의 행위를 제한하므로 헌법 제17조가 보장하는 사생활의 비밀과 자유 역시 제한

13) 법무부, 위의 책, 235~236쪽.

한다고 보았다.

과잉금지원칙과 관련하여서 위 심판대상은 선량한 성풍속 및 일부일처제에 기초한 혼인제도를 보호하고 부부간 정조의무를 지키게 하기 위한 것으로 그 입법목적의 정당성은 인정된다고 보았다. 그리고 수단의 적절성 및 피해의 최소성에 대하여는 첫째, 간통행위에 대하여 국민의 인식이 변화되어 이를 형벌로 통제할 사항이 아니라는 것이다. 즉 사회 구조 및 결혼과 성에 관한 국민의 의식이 변화되고, 성적 자기결정권을 보다 중요시하는 인식이 확산됨에 따라, 간통행위에 대하여 이를 국가가 형벌로 다스리는 것이 적정한지에 대해서는 이제 더 이상 국민의 인식이 일치한다고 보기 어렵게 되었다고 보았다. 둘째, 국가형벌권의 행사는 중대한 법익에 대한 위험이 명백한 경우에 한하여 최후의 수단으로 필요 최소한의 범위에 그쳐야 한다. 비록 비도덕적인 행위라 할지라도 본질적으로 개인의 사생활에 속하고 사회에 끼치는 해악이 크지 않거나 구체적 법익에 대한 명백한 침해가 없는 경우에는 국가권력이 개입해서는 안 된다는 것이 현대 형법의 추세이고,[14] 중요한 법익에 대한 명백한 위험이 없는 경우에 국가권력이 개입해서는 안된다는 것이다. 셋째, 현재 간통행위가 처벌되는 비율, 간통행위에 대한 사회적 비난의 정도에 비추어 보아 형사정책상 일반예방 및 특별예방의 효과를 거두기는 어렵게 되었으며, 간통행위의 처벌 비율이 매우 낮아지고 있어, 간통죄규정은 형벌로서의 처단기능이 현저히 약화되었다. 넷째, 이미 간통죄를 폐지한 여러 나라에서 간통죄의 폐지 이전보다 성도덕이 문란하게 되었다거나 이혼이 증가하였다는 통계는 나타나고 있지 않으며, 이 사건 법률조항이 일부일처제의 혼인제도와 가정질서를

14) 각국의 간통죄 폐지 시기를 보면 덴마크(1937년 폐지), 스웨덴(1937년 폐지), 일본(1947년 폐지), 스위스(1989년 폐지), 독일(서독-1969년 조항 삭제), 이탈리아(1969년 폐지), 프랑스(1971년 규정 삭제, 1975년 규정 폐지), 노르웨이(1972년 폐지), 포르투갈(1982년 폐지), 그리스(1983년 폐지), 벨기에(1987년 폐지), 파라과이(1990년 폐지), 칠레(1994년 폐지), 아르헨티나(1995년 폐지), 니카라과(1996년 폐지),브라질(2005년 폐지), 멕시코(2011년 폐지), 중국은 규정은 있으나 처벌하지 않고, 미국은 20여개 주에 간통죄가 있으나 처벌이 전무한 상태이다.

보호한다는 목적을 달성하는데 적절하고 실효성있는 수단이라고 할 수 없다. 다섯째, 간통죄가 유책의 정도가 훨씬 큰 배우자의 이혼수단으로 활용되거나 일시 탈선한 가정주부 등을 공갈하는 수단으로 악용되고 있기도 하다. 이상과 같이 위 심판대상조항은 그 수단의 적절성과 침해 최소성을 갖추지 못하였다고 보았다.

또한 법익의 균형성에 대하여 위 심판대상조항으로 달성하려는 일부일처제에 기초한 혼인제도 및 부부간 정조의무 보호라는 공익이 더 이상 심판대상조항을 통하여 달성될 것으로 보기 어려운 반면, 심판대상조항은 개인의 내밀한 성생활의 영역을 형벌의 대상으로 삼음으로써 국민의 성적 자기결정권과 사생활의 비밀과 자유라는 기본권을 지나치게 제한하는 것이어서 법익의 균형성도 상실하였다고 보았다.

결국, 심판대상조항은 수단의 적절성 및 침해최소성을 갖추지 못하였고 법익의 균형성도 상실하였으므로, 과잉금지원칙을 위반하여 국민의 성적 자기결정권 및 사생활의 비밀과 자유를 침해하는 것으로 헌법에 위반된다고 판시하고 있다.

4) 간통죄 폐지 이후 문제

간통죄로 수사기관에서 수사 중인 사건 피의자는 "혐의 없음" 처분이 되고, 이미 공소가 제기된 경우 법원에 계속 중인 사건에 대해서는 무죄판결이 선고되게 된다. 그리고 이미 유죄판결이 확정된 경우에는 재심을 청구할 수 있고, 판결 확정전인 경우에는 상소이유에 해당되어 상소를 통하여 상급심에서 무죄판결을 받을 수 있게 된다.

간통죄에 대한 헌법재판소 결정으로 이제 더 이상 간통행위에 대한 형사처벌은 불가능하게 되었고, 그 법적 해결 방향은 민사적인 책임 부과 중심으로 전환되었다.

간통은 민법 제840조 제1호 배우자의 부정한 행위로 재판상 이혼사유가 되고 간통행위자는 배우자에게 정신적 · 재산적 손해를 배상할 의무를 진다. 이혼청구와 함께 위자료청구와 재산분할청구를 할 수 있고,

친권행사자 및 양육자지정청구에 관한 소 등을 제기할 수 있다.

2015년 헌법재판소 다수의견의 보충의견(재판관 이진성 의견)에서 간통행위로 인한 가족의 해체 사태에서 손해배상, 재산분할청구, 자녀 양육, 면접 등에 관한 재판실무관행을 개선하고 배우자와 자녀를 위해 필요한 제도를 새로 강구해야 한다는 점과, 동 결정 2인의 반대의견(재판관 이정미, 재판관 안창호)에서 현행 민법상의 제도나 재판실무에 의하면 부부가 이혼할 경우 가정 내 경제적·사회적 약자에 대한 보호가 미흡하고, 부모의 이혼으로 인한 자녀양육에 대한 책임과 파괴된 가정에 대한 사회적 안전망이 구축되지 않은 상태에서 간통죄를 폐지할 경우에는 혼인관계에서 오는 책임과 가정의 소중함은 뒤로 한 채 오로지 자신의 성적자기결정권과 사생활의 자유만을 앞세워 수많은 가족공동체가 파괴되고 가정 내 약자와 어린 자녀들의 인권과 복리가 침해되는 사태가 발생하게 될 것을 우려하지 않을 수 없다고 지적한 점에 주목하여야 한다.

간통행위를 형벌로 처벌하지 않지만 그렇다고 불륜을 허용하는 것으로 생각되어서는 안 된다. 간통의 경우 혼인관계상 계약의무를 위반한 부분을 중심으로 민사법적 제재를 통한 책임을 강화할 필요가 있다. 재판실무에서 위자료나 재산분할의 비율이 많지 않고, 이혼으로 인한 사회적·경제적 약자에 대한 제도적 보호 방안 마련을 이루어가야 한다. 즉 간통을 민사법적 해결인 이혼, 재산분할, 위자료 등 혼인법상 의무를 위반한 불법행위로서 책임을 현안 문제를 해결할 수 있는 적절한 수준으로의 전환이 필요하다. 또한 자녀양육에 대한 책임이나 복지 등 자녀의 권익보호에 대한 정비, 이혼 후 경제적 자립이 어려운 자에 대한 제도 마련 등 현행 제도가 가지고 있는 한계를 보완할 수 있는 대책마련이 필요하다. 간통죄의 폐지로 발생할 수 있는 우려가 현실화 되지 않도록 적극적인 후속 조치가 있어야 할 것이다.

[판례 3-12] 간통죄 위헌성:형법 제241조 위헌제청 등(헌재 2015. 2. 26. 2009헌바17·205;2010헌바194;2011헌바4;2012헌바57·255·411;2013헌바139·161·267·276·342·365;2014헌바53·464;2011헌가31;2014헌가4(병합))

□ 사건의 개요

사건의 청구인들은 간통 내지 상간하였다는 범죄사실로 기소되어 당해사건 계속 중 형법 제241조가 위헌이라며 위헌법률심판제청 신청을 하였으나 그 신청이 기각되자 헌법소원심판을 청구하였다.

□ 심판의 대상

형법(1953.9.18. 법률 제293호로 제정된 것) 제241조(간통) ① 배우자 있는 자가 간통한 때에는 2년 이하의 징역에 처한다. 그와 상간한 자도 같다.

② 전항의 죄는 배우자의 고소가 있어야 논한다. 단, 배우자가 간통을 종용 또는 유서한 때에는 고소할 수 없다.

□ 결정이유의 요지[위헌의견]

○ 재판관 박한철, 재판관 이진성, 재판관 김창종, 재판관 서기석, 재판관 조용호의 위헌의견(5인의 위헌의견)

사회 구조 및 결혼과 성에 관한 국민의 의식이 변화되고, 성적 자기결정권을 보다 중요시하는 인식이 확산됨에 따라 간통행위를 국가가 형벌로 다스리는 것이 적정한지에 대해서는 이제 더 이상 국민의 인식이 일치한다고 보기 어렵고, 비록 비도덕적인 행위라 할지라도 본질적으로 개인의 사생활에 속하고 사회에 끼치는 해악이 그다지 크지 않거나 구체적 법익에 대한 명백한 침해가 없는 경우에는 국가권력이 개입해서는 안 된다는 것이 현대 형법의 추세여서 전세계적으로 간통죄는 폐지되고 있다. 또한 간통죄의 보호법익인 혼인과 가정의 유지는 당사자의 자유로운 의지와 애정에 맡겨야지, 형벌을 통하여 타율적으로 강제될 수 없는 것이며, 현재 간통으로 처벌되는 비율이 매우 낮고, 간통행위에 대한 사회적 비난 역시 상당한 수준으로 낮아져 간통죄는 행위규제규범으로서 기능을 잃어가고, 형사정책상 일반예방 및 특별예방의 효과를 거두기도 어렵게 되었다. 부부 간 정조의무 및 여성 배우자의 보호는 간통한 배우자를 상대로 한 재판상 이혼 청구, 손해배상청구 등 민사상의 제도에 의해 보다 효과적으로 달성될 수 있고, 오히려 간통죄가 유책의 정도가 훨씬 큰 배우자의 이혼수단으로 이용되거나 일시 탈선한 가정주부 등을 공갈하는 수단으로 악용되고 있기도 하다.

결국 심판대상조항은 과잉금지원칙에 위배하여 국민의 성적 자기결정권 및 사생활의 비밀과 자유를 침해하는 것으로서 헌법에 위반된다.

○ 재판관 김이수의 위헌의견

간통죄의 본질은 자유로운 의사에 기하여 혼인이라는 사회제도를 선택한 자가 의도적으로 배우자에 대한 성적 성실의무를 위배하는 성적 배임행위를 저지른 데 있다.

혼인생활을 영위하고 있는 간통행위자 및 배우자 있는 상간자에 대한 형사처벌은 부부 간의 성적 성실의무에 기초한 혼인제도에 내포되어 있는 사회윤리적 기본질서를 최소한도로 보호하려는 정당한 목적 하에 이루어지는 것으로서 개인의 성적 자기결정권에 대한 과도한 제한이라고 하기 어렵다. 그러나 사실상 혼인관계의 회복이 불가능한 파탄상태로 인해 배우자에 대한 성적 성실의무를 더 이상 부담하지 아니하는 간통행위자나 미혼인 상간자의 상간행위 같이 비난가능성 내지 반사회성이 없는 경우도 있다.

그럼에도 불구하고, 심판대상조항이 일률적으로 모든 간통행위자 및 상간자를 형사처벌하도록 규정한 것은 개인의 성적 자기결정권을 과도하게 제한하는 국가형벌권의 과잉행사로서 헌법에 위반된다.

○ 재판관 강일원의 위헌의견

간통 및 상간행위가 내밀한 사생활의 영역에 속하는 것이라고 해도 이에 대한 법적 규제를 할 필요성은 인정되고, 그에 대한 규제의 정도는 원칙적으로 입법자가 결정할 사항이므로, 입법자가 간통행위를 예방하기 위하여 형벌이라는 제재수단을 도입한 것이 그 자체로 헌법에 위반된다고 볼 수는 없다.

그러나 형법은 간통죄를 친고죄로 규정하면서, 배우자의 종용이나 유서가 있는 경우 간통죄로 고소할 수 없도록 규정하고 있는데, 소극적 소추조건인 종용이나 유서의 개념이 명확하지 않아 수범자인 국민이 국가공권력 행사의 범위와 한계를 확실하게 예측할 수 없으므로 심판대상조항은 명확성원칙에 위배되며, 간통 및 상간행위에는 행위의 태양에 따라 죄질이 현저하게 다른 수많은 경우가 존재함에도 반드시 징역형으로만 응징하도록 한 것은 구체적 사안의 개별성과 특수성을 고려할 수 있는 가능성을 배제 또는 제한하여 책임과 형벌간 비례의 원칙에 위배되어 헌법에 위반된다.

○ 재판관 이정미, 재판관 안창호의 반대의견

간통은 일부일처제에 기초한 혼인이라는 사회적 제도를 훼손하고 가족공동체의 유지·보호에 파괴적인 영향을 미치는 행위라는 점에서 개인의 성적 자기결정권의 보호영역에 포함되어 있다고 보기 어렵다.

배우자 있는 자의 간통 및 그에 동조한 상간자의 행위는 단순한 윤리적 · 도덕적 차원의 문제를 넘어서 사회질서를 해치고 타인의 권리를 침해하는 것이라고 보는 우리 사회의 법의식은 여전히 유효하다. 특히 간통죄의 폐지는 우리 사회 전반에서 성도덕 의식의 하향화를 가져오고 성도덕의 문란을 초래할 수 있으며, 그 결과 혼인과 가족 공동체의 해체를 촉진시킬 수 있다는 점에서, 간통죄를 형사처벌하도록 한 입법자의 판단이 자의적인 것이라고 보기는 어렵다. 부부공동생활이 파탄되어 회복될 수 없을 정도의 상태에 이르러 더 이상 배우자에 대한 성적 성실의무를 부담한다고 볼 수 없는 경우에는 간통행위가 사회윤리 내지 사회상규에 위배되지 아니하는 행위로서 위법성이 조각될 여지가 있으므로 과잉처벌의 문제는 발생하지 않을 수 있다.

심판대상조항은 징역형만을 규정하고 있으나 법정형의 상한 자체가 높지 않아 지나치게 과중한 형벌을 규정하고 있다고 볼 수 없고, 벌금형에 의할 경우 간통행위자에 대하여 위하력을 가지기 어려우므로 형벌체계상 균형에 반하는 것이라고 할 수도 없다.

또한 현행 민법상의 제도나 재판실무에 비추어보면, 간통죄를 폐지할 경우 수많은 가족공동체가 파괴되고 가정 내 약자와 어린 자녀들의 인권과 복리가 침해되는 사태가 발생하게 될 것을 우려하지 않을 수 없다. 따라서 심판대상조항은 과잉금지원칙에 위반된다고 할 수도 없다.

○재판관 이진성의 다수의견에 대한 보충의견

간통행위는 행위 유형이 다양하여 법정형으로 징역형만 규정한 것이 책임과 형벌 사이에 균형을 잃을 가능성은 있지만, 재산형인 벌금형이나 명예형인 자격형이 배우자에 대한 정조의무를 저버리고 혼인제도의 문란을 가져오는 비윤리적 범죄인 간통죄에 유효하고 적절한 수단이라고 보기 어렵다. 부부 일방의 부정행위로 인한 민사, 가사 문제들의 해결수단을 간통죄를 유지시켜 형사사건에서 찾을 것도 아니다. 간통행위로 인한 가족의 해체 사태에서 손해배상, 재산분할청구, 자녀양육 등에 관한 재판실무관행을 개선하고 배우자와 자녀를 위해 필요한 제도를 새로 강구해야 한다.

□ 결론

결국, 심판대상조항은 수단의 적절성 및 침해 최소성을 갖추지 못하였고 법익의 균형성도 상실하였으므로, 과잉금지원칙을 위반하여 국민의 성적 자기결정권 및 사생활의 비밀과 자유를 침해하는 것으로 헌법에 위반된다.

3. 부부강간

[사례 12] 부부강간

남편 A는 술만 먹고 들어오면 아내 B가 싫어하는데도 강제로 성관계를 하곤 하여 어떤 때 아내는 죽고 싶을 만큼 모멸감을 느끼기까지 한다. 남편은 부부간에는 서로가 모두 허용한 사이라는 것을 주장한다. 아내 B는 남편 A를 강간죄로 고소할 수 있을까?

1) 부부강간에 관한 논의

혼인에 의해 맺어지는 부부는 민법상 동거의무와 성실의무가 부여되고, 혼인한 부부는 성을 매개로 한 행위를 할 수 있게 된다. 그러나 성적 행위가 강제성과 폭행, 협박을 동반하여 성적 자기결정권을 침해한 경우에 이를 허용할 것인지 아니면 이를 성적 폭력행위로 보아 처벌할 것인지 문제가 논의되어 왔다. 부부강간은 종래에는 아내강간으로 불리워 왔는데 이는 종래 개정 전 형법이 강간죄의 객체를 부녀에 한정하고 있어서 부부간의 강간을 아내강간으로 통칭하였고, 강간은 남성이 여성을 상대로만 가능한 것에서 기인한다. 그러나 이제는 형법이 강간죄의 객체를 부녀에서 사람으로 개정함에 따라 부부간의 강간은 부부강간 또는 배우자 강간(marital rape)으로 일컬을 수 있게 되었다.

부부강간에 대해서 우리 법원은 1970년 실질적으로 부부관계를 유지하고 있는 부부간에는 강간죄를 인정할 수 없다고 하여 강간죄의 성립을 부정한[15] 이래 부부강간에 대해서는 처벌하지 않는다는 관행이 남아 있었다. 그러나 1997년 서울고등법원은 사실혼관계에 있는 부부사이에서 남편의 강제적 성행위를 아내에 대한 강간으로 인정하였다.[16] 반면 2004년 법원은 부부간 강제 성행위에 대해 강제추행죄 성립을 인정한 바 있다.[17] 재판부는 판결문에서 "부부사이에서 발생하는 심각한 성적 폭력행위로 여성인 처의 자유로운 인격의 실현과 존엄성을 해하는 사태를 국가가 방치하는 것은 인간다운 생활과 행복추구권을 보장한 헌법원리와 정의관념에 현저히 반한다"고 하면서 "모든 사람은 인간으로서 성적 자기결정권을 가지며, 법률상 배우자에게도 이를 인정해야 한다"고 판시하였다. 또한 2009년 부산지방법원은 필리핀인 아내를 흉기로 위협하고 강제로 성관계를 가진 혐의로 기소된 남편에 대해 특수강간죄를 적용하였다. 재판부는 판결문에서 "형법상 강간죄의 대상인 '부녀'에 '혼인 중인 부녀'가 제외된다고 볼 아무런 근거가 없으며, 법이 강간죄로 보호하려는 대상은 여성의 정조가 아니라 성적 자기결정권이며 아내 또한 이런 권리가 있다"고 하여 비록 하급심판결이지만 최초로 부부간의 강간죄를 인정한 바 있다.[18]

---

15) 대법원 1970.3.10, 70도29판결.
16) 서울고등법원 1997.11.4, 97노1626판결.
17) 서울지방법원 2004.8.20, 2003고합1178판결.
18) 부산지방법원 2009.1.16, 2008고합808판결.

2) 부부강간의 인정여부에 관한 이론[19)]

(1) 암묵적 동의이론

혼인계약으로 남편이 원할 때에 아내는 언제나 성교에 응한다는 동의가 포함되어 있다는 이론이다. 그래서 혼인관계에 있는 아내는 남편과의 성교에 있어서 동의를 철회할 수 없다고 본다는 것이다.

(2) 부부단일체이론

남편과 아내는 법적으로 단일체이어서 혼인관계에 있는 동안에는 여성이라는 법적 실체가 정지되거나 아내는 남편에 복종하는 남편의 부속물로서의 가치를 갖는다는 견해이다.

(3) 면책이론

이는 부부간 혼인 중 성행위는 외부의 법체계가 개입할 수 없거나 법적 판단을 내려서는 안된다는 이론이다. 부부간 성행위는 가장 근원적인 프라이버시 영역에 속하는 것이라고 보아 혼인의 프라이버시이론이라고 부른다. 이미 부부관계가 파탄난 상태에서 남편의 폭력의 연장선상에서 나타나는 강간행위를 혼인의 프라이버시 영역에 속한다는 이유로 치외법권 영역이 될 수 없다는 것이다.

(4) 혼인상의 화해이론

이는 부부간의 성문제에 형법이 개입을 하면 부부간 불화를 조장하고 화해를 방해한다는 이론이다. 따라서 부부간에 강간이 발생할 정도라면 화해의 가능성은 사라진 것이고 화해의 가능성은 강간으로 파괴되는 것이지 형법의 개입으로 사라지는 것이 아니라는 비판이 가해진다.

(5) 신체 통합성이론

강간은 피해자의 신체적 통합성을 침해하고 장기간의 심각한 육체적, 정신적 피해를 초래하는 행위라는 견해이다. 미국에서 부부강간의 면책

19) 미국에서의 이론, 김은애, 73~74면 참조.

을 폐기한 이래 내려진 판결[20]에서 제시한 것으로, 남편은 프라이버시의 구실 아래 자신이 아내를 강간하는 것은 정당화될 수 없다고 하면서 별거명령을 받은 상태에서 아내를 강간한 남편의 행위에 대해 강간죄를 인정하였다.

3) 외국에서의 부부강간에 관한 규정

세계적으로 1967년 유엔이 채택한 여성에 대한 여성폭력철폐선언에서 혼인내 강간을 가정 내에서의 폭력에 포함시켰고, 1981년 발효된 여성에 대한 모든 형태의 차별철폐에 관한 협약에서 유엔은 여성에 개한 차별을 성에 근거한 모든 구별, 배제 또는 제한을 의미한다고 하고 아내강간을 여성에 대한 폭력으로 명시하였다. 그리고 1993년 유엔총회에서 아내강간을 여성에 대한 폭력으로 제시하였다. 1986년 유럽의회는 혼인여부와 상관없이 모든 강간행위에 대해 처벌을 제시하였다.

부부강간을 처벌하는 규정을 두고 있는 나라로는 소비에트연방(1922), 폴란드(1932), 체코(1950), 덴마크(1960), 스웨덴(1965), 노르웨이(1971), 이스라엘(1980), 오스트레일리아(1981), 뉴질랜드(1983), 아일랜드(1990) 등을 들 수 있고, 미국, 영국, 프랑스, 독일 등에서도 부부강간을 인정하는 경향이다. 2006년 기준으로 100개 이상의 국가가 부부강간을 인정한 것으로 파악되고 있다.[21]

4) 부부강간의 인정에 대한 관점

(1) 성적 자기결정권

실질적으로 정상적인 부부관계에서도 폭행과 의사에 반하는 강제적 성행위에서는 성적 자기결정권 등 보호법익을 침해하는 것으로 보며, 혼인관계의 파탄에 이른 경우의 강제적 성관계의 경우에도 성적 자기결정권을 침해하는 것으로 볼 필요가 있다. 따라서 자신이 원하지 않는

20) People v. Liberta, 64 N.Y.2d 152;485N.Y.S. 2d207(1984).
21) 이숙연, 143면.

성관계를 갖을지 여부를 스스로 결정할 수 있으며, 부부간의 성적 강제행위에 있어서의 보호법익을 정조가 아닌 인격권에서 나오는 성적 자기결정권으로 보아야 한다.

(2) 실질적 가정파탄에 따른 부부강간죄 인정

부부간 문제에 형법이 개입하면 오히려 부부간에 불화나 불신을 조장한다는 것은 비논리적인 것으로 부부간 불화는 오히려 남편의 원하지 않는 강제적 성관계에서 기인한다. 실질적인 부부관계가 유지되지 않고 있는 상황에서는 부부강간죄를 인정할 가능의 여지가 커진다.

일본의 판례는 "법률상으로는 부부이더라도 혼인이 파탄되어 부부로서의 실질이 없어져 명목상의 부부에 불과한 경우에는 본디 부부간에 언급한 관계는 없고 남편이 폭력 또는 협박을 사용하여 처를 간음한 것은 강간죄가 성립하고, 남편과 제3자가 폭력을 사용하여 공동으로 처를 윤간하기에 이르렀다는 것은 남편에 대해서도 당연히 강간죄의 공동정범이 성립한다"[22]고 보았다.

(3) 강간행위의 총체적 판단

혼인한 부부관계에서 실력을 행사한 성관계행위를 무조건 부부강간으로 판단하는 것은 부적절하고 결혼생활을 지속하기를 원하는 부부에게 있어서 형법상 강간죄를 적용하는 것은 결혼생활에 악영향을 가져올 수 있다. 부부강간으로 판단할 만한 정당한 사유의 존재, 폭행과 협박의 정도, 성행위의 거부와 강제에 대한 상당한 이유의 존재 등 모든 상황 전반을 총체적으로 판단할 필요가 있다.

5) 부부강간에 대한 처벌의 한계점

강간죄는 상대방의 의사에 반하여 일어나는 것이라는 의미에서 부부강간에 대해서도 강간죄로 처벌해야 한다는 주장이 지속되어 오고 있다. 아직도 부부강간[23]에 대한 언급이 시기상조라거나 부부사이를 이

22) 廣島高松江 地判, 昭和 62年6月 18日, 高刑集 40卷1号 71頁.

간질하는 것이라고 하고 부부강간이란 있을 수 없다고 주장하기도 한다. 그러나 최근에 하급심판결에서 부부강간죄를 인정하여 관심이 고조되고 있다. 아내구타에 대한 보고를 보면 심한 구타 후에 강제적으로 성관계를 행하는 경우가 많은 것으로 나와 있고 구타당하는 아내들은 이때가 가장 죽고 싶을 정도로 고통스럽다고 한다. 이는 분명히 아내에 대한 성적 학대이자 강간행위라고 할 수 있다. 아내는 남편의 소유물이 아니며, 여성은 자신의 몸과 성에 관한 결정을 할 권리인 성적 자기 결정권이 있기 때문이다. 비록 부부간일지라도 원하지 않는 성관계를 강요할 수 없다. 부부간에 있어서 폭력을 행사한 후에 원치 않는 성관계를 강제적으로 행사하는 경우는 인간의 성적 결정의 자유와 인간의 존엄을 침해하는 것이다.

부부강간이 발생한 경우로 판단되었다고 하더라도 혼인관계를 지속하고자 하는 의사가 있는 부부의 경우에 형법상 강간죄로 처벌하는 것이 적절한가에 대해 생각해 볼 필요가 있다. 부부강간을 전과가 남지 않도록 형벌과 유사한 효과를 가져올 수 있는 방안을 고려해 볼 필요도 있다. 격리나 권리제한, 교육, 사회봉사 명령 등을 통하여 부부강간 문제가 해결되고 다시 인간의 존엄성이 유지되는 결혼생활이 가능하도록 하기 위한 조치를 취할 필요가 있다고 본다.[24] 부부가 되었다고 해서 인간이 지닌 권리인 성적자기결정권을 결코 포기한 것이 아니기 때문에 위 사안을 고려하여 부부강간을 성폭력으로 보는 명시적인 법적 규제가 필요하다 할 것이다.

---

23) 1995년 베이징에서 개최한 유엔여성대회에서는 부부사이에 일방이 성관계를 요구하는 특권을 폐지하기로 결의한 바 있다. 미국에서 아내강간은 1978년 오레건주에 사는 그레타에 의해 남편을 강간죄로 고소하면서 시작되었고, 아내도 강간의 객체가 될 수 있으며 아내강간이 유죄가 될 수 있다고 보았다(지광준, 『은폐와 침묵을 넘어서』, 경인, 1999: 262 참조).

24) 아내강간을 형사적 처벌보다 가정폭력특별법상의 가정보호사건과 같이 적용하여 해결하자는 견해가 제시되기도 한다(조국, 아내강간불인정은 남성편향의 과소범죄화 극복하기, 「시민과 변호사」 통권 129호, 서울지방변호사회, 2004, 37~38면).

[판례 3-13] 부부강간죄 인정 최초 사건: 성폭력범죄의처벌및피해자보호등에관한법률위반(특수강간) 확정
(부산지법 2009.1.16. 선고 2008고합808 판결)

□ 사건의 개요

피고인은 2008. 7. 26. 11:00경 부산 남구 우암2동 194-113에 있는 피고인의 집에서, 처인 피해자(필리핀 국적의 외국인)가 생리기간 중이어서 성관계를 거부하자 위험한 물건인 가스분사기와 과도(칼날길이 12㎝)를 피해자의 머리와 가슴에 겨누고 죽여 버리겠다고 협박하면서 피해자의 유두와 음부를 자르는 시늉을 하여 피해자의 반항을 억압한 후 피해자의 옷을 모두 벗게 하고 1회 간음하여 피해자를 강간하였다.

□ 주 문

피고인을 징역 2년 6월에 처한다.
다만, 이 판결 확정일로부터 3년간 위 형의 집행을 유예한다.

□ 판결요지

필리핀 국적의 처가 생리중임을 이유로 성관계를 거부하자, 남편이 가스분사기와 과도로 협박하여 처의 반항을 억압한 후 1회 간음한 사안에서, 강간죄의 보호법익을 성적 성실을 의미하는 여성의 '정조'가 아닌 인격권에 해당하는 '성적 자기결정권'으로 보아 법률상 처를 강간죄의 객체로 인정하였다.

□ 양형이유의 요지

1. 피고인은 결혼정보회사를 통하여 2006. 8. 30. 필리핀 국적의 피해자와 혼인한 다음 그로부터 4개월간 동거하였다. 그러나 피고인이 생활비를 주지 아니하는데다가 주취상태에서 폭행 등 학대를 계속하므로 피해자는 더 견디지 못하고 가출을 한 후 김해에 있는 플라스틱공장에서 노동에 종사하면서 생활하여 왔다. 그러다가 출입국관리사무소 직원에게 불법체류자로 붙들려 2008. 7. 15. 다시 피고인에게 인계되었다. 그때부터 5일 정도는 합의에 의하여 성관계를 하는 등으로 두 사람 사이에 이렇다 할 문제가 없었으나 7. 21.부터 피해자의 생리가 시작되면서 이를 이유로 피해자가 성관계를 거부하자 피고인은 자신의 성적 욕구를 참지 못하고, 거기다가 컴퓨터에 몰입하는 등 게으름을 피운다는 사정을 들어

그녀를 제압하려는 복합적인 의도에서, 판시와 같은 폭력적인 수단을 동원하여 강간을 한 것이 이 사건 범행이다.

2. 고국과 가족을 떠나 오로지 피고인만 믿고 당도한 먼 타국에서, 언어도 통하지 않고, 친지도 없어, 말할 수 없이 힘들고 외로운 처지에 놓인 피해자를 처로 맞았으면 피고인으로서는 마땅히 사랑과 정성으로 따뜻이 보살펴야 함에도, 필리핀에서 결혼식을 거행하고 혼인신고를 한 후 국내에 피해자를 데려다 놓고는 제대로 부양은커녕 피해자로 하여금 갖은 고초를 겪게 함으로써 급기야 그나마 정을 붙일 수 있는 피고인 곁을 떠나 가출할 수밖에 없게 함은 물론 열악한 상태에서 근로자로 일하도록 계속 내버려 두는가 하면, 모처럼 당국의 협력으로 피해자를 다시 만났으면 위로와 휴식으로 정상적인 혼인생활을 유지할 수 있도록 노력하여야 함에도, 자신의 부당한 욕구 충족만을 위하여 처의 정당한 성적 자기결정권의 행사를 무시하고 가스총과 과도로 위협하면서 유두를 자르겠다든가, 죽이겠다든가 하는 차마 사람으로서 생각할 수도 없는 행동을 서슴지 않고 자행한 피고인의 그와 같은 행동은 이를 도무지 이해할 수도 용인할 수도 없는 것이다. 이는 처인 피해자에 대하여도 부끄러운 일일 뿐만 아니라 외국인인 처에 대하여는 그가 한국인이라는 점에서 부끄럽고 참담하기 이를 데 없는 소위라고 아니 할 수 없다. 피고인은 죄질 불량한 이 같은 범행에 대하여 엄한 벌을 받아 마땅하다.

3. 다만, 피고인이 이 사건 범행을 모두 시인하고 비록 뒤늦은 후회이긴 하나, 다시 태어나면 '동물'이 되겠다는 등의 통렬한 자기반성으로 자신의 잘못을 깊이 뉘우치고 있는 점, 피해자가 한동안 가출하였다가 돌아온 데다가 피해자 역시 남편인 피고인과 그간의 사정에 대한 대화와 적절한 의사소통을 위한 노력을 게을리 한 것으로 보이고, 피고인에게 과거 아무런 범죄전력이 없는 점, 이후 피해자가 피고인에 대한 고소를 취소하여 피고인에 대한 선처를 바라고 있는 점 등의 정상을 특별히 참작하기로 한다.

4. 그 밖에 피고인의 연령, 성행, 가정환경, 직업, 범행의 동기, 그 수단 및 결과, 범행 후의 정황 등 공판에 현출된 모든 양형조건을 종합하여 법률이 정한 그 형기의 범위 내에서 피고인의 이 사건 범행에 대한 형을 주문과 같이 정하여 선고한다.

[판례 3-14] 아내강간 성립 부정(대법원 1970.3.10, 70도29)

변호인의 상고 이유를 보건대, 원심이 지지한 1심 판결 이유에 의하면, 피고인이 간음한 여자는 그 아내인 백OO로서 간음 당시 법률상 부부의 신분관계는 해소되지 않았어도 동녀가 이미 이혼소송을 제기하였고, 또 피고인은 박OO이란 다른 여자와 동거중이라 실질적으로는 피고인과 백OO는 서로 상대방에 대한 성교 승낙의 철회 내지 정조권 포기의 의사표시를 철회한 상태에 있으므로 이러한 상태하에 있는 동녀를 간음하기 위하여 폭력으로 그 반항을 억압하고 강제로 그를 간음한 이상 강간죄에 해당한다고 판시하고 있다.

그러나 기록에 의하면, 위 백OO는 피고인을 간통죄로 고소함과 동시에 이혼소송을 제기하였다 하여도 그는 1심법정에서 본건 간음사건이 일어나기 이틀 전에 피고인으로 하여금 위 박OO이를 보내고 서로 새 출발을 하기로 협의를 한 후 고소를 취하하였다고 진술하고 있음이 뚜렷하므로 이런 정으로 보면, 피고인과 백OO와의 사이에 실질적으로 부부관계도 없고 따라서 서로 정교 승낙이나 정교권 포기의 의사표시를 철회한 상태에 있었다고 단정하기는 어려울 것임에도 불구하고 만연 피고인에게 정교청구권이 없다는 것을 전제로 하여 피고인의 본건 간음행위를 강간으로 다스린 것은 필경 증거를 그릇 판단한 것이 아니면 강간의 법리를 오해한 위법이 있고 이는 판결에 영향이 있다 할 것이다.

제 6 절 여성과 가사노동

[사례 13] 가사노동의 가치

갑남과 을녀는 20년간 결혼 생활을 한 부부이다. 을녀는 전업주부로 지난 20년간 알뜰하게 생활해 아파트와 건물 각 1채씩(총 시가 20억 상당)을 가지고 있다. 그러나 남편 갑남과 성격 차이로 이혼하려고 한다. 을녀는 이혼하면서 위자료 이외에 재산분할을 청구하려고 한다. 가사노동의 가치를 얼마나 인정받아 재산분할을 받을 수 있을까?

1. 가사노동의 개념

가사노동이란 가족이 가정생활을 영위하는 데 필요로 하는 노동으로서 가정의 기능을 유지하고 원활하게 하기 위하여 하는 활동을 말한다. 구체적으로 주부의 가사노동은 의식주의 제공, 출생과 입양 등을 통한 가족의 유지 및 발전, 자녀의 사회화를 위한 교육, 가족생활유지에 필요한 재화와 서비스 생산을 위한 재충전을 하는 일 등의 활동이다.

가사노동은 사회적 노동과는 달리 국민경제 측정 대상에서 제외되고 주로 주부에 의해 무보수로 이루어지고 있다. 예를 들면 세탁이나 요리를 가정에서 하면 GNP산출에 계상되지 않으나 이를 세탁소나 음식점에서 하게 되면 금전거래가 이루어지므로 GNP에 계상되고 있다. 다른 기능화되고 전문화된 사회적 노동과는 달리 가사노동은 그 내용도 다양하여 단순히 양적 평가만으로 노동의 차이를 평가하기가 어려운 점이 있다.

그동안 가사노동을 임금노동의 기준인 효율성이나 경제성, 생산성에 입각하여 파악함으로써 그 고유한 가치를 평가하는데 소홀히 해온 경향이 있고 이 또한 문제가 되어 왔다.

2. 가사노동과 성불평등

1) 성별 노동분업의 변화

20세기 후반 이후 여성들의 교육수준의 현저한 증가로 이제는 기존 근대사회의 가족모델인 여성은 자녀를 낳고 양육하며 남성은 가족원을 부양하는 고정된 모형(male breadwinner family model)은 변화되었다. 대학교 및 그 이상의 고등교육에서 이미 여성들의 교육수준은 남성들을 앞지르고 있다.

여성의 사회참여와 노동시장에서의 참여가 증가하고 있어 여성은 가사노동을 남성은 가족부양을 하여야 한다는 성별 노동분업의 가치체계의 변화가 이루어지고 있다. 그러나 여성의 노동시장에의 참여 속도만큼 남성의 가사노동의 참여비율은 증가하지 않고 있어, 여성은 가정 밖에서 노동뿐 아니라 여전히 가사노동의 주체로 인식되는 불평등은 크게 개선되지 않고 있다.

성평등은 공적부문에서 제도적으로 보장되고 있지만 사적인 영역에서는 여전히 성불평등의 구조에서 크게 진전되지 못하고 있다. 기존에 가사노동분업을 둘러싸고 논의되는 이론을 통하여 가사노동분담에 대한 가능한 설명을 살펴본다.

2) 가사노동분업 이론(Coltrane, 2000; Coverman, 1985 제시)

(1) 성 이데올로기 이론

성 이데올로기 이론은 남성과 여성이 성평등적 생각을 가지고 가사노동을 균등하게 분담하는 것으로 주장한다는 이론이다. 이 이론은 개인이 성평등적 가치나 태도를 갖는 것은 사회화의 결과로 본다. 여기서 사회화는 가족을 통해서도 습득되며 성장하면서 또래집단과의 접촉을 통해서도 습득될 수 있다.

성 이데올로기는 남성과 여성이 모두 평등한 가치나 태도를 지닐수록 가사노동분담도 균등하게 할 것이라고 가정된다. 그러나 사회화를 통해 형성된 성 이데올로기가 가사노동분업을 설명하는데 전혀 무관한 것은 아니지만 그 영향이 결정적으로 미친다고 할 수 없다고 평가된다.

(2) 시간제약이론

시간제약이론은 동일한 가구 내에서 구성원들은 시간을 합리적으로 분배하여 가구의 한계효용을 극대화한다는 이론에 바탕하고 있다. 이 이론에 따라 가구내 구성원에게 합리적으로 시간을 배분하여 효용을 극대화하기 위하여 노동시간을 누구에게 어떤 시간을 배분하느냐가 중요한 요소로 자리잡는다. 즉 누가 가사노동을 특화시켜 수행하느냐하는 것으로, 그동안 남성은 사회에서 노동을 하여 경제적 자원을 얻고, 여성은 가사노동을 해왔다. 성별에 따라 가구내에서 일의 특화를 통해 이루어지는 것은 여성이 가사노동에만 전념하는 전업주부이고 남성이 밖에서 활동하는 경우에는 가구당 합리적 시간을 배분하여 극대화할 여지도 있다. 그러나 여성이 사회에서의 노동활동이 이루어지는 경우에 여성의 노동시간이 증가할수록 남성의 가사노동시간은 늘어나지 않는 경우에는 전혀 다른 방향으로 영향을 미칠 수 있게 된다. 자녀 양육을 하는데 있어서 여성이 남성보다 자녀 양육을 위한 돌봄에 직접적인 반응을 하게 된다. 그렇지만 어린 자녀가 있는 경우에 남성도 여전히 가사노동에 참여하는 시간이 증가한다고 할 수 있다.

(3) 상대적 자원이론

상대적 자원이론은 경제적으로 유리한 자원을 가지고 있는 쪽이 그렇지 않은 쪽에게 경제적인 자원의 우위를 바탕으로 가사노동을 지우게 된다는 이론이다. 일반적으로 가사노동은 시간을 투자해도 소득이 발생하는 것도 아니고 노동의 효과가 드러나는 것도 아니어서, 여성이나 남성 모두가 좋아하는 것이 아니다. 그래서 하기 싫은 가사노동에 대해서 여성과 남성은 늘 흥정과 협상이 이루어져야 하고 경제적 측면에서 교환이 이루어진다는 것이다.

회피하고 싶은 가사노동을 부부 중 남편이 할 것인가 아니면 아내가 할 것인가는 누가 더 경제적으로 유리한 자원인 소득이 많으냐에 의해 결정되게 된다는 것이다. 부부중 상대적으로 소득이 많은 사람이 가사노동을 하지 않고 소득이 적은 사람이 가사노동을 분담한다는 것이다. 즉 여성의 소득이 증가할수록 여성의 가사노동은 감소하고 남성의 가사노동은 증가한다는 것을 말한다. 그러나 여성의 소득이 남성보다 높은 경우 여성의 소득이 증가할수록 오히려 여성이 분담하는 가사노동이 증가하고 남성의 가사노동시간이 감소하는 현상이 나타나는 경우를 해결해 주기 어려운 점이 있다.

3) 가사노동의 재평가 필요성

가사노동은 주로 주부가 담당하는 육체를 사용하는 노동으로 많은 시간을 가사노동에 할애하고 있으나 그 가치를 적절하게 평가받지 못해 왔다. 비록 가사노동이 가정의 유지 및 발전의 충전재 역할을 한다고는 하지만 무임금의 가사노동은 독자적 가치를 가진 노동으로 평가받지 못하여 남편의 노동력에 부수되는 것으로 평가받아 왔다. 가사노동이 필수적이긴 하지만 비생산적인 것으로 보아 왔고 가사 노동력을 재생 노동력으로 전환시키는데 현실적으로 한계가 있었다.

그러나 가사노동이 가정과 개개인의 삶의 질을 향상시키는 원동력이 되고 있다고 한다면 가사노동을 정당하게 사회적 평가를 받을 수 있도록 할 필요가 있다. 가사노동은 주부의 노동이 무급, 무가치한 것이 아니라는 것은 여성의 일 전반에 대한 사회적 평가에도 영향을 미치게 된다. 여성의 취업노동에 영향을 미치게 되어 여성의 사회적 활동에 있어서 경쟁력 강화로 작용될 수 있다는 것이다. 이러한 점을 감안하여 가사노동에 대한 재평가가 이루어져야 한다.

3. 가사노동의 경제적 평가

가사노동에 대한 가치를 인정할 것인가에 대해서는 다양한 견해가 제시되어 왔다. 가사노동을 인간생활에 필수적인 것이지만 비생산적 노동으로 보는 견해(E. Mendel, W. Secombe), 가사노동을 임금노동과는 다르지만 보충적 노동으로 보는 견해(I. Ostner), 가사노동을 생산적 노동으로 보는 견해(M. Benston) 등이 그것이다. 가사노동을 비생산적인 노동으로 보는 견해는 노동이 상품화되려면 사용가치와 교환가치를 지녀야 하는데 가사노동은 사용가치만을 가지고 있어 생산적 노동이 아니라고 한다. 가사노동을 보충적 노동으로 보는 견해는 가사노동과 임금노동은 서로가 다른 차원의 노동이지만 하나가 없으면 다른 하나도 성립할 수 없는 보완관계에 있는 노동 중의 하나라는 것이다. 비록 가사노동이 직접 제품생산을 하지 않지만 소모된 노동력을 재생시켜주는 역할을 하는 것으로 본다. 가사노동을 생산적 노동으로 보는 견해는 가사노동과 같이 노동력을 재생산하는 노동도 생산적인 일이며, 소모된 노동력을 재생된 노동력으로 전환시키는 역할을 하는 가사노동도 상품생산에 기여하는 가치를 생산한다고 볼 것을 주장한다.

가사노동을 비생산적인 것으로 보는 견해는 가사노동을 자본주의의 가시적인 제품생산에만 초점을 맞추어 보는 견해라 할 수 있다. 가사노동을 보충적 관계에 있는 것으로 보는 견해와 생산적 노동으로 보는 견해는 가사노동의 가치를 인정하려고 한 견해이지만 현실적으로 가사노동을 실질노동으로 파악하는 데에는 한계를 지닌 것이다. 가사노동을 생산적인 노동으로 본다면 가사, 자녀양육 등의 가사노동을 사회적 노동과 같이 상품성을 인정하는 평가방식을 사용하여 제시하지 못하고 있는 데에는 한계가 있다.

4. 가사노동의 평가방식

가사노동은 일의 내용이 단순하지 않고 눈에 보이지 않는 것으로 그것을 모두 비용으로 계산하는 것은 현실적으로 매우 어려운 문제가 아닐 수 없다. 그렇지만 가사노동은 전혀 무가치한 것이 아닌 것으로 이론적으로 제시될 수 있는 평가방식이 제시되고 있다.

1) 종합적 대체비용평가방식

이 방식은 주부의 가사노동을 하나의 종합적인 업무로 보아 이에 상응할 만한 직업에 해당하는 보수를 기준으로 비용을 계산하는 방식이다. 이 방식은 가사노동을 종합적으로 평가받을 수 있다는 점에서 합리적으로 보이지만 가사노동과 상응하는 종합적인 업무를 갖는 직업을 선택하는 데 문제가 있다.

2) 전문가 대체비용평가방식

이 방식은 가사영역에 속하는 각 작업을 분류한 다음 각 작업에 소요되는 시간을 측정한 후 노동시장에서 지급되는 평균임금을 업무별 근로시간에 적용시켜 계산하는 방식이다. 이 방식은 종합적 대체비용평가방식보다 합리적인 비교방식을 사용하고는 있지만 주부의 노동이 질적으로 양적으로 개인차가 있고 각 분야의 전문가가 하는 정도의 노동을 창출할 수 있을지가 문제가 될 수 있다.

3) 기회비용평가방식

이 방식은 주부가 취업을 할 경우에 벌어들일 수 있는 잠재소득을 가사노동의 가치로 산출하는 방식이다. 시간당 가사노동의 한계가치가 시장의 임금률과 같은 점에서 결정되므로, 주부가 취업을 하지 않고 가정에서 가사노동에 종사하는 것을 시장에서의 노동가치와 같은 것으로 보고 있다. 이 방식은 전문가대체비용평가방식과 같이 업무별 평균임금 산정과 같은 복잡한 문제는 없지만 가사노동의 특성상 가사내용은 거의 비슷하지만 주부 개개인의 활동능력에 따라 가사노동가치가 달리 평가될 수 있다는 점, 가사노동과 시장노동을 선택적으로 할 수 있는 것으로 가정한 점 등이 문제가 될 수 있다.

5. 가사노동의 가치와 법적 평가

1) 가사노동의 가치

가사노동의 경제적 가치에 대한 자료들은 차이가 있지만 여성의 가사노동에 대한 가치평가를 인정해 주어야 한다는 데에는 일치된 견해를 가진다.

삼성증권이 2007년 5월 21일 부부의 날 기념으로 국내 법원 판결 내용과 통계청 등 관련 기관 자료를 분석한 결과 내놓은 대한민국 전업주부들의 연봉은 2,100만~2,500만원 정도라고 한다. 한편 「2004 생활시간조사 종합분석결과 학술세미나」에서 발표한 논문 "여성 무급 가사노동의 가치평가와 가계생산의 국민소득 계정통합을 위한 연구"에서 전업주부의 무급가사노동 가치평가에서 월 1인당 약 111만원의 가치로 평가한 바 있다.

〈표 3-5〉 가사노동의 경제적 가치

구 분	전업주부의 경제적 가치(2004년)
무급가사노동가치	약 78조원(GDP 약 10.0%)
연간 1인당	약 1,337만원
월 1인당	약 111만원

자료: 위 세미나 자료, 2005.12.26, 9면

그리고 미국의 한 조사기관이 어머니날을 기념해 전업주부의 노동력을 서비스 제공업자의 연봉으로 계산한 조사에 의하면 미국 전업주부의 연봉은 13만 8,095달러, 우리 돈으로 약 1억 3,000만원이라고 책정되었다. 전업주부인 어머니는 요리사, 운전사 등 1인 10역을 동시에 수행하기 때문에 이 정도의 노동력을 사회에 제공하고 있다는 것이다.

현실적으로 우리나라에서 가사노동의 행태는 다양하게 이루어지고 있고 그 평가는 아주 낮은 수준에 있음을 알 수 있다.

또한 취업여성라 하더라도 주부가 하는 가사노동은 남편과 시부모 등 다른 사람의 도움을 받는 경우도 있지만 실제로 주부의 가사노동에는 그리 크게 도움을 주고 있는 것으로 나타나지 않고 있어 취업여성에게는 취업현장과 가정에서의 노동까지를 해결해야 하는 이중고를 안게 된다.

〈표 3-6〉 성인 남녀의 가사노동시간 비교

	평일		일요일	
	여성	남성	여성	남성
1999년	4시간 1분	30분	3시간 57분	47분
2014년	3시간 25분	39분	3시간 33분	1시간 13분

자료: 통계청 「2014 한국인의 생활시간 변화상」, 2014

2014년 통계청이 발표한 '한국인의 생활시간 변화상' 조사결과에 따르면 20세 이상 성인 남성은 하루 평균(평일 주말 포함) 47분 가사노동을 했고, 이는 15년 전인 1999년 33분에 불과했던 데 비해 크게 늘어난 것이라고 하였다. 같은 기간 동안 여성의 평균 가사노동 시간은 4시간 1분에서 3시간 28분으로 33분이 줄었다. 하지만 여전히 여성들의 하루 평균 가사노동 시간은 남성의 가사노동시간의 4.5배나 된다. 맞벌이 가정의 워킹맘은 2014년 기준 하루 4시간 55분을 일하고, 가사노동은 3시간 8분을 할애하였다.

외국과 비교해서도 한국 남성의 가사노동 시간은 적은 것으로 나타났다. 2013년 경제협력개발기구(OECD) 발표에 따르면 한국 남성의 하루 평균 가사노동 시간은 45분으로 인도(52분), 일본(62분), 중국(91분)보다 적었고, 덴마크(186분), 미국(161분) 등과 비교하면 1/4일 정도로 적은 것이다.

이 같이 여전히 집안에서의 가사노동은 여성의 몫이 되고 있고, 일하는 워킹맘은 사회 활동을 하면서 많은 시간을 가사노동에 매달려야하는 이중고에 시달리고 있다.

인구가 15년 전보다 증가한 것을 감안하면 여성의 경제활동 인구는 증가되었고 여성의 사회활동의 증가로 육아와 가사업무에 집중하는 부담이 증가되었다. 여성의 취업의 증가로 경제활동에 할애하는 시간이 많아졌음에도 불구하고 가사노동에 할애되는 시간은 여전히 줄지 않고 있고, 남편의 도움은 아주 적은 것을 확인할 수 있다.

이러한 상황은 노동시장의 경쟁에서 여성이 뒤지고 차별과 부당한 대우를 받는 원인으로 작용하게 되어 나아가서는 여성이 직업활동을 포기하게 만드는 결과를 가져오게 할 수 있다. 최근 남성의 육아를 위한 휴직을 활용하는 경우가 늘고 있는 점은 바람직한 현상이라 할 것이다.

현재 우리나라를 비롯해 각국의 법원은 모두가 가사노동의 경제적 가치를 인정하고 있지만 문제는 가사노동의 경제적 가치가 사회적 노동에 비하여 상대적으로 낮은 평가를 받고 있다는 점이다.

2) 가사노동의 법적 평가

가사노동의 비용평가가 그 특성상 어려운 점이 있지만 비용계산이 현실적으로 중요한 의미를 가지는 경우는 가사노동을 법적 평가 대상으로 보게 되는 경우이다.

주부가 사고를 당하여 노동능력을 상실하게 되는 경우 손해배상 및 손실보상을 청구하기 위한 기준으로 가사노동이 중요한 의미를 가지게 된다. 또한 가사노동은 이혼시 재산분할청구권을 행사하는 경우 주부의 재산형성 기여도의 산정을 위한 기준이 되고 있다.

전업주부로 생활하다가 이혼하게 되는 경우 재산분할을 청구하게 되는데, 이때 여성의 가사노동이 경제적으로는 어떻게 법적 평가가 이루어지고 있는 것일까.

법원은 재산분할비율을 결정하는데 있어서 나이, 결혼기간, 직업 보유형태, 미성년 자녀의 양육 유무 등을 중요한 고려 요인으로 참작하고 있다. 즉, 나이가 많을수록 결혼기간이 길수록, 여자의 수입이 많을수록 높은 기여도가 인정되어 재산분할비율은 많아지고, 여자가 미성년인 자녀의 양육자로 지정되었는지 여부, 생활비를 충당했는지 여부 등도 재산분할비율을 고려하는 요인으로 삼고 있다.

통계에 따르면 여자가 남자보다 수입이 많고, 여자가 적극적으로 재산의 증식 형성을 한 경우에는 50% 이상의 재산분할 비율이 인정되고 있다. 그러면 재산분할시 여자의 가사노동의 경제적 가치 평가는 어떻게 이루어지고 있을까.

최근 판결례에 의하면 전업주부로서 보통 20년 정도 결혼생활을 지속한 경우에 40%를 초과한 재산분할비율을 인정한 사건이 대다수이다. 이는 과거에 비해 전반적으로 더 높은 재산분할비율을 인정한 것으로 재산분할시 여자의 가사노동의 경제적 가치가 전보다는 더 높이 평가되고 있는 것이라 하겠다. 그러나 여전히 실무상 여자의 가사노동의 경제적 가치는 남자의 취업노동보다 낮게 평가되고 있다.

한편 법원은 사고로 인한 주부의 일실이익산정을 '소득상실산정방식'으로 계산하고 있다. 그리고 교통사고시에 주부의 노동력 상실에 대한 임금가치 평가도 도시일용직임금(2008년 기준, 34,360원)으로 계산되고 있다. 그리고 법원은 주부의 가사노동에 대한 경제적 가치를 인정하기도 하고 혹은 인정하지 않기도 하고 있어 일관성 있는 법원의 판단을 요한다고 하겠다.

가정에서 차지하는 가사노동의 중요성을 감안할 때 가사노동도 여성의 노동시장에서의 경제활동과 같이 법적인 평가가 이루어져야 한다. 또한 가사노동이 여성을 억압하는 노동이 아니라 모두에게 보람과 득이 될 수 있도록 하기 위하여 사회전반적인 변화가 있어야 한다. 가사노동은 여성의 전담물이 아니라 가족 모두가 공동으로 나눠야 할 노동으로 인식하는 의식의 변화와 가사노동의 법률, 세제 등의 개선으로 가사노동의 가치가 정당하게 평가되도록 하는 제도개선이 있어야 할 것이다.

[판례 3-15] 손해배상액의 범위-일실이익

(대구고법 1994.12.22. 선고 93나6158)

도시에서 거주하는 1946.2.7.생의 가정주부로서 그 나이 또래의 여성 평균여명이 32년 가량되고, 이 사건 사고에 대한 손해배상 합의가 이루어질 무렵인 1992년도의 도시일용 보통인부의 정부노임단가가 하루에 19,300원인 사실(원고 소송대리인은 1994.1.17. 이후부터의 일실소득은 그 무렵 보통인부의 노임단가를 기준으로 하고 있으나 원고의 피고 회사에 대한 보험금청구권은 위 손해배상합의시에 생기는 것이므로 그때를 기준으로 손해배상금을 산정하여야 한다), 망인의 생계비로 그의 수입 중 1/3 정도가 지출되고, 일용노동에 종사하는 자는 월 25일씩 60세까지 가동할 수 있음은 경험칙상 인정된다.

위 인정사실을 기초로 하여 망인이 이 사고로 입은 손해를 월 5/12푼의 비율에 의한 중간이자를 공제하는 호프만식 계산법에 따라 사고 당시의 현가로 산출하면 39,178,453원이 된다.

*계산(원고가 구하는 바에 따름)

1992.10.17. 부터 60세가 되는 2006.2.6.까지 159개월 간(원 미만 및 월 미만은 버림, 아래에 서도 같다.)

19,300원×25×2/3×121.7983=39,178,453원

[판례 3-16] 가정주부의 일실이익산정

(대법원 1987.10.26, 87다카346)

남편이 있는 아내가 사고로 인하여 사망하였을 때에도 그로 인한 재산상의 손해배상청구를 할 수 있음은 당연한 일이고 그 손해의 범위는 당해 주부가 오로지 가사에 종사해 온 사람인가, 가사 외에 다른 직업에도 종사해 오고 있었는가에 따라 다르다 하겠으나 오로지 가사에 종사해 온 주부라도 평균적인 가동불능연령까지는 여자고용노동자의 평균임금에 의하여 그 손해액을 인정함이 옳다 할 것이다.

원판결 이유에 의하면, 원심은 가정주부임이 명백한 피해자 이정숙의 손해액을 산정함에 있어 당해 피해자가 오로지 가사에 종사해 온 주부인가, 다른 직업도 가지고 있었는가에 대해서는 아무런 고려를 함이 없이 사고일에 가까운 1985.2. 현재의 성인여자 농촌일용노임에 의하여 일실이익을 산정하고 있으나 사실심의 변론과정에서 피고 소송대리인은 같은 피해자가 삼천포시내에 살고 있는 점을 들어 도시일용노동자의 임금에 의하여 손해액을 산정함이 옳다고 주장하고 있고 이것은 갑 제2호증에 의하여 뒷받침되고 있는데도 불구하고 아무런 이유설시도 없이 위와 같은 손해를 산정하고 있는 것은 손해액산정의 법리를 오해한 것이라 하지 않을 수 없고 이는 소송촉진등에관한특례법 제12조 제2항 소정의 파기사유에 해당한다 할 것이므로 이 점에 관한 피고의 상고논지는 이유있어 나머지 상고이유에 대한 판단을 할 필요도 없이 원판결 중 피고의 패소부분은 파기를 면치 못할 것이다.

[판례 3-17] 일실이익 산정 기준

(대법원 2009.8.20. 선고 2007다64877 판결)

노동능력상실률을 적용하는 방법에 의하여 일실이익을 산정할 경우, 그 노동능력상실률은 단순한 의학적 신체장애율이 아니라 피해자의 연령, 교육 정도, 종전 직업의 성질과 직업경력, 기능숙련 정도, 신체기능 장애 정도 및 유사직종이나 타직종에의 전업가능성과 그 확률 기타 사회적, 경제적 조건을 모두 참작하여 경험칙에 따라 정한 수익상실률로서 합리적이고 객관성 있게 정하여야 한다(대법원 2002. 9. 4. 선고 2001다80778 판결, 대법원 2004. 2. 27. 선고 2003다6873 판결 등 참조).

[판례 3-18] 주부의 가사노동인정

(대법원 2000.7.28, 2000다14101; 2000.9.29, 2000다25569)

"부부가 협의 이혼을 하면서 남편이 아내에게 이혼시 재산분할의 명목으로 그 주택을 양도하였다면, 이혼시 재산분할에 있어서는 가사노동의 가치가 인정되므로 분할의 액수가 상당한 범위를 초과하지 않는 한 채권자에 대한 사해행위가 되지 않는다"고 하여 아내의 가사노동을 평가하여 주택의 취득에 대한 기여를 인정한 판례이다.

[판례 3-19] 주부의 가사노동부정(대법원 1995.2.3, 94다51338)

혼인생활 10년 만에 집을 사 남편명의로 등기한 부부가 남편이 빚을 지게 되자 전업주부였던 아내에게 그 주택을 매도하는 계약을 체결하고 소유권이전등기를 하였는데 이 사실을 알게 된 채권자가 채권자취소청구의 소를 제기하자, 아내는 그 주택의 취득에 대한 자신의 기여를 주장하여 매매계약의 일부만(주택취득에 대한 남편의 기여부분)이 취소되어야 한다고 주장하였다.

그러나 법원은 이 경우 주택의 취득에 대한 아내의 기여(가사노동)를 인정하지 않았고, 따라서 매매계약 전체가 사해행위에 해당되어 취소되어야 한다는 취지로 판결하였다. 즉 재판부는 "피고(처)가 소외 갑(남편)과 30여년간 결혼생활을 하였고, 이 사건 부동산을 형성하는데 내조한 공헌이 있다는 사유만으로 이 사건 부동산이 소외 갑의 특유재산이라는 추정을 번복할 사유가 되지 못한다"고 하여 혼인 중 부부가 협력으로 형성한 재산의 경우에 가사노동을 통한 기여를 평가하지 않았다.

사례 해결

[사례 5]

결혼은 당사자 간 자유의사로 합치가 이루어지는 경우에 가능한 것으로 약혼을 하였다고 하더라도 결혼을 강제할 수는 없으며, A녀는 약혼을 해제하고 이로 인해 피해가 있다면 불법행위책임을 지우게 할 수 있다. 약혼 시 주고받았던 고가의 패물은 B남에게 귀책사유가 있으므로 돌려주지 않아도 된다.

[사례 6]

이혼은 혼인을 계속하기 어려운 중대한 사유가 생기는 경우에는 이혼을 할 수가 있다. 따라서 A녀가 이혼하지 않겠다고 하더라도 B남은 지나친 쇼핑 중독으로 가정생활을 하기 어려운 점을 적시하여 이혼을 청구할 수 있다. 이혼 시 아이의 양육은 부부가 협의하여 결정하고 합의가 이루어지지 않을 경우에 가정법원이 정한다. 부부간 공동재산은 분할을 청구할 수 있고, 위자료청구도 가능하다.

[사례 7]

이혼한 경우에 자녀의 양육은 부모의 협의로 정해지고 자녀를 직접 양육하지 않는 자는 면접교섭권을 가지는 것이 원칙이나 자의 복리를 위하여 필요한 경우에는 이를 제한하거나 배제할 수 있다. 이 경우 A남의 알코올 중독을 이유로 면접교섭권이 제한되거나 배제될 수 있고, 아들을 만나려면 알코올 중독에서 벗어나야 한다. 그리고 아이가 아빠와 살고 싶다고 하는 것으로 보아 B녀가 재혼 후 아이를 소홀히 함으로써 아이 양육에 영향을 끼치는 정도의 사정이 변경되었다고 한다면 A남은 언제든지 양육권자를 변경 또는 적당한 처분을 할 수 있다.

[사례 8]

갑녀는 혼수와 아이가 없는 것 등으로 배우자의 직계존속으로부터 부당한 대우를 받았으므로 이혼사유가 된다. 이혼을 하는 경우 재산은 각자의 명의로 된 재산은 각자가 소유하고, 결혼 후 이루어진 부부공동 소유의 재산에 대해 재산의 분할을 청구하고 위자료청구도 따로 할 수 있다. 아파트가 결혼 후 장만한 것으로 을남의 명의로 되어있다면 갑녀는 이에 대해 재산분할을 청구할 수 있지만, 시어머니의 재산으로 시어머니 명의로 되어 있다면 아파트에 대한 재산은 가질 수가 없다.

[사례 9]

B녀는 동거 중에 결혼신고를 하지 않았다면 법률상 어떤 권리도 생기기 않으므로 상속을 받을 수 없다. 만약 B와 A남이 동거 중에 결혼신고를 했다면 부의 재산 100억은 여동생과 A남이 50억씩 상속을 받게 된다. 그리고 B녀는 자녀와 모가 없으므로 A가 상속받은 50억을 고스란히 상속받을 수 있다.

[사례 10]

A녀가 이혼을 하려고 한다면 남편은 이혼을 원하지 않으므로 재판상 이혼을 청구하여 이혼을 할 수 있다. 그러나 계속 살려고 한다면 가정보호사건으로 처리하여 필요한 접근 제한, 사회봉사 수강명령, 보호관찰, 감호위탁, 치료위탁, 상담위탁 등의 보호처분을 통하여 행위자의 성행을 교정하여 정상적인 가정생활을 가능하게 할 수 있고, 가정폭력 시 가정보호사건으로 처리한 경우는 전과로 남지 않는다.

[사례 11]

A녀의 원치 않는 임신의 경우가 「모자보건법」상 낙태허용사유에 해당하면 낙태가 가능하나, 이에 해당하지 않는 개인적으로 원치 않는 임신의 경우라면 A녀와 의사B는 처벌을 받는다. A녀의 경우는 자기낙태죄로 1년 이하의 징역 또는 200만원 이하 벌금형으로 처벌받을 수 있고, 의사 B는 업무상 동의낙태죄로 2년 이하의 징역에 처하고 7년이하의 자격정지를 병과 받을 수 있다.

[사례 12]

혼인에 의해 맺어지는 부부관계에 있어서는 암묵적 동의이론, 면책이론 등에 의해 강간죄가 성립하지 않는다는 주장이 계속되어 왔지만, 많은 나라는 부부간강죄를 인정하고 있다. 우리나라는 1970년 판례가 부부간의 강간죄를 부정하였으나 최근 지방법원에서는 부부강간죄를 인정하였다. 아내 B는 남편 A를 강간죄로 고소할 수 있고, 이들 부부사이 문제 해결을 위해 가장 중요한 것은 서로의 의사를 존중하는 마음이라고 할 것이다.

[사례 13]

일반적으로 이혼을 하면서 재산분할을 청구하는 경우에 인정되는 비율은 20%~50%사이로 나타나고 있다. 이때 나이 결혼기간, 직업 보유형태, 미성년 자녀의 양육 유무 등이 재산분할비율을 결정하는데 중요한 요인으로 참작되고 있다.

갑남과 을녀가 이혼하면서 재산분할을 하는 경우에 을녀의 가사노동의 가치는 10억의 20%~40% 정도에서 이루어질 수 있다고 할 수 있다.

제4장 여성과 사회생활

제1절 형법상 성폭력

1. 형법상 성폭력의 처벌

형법은 개인의 성적 자기결정권을 침해하는 행위를 범죄로 규정하고 있다. 형법은 성폭력에 해당되어 처벌하는 범죄유형으로 강간죄, 강제추행죄, 준강간죄, 준강제추행죄를 규정하고 있다. 또한 이들 범죄를 범하여 사람을 상해하거나 상해에 이르면 강간 등 상해 치상죄로 처벌하고, 사람을 살해하거나 사망에 이르면 강간 등 살인치사죄로 벌하고 있다. 미성년자나 심신미약자를 간음하거나 추행한 경우와 13세 미만의 사람을 간음하거나 추행한 경우에 미성년자 등에 대한 간음·추행죄로 처벌하고 있다. 그리고 업무, 고용관계에 있는 자를 간음한 경우에 업무상 위력 등에 의한 간음죄로 처벌하고 있으며, 혼인빙자간음죄는 폐지되었다. 형법이 강간죄, 강제추행죄 등이 개인의 성적 자기결정권을 침해하는 범죄로 개인적 법익을 보호하는 범죄에 분류하여 규정하고 있지만 이외에도 성풍속을 해하는 죄는 개인적 법익보호만이 아니라 사회적 질서도 보호하는 범죄로 보아 사회적 법익에 대한 범죄로 분류하여 규정하고 있다.

2. 성폭력범죄의 분류

성폭력범죄는 행위의 유형에 따라 간음죄와 추행죄로 나누어 볼 수 있다. 간음죄는 성교행위를 수반하는 성폭력범죄를 말하며, 추행죄는 성교행위를 수반하지 아니하는 성폭력범죄를 말한다.

성폭력범죄를 그 수단과 방법에 있어서 폭행·협박 등으로 상대방의 반항을 억압하는 강제력을 수반하느냐의 여부에 따라 강간 및 강제추행죄와 준강간, 준강제추행죄 등으로 나눌 수 있다.

또한 성 관련 범죄를 형법상 규정형식에 의하여 성풍속에 관한 죄, 강간과 추행의 죄, 약취와 유인의 죄, 기타 성폭력범죄 등으로 나눌 수 있다.

3. 강간죄, 강제추행죄에 준한 처벌

(1) 단순간음만으로 처벌

일반적으로 강제가 아닌 성행위는 범죄가 되지 않는 것이 원칙이다. 강간죄는 폭행·협박으로 반항을 억압하고 강제로 여성을 간음함으로써 성립하는 범죄이므로, 폭행·협박을 행사하여 강제로 간음하는 경우가 아니라면, 강간죄가 성립될 여지가 없다.

그러나 피해자의 나이, 심신상태, 간음하는 자의 특수한 신분에 따라서는 아무런 폭행이나 협박을 하지 않고 간음만 하더라도 피해자의 의사에 반하는 간음으로 간주되어 간음 자체로서 강간죄에 준하여 엄하게 처벌하는 경우가 있다.

심신상실이나 항거불능상태에 있음을 이용하여 간음함으로써 성립하는 준강간죄, 미성년자 또는 심신미약자를 위계 또는 위력으로 간음한 경우의 미성년자 등에 대한 간음죄, 13세 미만의 사람을 간음한 경우에는 폭행, 협박, 위계, 위력 등의 수단을 쓰지 않았더라도 무조건 강간죄와 동일한 형으로 처벌하는 미성년자 강간죄, 업무, 고용, 기타 관계로 인하여 자기의 보호 또는 감독을 받는 사람을 위계 또는 위력으로 간음하는 업무상 위력 등에 의한 간음죄 등은 폭행, 협박이 없는 강간임에도 처벌할 수 있도록 규정하고 있다.

이는 정상적 판단능력이 없는 상태, 판단능력이 부족한 점, 약한 위치에 있는 사람들을 특별히 보호하려는 취지에서 두고 있는 규정이다.

(2) 강제가 아닌 추행의 처벌

일반적으로 당사자의 의사에 반하지 않는 추행행위는 범죄가 되지 않는 것이 원칙이다. 그러나 피해자의 나이나 심신상태 또는 추행하는 자의 특수한 신분에 따라서는 아무런 폭행이나 협박을 가하지 아니하고 추행만 하더라도 피해자의 의사에 반하는 추행으로 간주되어 강제추행죄에 준하여 엄중하게 처벌하는 경우가 있다.

심신상실이나 항거불능상태에 있음을 이용하여 추행함으로써 성립하는 준강제추행죄, 미성년자를 위계 또는 위력으로 추행함으로써 성립하는 미성년자 등에 대한 강제추행죄, 13세 미만의 자를 강제력을 행사하지 않고 추행한 경우의 미성년자 강제추행죄, 업무, 고용, 기타 관계로 인하여 자기의 보호 또는 감독을 받는 사람을 폭행이나 협박이 없더라도 위계나 위력으로 추행함으로써 성립하는 업무상 위력 등에 의한 강제추행죄 등이 그것이다.

4. 형법상 성폭력 범죄의 종류

1) 강간죄

(1) 강간죄 규정과 의미

형법 제297조는 "폭행 또는 협박으로 사람을 강간한 자는 3년 이상의 유기징역에 처한다"라고 강간죄를 규정하고 있다.

강간이란 폭행·협박으로 상대방의 반항이 현저히 어려운 상태에서 그 의사에 반하여 상대방을 간음하는 것으로 피해자의 성적 자기결정권을 침해하는 범죄이다. 강간죄는 '성기가 삽입된 경우'에 한하여 성립되고 이물질의 삽입이나 성기가 아닌 구강 등을 사용한 경우나 각종 변태적인 성행위, 동성 간의 성폭력 등은 '추행의 죄'로 처벌되는 것이 원칙이다.

(2) 강간죄의 객체

기존 형법이 강간죄의 객체를 여성에 한정하고 있는 것에 대해 논란이 있어 왔다. 개정 형법 당시도 강간죄의 주체는 남성이지만 여성도 남성과 공동정범이 되거나 혹은 남성을 이용하여 여성을 강간하도록 하는 경우에는 그 주체가 될 수 있었다. 기존 형법이 행위의 객체를 여성에게만 한정하고 있어 여성이 남성에게 혹은 남성이 남성에게 가하는 성폭력을 처벌하지 못하는 것에 대한 문제가 있었다. 이 규정이 여성에게 불리한 조항은 아니나 성차별적 내용이 포함되어 있다고 할 수 있다는 주장이 끊임없이 제기되어 개정 형법에서는 강간죄의 객체를 부녀에서 사람으로 변경하였다. 이로써 여성은 물론 남성도 강간죄의 객체가 될 수 있게 되었다.

(3) 강간죄의 폭행·협박정도

동일한 폭행·협박을 이용하여 수회 간음한 때에는 단순일죄로 처벌한다. 1인이 간음하고 다른 사람은 폭행·협박을 한 경우는 모두 공동정범으로 처벌한다.

강간이 되기 위해서는 저항하기 곤란할 정도의 폭행 또는 협박이 있어야 한다는 해석에 대해서는 남성 중심적 성문화에 기초한 것으로 범죄자의 행동보다도 피해자의 의사와 반항여부에 초점을 맞추어야 한다.

2) 강제추행죄

형법은 폭행 또는 협박으로 사람에 대하여 추행한 자를 강제추행죄로 처벌하고 있다.

강제추행죄는 피해자의 고소가 있어야 검사가 공소를 제기할 수 있는 친고죄로, 그 피해자는 남자와 여자를 모두 포함한다. 강제추행죄에서 추행이란 성욕을 만족시키거나 성욕을 자극하기 위하여 상대방이 성적 수치심이나 혐오감을 불러일으키는 일체를 말한다.

3) 준강간죄 · 준강제추행죄

사람의 심신상실 또는 항거불능 상태를 이용하여 간음 또는 추행을 한 경우에 성립하는 범죄이다. 이는 성적 거부의사를 자유롭게 표명하지 못하는 자에게 간음이나 추행을 한 자를 처벌하기 위한 것으로 미수범도 처벌한다. 여기서 '심신상실'이란 사물에 대한 변별이나 의사결정능력이 없는 자와 일시적으로 의식장애에 빠진 자도 포함한다. 예컨대 수면 중에 있거나 일시적으로 의식을 잃고 있는 부녀의 경우도 심신상실에 해당한다. '항거불능'이란 심신상실 이외의 사유로 심리적으로나 육체적으로 반항이 불가능한 경우를 말한다. 예컨대 의사가 자기를 신뢰한 여자환자를 치료하는 것처럼 하면서 간음이나 추행을 한 경우도 항거불능에 해당한다.

4) 미성년자 등 강간 · 강제추행죄

미성년자 또는 심신미약자를 위계 또는 위력으로써 간음 또는 추행을 한 자는 5년 이하의 징역에 처한다. 여기서 미성년자라 함은 13세 이상 19세 미만인 자(2013.7.1.부터)를 말하며 미성년자라도 혼인한 자는 성년으로 의제되므로 미성년자에 포함되지 않는다.

형법은 13세 미만의 부녀를 간음하거나 13세 미만의 사람에게 추행을 한 자는 강간죄 · 강제추행죄와 같이 처벌하는 미성년자 의제강간 · 강제추행죄를 규정하고 있다. 이러한 미성년자 의제강간 · 강제추행죄는 아동들을 성적 도구로 전락시킬 위험으로부터 보호하려는 것이 그 입법취지이다.

5) 강간치사상죄 등

강간죄, 강제추행죄, 준간강죄, 준강제추행죄를 범하는 과정에서 사람을 상해하거나 상해에 이르게 한 자는 무기 또는 5년 이상의 징역에 처한다. 그리고 이와 같은 죄를 범하다가 사람을 살해한 자는 사형 또는 무기징역에 처한다. 이에 대해 특수강간 · 강제추행치사상죄는 이보다 가중하여 무기 또는 7년 이상의 징역에 처하도록 하고 있다.

판례는 강간으로 인한 처녀막 파열, 성병감염, 0.1mm 정도의 회음부 찰과상 등에 대해서 강간치상죄를 인정하고 있다.

본죄는 미수범도 처벌하며 비친고죄로 피해자의 고소여부와 상관없이 처벌할 수 있다.

[판례 4-1] 혼인빙자간음죄의 위헌성(형법 제304조 위헌소원)-위헌결정
(헌재 2009. 11. 26. 2008헌바58, 2009헌바191(병합) 전원재판부)

ㅁ 사건의 개요

(가)청구인 양○석은 배우자와 혼인신고하여 그 사이에 2명의 자녀가 있는 자인바, 2005. 12. 30.부터 2008. 2. 1.까지 사이에 76회에 걸쳐 혼인을 빙자하여 음행의 상습없는 이○아를 각 간음하고, 2007. 5. 27.부터 2008. 2. 3.까지 사이에 58회에 걸쳐 혼인을 빙자하여 음행의 상습없는 이○아를 각 간음하였다는 이유로 형법 제304조의 혼인빙자간음죄로 기소되었다.

(나) 청구인 양○석은 1심(서울동부지방법원 2008고단3301) 계속 중에 혼인빙자간음죄를 처벌하는 형법 제304조가 헌법상 사생활의 비밀과 자

유를 침해하고 평등원칙에 위반된다는 등의 이유로 위헌심판제청신청(2009초기546)을 하였는데, 1심 법원은 2009. 7. 16. 위 위헌심판제청신청을 기각함과 동시에 청구인 양○석에 대하여 위 공소사실을 모두 유죄로 인정하고 징역 10월을 선고하였다.

□ 심판의 대상

【심판대상조문】

형법(1953. 9. 18. 법률 제293호로 제정되고, 1995. 12. 29. 법률 제5057호로 개정된 것) 제304조 (혼인빙자 등에 의한 간음) 혼인을 빙자하거나 기타 위계로써 음행의 상습 없는 부녀를 기망하여 간음한 자는 2년 이하의 징역 또는 500만 원 이하의 벌금에 처한다.

이 사건의 심판대상은 형법 제304조[1] 중 "혼인을 빙자하여 음행의 상습없는 부녀를 기망하여 간음한 자" 부분(이하에서는 이 부분만을 '이 사건 법률조항'이라 한다)의 위헌 여부이고, 그 내용은 다음과 같다

□ 결정이유의 요지[위헌의견]

○ 입법목적의 정당성 여부

이 사건 법률조항의 경우 입법목적에 정당성이 인정되지 않는다. 남성이 위력이나 폭력 등 해악적 방법을 수반하지 않고서 여성을 애정행위의 상대방으로 선택하는 문제는 그 행위의 성질상 국가의 개입이 자제되어야 할 사적인 내밀한 영역인데다 또 그 속성상 과장이 수반되게 마련이어서 우리 형법이 혼전 성관계를 처벌대상으로 하지 않고 있으므로 혼전 성관계의 과정에서 이루어지는 통상적 유도행위 또한 처벌해야 할 이유가 없다.

○ 성적 자기결정권 등

여성이 혼전 성관계를 요구하는 상대방 남자와 성관계를 가질 것인가의 여부를 스스로 결정한 후 자신의 결정이 착오에 의한 것이라고 주장하면서 상대방 남성의 처벌을 요구하는 것은 여성 스스로가 자신의 성적자기결정권을 부인하는 행위이다. 또한 혼인빙자간음죄가 다수의 남성과 성관계를 맺는 여성 일체를 '음행의 상습 있는 부녀'로 낙인찍어 보호의 대상에서 제외시키고 보호대상을 '음행의 상습없는 부녀'로 한정함으로써 여성에 대한 남성우월적 정조관념에 기초한 가부장적 · 도덕주의

1) 1953. 9. 18. 법률 제293호로 제정되고, 1995. 12. 29. 법률 제5057호로 개정된 것.

적 성 이데올로기를 강요하는 셈이 된다. 결국 이 사건 법률조항은 남녀평등의 사회를 지향하고 실현해야 할 국가의 헌법적 의무(헌법 제36조 제1항)에 반하는 것이자, 여성을 유아시(幼兒視)함으로써 여성을 보호한다는 미명 아래 사실상 국가 스스로가 여성의 성적자기결정권을 부인하는 것이 되므로, 이 사건 법률조항이 보호하고자 하는 여성의 성적자기결정권은 여성의 존엄과 가치에 역행하는 것이다.

○ 과잉금지원칙 위배 여부

결혼과 성에 관한 국민의 법의식에 많은 변화가 생겨나 여성의 착오에 의한 혼전 성관계를 형사법률이 적극적으로 보호해야 할 필요성은 이미 미미해졌고, 성인이 어떤 종류의 성행위와 사랑을 하건, 그것은 원칙적으로 개인의 자유 영역에 속하고, 다만 그것이 외부에 표출되어 명백히 사회에 해악을 끼칠 때에만 법률이 이를 규제하면 충분하며, 사생활에 대한 비범죄화 경향이 현대 형법의 추세이고, 세계적으로도 혼인빙자간음죄를 폐지해 가는 추세이며 일본, 독일, 프랑스 등에도 혼인빙자간음죄에 대한 처벌규정이 없는 점, 기타 국가 형벌로서의 처단기능의 약화, 형사처벌로 인한 부작용 대두의 점 등을 고려하면, 그 목적을 달성하기 위하여 혼인빙자간음행위를 형사처벌하는 것은 수단의 적절성과 피해의 최소성을 갖추지 못하였다.

이 사건 법률조항은 개인의 내밀한 성생활의 영역을 형사처벌의 대상으로 삼음으로써 남성의 성적자기결정권과 사생활의 비밀과 자유라는 기본권을 지나치게 제한하는 것인 반면, 이로 인하여 추구되는 공익은 오늘날 보호의 실효성이 현격히 저하된 음행의 상습없는 부녀들만의 '성행위 동기의 착오의 보호'로서 그것이 침해되는 기본권보다 중대하다고는 볼 수 없으므로, 법익의 균형성도 상실하였다.

□ 결론

결국 이 사건 법률조항은 목적의 정당성, 수단의 적절성 및 피해최소성을 갖추지 못하였고 법익의 균형성도 이루지 못하였으므로, 헌법 제37조 제2항의 과잉금지원칙을 위반하여 남성의 성적자기결정권 및 사생활의 비밀과 자유를 과잉제한하는 것으로 헌법에 위반된다.

□ [합헌의견]–재판관 3인의 합헌의견

이 사건 법률조항이 부녀만 보호대상으로 규정한 이유는 여자가 남자에 대하여 혼인을 빙자하는 경우에는 남자의 성적자기결정권이 침해될 가능성이 적다고 보았기 때문인데, 남녀는 신체구조가 다르고 성관계에 대한 윤리적·정서적 인식에도 차이가 있는 점을 고려하면, 이러한 입법자의 판단이 남녀를 불합리하게 차별하는 것이라고 보기 어렵다. 또한 혼인빙자의 상대가 음행의 상습없는 부녀인 경우에는 음행의 상습 있는 부녀의 경우보다 혼인빙자로 인하여 기망에 빠져 정교에 응할 가능성이 크다고 본 것이므로, 음행의 상습 있는 부녀를 불합리하게 차별한다고 보기 어렵고, 가부장적 정조관념이나 부녀의 혼전 순결을 강요하는 것이라고 볼 수 없다.

혼인을 빙자하여 부녀를 간음하는 행위는 자신만의 영역을 벗어나 다른 인격체의 법익을 침해하는 행위이기 때문에 자기결정권의 내재적 한계를 벗어나는 것이고, 따라서 이 사건 법률조항이 혼인을 빙자하여 음행의 상습없는 부녀를 간음한 남자의 성적자기결정권을 침해한다고 볼 수는 없다. 또한 남성이 혼인할 의사가 없으면서 혼인하겠다고 속이는 행위까지 헌법 제17조에 의하여 보호되는 사생활에 속한다고 할 수는 없으므로, 남자가 혼인빙자행위라는 부정한 수단을 사용한 이상, 상대방 부녀가 서싯을 알아자리지 못한 과실이 있다고 하여 혼인빙자 간음행위의 가벌성을 부정할 수 없다.

남자의 혼인빙자로 인하여 여자가 속아서 정교에 응하여 피해를 입었다고 고소하는 경우에는 사생활의 영역과 기본권의 내재적 한계를 벗어나 사회질서 침해의 문제로 표출된 것이므로, 이러한 단계에서는 사회질서 유지의 필요성이 당사자들의 사생활을 보호할 필요성보다 훨씬 크다. 또한 개인의 사생활이 타인의 법익을 침해할 경우에는 순전한 개인의 영역을 벗어나는 것이고 기본권의 내재적 한계를 벗어나는 것이기 때문에 그 한도에서 헌법 제17조의 보호범위를 벗어난다고 봄이 상당하므로, 남자가 혼인을 빙자하여 부녀를 간음한 행위를 처벌한다고 하여 법익균형이 잘못되었다고 볼 수 없다.

혼인빙자행위와 정교 동의 및 정교 사이에 인과관계가 인정되어 가벌성이 뚜렷한 경우만 처벌하기 위한 것으로서 합리적인 이유가 있다고 할 것이므로, 평등의 원칙에 위반된다고도 보기 어렵다.

□ [합헌의견 보충의견]-재판관 1인의 보충의견

이 사건 법률조항이 남녀간의 은밀한 사통 행위 자체를 처벌하는 조항이라면 모르되, 피해 부녀가 상대방의 위계, 기망에 의한 피해를 입고 상대방에 대한 조사 및 처벌을 적극적으로 요청(이 사건 죄는 친고죄이다)하는 경우를 남녀간의 내밀한 사사(私事)에 불과하다고 하여 국가가 개입해서는 안되는 영역이라고 할 수 없다.

우리 사회의 여성들 모두가 더 이상 헌법이나 법률의 보호와 배려를 필요로 하지 않게 되었다고는 볼 수 없고, 아직도 헌법이나 법률의 보호와 배려를 필요로 하는 소수의 여성들이 존재한다고 보는 이상, 이 사건 법률조항을 지금 시점에서 서둘러 폐기하여야 한다고 할 수는 없다.

이 사건 법률조항은 오직 남성이 여성을 쾌락의 대상으로 여겨 혼인의 사도 없이 혼인빙자의 위계로써 기망하여 성관계를 편취하는 반사회적인 행위를 제재하는 것일 뿐인바, 이러한 점들을 무시하고 이 사건 법률조항이 남성의 성적 자기결정권을 침해하는 것이라고 한다면 이는 결과적으로 성관계에 관하여 위계, 기망, 편취의 자유를 인정하는 셈이 될 것이며, 이것이 부당함은 명백하다.

헌법재판소는 형법 제304조 위헌소원(2002. 10. 31. 99헌바40, 2002헌바50(병합) 전원재판부)에서 혼인빙자간음죄를 합헌으로 선언한 판례를 2009년 판결에서 이를 위헌으로 판단하였다.

[판례 4-2] 성전환자 강간죄객체

(대법원 2009.9.10. 선고 2009도3580 판결 (주거침입강간등))

□ 사건의 개요

피해자는 성장기부터 남성에 대한 불일치감과 여성으로의 귀속감을 나타내었고, 성인이 된 후 의사의 진단 아래 성전환수술을 받아 여성의 외부 성기와 신체 외관을 갖추었고, 수술 이후 30여 년간 여성으로 살아오면서 현재도 여성으로서의 성정체성이 확고하여 남성으로 재전환할 가능성이 현저히 낮고, 개인생활이나 사회생활에서도 여성으로 인식되어, 결국 사회통념상 여성으로 평가되는 성전환자에 해당한다고 봄이 상당하고, 이 사건 피고인도 피해자를 여성으로 인식하여 강간범행을 저질렀다.

□ 판시 사항

[1] 강간죄의 객체인 부녀로 인정하기 위한 법률적 성(성)의 결정 기준
[2] 성전환자가 출생시와 달리 전환된 성을 법률적 성으로 평가받을 수

있는 경우
[3] 성전환자가 강간죄의 객체인 '부녀'에 해당한다고 한 사례

ㅁ 판결이유의 요지[합헌의견]

[1] 강간죄의 객체는 부녀로서 여자를 가리키는 것이므로, 강간죄의 성립을 인정하기 위하여는 피해자를 법률상 여자로 인정할 수 있어야 한다. 종래에는 사람의 성을 성염색체와 이에 따른 생식기·성기 등 생물학적인 요소에 따라 결정하여 왔으나, 근래에 와서는 생물학적인 요소뿐 아니라 개인이 스스로 인식하는 남성 또는 여성으로의 귀속감 및 개인이 남성 또는 여성으로서 적합하다고 사회적으로 승인된 행동·태도·성격적 특징 등의 성역할을 수행하는 측면, 즉 정신적·사회적 요소들 역시 사람의 성을 결정하는 요소 중의 하나로 인정받게 되었으므로, 성의 결정에 있어 생물학적 요소와 정신적·사회적 요소를 종합적으로 고려하여야 한다.

[2] 성전환증을 가진 사람의 경우에도 남성 또는 여성 중 어느 한쪽의 성염색체를 보유하고 있고 그 염색체와 일치하는 생식기와 성기가 형성·발달되어 출생하지만, 출생 당시에는 아직 그 사람의 정신적·사회적인 의미에서의 성을 인지할 수 없으므로, 사회통념상 그 출생 당시에는 생물학적인 신체적 성징에 따라 법률적인 성이 평가된다. 그러나 출생 후의 성장에 따라 일관되게 출생 당시의 생물학적인 성에 대한 불일치감 및 위화감·혐오감을 갖고 반대의 성에 귀속감을 느끼면서 반대의 성으로서의 역할을 수행하며 성기를 포함한 신체 외관 역시 반대의 성으로서 형성하기를 강력히 원하여, 정신과적으로 성전환증의 진단을 받고 상당기간 정신과적 치료나 호르몬치료 등을 실시하여도 여전히 위 증세가 치유되지 않고 반대의 성에 대한 정신적·사회적 적응이 이루어짐에 따라, 일반적인 의학적 기준에 의하여 성전환수술을 받고 반대 성으로서의 외부 성기를 비롯한 신체를 갖추고, 나아가 전환된 신체에 따른 성을 가진 사람으로서 만족감을 느끼며 공고한 성정체성의 인식 아래 그 성에 맞춘 의복, 두발 등의 외관을 하고 성관계 등 개인적인 영역 및 직업 등 사회적인 영역에서 모두 전환된 성으로서의 역할을 수행함으로써 주위 사람들로부터도 그 성으로서 인식되고 있으며, 전환된 성을 그 사람의 성이라고 보더라도 다른 사람들과의 신분관계에 중대한 변동을 초래하거나 사회에 부정적인 영향을 주지 아니하여 사회적으로 허용

된다고 볼 수 있다면, 이러한 여러 사정을 종합적으로 고려하여 사람의 성에 대한 평가 기준에 비추어 사회통념상 신체적으로 전환된 성을 갖추고 있다고 인정될 수 있는 경우가 있다. 이와 같은 성전환자는 출생시와는 달리 전환된 성이 법률적으로도 그 성전환자의 성이라고 평가받을 수 있다.
[3] 성전환자를 여성으로 인식하여 강간한 사안에서, 피해자가 성장기부터 남성에 대한 불일치감과 여성으로의 성귀속감을 나타냈고, 성전환 수술로 인하여 여성으로서의 신체와 외관을 갖추었으며, 수술 이후 30여년간 개인적·사회적으로 여성으로서의 생활을 영위해 가고 있는 점 등을 고려할 때, 사회통념상 여성으로 평가되는 성전환자로서 강간죄의 객체인 '부녀'에 해당한다고 한 사례이다.

[판례 4-3] 강간죄의 객체를 부녀만으로 볼 것인가에 대한 판단기준
(대법원 1967.2.28. 선고 67도1 판결)

강간죄에 있어서 그 객체를 부녀로 한 것은 남녀의 생리적, 육체적 차이에 의하여 강간이 남성에 의하여 감행됨을 보통으로 하는 실정에 비추어 사회적, 도덕적 견지에서 피고자인 부녀를 보호하려는 것이고 이로 인하여 일반 사회관념상 합리적인 근거없는 특권을 부녀에게만 부여하고 남성에게 불이익을 주었다고는 할 수 없다 할 것이다.

[판례 4-4] 강간죄의 폭행, 협박의 정도 및 판단자료

1. 피고인이 피해자를 간음하려 한 때의 상황이나 전후의 사정이 그와 같다면 피고인은 다만 피해자의 의사에 반하는 정도의 유형력을 행사하여 피해자를 간음하려 하였음에 불과하고, 그 유형력의 행사가 피해자의 반항을 현저히 곤란케 할 정도에까지 이른 것은 아니라고 봄이 상당하다 할 것이다(대법원 1990.12.11, 90도2224).

2. 강간죄가 되기 위하여는 가해자의 폭행 또는 협박이 피해자의 항거를 불능하게 하거나 현저히 곤란하게 할 정도의 것이어야 하고, 그 폭행 또는 협박이 피해자의 항거를 불능하게 하거나 현저히 곤란하게 할 정도의 것이었는지 여부는 유형력을 행사한 당해 폭행 및 협박의 내용과 정도는 물론이고, 유형력을 행사하게 된 경위, 피해자와의 관계, 성교 당시의 정황 등 제반사정을 종합하여 판단하여야 한다(대법원 1992.4.14, 92도259).

제2절 형사 특별법상 성폭력

[사례 14] 친족관계 성폭력문제

A녀의 어머니는 A녀가 15세가 되던 해 의붓아버지 B와 재혼하였고, 의붓아버지는 그 후 어느 날부터 A녀를 성폭행을 하기 시작해 대학 때까지 계속되었다. A녀는 남자친구에게 이 사실을 털어놓자 남자친구 C남은 그 자는 사람이 아니라고 살해하기로 하였다. A녀가 만반의 준비를 하고 C남이 의붓아버지 B를 살해하려고 하였으나 실패로 돌아갔다. 이 사안은 어떻게 해결해야 할까?

1. 성폭력에 관한 법[2)]

1) 성폭력의 개념과 유형

(1) 성폭력의 개념과 구별개념

① 성폭력의 개념

성폭력(sexual Violence), 성범죄(sexual Crime) 등 성적 침해(sexual Violation)에 대해서는 정확한 구분이 없이 사용하고 있고, 성범죄에 성희롱이 포함되어 있는지 여부 등 성적 침해를 둘러싼 개념상에 혼란이 있어 이를 정리해 볼 필요가 있다. 성폭력은 성적 침해행위로 매스컴에서 보는 성폭력은 훨씬 포괄적이고 그 한계가 모호하다. 강간을 성폭행으로, 강간, 강제추행, 성희롱 등 일체 피해자의 의사에 반하는 성적 침해를 성폭력으로 보고 있는 경향이다.

넓은 의미의 성폭력이란 강간, 윤간, 강도·강간뿐 아니라 성추행, 언어적 희롱, 음란전화, 성기노출, 어린이 성추행, 부부강간(marital rape)

2) 「성폭력범죄의 처벌 등에 관한 특례법」과 「성폭력방지 및 피해자보호 등에 관한 법률」을 통칭한다.

등 상대방의 의사에 반(反)하여 가하는 성적행위로 모든 신체적, 언어적, 정신적 폭력을 포괄하는 광범위한 개념을 말한다. '상대방의 의사에 반한다'는 것은 상대방이 원치 않거나 거부하는 행위를 계속하거나 강요하는 것을 의미한다. 따라서 상대방으로 하여금 성폭력에 대한 막연한 불안감이나 공포감을 조성할 뿐 아니라 그것으로 인해 행동제약을 유발시키는 것도 간접적인 성폭력이라고 할 수 있다. 성폭력을 넓은 의미로 파악할 때는 폭행·협박이나 전화·컴퓨터·통신·카메라 등을 이용하여 상대방에 대하여 성적 해악을 고지하거나, 음란한 언어·영상 등을 송부함으로써 성적 수치심을 유발하게 하는 등 개인의 성적 자기결정과 자유를 침해하는 행위로, 성적으로 가해지는 모든 폭력을 말한다. 여기에는 직접 성적인 폭력이 가해지는 것이 아닌 간접적인 성폭력도 포함한다.

이에 대해 좁은 의미의 성폭력은 상대방의 의사에 반하여 신체적 또는 정신적 손상이나 고통을 주는 성적인 폭력을 가함으로써 인간으로서의 존엄과 성적 자기결정권을 침해하는 행위를 말한다.

성적 침해는 형법상 강간·강제추행죄, "성폭력에 관한 법", 「성매매방지 및 피해자보호 등에 관한 법률」, 「아동복지법」, 「아동·청소년의 성보호에 관한법률」 등에서 다루어지고 있다.

형법에서 폭력은 일반적으로 유형력의 행사를 의미하며 성범죄가 반드시 폭력적 방법을 포함하는 것은 아니다. 즉 형법상 성범죄는 ① 폭력적 방법에 의해 성적 자기결정권을 침해하는 것으로 물리적 강제, 심리적 강제가 가능한 범죄와 ② 폭력적 방법이 아닌 지배적 성윤리를 침해하는 풍속범죄를 규정하고 있어 형법상 성범죄는 반드시 폭력적 방법을 포함하지는 않는다.

성폭력이란 용어는 1994년 4월 1일부터 시행된 「성폭력범죄의 처벌 및 피해자보호 등에 관한 법률」에서 사용되기 시작하였다. 동법에는 성폭력의 의미에 대해서 설명하는 구체적인 규정이 없고, 해당 범죄를 나열함으로써 개념규정을 대신하고 있다. 즉 동법률에서는 형법상 강간·

강제추행 등의 죄를 성폭력범죄로 규정하고 있다.

② 성폭력과의 구별개념

가. 성폭력과 성희롱

성폭력은 피해자 본인의 의사에 반하는 일체의 '성범죄 행위'를 의미하는 것으로 범죄가 성립하는 경우를 말한다. 이에 대해 성희롱은 범죄의 성립은 되지 않지만 피해자의 의사에 반하여 일방적으로 이루어진 경우에 성립할 수 있는 것으로 민사상 불법행위가 된다. 그러나 성폭력상담소의 견해와 같이 넓은 의미의 성폭력에 성희롱을 포함시키는 경우도 있다.

법률에 규정된 '성희롱'의 개념은 고용 및 직장을 중심으로만 규정하고 있을 뿐 고용관계에 있지 않은 경우에는 해당되지 않는 개념이다. 그리고 성폭력은 형사상 범죄행위로 처벌되지만, 성희롱은 성폭력은 아니어서 형사상 문제는 되지 않는다. 그렇지만 성희롱이라고 판단되는 경우에 경범죄처벌법이나 민사상 불법행위로 인한 손해배상책임을 지울 수가 있게 된다.

나. 성폭력과 성범죄

성폭력은 피해자 본인의 의사에 반하여 이루어지는 성범죄행위를 말한다. 간음과 추행, 그리고 이에 관련된 모든 행위는 성폭력이며, 성폭력범죄는 이러한 행위에 해당하는 성범죄를 총체적으로 일컫는 말이다.

성범죄는 성폭력범죄 이외에도 성과 관련하여 이루어지는 범죄행위를 총칭하는 말이다. 성범죄는 형법, 특별법 등에서 규정하는 성폭력범죄 이외에도 결혼목적의 약취·유인죄나 결혼한 자가 자신의 배우자가 아닌 자와의 성교행위를 하는 간통죄, 성을 매개로 금품을 주고받는 성매매 등과 본인의 의사로 이루어지는 행위이지만 성풍속을 해하는 행위 등도 처벌하는 범죄이다. 따라서 일반적으로 성범죄라고 하는 경우에는 이러한 성과 관련하여 이루어지는 모든 범죄를 말하는 것으로 성폭력도 성범죄의 범주에 드는 것이다.

다. 성폭력과 일반폭력

폭행죄는 폭행의 고의로 사람의 신체에 대하여 유형력을 행사하여 행하는 범죄이다. 가장 넓은 의미의 폭행은 사람 혹은 물건에 대해 유형력을 행사하는 모든 경우를 말한다. 좁은 의미의 폭행은 사람의 신체에 대한 유형력의 행사로, 폭행죄와 특수공무원폭행죄의 폭행을 말하며, 가장 좁은 의미의 폭행은 상대방의 반항을 불가능하게 하거나 현저히 곤란할 정도의 가장 강력한 유형력의 행사로, 강간죄, 강도죄의 폭행을 말한다. 여기서도 강도죄의 폭행은 상대방의 반항을 불가능하게 할 정도로 보는 반면, 강간죄의 그것은 이를 현저하게 곤란하게 하는 정도로 보고 있어 논란이 많았다.

(2) 성폭력의 유형

성폭력은 그 피해자가 아동에서 청소년, 성인에 이르기까지 다양하며, 성폭력도 주로 아는 사람을 통해 이루어지고 있다는데 유의할 필요가 있다. 성폭력은 강간, 강제추행이 비슷한 비율로 발생하고, 일반적으로 내용에 따른 성폭력의 유형으로는 아동 성폭력, 청소년 성폭력, 친족 성폭력, 데이트 성폭력, 직장 내 성폭력, 학내 성폭력, 사이버 성폭력 등으로 나눌 수 있다.

① 아동 성폭력

아동 성폭력이란 일반적으로 만 13세 미만의 유아(1~7세), 학령기 아동(8~13세)에게 가해지는 성폭력을 말하며, "아동 성학대(child sexual abuse)"라는 용어로 사용되기도 한다. 아동 성폭력은 강간, 성추행이 주를 이루며, 피해는 여아뿐만 아니라 남아에게도 나타난다. 아동 성폭력은 주로 친족, 학교나 동네 주변사람, 학교교사나 학원강사, 경비원, 학교 및 학원의 기사 등 약 80% 이상이 아는 사람에 의해 발생하는 것이 특징이다. 피해 장소는 피해자나 가해자의 집, 공동거주지, 공원, 놀이터, 엘리베이터, 아파트 지하실 등에서 발생하며, 주로 안전하다고 생각되어지는 장소에서 많이 일어나고 있다. 유인방법으로는 위협,

흉기, 구타, 납치, 침입 등에 의한 폭력적인 방법과 회유, 질문, 놀이, 금품제공 등에 의한 비폭력적인 방법을 사용하지만 폭력적인 방법이 많다. 또한 아동 성폭력은 피해자가 어린이들로 물리적, 심리적으로 취약하고 무력한 상태를 악용해서 일어난다. 피해아동은 자신에게 일어난 피해가 성폭력이라는 것을 인식하는데 어려움이 있고 두려움과 공포심 등으로 이를 입증하는데 어려움이 있다.

② 청소년 성폭력

청소년 성폭력이란 만 13세 이상 19세 미만의 청소년에게 발생하는 성폭력을 의미한다. 청소년 성폭력은 아동이나 성인의 성폭력 피해에 비해 윤간이나 강도강간 등 특수강간의 비율이 높고 다른 연령층과 비교할 때 친족, 선배나 동급생, 교사나 강사 등에 의한 피해의 비율이 높다. 그리고 청소년 피해자들은 동년배나 선배 등 평소에 알고 지내던 사람들, 또는 미팅, 채팅으로 만난 사람들과의 만남에서 원치 않는 성적 피해를 당하는 경우가 많다. 아동 성폭력에 대해서는 아동의 동의여부, 저항여부와 관계없이 성폭력 범죄로 취급되어 엄한 처벌을 받는데 비해 청소년 성폭력의 경우에는 때때로 동의된 성관계로 오인 받아, 피해자에 대한 비난 여론이 형성되기도 한다. 이는 현재의 청소년들이 성에 대해 어느 정도의 판단 능력과 방어 능력이 있다는 통념에서 비롯된 것이다.

③ 친족 성폭력

친족 성폭력은 친족에 의해 일어나는 성추행에서 강간까지를 포함하는 성폭력을 말하며, 친족의 범위는 4촌 이내의 혈족, 2촌 이내의 인척으로 한정되고 있다. 대부분 학령기(8~13세)에 있는 아동 성폭력 피해의 약 50%이상이 친족성폭력이고, 보통 어린 시절부터 시작되어 청소년기, 성인이 되어서도 지속된다.

친족 성폭력은 친부에 의한 성폭력이 가장 많고 삼촌, 사촌 등의 친척에 의해 이루어지고 있다. 대체로 성폭력을 하는 부는 권력과 힘의 우위를 이용해 일어나고, 무력한 지위에 있는 딸의 속성을 이용하고 자신의 소유물로 간주하여 욕구를 채우는 대상으로 보는 경향이 크다. 친족 성폭력은 가족이나 친족 내에서 일어나는 성폭력으로 침묵을 강요하거나 은폐하려 하여 그 피해가 노출되지 않는 반면 피해자는 이중의 고통에 처하게 된다. 가해자의 배우자는 경제적, 사회적, 심리적으로 무능하여 결혼관계를 유지하기 위해 딸의 성폭행을 묵인하기도 한다. 이혼이 늘어나고 재혼이 많아지면서 의부에 의한 성폭력도 많아지고 있다. 가해자가 오빠나 친삼촌인 경우 여아에게 침묵을 강요하거나 은폐하려는 경향이 있어 피해자에게 이중의 고통을 주게 된다.

④ 직장 내 성폭력

직장 내 성폭력이란 채용과정이나 근무기간에 직장상사, 동료, 직원, 계열사 혹은 거래처 직원들이 상대방의 의사에 반하여 행하는 성적인 행위를 말한다. 이때 근무기간은 단순히 근무시간만을 말하는 것이 아니라, 고용주와의 계약에 의하여 피고용인으로 되어 있는 전체기간을 말한다.

직장 내 성폭력의 경우 가해자가 피해자보다 높은 사회적 위치와 많은 권력을 가진 자에 의해 일어나는 경향이어서 어려움을 겪는 경우가 많다. 직장 내 성폭력은 피해자의 성적인 침해뿐 아니라 노동의지를 상실하게 하고 직장을 그만 두는 경제적, 사회적 손실을 초래하게 하는 노동권을 위협받게 된다는데 그 심각성이 있다.

⑤ 학내 성폭력

학내 성폭력이란 학교라는 교육공간 내에서 학생과 학생간, 교육자와 학생 간에 발생하는 성폭력을 말한다. 여기서 교육자라 함은 교사, 교수, 강사를 말한다. 여기에서 교사는 유치원, 학교 등 제도교육권 내의 교육자를 의미하고 강사라 함은 사설학원, 과외, 체육관 등 비공식기관에서의 교육자를 말한다.

대학 내 성폭력은 피해자와 가해자의 관계와 가해자의 학내 지위, 권한에 따라 교수 성폭력, 운동권 내 성폭력, 데이트 폭력 등 다양한 유형의 성폭력이 있을 수 있다. 특히 대학의 경우 교수에 의한 조교, 대학원생, 대학생 피해가 학내 문제로 대두되곤 한다. 특히 교수와 밀접한 관계를 유지해야 하는 예·체능계와 논문지도, 실험, 임용 등으로 진로에 영향을 줄 수 있는 관계에서 피해가 일어나고 있다. 또한 대학교 내에서 동급생·선후배에게 당하는 피해도 다양하며 특히 막대한 영향력과 권한을 지닌 권력관계를 이용하여 일으키는 성폭력은 학생들에게 무력감을 낳게 하여 피해자에게 심각한 후유증을 가져다 줄 수 있다.

⑥ 사이버 성폭력

사이버 성폭력이란 인터넷 등의 컴퓨터 통신 등 가상의 세계에서의 성폭력을 말한다. 온라인상에서 상대방에게 일방적으로 성적 전달 행위를 통하여 상대방에게 불쾌감이나 위압감을 주는 행위를 말한다. 사이버 공간은 기존의 물리적 공간에서와는 달리 시간과 공간에의 제약을 받지 않는 특징을 갖는 것으로 사이버 공간에서 발생하는 성폭력은 인간관계망의 무한한 확장이 가능하다. 사이버 성폭력은 인터넷을 통한 음란물의 전달, 성적 수치심을 유발시키는 영상이나 사진을 게시, 몰래카메라 등을 이용한 동영상의 제작, 게시, 유포 등 상대방이 원하지 않는 일방적 성폭력 행위이며, 가해가 온라인상 뿐 아니라 오프라인까지로도 이어지는 피해를 가져오는 심각한 범죄행위이다.

이러한 사이버 성폭력은 컴퓨터를 이용하여 상대방의 동의 여부와 상관없이 일방적으로 가상 성관계를 진행하거나 강요함으로써 성적 자기결정권을 침해하며, 피해자 ID나 명의도용을 통해 명예를 훼손하게 된다. 또한 사이버 성폭력은 컴퓨터를 많이 이용하는 아동 청소년들에게 쉽게 접근하여 사이버 원조교제, 사이버 스토킹 등을 통해 피해를 줄 수 있다.[3)]

3) 보건복지부 자료(2007년~2008년)에 의하면 사이버 성폭력은 인터넷을 통한 아동 청소년을 대상으로 하는 성매매의 피해 비율이 급증하고 있으며, 특히 자퇴·퇴학·가출 등으로 학교와 집을 벗어난 경우 성매매에 빠지는 확률이 높다고 한다. 즉 인터넷을 통한 성매매의 비율이 53.3%('01)에서 91.3%('07)로 급증하고 있으며, 중·고등학교 자퇴 및 퇴학비율이 41.1%('01)에서 45.3%('05)로, 가출자 비율이 44.1%('01)에서 57.8%('04)로 증가하고 있다고 보고되고 있다.

(3) 데이트 (성)폭력

[사례 15] 데이트 성폭력

A녀는 남자친구 B와 3개월간 연애를 하고 있다. 요즈음은 만날 때 남자친구가 성관계를 요구하고 있어 고민이다. 서로가 사랑한다면 성관계하는 것은 당연하다며 우리가 사랑한다면 모든 것을 함께할 수 있는 것 아니냐고 요구한다. A녀는 결국 완강히 거절하지 못하고 억지로 성관계를 갖게 되었다. 그 후 둘 관계는 냉랭해졌고 A녀는 B를 성폭력으로 고소했고 B는 A를 무고죄로 맞고소했다. 이들에 대해 어떤 해결책을 내놓을 수 있을까?

① 개념

데이트 성폭력은 14세 이상의 남녀 쌍방의 이성에의 감정이 있거나 그 가능성을 인정하고 만나는 과정에서 일어나는 성폭력을 말한다. 일반적으로 데이트 성폭력은 '이성간의 데이트 중에 상대방으로부터 강요, 협박, 폭력, 조종 등에 의해 일어나는 성폭력으로 동의 없이 성관계를 하는 것'으로 정의된다.

데이트 성폭력은 교제과정에서 폭력이나 위협을 수단으로 행하는 심리적, 신체적 행위이다. 상대방에게 해를 끼칠 정도의 의도를 가지고 행하는 경우도 있지만 그러한 의도를 가졌다고 인정되는 경우도 이에 해당된다고 할 수 있다.

데이트 폭력은 다른 범죄처럼 범죄로 인식되지 못하고 있는 경우가 많고 겉으로 드러나기 어려운 점이 많아 그 통계적 수치도 정확하게 잡기 어려운 점이 있다.

② 현황

2009년 한국여성의 전화연합에서 조사한 바에 의하면 한번이라도 데이트폭력을 경험한 여성이 75.6%로 나타났고 그중 가장 많은 폭력이 정신적 폭력으로 77.8%였다. 연인관계에서 발생하는 데이트 폭력은 친밀한 관계에서 일어나기 때문에 오히려 다른 범죄보다 상습적이고 지속적으로 일어나는 경향이 있다. 연인관계이기 때문에 오히려 피해자는 선뜻 법적으로 도움을 요청하기 쉽지가 않을 뿐 아니라 데이트폭력에 대한 사회적 인식도 전반적으로 부족한 실정이다. 이러한 점으로 데이트폭력에 있어서 피해자 보호는 물론 가해자에 대한 처벌 또한 간과되기 쉽다. 그러나 데이트폭력이 살인까지 이르게 되고, 결혼 후 가정폭력으로 이어질 수 있다는데 그 심각성이 있다고 할 수 있다.

③ 유형

데이트 폭력의 유형으로는 신체적 폭력, 정신적(심리적) 폭력, 언어적 폭력 그리고 성적 폭력으로 나눌 수 있다. 그 행위와 유형을 정리하면 다음과 같다.

〈표 4-1〉 폭력 유형에 따른 행위

유형	행위[예]	발생 형태
신체적 폭력	상대방의 신체에 고통이나 상해를 가하려는 의도를 가지고 하는 행위 • 직접적 신체적 폭력	상대방에게 물건 던지기, 흉기로 때리기, 뺨때리기, 두들겨 패기, 질식시키기 등
정신적 폭력	상대방을 무시하거나 비난하는 행동을 하거나 심리적 위해를 가하는 행위 • 연인의 생활에 대한 감시, 간섭	고함지르기, 상대방 모욕주기, 비난하기, 상대방 물건 부수기, 상대방의 메일이나 핸드폰 등 점검하기 등
언어적 폭력	상대방에게 폭언, 인격적 모독 등 일체의 언어폭력 행위로 모욕을 주는 행위 • 심한 욕설과 위협적 언어폭력	욕설, 폭언, 폭설 등
성적 폭력	상대방의 의사에 반하여 상대방이 원치 않거나 거부하는 행동을 가하는 성적 행위 • 일방적인 스킨십이나 성관계 강요	강간, 성추행, 성희롱, 일방적 스킨십, 성관계 강요, 스토킹, 음란전화 등

④ 예방 및 대처

데이트 폭력은 데이트 과정에서 일어나는 것으로 그 파악이 쉽지 않고 제재나 처벌 또한 쉽지 않다. 그리고 데이트 성폭력은 피해자가 가해자와 친밀한 관계에 있기 때문에 가해자가 화간을 주장할 경우에 법적인 처벌이 어려운 점이 있다.

데이트 폭력은 피해자가 여성인 경우가 대부분이고 폭력에 대한 심각성을 인지하지 못하는 경우가 많은데 문제가 있다. 데이트 폭력이 더 큰 범죄로 이어질 수 있음에도 불구하고 방치하거나 소극적인 대처를 하고 있는데도 문제가 있다. 데이트 폭력은 개인적인 문제를 넘어 사회적인 문제로 다뤄지면서 이에 대한 관심을 갖게 되었지만 여전히 이에 대한 대응에는 미흡한 실정에 있다.

데이트 성폭력은 남녀간의 의사소통문제의 차이로 여성의 거부를 수동적인 자세의 표현이라고 보는 점, 피해자가 단순히 숙박업소나 가해자의 집에 따라 간 것을 성관계의 허용이 있는 것으로 보는 사법기관의 태도에도 문제가 있다.

데이트 성폭력으로 여성은 임신, 낙태 등의 후유증을 겪게 되고, 가해자의 지속적인 협박이나 폭행, 금품갈취로 이어지기도 한다. 데이트 폭력을 당한 경우 자신을 자책하지 말고 자기표현을 확실히 함으로써 이에 대처해야 할 필요가 있다. 또한 데이트 폭력을 처벌할 수 있는 제도적 장치 마련과 함께 일선에서 이를 담당하는 사람들 또한 이를 범죄 예방차원에서 다루는 세심한 관심이 필요하다. 데이트 폭력의 상습성과 지속성을 생각하여 피해자의 적극적인 신고가 필요하고 가정폭력이나 성폭력 사건과 같이 피해자에 대한 지원을 위한 유기적 협조체계가 구축되어야 한다.

현재 데이트 폭력을 다루는 직접적인 관련법은 없지만 협박죄, 주거침입죄, 정보통신망이용 등 죄, 경범죄 등으로 처벌할 수 있다. 2012년 3월부터 남을 따라다니며 괴롭히는 스토킹이 경범죄에 해당되어 8만원의 범칙금으로 처벌하게 되었지만 스토킹의 심각성을 놓고 볼 때 경범죄로 처벌하는 것에 대한 논란이 많다.[4]

4) 일본에서는 스토커규제법에 의해 가해자에게 스토킹 금지명령을 내리고 이를 이행하지 않을 경우에 1년 이하의 징역 또는 100만엔 이하의 벌금이 부과되고 미국에서 스토킹처벌법을 최초로 만든 캘리포니아주는 2년이상 4년 이하의 징역에 처하고 있는 것을 볼 때, 우리의 경우 스토킹 가해자에 대한 경범죄 처벌은 스토킹에 대한 심각성이 반영되지 못하고 있는 것이라 하겠다.

2) 성폭력에 관한 법의 입법 배경

성폭력에 대한 강력한 법규정과 대책 그리고 성범죄 피해자에 대한 보호 강화로 성폭력사건에 대한 인식이 과거와는 많이 달라지고 있다.

형법에서 성폭력은 오랫동안 "정조에 관한 죄"로 다루어 오다가 여성인권에 대한 인식차원에서의 주장과 비판으로 인해 1995년 형법을 개정하여 제32장에 "강간과 추행의 죄"로 바꾸었으나, 그동안 여성계가 주장해 왔던 "성적자기결정권의 침해죄"로의 변경요구는 반영되지 않고 있다.

오늘날 성범죄가 급증하면서 성폭력으로 인한 피해가 매우 심각한 사회문제로 대두되자, 성폭력을 예방하고 그 피해자를 효과적으로 보호하기 위해 특별법을 규정하여 성폭력범죄에 대한 강력한 대처를 하기에 이르렀다. 그 성과중의 하나가 1993년 12월 국회에서 제정한 「성폭력범죄의 처벌 및 피해자보호 등에 관한 법률」이며, 그 외에도 성폭력 관련 법규정에서 성폭력에 대해 능률적으로 대처하고자 하고 있다.

「성폭력범죄의 처벌 및 피해자보호 등에 관한 법률」은 성폭력범죄에 대한 처벌과 그 절차에 관해 규정함으로써 성폭력범죄를 예방하고 피해자를 보호함으로써 건강한 사회질서를 확립하고자 제정하였다. 이 법은 1994년 1월 5일(법률 제4702호)에 제정되어 그동안 이 법의 제정취지와 목적에 부합하는 방향으로 수차례의 개정, 보완이 이루어져 왔다.

3) 성폭력에 관한 법의 제정의 의의

우리나라에서 성폭력에 대한 국가의 정책적 관심이 본격화된 것은 1988년 변○○사건, 김○○ 사건, 1991년 김○○ · 김△△ 사건 등을 계기로 성폭력의 폐해와 피해자 보호쟁점 등이 새롭게 등장하면서부터이다. 각종 성폭력 범죄 사건이 빈발함에 따라 그동안에 성폭력에 대한 문제에 대해 국가의 사회정책적 대응이 필요하다는 인식을 같이 하게 된 것이다. 또한 성폭력범죄에 대한 대응이 사후통제나 위기대처에서

범죄취약계층에 대한 예방정책을 중시하여 대책을 마련할 필요성이 제기되었다. 1990년대 초부터 증가된 성폭력 및 그 피해자에 대한 관심은 1994년 「성폭력범죄의 처벌 및 피해자보호 등에 관한 법률」의 제정을 이끌어냈다. 이 법은 그동안 형법에서 제한적으로 열거된 규정에 의해 처벌하던 성폭력 범죄규정의 문제점과 친고죄 규정의 한계 등을 지적하면서, 장애인 성폭력, 양부의 성폭력 등 우리 사회에서 은폐되어 왔던 성폭력 범죄에 대한 사회적 인식을 새롭게 하는 계기를 마련하였다. 성폭력특별법 제정을 통해, 전반적으로 법률적, 정책적 발전과 여성인권, 여성에 대한 폭력문제를 사회적으로 이슈화시켰다. 사회현실을 바꾸기 위한 보다 체계적인 전략개발이나 정책생산은 미흡하였다.

한편, 2000년대 이후 성폭력범죄의 대상이 저연령화 경향을 나타내면서 청소년에 대한 성폭력, 성매수, 아동에 대한 성폭력 등의 심각성 및 문제점에 대한 사회적 인식이 높아지게 되었고, 2000년에 「청소년의 성보호에 관한 법률」이 제정되어, 성범죄에 대한 강력한 법적 제재를 가능하게 하였다.

2005년부터는 성폭력범죄에 대한 보다 강화된 대응정책들이 다각도로 진행되어 왔다. 성폭력범죄에 효과적으로 대응하고, 피해자 보호에 내실을 기하기 위하여 "성폭력에 관한 특례법"이 개정되고, 최근에는 소위 "전자팔찌"제도와 "화학적 거세" 제도가 도입되는 등 입법정책에 중요한 변화가 있었다.

"성폭력에 관한 특례법"은 성폭력범죄를 예방하고 그 피해자를 보호하며, 성폭력범죄의 처벌 및 그 절차에 관한 특례를 규정함으로써 국민의 인권신장과 건강한 사회질서의 확립에 이바지함을 목적으로 한다.

기존에 형법 및 「특정범죄 가중처벌 등에 관한 법률」에 성폭행범죄가 규정되어 있었으나 사회가 발달할수록 성범죄에 대한 형태도 다양해지고 범죄정도가 극심해지자 이를 강력하게 대처하기 위한 차원에서 이 법률이 제정되었다.

또한 기존의 형법에 규정된 성범죄는 범죄자의 처벌을 중시하였으나 성폭력관련법은 성폭력피해자의 범죄 신고와 고소 및 수사와 재판절차에 있어서 피해자의 인권보호를 위해 규율되었다.

4) 입법의 변화

(1) 처벌규정의 강화

"성폭력에 관한 법"이 다음과 같은 내용을 중심으로 수차례 개정되었다. 13세 미만의 아동에 대한 강제추행행위를 엄벌하기 위하여 유사강간죄를 규정하였고, 신체, 정신지체 장애인을 상대로 한 성폭력범죄에 대한 처벌강화, 장애인 보호시설 종사자 등의 피보호자 추행에 대한 처벌규정을 두었다. 또한 피해자 의사에 반하여 촬영된 촬영물의 유포행위 처벌규정을 두고 있다. 성폭력범죄 피해자의 보호를 위해 피해자 인적사항 등의 공개를 금지하고, 성폭력범죄 피해자 전담조사제를 도입하였다. 수사, 재판에서 피해자와 신뢰관계 있는 자와 동석하는 범위를 확대하였다.

성폭력범죄는 공익의 침해정도가 심하여 당사자의 처분에 처벌여부를 맡기기 어렵다는 논란이 제기되어 왔었다. 그래서 2012년에 개정(2012.12.18. 개정, 2013.6.19. 시행)된 내용을 보면 친고죄로 인하여 성범죄에 대한 처벌이 합당하게 이루어지지 못하고 피해자에 대한 합의종용으로 2차 피해가 야기되는 문제가 있으므로 친고죄 조항을 삭제하였다. 공소시효의 적용 배제 대상 범죄를 확대하고, 성적 목적을 위한 공공장소 침입죄를 신설하였다. 성폭력범죄 피해자를 보호하기 위하여 성인 피해자 또한 법률적 조력을 위한 변호사를 선임할 수 있도록 하며, 법원에 출석하는 피해자 등을 보호・지원하기 위한 증인지원관을 두도록 하였다. 의사소통 및 의사표현에 어려움이 있는 성폭력범죄 피해자에게 형사사법절차에서 도움을 주기 위한 진술조력인의 법적 근거를 마련하였다. 또한 판결 전 조사에 관한 규정을 두어 법원은 성폭력범죄를 범한 피고인에게 보호관찰, 사회봉사 또는 수강을 명하기 위하여 필요한 경우 보호관찰소의 장에게 신체적・심리적 특성 및 상태, 정신성적 발달과정 등 피고인에 관한 사항의 조사를 요구할 수 있도록 하였다. 등록대상자 신상정보의 공개와 고지는 여성가족부장관이 집행하게 하고, 「아동·청소년의 성보호에 관한 법률」에 따르며, 그 밖에 현행 법제도의 운영상 나타난 법적 미비점을 개선·보완하고자 하였다.

(2) 특정 성범죄자 감독 및 재발예방

상습성 있는 성폭력사범의 발생을 억제하기 위해 2007년 4월 27일, 「특정 범죄자에 대한 위치추적 전자장치부착 등에 관한 법률」이 제정되어 2008년 9월 1일부터 시행되고 있다. 이 법률의 제정으로 위치추적장치제도가 시행되어 상습적으로 아동상대 성폭력 등을 저지르고 재범위험성이 높은 특정 성폭력범죄자에 대해 감시·감독을 실시하고 재범발생을 사전에 철저히 차단하고자 하고 있다.

(3) 청소년 대상 성폭력 처벌 및 관리강화

청소년대상에 대한 성폭력 처벌을 강화하기 위하여, 「아동·청소년의 성보호에 관한 법률」을 수차례 개정하였다. 청소년대상 성범죄자 신상공개 제도가 도입되어 청소년성범죄자 신상공개 및 취업제한제도를 보다 내실화하여, 2회 이상 징역형 이상의 실형이 선고된 자의 신상정보를 5년에서 10년으로 확대 관리하고, 피해자·보호자·청소년관련교육기관장에게 열람을 허용하고, 청소년성범죄자는 유치원·학교·학원 등에 10년간 취업이 제한되도록 하였다. 또한 청소년성범죄자에 대한 친고죄를 폐지하였다.

(4) 구속수사기준 및 양형기준제도 도입

법무부와 경찰은 성폭력 범죄자에 대한 처벌 및 단속 강화를 위해, 2006년 6월 15일 「구속수사기준에 관한 지침」을 마련하고, 자방치치단체와 협조하여 범죄 취약지역에 CCTV 및 가로등 설치를 확대하였다. 그리고 성폭력범죄자에 대해 집행유예·벌금 등 경미한 형이 선고되는 경향이 있어, 사회적 위해와 책임에 걸맞은 형선고가 가능하도록 '양형기준제도'를 도입하여 성폭력범죄에 엄격한 대처와 문제점을 해결하고자 하였다.

5) 성폭력에 관한 법의 체계와 내용

[사례 16] 장애인 성폭력

A녀는 출생시부터 정신적 장애를 가지고 있었고, 13살인데도 정신연령이 어려 학교에도 가지 못하고 있다. 가정형편이 어려워 부모님은 맞벌이를 하고 있어 밤늦게나 집에 돌아온다. 이를 알게 된 동네에 사는 30살 K씨는 A에게 사탕과 과자를 사주면서 환심을 산 후 성폭행을 지속적으로 해오다 들통이 났다. K씨는 어떻게 처벌될까?

(1) 성폭력 관련 범죄의 처벌

성폭력은 형법, "성폭력에 관한 법", 「아동·청소년의 성보호에 관한 법률」, 「아동복지법」, 「국가인권위원회법」, 「남녀고용등과 일·가정 양립 지원에 관한 법률」 등에서 다루고 있다. 1994년 「성폭력범죄의 처벌 및 피해자보호 등에 관한 법률」이 제정되기 이전에 성폭력은 대부분 형법상 규정에 의해 처벌하고 있었으나, 이 법이 제정된 이후에는 이 법에 의해 다루어지고 있다.

그리고 「성폭력범죄의 처벌 및 피해자보호 등에 관한 법률」의 시행으로 그전에 「특정 범죄 가중처벌 등에 관한 법률」에서 규정하던 야간주거침입절도, 특수절도, 특수강도의 강간, 강제추행, 준강간, 준강제추행, 특수강간, 특수강제추행, 특수준강간, 특수준강제추행의 규정은 삭제되었다. "성폭력에 관한 법"상에 규정한 성폭력범죄는 형법의 규정 이외에도 이 법에서 정하는 특별규정을 둠으로써 사회적으로 심각한 문제를 안고 있던 성폭력 범죄행위이면서도 그 전에 다루지 못했던 경우의 처벌이 가능해졌고, 갈수록 포악해져 가는 성폭력 범죄에 대처할 수 있게 되었다.

(2) 성폭력범죄처벌 특례법의 체계

① 성폭력범죄처벌 특례법의 목적

이 법은 성폭력범죄의 처벌 및 그 절차에 관한 특례를 규정함으로써 성폭력범죄 피해자의 생명과 신체의 안전을 보장하고 건강한 사회질서의 확립에 이바지함을 목적으로 하고 있다. 여기서 "성폭력"이란 "성폭력범죄처벌 특례법"에 규정된 죄에 해당하는 범죄를 말한다. "성폭력행위자"란 위 규정에 해당하는 죄를 범한 사람을 말한다. 그리고 "성폭력피해자"란 성폭력으로 인하여 직접적으로 피해를 입은 사람을 말한다.

② 성폭력 범죄 유형

성폭력 범죄에 대하여 구체적인 규정을 명시하지 않고 다만, "성폭력범죄처벌 특례법" 제2조에 형법상의 성폭력범죄와 본 법상의 성폭력범죄 유형에 대해 규정하고 있다.

이 법에서 "성폭력범죄"라 함은 형법상 다음의 각 범죄로서 다른 법률에 의하여 가중처벌되는 죄와 성폭력에 관한 특례법상 죄를 말한다.

〈표 4-2〉 성폭력 범죄 유형 규정 비교

형법상				"성폭력범죄처벌 특례법"상
성풍속에 관한 죄	약취와 유인의 죄	강간과 추행의 죄	그 외	
• 음행매개죄 • 음화등의 반포 등 죄 • 음화 등의 제조 등 죄 • 공연음란죄	• 약취, 유인, 매매 등 죄와 미수범 • 약취, 유인, 매매된 자의 수수 또는 은닉죄와 미수범	• 강간죄, 강제추행죄, 준강간죄, 준강제추행죄와 미수범 • 강간 등 상해·치상죄 • 강간 등 살인·치사 • 미성년자등에 대한 간음 • 업무상위력 등에 의한 간음죄 • 미성년자에 대한 간음, 추행죄	• 강도강간죄	• 특수강도강간 등 • 특수강간 등 • 친족관계있는 자의 강간 • 장애인에 대한 간음 • 13세 미만자에 대한 강간 등 • 강간상해, 치상 • 강간 살인, 치사 • 업무상 위력 등에 의한 추행 • 공중밀집장소에서의 추행 • 통신매체이용음란 등 • 카메라 등 이용촬영

③ 형법상 성폭력범죄와 성폭력범죄처벌 특례법상 가중처벌규정 비교

"성폭력범죄처벌 특례법"상 범죄유형은 형법상 존재하지 않은 사안을 해결하고 범죄의 악랄함과 심각성에 대처하고자 제정되었지만 형법상의 성폭력범죄와 중복되는 규정이 있다.

형법상의 성폭력 관련 범죄는 단일한 범죄행위에 적용되는 것을 규정하고 있는 반면 "성폭력범죄처벌 특례법"상 범죄는 형법상의 범죄와 강간이 결합된 범죄행위(특수강도강간 등), 수단이나 도구에 의해 가중된 범죄행위(특수강간 등), 친족관계에 있는 자의 강간, 장애인에 대한 간음, 13세 미만자에 대한 강간 등, 강간상해, 치상 그리고 강간 살인, 치사 등 어떠한 사유의 부과로 가중처벌되는 범죄행위라는 점으로 형법전의 법정형보다 가중되어 처벌되고 있다.

장애인의 경우와 13세 미만자에 대한 강간에 대한 처벌이 더욱 강화되어 소위 "도가니법"이란 명명이 붙은 공소시효가 없는 법개정으로 이들에 대한 성폭력에 대해 엄벌하고자 하였다.

(3) 성폭력범죄처벌 특례법상 내용

① 성폭력범죄의 처벌

"성폭력범죄처벌 특례법"은 형법 등 기존의 법률에 규정된 성범죄의 법정형을 상향하여 엄하게 가중처벌하도록 규정하고 있다.

가. 특수강도강간 등 죄

형법상 주거침입, 야간주거침입절도, 특수절도 또는 미수범의 죄를 범한 자가 강간 내지 준강간, 준강제추행의 죄를 범한 때에 가중 처벌한다.

주거침입죄는 사람의 주거·관리하는 건조물, 선박이나 항공기 또는 점유하는 방실에 침입한 자가 범한 죄를 말하며, 야간주거침입절도죄는 야간에 사람의 주거, 간수하는 저택, 건조물이나 선박 또는 점유하는 방실에 침입하여 타인의 재물을 절취한 자가 법한 죄를 말한다. 특수절도죄는 야간에 문호 또는 장벽 기타 건조물의 일부를 손괴하고 전조의

장소에 침입하여 타인의 재물을 절취한 자 또는 흉기를 휴대하거나 2인 이상이 합동하여 타인의 재물을 절취한 자가 범한 죄를 말한다.

형법상 특수강도 또는 미수의 죄를 범한 자가 강간 내지 준강간, 강제추행 내지 준강제추행의 죄를 범한 때에 가중처벌한다.

강도죄는 폭행 또는 협박으로 타인의 재물을 강취하거나 기타 재산상의 이익을 취득하거나 제3자로 하여금 이를 취득하게 한 자가 범한 죄를 말하며, 특수강도죄는 야간에 사람의 주거·관리하는 건조물, 선박이나 항공기 또는 점유하는 방실에 침입하여 강도의 죄를 범한 죄를 말한다. 이러한 특수강도죄를 범한 자가 강간 내지 준강간, 강제추행 내지 준강제추행의 죄를 범하는 경우에 가중처벌한다. 미수범도 동일하게 처벌한다.

나. 특수강간 등 죄

흉기 기타 위험한 물건을 휴대하거나 2인 이상이 합동하여 형법상 강간, 준강간의 죄를 범한 자와 강제추행, 준강제추행의 죄를 범한 자는 가중처벌한다.

다. 친족관계에 의한 강간 등

친족관계에 있는 사람이 폭행 또는 협박으로 사람을 강간, 강제추행하거나, 준강간, 준강제추행의 죄를 범한 때에는 가중처벌한다.

친족의 범위는 4촌 이내의 혈족·인척과 동거하는 친족으로 하고, 친족은 사실상의 관계에 의한 친족을 포함한다. 처벌하는 친족의 범위와 인척의 범위를 확대하여 기존의 처벌대상에서 제외되었던 결혼에 의해 생긴 신분관계의 자(인척)도 처벌대상에 포함시켰다. 또한 촌수에 관계없이 동거하는 친족이 범한 성폭력범죄를 처벌하고, 사실상 혼인관계에 의해 이루어진 친족이 범한 성폭력범죄도 처벌하고 있다.

라. 장애인에 대한 강간 등

신체적인 또는 정신적인 장애가 있는 사람에 대하여 강간, 강제추행 또는 위 방법으로 유사성행위[5]를 한 사람은 비장애인들에 대한 강간, 강제추행 또는 유사성행위를 하는 경우에 처벌하는 것보다 가중하여 처벌한다.

장애인의 심신상실 또는 항거불능의 상태를 이용하여 간음 또는 추행을 한 자는 비장애인들의 경우보다 가중하여 처벌한다. 위계 또는 위력으로써 신체적인 또는 정신적인 장애가 있는 사람을 간음하거나 추행한 사람은 본 법에 의해 가중처벌한다. 여기서 '위계'란 기망이나 유혹의 방법을 사용하거나 상대방의 무지 등을 이용하여 착오에 빠지게 함으로써 정상적인 판단을 할 수 없게 만드는 것을 말하며, '위력'이란 상대방의 의사를 제압하는 힘을 뜻하는 것으로 폭행·협박이 아니더라도 자신의 지위나 권한을 이용하여 상대방의 의사를 제압하는 경우도 포함하는 개념이다.

장애인의 보호, 교육 등을 목적으로 하는 시설의 장 또는 종사자가 보호, 감독의 대상인 장애인에 대하여 강간, 강제추행, 준강간, 준강제추행, 위계 또는 위력에 의한 강간, 강제추행의 죄를 범한 사람은 정한 형의 2분의 1까지 가중하여 처벌한다.

이와 같이 장애인에 대한 강간 등에 대해 강하게 처벌하고 있고, 장애인을 보호해야 하는 위치에 있는 자가 강간 등의 죄를 범한 때에는 가중하여 처벌하고 있다.

마. 13세 미만의 미성년자에 대한 강간 등

13세 미만의 사람에 대하여 강제추행, 준강제추행을 한 자는 본법에 의해 처벌한다. 13세 미만의 사람에 대하여 강간, 준강간의 죄를 범하거나 위계 또는 위력으로써 13세 미만의 사람을 간음한 자는 강제추행보다 더 중하게 처벌한다. 그리고 13세 미만의 사람에 대하여 폭행이나 협박으로 유사성교행위를 한 자 또한 본 법에 의해 처벌한다.

바. 강간 등 상해·치상

특수강도강간, 특수강간, 장애인에 대한 강간, 강제추행 등 13세 미만

5) 폭행 또는 협박으로 사람에 대하여 구강, 항문 등 신체(성기는 제외한다)의 내부에 성기를 넣거나 성기, 항문에 손가락 등 신체(성기는 제외한다)의 일부 또는 도구를 넣는 행위

미성년자에 대한 강간, 강제추행의 죄 및 그 미수범이 다른 사람을 상해하거나 상해에 이르게 한 때에는 강간 등 상해죄 또는 강간 등 치상죄로 처벌한다.

또한 친족관계에 대한 강간의 죄를 범한 자가 사람을 상해하거나 상해에 이르게 한 경우와 위(특수강도강간 등)의 경우 미수범에 대해서는 위의 경우보다 경하게 처벌하고 있다.

사. 강간 등 살인·치사

특수강도강간, 특수강간, 장애인에 대한 강간, 강제추행, 유사강간, 친족관계에 있는 자의 강간, 13세 미만의 미성년자에 대한 강간, 강제추행 등과 그 미수범 또는 형법상 강간, 준강간, 강제추행, 준강제추행 및 그 미수범이 다른 사람을 살인한 경우에는 사형 또는 무기징역으로 본법에서 가장 강하게 벌하고 있다.

장애인에 대한 강간, 강제추행 등, 13세 미만의 미성년자에 대한 강간, 강제추행 등 또는 그 미수범이 다른 사람을 사망에 이르게 한 때에는 사형, 무기징역 또는 10년 이상의 징역에 처하고, 특수강간, 친족관계에 의한 강간 등 또는 그 미수범이 다른 사람을 사망에 이르게 한 때에는 무기 또는 10년 이상의 징역에 처한다.

아. 업무상 위력 등에 의한 추행

업무·고용 기타 관계로 인하여 자기의 보호 또는 감독을 받는 사람에 대하여 위계 또는 위력으로써 추행한 자와 법률에 의하여 구금된 사람을 감호하는 자가 그 사람을 추행한 때에 본법에서 벌하고 있다. 이는 업무나 고용 등의 관계에 있는 경우에 무지나 지위를 이용하여 이루어지는 범죄이다.

자. 공중밀집장소에서의 추행

대중교통수단, 공연·집회장소 기타 공중이 밀집하는 장소에서 사람을 추행한 자는 본 법에 의해 처벌된다. 최근 지하철 등 혼잡한 대중교통수단 안에서 치한들의 추행행위가 사회문제가 되면서 이를 규정한 성범죄이다. 추행을 함에 있어서 폭행, 협박 등에 의해 피해자의 반항을 억압할 필요까지는 없으나 적어도 피해자의 의사에는 반하는 행위여야 한다.

차. 성적 목적을 위한 다중이용장소 침입행위

자기의 성적 욕망을 만족시킬 목적으로 화장실, 목욕장·목욕실 또는 발한실, 모유수유시설, 탈의실 등 불특정 다수가 이용하는 다중이용장소에 침입하거나 같은 장소에서 퇴거의 요구를 받고 응하지 아니하는 사람을 처벌하도록 하였다.

카. 통신매체이용음란 등

통신매체이용음란죄는 자기 또는 다른 사람의 성적 욕망을 유발하거나 만족시킬 목적으로 전화, 우편, 컴퓨터 기타 통신매체를 통하여 피해자의 성적수치심을 자극하거나 혐오감을 일으키게 하는 성범죄이다. 이는 컴퓨터 통신을 이용하여 피해자의 성적 수치심을 자극하거나 혐오감을 일으키게 하는 행위를 하고 소리, 글, 그림, 영상 또는 물건을 상대방에게 도달하게 하는 죄를 범하는 자를 처벌하는 범죄이다. 통신매체의 발달과 더불어 새로이 등장한 신종 성범죄가 급격한 증가추세를 보이자 이를 규정하기에 이른 것이다.

타. 카메라 등 이용촬영

카메라 등 이용촬영죄는 카메라, 기타 이와 유사한 기능을 갖춘 기계장치를 이용하여 성적 욕망 또는 수치심을 유발할 수 있는 타인의 신체를 그 의사에 반하여 촬영하는 경우에 본 법에 의해 처벌하고 있다. 이는 우리 사회에서 각종 기계의 발달로 날로 증가하는 신종 성범죄행위를 처벌하기 위해 규정한 조항이다. 최근 대중이 이용하고 있는 여관, 목욕탕, 화장실 등에 비밀촬영장치를 설치하여 그 녹화물을 판매함으로써 커다란 사회문제가 되고 있는 신종 성범죄라고 할 수 있다.

② 성폭력범죄 처리 절차에 관한 특례

가. 형벌과 수강명령 등의 병과

(가) 보호관찰의 병과

성폭력범죄를 범한 사람에 대하여 형의 선고를 유예하는 경우에는 1년 동안 보호관찰을 받을 것을 명할 수 있다. 다만, 성폭력범죄를 범한 소년에 대하여 형의 선고를 유예하는 경우에는 반드시 보호관찰을 명하여야 한다.

(나) 수강명령의 병과

성폭력범죄를 범한 사람에 대하여 유죄판결(선고유예 제외)을 선고하는 경우에는 특별한 사정이 있는 경우 이외에는 500시간의 범위에서 재범예방에 필요한 수강명령 또는 성폭력 치료프로그램의 이수명령을 병과(倂科)하여야 한다.

수강명령 외에 그 집행유예기간 내에서 보호관찰 또는 사회봉사 중 하나 이상의 처분을 병과할 수 있다.

수강명령 또는 이수명령은 형의 집행을 유예할 경우에는 그 집행유예기간 내에, 벌금형을 선고할 경우에는 형 확정일부터 6개월 이내에, 징역형 이상의 실형(實刑)을 선고할 경우에는 형기 내에 각각 집행한다.

수강명령 또는 이수명령은 ① 일탈적 이상행동의 진단·상담 ② 성에 대한 건전한 이해를 위한 교육 ③ 그 밖에 성폭력범죄를 범한 사람의 재범예방을 위하여 필요한 사항을 그 내용으로 한다.

나. 고소 제한에 대한 예외

「형사소송법」 제224조에 규정한 "자기 또는 배우자의 직계존속을 고소하지 못한다"는 고소의 제한 규정에도 불구하고 성폭력범죄에 대하여는 자기 또는 배우자의 직계존속을 고소할 수 있다.

다. 형법상 감경규정의 특례

음주 또는 약물로 인한 심신장애 상태에서 성폭력범죄를 범한 때에는 심신장애자(불벌 또는 형의 감경)나 농아자(형의 감경)에게 적용되는 불벌 또는 형의 감경을 적용하지 않을 수 있다.

용어알기

• **심신장애자**

심신장애자는 심신장애로 인하여 사물을 변별할 능력이 없거나 의사를 결정할 능력이 없는 자를 말하며 형사상 벌하지 않으며 위 능력이 미약한 자는 형을 감경한다.

• **농아자**

농아자는 시청각장애자로 형사법상 형을 감경한다.

라. 공소시효의 특례

미성년자에 대한 성폭력범죄의 공소시효는 성폭력범죄로 피해를 당한 미성년자가 성년에 달한 날부터 진행한다. 성폭력에 관한 특별법상 강간 등에 해당하는 죄는 디엔에이(DNA)증거 등 그 죄를 증명할 수 있는 과학적인 증거가 있는 때에는 공소시효가 10년 연장된다.

13세 미만의 사람 및 신체적인 또는 정신적인 장애가 있는 사람에 대하여 강간, 준강간, 강제추행, 준강제추행, 강간 등 상해·치상, 강간 등 살인·치사, 장애인과 13세미만의 사람에 대한 유사성교행위의 죄를 범한 경우에는 공소시효를 적용하지 않는다.

마. 피해자의 신원과 사생활 비밀 누설 금지

성폭력범죄의 수사 또는 재판을 담당하거나 이에 관여하는 공무원 또는 그 직에 있었던 사람은 피해자의 주소, 성명, 나이, 직업, 학교, 용모, 그 밖에 피해자를 특정하여 파악할 수 있게 하는 인적사항과 사진 등 또는 그 피해자의 사생활에 관한 비밀을 공개하거나 다른 사람에게 누설하여서는 안되는 것을 규정하고 있다. 또한 누구든지 위 사항에 따른 피해자의 주소, 성명, 나이, 직업, 학교, 용모, 그 밖에 피해자를 특정하여 파악할 수 있는 인적사항이나 사진 등을 피해자의 동의를 받지 아니하고 신문 등 인쇄물에 싣거나 방송 또는 정보통신망을 통하여 공개하여서는 안된다.

바. 피의자의 얼굴 등 공개

검사와 사법경찰관은 성폭력범죄의 피의자가 죄를 범하였다고 믿을 만한 충분한 증거가 있고, 국민의 알권리 보장, 피의자의 재범 방지 및 범죄예방 등 오로지 공공의 이익을 위하여 필요할 때에는 얼굴, 성명 및 나이 등 피의자의 신상에 관한 정보를 공개할 수 있다. 그러나 공개를 할 때에는 피의자의 인권을 고려하여 신중하게 결정하고 이를 남용하여서는 아니 된다. 다만, 피의자가 「청소년 보호법」 제2조 1호의 청소년에 해당하는 경우에는 공개하지 아니한다.

사. 성폭력범죄 피해자 전담조사제, 전담재판부 지정

특별한 사정이 없으면 검찰총장은 각 지방검찰청 검사장으로 하여금 성폭력범죄 전담 검사를 지정하도록 하고, 경찰청장은 각 경찰서장으로 하여금 성폭력범죄 전담 사법경찰관을 지정하도록 하여 피해자를 조사하게 하여야 하는 피해자 전담조사제를 두고 있다.

지방법원장 또는 고등법원장은 특별한 사정이 없으면 성폭력범죄 전담재판부를 지정하여 성폭력범죄에 대하여 재판하게 하여야 한다.

아. 변호사 선임의 특례

성폭력범죄의 피해자 및 그 법정대리인은 형사절차상 입을 수 있는 피해를 방어하고 법률적 조력을 보장하기 위하여 변호사를 선임할 수 있다. 변호사는 검사 또는 사법경찰관의 피해자등에 대한 조사에 참여하여 의견을 진술할 수 있고, 피의자에 대한 구속 전 피의자심문, 증거보전절차, 공판준비 기일 및 공판절차에 출석하여 의견을 진술할 수 있다. 변호사는 형사절차에서 피해자등의 대리가 허용될 수 있는 모든 소송행위에 대한 포괄적인 대리권을 가지고 소송을 진행하며, 증거보전 후 관계 서류나 증거물, 소송계속 중의 관계 서류나 증거물을 열람하거나 등사할 수 있다.

자. 수사 및 재판절차에서의 배려

수사기관과 법원 및 소송관계인은 성폭력범죄를 당한 피해자의 나이,

심리 상태 또는 후유장애의 유무 등을 신중하게 고려하여 조사 및 심리·재판 과정에서 피해자의 인격이나 명예가 손상되거나 사적인 비밀이 침해되지 아니하도록 주의하여야 한다.

수사기관과 법원은 성폭력범죄의 피해자를 조사하거나 심리·재판할 때 피해자가 편안한 상태에서 진술할 수 있는 환경을 조성하여야 하며, 조사 및 심리·재판 횟수는 필요한 범위에서 최소한으로 하여야 한다.

차. 영상물의 촬영 · 보존 등

성폭력범죄의 피해자가 19세 미만이거나 신체적인 또는 정신적인 장애로 사물을 변별하거나 의사를 결정할 능력이 미약한 경우에 피해자 또는 법정대리인이 허용하는 경우(가해자가 친권자인 경우 제외)에 피해자의 진술 내용과 조사 과정을 비디오녹화기 등 영상물 녹화장치로 촬영·보존하여야 한다.

촬영한 영상물에 수록된 피해자의 진술은 공판준비기일 또는 공판기일에 피해자나 조사과정에 동석하였던 신뢰관계에 있는 사람 또는 진술조력인의 진술에 의하여 그 성립의 진정함이 인정된 경우에 증거로 할 수 있다. 수사기관은 위 요건에 해당하는 피해자 또는 법정대리인으로부터 신청이 있는 때에는 영상물 촬영과정에서 작성한 조서의 사본을 신청인에게 발급하거나 영상물을 재생하여 시청하게 하여야 한다.

카. 심리의 비공개

성폭력범죄에 대한 심리는 그 피해자의 사생활을 보호하기 위하여 결정으로써 공개하지 아니할 수 있다. 증인으로 소환 받은 성폭력범죄의 피해자와 그 가족은 사생활보호 등의 사유로 증인신문의 비공개를 신청할 수 있다. 재판장은 위 신청이 있는 때에 그 허가 및 공개 여부, 법정외의 장소에서의 심문 등 증인의 심문방식 및 장소에 관하여 결정할 수 있다.

타. 신뢰관계에 있는 사람의 동석

성폭력범죄의 피해자를 증인으로 신문하는 경우에 검사, 피해자 또는 법정대리인이 신청할 때에는 재판에 지장을 줄 우려가 있는 등 부득이

한 경우가 아니면 피해자와 신뢰관계에 있는 사람을 동석하게 하여야 한다.

이같이 피해자가 재판이나 수사과정에서 편안하게 진술을 할 수 있게 피해자와 신뢰관계에 있는 자를 동석하게 하여 피해자보호절차를 강화하고 있다.

파. 진술조력인의 수사과정 및 재판과정 참여

검사 또는 사법경찰관은 성폭력범죄의 피해자가 13세 미만의 아동이거나 신체적인 또는 정신적인 장애로 의사소통이나 의사표현에 어려움이 있는 경우 원활한 조사를 위하여 직권이나 피해자, 그 법정대리인 또는 변호사의 신청에 따라 진술조력인으로 하여금 조사과정에 참여하여 의사소통을 중개 또는 보조하거나 직권 또는 검사, 피해자, 그 법정대리인 및 변호사의 증인 신문에 참여하여 중개하거나 보조하게 할 수 있다.

진술조력인은 정신건강의학, 심리학, 사회복지학, 교육학 등 아동・장애인의 심리나 의사소통 관련 전문지식이 있거나 관련 분야에서 상당기간 종사한 사람으로 법무부장관이 정하는 교육을 이수하여야 한다. 진술조력인은 형법 제129조부터 제132조까지에 따른 벌칙의 적용에 있어서 이를 공무원으로 본다.

③ 신상정보 등록 등

성폭력에 관한 특별법상 규정된 성범죄자로 유죄판결이 확정된 자 또는 공개명령이 확정된 자는 신상정보 등록대상자가 된다.

신상정보 등록대상자는 판결이 확정된 날부터 30일 이내에 ㉮ 성명 ㉯ 주민등록번호 ㉰ 주소 및 실제거주지 ㉱ 직업 및 직장 등의 소재지 ㉲ 신체정보(키와 몸무게) ㉳ 소유차량의 등록번호의 신상정보를 자신의 주소지를 관할하는 경찰관서의 장에게 제출하여야 한다.

관할경찰관서의 장 또는 교정시설 등의 장은 제1항에 따라 등록대상자가 신상정보를 제출할 때에 등록대상자의 정면・좌측・우측 상반신 및 전신 컬러사진을 촬영하여 전자기록으로 저장・보관하여야 한다. 등록대상자는 최초 등록일로부터 1년마다 주소지를 관할하는 경찰관서에 출석하여 자신의 정면·좌측·우측 상반신 및 전신 컬러사진을 촬영하여 전자기록으로 저장·보관하도록 하여야 한다.

법무부장관은 등록정보를 최초 등록일(등록대상자에게 통지한 등록일을 말한다)부터 20년간 보존·관리하여야 한다.

④ 처벌

〈표 4-3〉

처 벌	대 상
5년 이하의 징역 또는 5천만원 이하의 벌금	• 직무상 알게 된 등록정보를 누설한 자 • 정당한 권한 없이 등록정보를 변경하거나 말소한 자
2년 이하의 징역 또는 500만원 이하의 벌금	• 피해자의 신원과 사생활 비밀 누설 금지 의무를 위반한 자 • 피해자의 인적사항과 사진 등을 공개한 자
1년 이하의 징역 또는 500만원 이하의 벌금	• 정당한 사유 없이 기본신상정보를 제출하지 아니하거나 거짓으로 제출한 자 및 관할경찰관서 또는 교정시설의 장의 사진촬영에 정당한 사유 없이 응하지 아니한 자 • 정당한 사유없이 변경정보를 제출하지 아니하거나 거짓으로 제출한 자 • 정당한 사유 없이 관할 경찰관서에 출석하지 아니하거나 촬영에 응하지 아니한 자

(4) 피해자의 보호

① 성폭력 피해자 보호

피해자란 자신의 생명이나 신체, 재산, 명예 따위에 침해 또는 위협을 받은 사람을 말한다. 특히 성폭력범죄피해자란 성폭력범죄로 인하여 피해를 입은 자와 그 가족 등을 의미하며 1차적 피해와 2차적 피해로 구분할 수 있다

1차적 피해는 성폭력 범죄에 의해 입게 되는 직접적인 피해를 말하며, 2차적 피해는 성폭력 범죄에 의한 직접적인 피해 뿐 아니라 수사·재판 과정에 있어서의 정신적·인권적 침해 등을 통하여 발생하는 피해를 말한다. 성폭력 범죄 수사과정에서 반복적인 확인 진행과 경찰관의 피해자에 대한 비난과 냉소적인 수사태도로 인해 피해자가 2차적인 피해를 당할 수가 있게 된다. 이러한 2차적 피해가 발생하지 않도록 하

기 위한 여러 가지 제도적 장치를 마련하고자 하고 있다.

② 성폭력 범죄 예방

국가와 지방자치단체는 성폭력범죄를 예방하고 그 피해자를 보호하며 유해환경을 개선하기 위하여 필요한 법적·제도적 장치를 마련하고 필요한 재원을 조달하여야 하며, 청소년을 건전하게 육성하기 위하여 청소년에 대한 성교육 및 성폭력예방에 필요한 교육을 실시하여야 한다.

성폭력범죄의 피해자를 고용하고 있는 자는 누구든지 성폭력범죄와 관련하여 피해자를 해고하거나 기타 불이익을 주어서는 안 된다.

③ 피해자의 권리

성폭력은 성을 이유로 한 여성에 대한 폭력행위이자 성을 이유로 하는 인권침해로 학교, 직장, 기타 사회생활에 걸쳐 전반적으로 행해지고 있다. 성폭력피해자들은 피해자이면서 피해자로서의 인권을 존중받지 못하고 오히려 이를 숨기려고 하는 소극적인 태도를 취해 왔다. 이러한 성폭력피해자들이 피해자로서 자신의 권리를 주장하고 보장받아야 함을 주장하며 한국여성단체연합은 98여성폭력추방주간에 맞춰 성폭력피해자권리헌장을 선포하기도 하였다.

〈표 4-4〉 성폭력 피해자 권리 헌장

• 직업, 나이, 이전의 성경험, 피해시의 상황, 가해자와의 관계와 상관없이 피해자로 인정받고 대우받을 권리 • 사건과 관련된 질문만 받을 권리 • 이전의 성경험에 대한 질문을 받지 않을 권리 • 고소시 자신의 신분이 외부로 노출되지 않고 보호받을 권리 • 신변안전조치를 요청할 권리 • 수사, 재판과정에서 편안한 환경에서 진술할 수 있도록 가족, 변호사, 상담원 등과 함께 배석할 권리 • 사생활보호, 심리적 안정을 위해 비공개재판을 신청할 권리 • 가해자가 있는 자리에서 증언하기 어려울 경우 가해자의 퇴정을 신청할 권리 • 가해자로 인한 정신적, 신체적, 경제적 피해의 책임을 가해자에게 묻고 보상을 요구할 권리

- 병원에서 검사받는 동안 친절하고 세심한 배려를 받을 권리
- 성폭력피해에 대한 지식과 배려가 있는 의료진을 연계 받을 권리
- 모든 검사과정, 서류, 절차 등에 관해 쉬운 말로 설명들을 수 있는 권리
- 진료이후 예상되는 증상들을 충분히 알 권리
- 친구, 가족, 상담원 등이 진찰실에 함께 있을 수 있는 권리
- 성폭력피해에 관련된 증거물 수집과 진단서 발부를 요청할 권리
- 진료결과에 대한 기록을 발부받을 권리
- 성관계가 아닌 폭력의 피해자로 대우받을 권리
- 순결을 상실한 것으로 간주되지 않을 권리
- 어떠한 상황이든 피해에 대한 책임을 추궁당하지 않을 권리
- 불면, 불안, 악몽, 두려움, 초조함, 분노 등 피해 후 증상들을 갖고 표현할 권리 그리고 이러한 행동들이 비정상적인 행동으로 간주되지 않을 권리
- 가족이나 친구 등 주변인으로부터 정서적으로 지지받을 권리
- 피해에 대해 주변인에게 말할 권리 또한 말하지 않을 권리
- 성폭력상담소에서 비밀을 보장받으며 전문적 상담을 받을 권리
- 피해를 극복하고 어려움을 이겨내기 위해 필요로 되어지는 모든 정보와 시시를 주변, 관련 단체, 사회로부터 제공받을 권리
- 두려움에서 벗어나 스스로의 삶에 대한 자신감을 되찾을 권리

성폭력피해자의 권리헌장을 채택함은 더 이상 성폭력피해를 입었다는 이유로 비난받거나 사회적으로 누려야할 권리를 침해받는 일이 없도록 하여야 한다는 데 있다.

모든 성폭력피해자들은 나이, 직업, 성별, 학력, 경제력, 성정체성, 신체적·정신적 능력, 종교 등과 상관없이 자신의 피해를 인정받고 존중, 지지받을 권리를 가지며 피해의 상처를 극복해 나가는 데 필요한 모든 것들을 제공받고 배려 받을 권리가 있다. 어떠한 피해자도 피해입기를 원했거나 피해를 당할만했거나 피해를 유발하지 않았으며 폭력으로부터 살아나온 모든 성폭력피해자에게는 인간으로서의 존엄성을 지닌 인격체로 존중받을 권리가 있음을 알아야 한다.

(5) 성폭력방지 및 피해자보호법의 내용

① 보호 · 지원

국가와 지방자치단체는 성폭력을 방지하고 성폭력피해자를 보호·지원하기 위하여 예산상의 조치를 하여야 한다.

국가 또는 지방자치단체는 상담소, 보호시설 또는 통합지원센터의 설치·운영에 드는 경비를 보조할 수 있고, 치료 등 의료 지원에 필요한 경비의 전부 또는 일부를 지원할 수 있다.

2011년부터 「범죄피해자보호기금법」의 시행으로 연간 600억원의 피해자에 대한 지원기금을 사용하도록 되어 있다. 이 기금 활용에 있어서 피해자들에 대한 실제적 지원금 지원은 그리 많지 않는다는 점과 실제 중상해 피해자를 대상으로 보상기준을 정하고 있어 성폭력 피해자의 경우를 포괄하지 못하는 점은 문제점으로 지적되고 있다.[6)]

성폭력피해자의 경우 성폭행으로 인한 충격과 우울증 등으로 피해자가 정상적인 생활을 하는데 장해가 되고 이로 인해 제2의 범죄를 저지를 수도 있는 것은 피해치료를 통해 예방을 하는 것이 바람직하다.

② 취학 지원

국가와 지방자치단체는 피해자나 피해자의 가족구성원이 학생인 경우 주소지 외의 지역에서 취학할 필요가 있을 때에는 그 취학이 원활히 이루어지도록 지원하여야 한다. 여기서 "취학"은 입학, 재입학, 전학 및 편입학을 포함한다. 이 경우 취학을 지원하는 관계자는 피해자 등의 사생활이 침해되지 않도록 유의하여야 한다.

③ 성폭력 방지 및 예방

여성가족부장관은 성폭력의 실태를 파악하고 성폭력 방지에 관한 정책을 수립하기 위하여 3년마다 성폭력 실태조사를 하고 그 결과를 발

6) 「범죄피해자보호법」 제19조(구조금을 지급하지 아니할 수 있는 경우) ① 범죄행위 당시 구조피해자와 가해자 사이에 다음 각 호의 어느 하나에 해당하는 친족관계가 있는 경우에는 구조금을 지급하지 아니한다.
1. 부부(사실상의 혼인관계를 포함한다) 2. 직계혈족 3. 4촌 이내의 친족 4. 동거친족

표하여야 한다. 전문강사를 양성하고, 교육과학기술부장관, 보건복지부장관과 협의하여 생애주기별 교육프로그램을 개발 · 보급하여야 한다.

성교육 및 성폭력 예방에 필요한 교육을 실시하고, 그 결과를 여성가족부장관에게 제출하여야 한다. 여성가족부장관은 성폭력의 예방과 방지, 피해자의 치료와 재활 등에 관한 홍보영상을 제작하여 방송편성책임자에게 배포하여야 한다.

④ 피해자에 대한 불이익처분의 금지 및 신고

누구든지 피해자를 고용하고 있는 자는 성폭력과 관련하여 피해자를 해고하거나 그 밖의 불이익을 주어서는 아니 된다.

19세 미만의 미성년자를 보호하거나 교육 또는 치료하는 시설의 장 및 관련 종사자는 자기의 보호 · 지원을 받는 자가 「성폭력범죄의 처벌 등에 관한 특례법」과 형법상 강간 등의 피해자인 사실을 알게 된 때에는 즉시 수사기관에 신고하여야 한다. 예컨대 회사 사장, 학교 선생님, 고아원 원장, 병원의 의사 등도 종업원, 학생, 원생, 환자가 성폭력 피해자인 사실을 안 때에는 즉시 수사기관에 신고하여야 한다.

일반적으로 범죄사실의 신고의무는 법률에 특별한 규정을 두는 경우를 제외하고는 이를 강제할 수 없는 것으로 범죄신고를 하지 않았다는 이유로 형사처벌할 수 없다. 그러나 성폭력범죄는 비인간적인 범죄로 그 피해자를 보호하고 감독해야 하는 위치에 있는 자들에 대해서는 의무를 강조하고 있다.

⑤ 상담소 등 설치 · 운영

국가 또는 지방자치단체는 성폭력피해상담소를 설치 · 운영할 수 있고, 성폭력피해자보호시설을 설치 · 운영할 수 있다.

상담소는 성폭력피해를 신고 받거나 상담하는 일, 성폭력피해자를 병원 또는 성폭력피해자보호시설로 데려다 주는 일, 가해자에 대한 고소와 피해배상청구 등 사법처리절차에 관하여 대한변호사협회 · 대한법률구조공단 등 관계기관에 필요한 협조와 지원을 요청하는 일, 성폭력범죄의 예방 및 방지를 위한 홍보를 하는 일, 기타 성폭력범죄 및 성폭력

피해에 관하여 조사·연구하는 일을 한다. 보호시설은 상담소가 하는 일 이외에 성폭력피해자를 일시 보호하는 일, 성폭력피해자의 신체적·정신적 안정회복과 사회복귀를 돕는 일, 기타 성폭력피해자의 보호를 위하여 필요한 일을 한다.

또한 상담원의 자질을 향상시키기 위하여 상담원에 대한 전문적인 교육·훈련을 담당하는 시설을 설치·운영할 수 있다.

국가 또는 지방자치단체는 보호시설에 입소한 피해자 등의 보호를 위하여 필요한 경우 생계비, 아동교육지원비, 아동양육비, 그 밖에 대통령령으로 정하는 보호비용을 보호시설의 장 또는 피해자에게 지원할 수 있다. 보호시설의 입소기간은 원칙적으로 일반보호시설은 6개월 이내, 장애인보호시설, 자립지원 공동생활시설, 장애인 자립지원 공동생활시설은 2년 이내, 특별지원 보호시설은 19세가 될 때까지 가능하다. 다만, 여성가족부령으로 정하는 바에 따라 연장할 수 있으며, 일반보호시설에 입소한 피해자가 대통령령으로 정하는 특별한 사유에 해당하는 경우에는 입소기간을 초과하여 연장할 수 있다.

⑥ 비밀 엄수의 의무

상담소, 보호시설 또는 통합지원센터의 장이나 그 밖의 종사자 또는 그 직에 있었던 사람은 그 직무상 알게 된 비밀을 누설하여서는 안된다.

⑦ 처벌

〈표 4-5〉

처 벌	대 상
3년 이하의 징역 또는 2천만원 이하의 벌금	• 성폭력 피해자에 대한 불이익처분의 금지를 위반하여 피해자를 해고하거나 그 밖의 불이익을 준 자
2년 이하의 징역 또는 500만원 이하의 벌금	• 신고를 하지 아니하거나 인가를 받지 아니하고 상담소, 보호시설 또는 교육훈련시설을 설치·운영한 자 • 업무의 폐지 또는 정지 명령이나 인가취소를 받고도 상담소, 보호시설 또는 교육훈련시설을 계속 운영한 자 • 영리목적 운영 금지의무를 위반한 자 • 비밀 엄수의 의무를 위반한 자
500만원 이하의 과태료	• 정당한 사유없이 신고된 현장에 출동한 사법경찰관리에 대하여 현장조사를 거부하는 등 업무를 방해한 자
300만원 이하의 과태료	• 상담소, 보호시설 등과 관계공무원이 정당한 사유 없이 보고를 하지 아니하거나 거짓으로 보고한 자 또는 조사·검사를 거부하거나 기피한 자 • 성폭력피해상담소, 성폭력피해자보호시설, 성폭력피해자통합지원센터, 성폭력 관련 상담원 교육훈련시설 또는 유사 명칭 사용 금지의무를 위반한 자

6) 성폭력 범죄에 있어서의 논의와 법 개정 방향

(1) 성폭력 범죄에 있어서의 논의

① 강간죄의 객체문제

그동안 강간죄는 남성의 성기가 여성의 성기에 삽입되었을 때에만 성립하며, 그 이외에는 어떠한 성적 접촉도 모두 강제 추행으로 해석하고 강간 피해자는 여성으로만 한정하고 있었다. 이러한 법규정은 성에 있어서 자유와 성적 결정권에 대한 현저한 침해를 가져오는 것이라는 비판이 있어 왔고, 결국 강간죄의 객체를 '사람'으로 규정함으로써 그동안의 논란을 해결하였다.

② 저항여부문제

강간죄는 살인, 강도, 방화와 함께 4대 강력범죄 중의 하나로 분류된다. 그럼에도 형법상에서 폭행과 협박에 대해 그 정도가 어떠했는지, 얼마나 저항했는지를 판단기준으로 삼는 것('최협의설')으로 인해 실제

고소과정에서 강간피해자임을 입증받기란 쉽지 않다. 저항의 정도에 있어서도 강간사실은 인정되나 저항한 흔적이 없어 피의자를 불구속조치하는 등 저항의 정도에 대한 판단과 성폭행을 당했더라도 저항의 흔적이 없으면 다른 범죄와 차별적으로 처벌하는 것도 문제이다. 폭행과 협박에 대한 저항에 있어서 최협의설에 의한 판단은 오히려 피해자에게 책임을 전가하고, 비현실적인 격렬한 저항을 요구하며 처벌 범위에 공백이 생긴다는 점 또한 문제이다.

성폭력을 당한 후 바로 병원에 가서 정액채취를 하는 등의 증거자료 확보가 수사와 재판에서는 매우 중요하게 영향을 미친다. 더욱이 산부인과적 증거자료가 없는 강제추행의 경우에는 입증이 어려운 점이 있다.

(2) 성폭력에 관한 법 개정방향

① 가해자 처벌 강화 등

성폭력은 다른 범죄에 비해 심리적 고통이 더 오래가는 범죄이고 가해자의 재범률이 높은 점으로 보아 가해자 처벌이 더욱 강화되어야 할 것이다. 성폭력의 비율은 점차 감소 추세에 있지만 성폭력 유형은 과거보다 더 다양화되고 있다. 최근에는 신체적 접촉을 통한 성폭력 이외에 음란물, 불법적 촬영 등 영상매체를 이용한 성폭력이 증가하고 있고, 그 확산과 피해의 정도가 광범위하게 일어나고 있어 적절한 대응과 처벌 수위를 강화할 필요가 있다. 또한 성폭력범죄 예방을 위한 홍보, 안전한 환경조성 등도 요청된다 하겠다.

② 공소시효 정지 및 연장

성폭력 관련 범죄의 공소시효는 성폭력 피해의 특성을 간과한 채 일반범죄와 똑같은 규정에 따르고 있는 점이 지적되어 강제추행과 성폭력의 경우 공소시효를 10년으로 연장하였다. 13세 미만의 아동 또는 신체장애 또는 정신적 장애가 있는 사람에게 성범죄를 저지르는 경우 공소시효를 폐지하였다. 그리고 DNA등 성범죄에 대해 과학적으로 증명할 수 있는 경우에 공소시효는 10년 더 연장되도록 하였다. 그러나 미성년자에 대한 성폭력의 경우에 공소시효를 연장할 필요성이 제기되고 있다. 여성가족부의 '2016년도 전국 성폭력 실태조사'에 따르면 강간의 경우 10명 중 6명 꼴인 63.1%가 19세 미만에 첫 피해를 입었다고 보고되었다. 미성년자에 대한 성폭력의 경우 성년이 될 때까지 공소시효가 중단되고 있지만 많은 미성년자들이 성폭력으로 피해를 받고 있는 점을 확인할 수 있다. 이는 미성년자 아동성폭력의 경우에는 공소시효를 폐지할 것을 주장이 꾸준하게 제기되어오는 이유이다.

③ 피해자의 권리보장 확대 등

"성폭력에 관한 법"에 피해자의 신변안전조치와 영상물 촬영의 확대, 장애인의 '항거불능'문제, 비공개신청권의 확대, 신뢰관계자 동석의 확대 등의 피해자 권리를 확보하기 위한 조치들이 보완되어야 한다는 지적과 함께 수차례의 법 개정으로 이 문제를 해결하고자 하였다. 또한 성폭력범에 대한 처벌기준이 집행유예 등 현행법이 정하는 형량보다 훨씬 낮게 선고되고 있는 현실에서, 성폭력범의 수법이 점점 악랄해지고 있는 것을 감안하여 처벌의 강화와 적절한 양형기준의 마련과 실천이 필요하다는 지적이 있어 왔다. 또한 수사와 재판과정에서 피해자에게 2차, 3차 피해가 발생되지 않도록 하기 위한 장치마련이 필요하다.

④ 취약계층 성폭력 피해자를 고려한 입법정책

성폭력 피해자의 경우 실질적, 현실적 지원이 이루어질 수 있도록 하고, 범죄 피해자임에도 불구하고 구조금 지급 등에 있어서 불리하게 작용하는 법을 개정할 필요가 있다. 그리고 성전환자, 남성, 성매매여성, 외국인여성, 동성애자등 기존의 성폭력논의에서 배제된 피해자들에 대한 구제방안과, 구금시설에 있는 재소자들의 성폭력문제에 대한 대책을 고려한 입법이 필요하다 하겠다.

⑤ 기타

기타 성폭력예방교육을 통하여 사회전반에 성폭력 범죄에 대한 인식을 개선하여야 한다. 또한 성폭력범죄자 재범방지를 위한 치료감호제도 등 실효성 있는 법적 장치강화와 성폭력 피해자에게 법적 원조가 용이해지도록 법제정비와 법의 실효성 제고를 위한 다원적 차원의 개선노력이 필요하다고 하겠다.

[판례 4-5] **친족관계 성폭력:** 김○○ 사건
(대법원 1992.12.22. 선고 92도2540 판결)

□ 사건의 개요

피고인들이 공모하여 피해자 김□□(이하 피해자라고 한다)를 살해하였다는 원심의 사실인정은 수긍이 가고 거기에 채증법칙을 어긴 위법이 있다고 할 수 없다.

원심이 인용한 제1심판결이 든 증거에 의하면, 피고인 김△△은 피고인 김○○으로부터 피해자와의 관계를 고백받고 같이 번민하다가 피해자를 살해하고 강도로 위장하기로 공모한 후, 피고인 김△△이 이 사건 범행 전날 서울 창동시장에서 범행에 사용할 식칼(증 제4호), 공업용 테이프(증 제7, 제10호), 장갑 등을 구입하여 가지고 범행장소인 충주에 내려가서 피고인 김○○과 전화통화로 범행시간을 정하고, 약속된 시간인 1992.1.17. 01:30경 피고인 김○○이 열어준 문을 통하여 피해자의 집안으로 들어간 다음, 이어서 피해자가 술에 취하여 잠들어 있는 방에 몰래 들어가 피해자의 머리 맡에서 식칼을 한손에 들어 피해자를 겨누고 양무릎으로 피해자의 양팔을 눌러 꼼짝 못하게 한 후 피해자를 깨워 피해자가 제대로 반항할 수 없는 상태에서 피고인 김○○을 더이상 괴롭히지 말고 놓아 주라는 취지의 몇 마디 이야기를 하다가 들고 있던 식칼로 피해자의 심장을 1회 찔러 그 자리에서 살해하고, 강도살인을 당한 것처럼 위장하기 위하여 죽은 피해자의 양 발목을 공업용 테이프로 묶은 다음 현금을 찾아 태워 없애고 장농, 서랍 등을 뒤져 범행현장에 흩어 놓고 나서, 피고인 김△△은 강도에게 당한 것처럼 피고인 김○○의 브레지어 끈을 칼로 끊고 양 손목과 발목을 공업용 테이프로 묶은 다음 달아나고, 피고인 김○○은 양 손목과 발목이 공업용 테이프로 묶인 채 옆집에 가서 강도를 당하였다고 신고하였다

【원심결정】 서울고등법원 1992.9.14. 선고 92노1511 판결

□ 판결이유의 요지

가. 정당방위가 성립하려면 침해행위에 의하여 침해되는 법익의 종류, 정도, 침해의 방법, 침해행위의 완급과 방위행위에 의하여 침해될 법익

의 종류, 정도 등 일체의 구체적 사정들을 참작하여 방위행위가 사회적으로 상당한 것이어야 하고, 정당방위의 성립요건으로서의 방어행위에는 순수한 수비적 방어뿐 아니라 적극적 반격을 포함하는 반격방어의 형태도 포함되나, 그 방어행위는 자기 또는 타인의 법익침해를 방위하기 위한 행위로서 상당한 이유가 있어야 한다.

나. 의붓아버지의 강간행위에 의하여 정조를 유린당한 후 계속적으로 성관계를 강요받아 온 피고인이 상피고인과 사전에 공모하여 범행을 준비하고 의붓아버지가 제대로 반항할 수 없는 상태에서 식칼로 심장을 찔러 살해한 행위는 사회통념상 상당성을 결여하여 정당방위가 성립하지 아니한다고 본 사례.

다. 형법 제10조 소정의 심신장애의 유무 및 정도를 판단함에 있어서 반드시 전문인의 의견에 기속되어야 하는 것은 아니고 범행의 경위, 수단, 범행 전후의 피고인의 행동 등 기록에 나타난 제반자료와 공판정에서의 피고인의 태도 등을 종합하여 법원이 독자적으로 판단할 수 있다.

□ 판단

○ 기대가능성이 없었다는 주장에 대하여

기록을 살펴보면, 피고인들이 공모하여 피해자 김□□를 살해하였다는 원심의 사실인정은 수긍이 가고 거기에 채증법칙을 어긴 위법이 있다고 할 수 없다.

○ 정당방위 또는 과잉방위를 주장하는 부분에 대하여

정당방위가 성립하려면 침해행위에 의하여 침해되는 법익의 종류, 정도, 침해의 방법, 침해행위의 완급과 방위행위에 의하여 침해될 법익의 종류, 정도 등 일체의 구체적 사정들을 참작하여 방위행위가 사회적으로 상당한 것이었다고 인정할 수 있는 것이어야 할 것인데(당원 1966.3.15. 선고 66도63 판결; 1984.6.12. 선고 84도683 판결 각 참조), 피고인들이 사전에 판시와 같은 경위로 공모하여 범행을 준비하고, 술에 취하여 잠들어 있는 피해자의 양팔을 눌러 꼼짝 못하게 한 후 피해자를 깨워 피해자가 제대로 반항할 수 없는 상태에서 식칼로 피해자의 심장을 찔러 살해한다는 것은, 당시의 상황에 비추어도 사회통념상 상당성을 인정하기가 어렵다고 하지 않을 수 없고, 피고인들의 범행의 동기나 목적을 참작하여도 그러하므로, 원심이 피고인들의 판시 행위가 정당방위에 해당한다거나 야간 기타 불안스러운 상태하에서 공포, 경악, 흥분 또는 당황으로 인하여 그 정도를 초과한 경우에 해당한다는 피고인들의 주장을 배척한 조처도 정당하고, 거기에 소론과 같은 법리를 오해하거나 채증법칙을 어긴 위법이 있다고 할 수 없다.

○ 심신장애를 주장하는 부분에 대하여

이 사건 기록에 나타난 피고인들의 연령, 생활환경, 성장과정, 대학교 생활의 내용 및 성적, 이 사건 범행 당시의 상황, 그 범행 후의 정황 등과 그 밖에 수사기관을 비롯하여 제1심 및 원심법정에서의 피고인들의 태도 및 언동 등에 비추어 보면 피고인들이 이 사건 범행 당시 사물을 변별할 능력이나 의사를 결정할 능력이 없었다거나 미약한 상태에 있었던 것은 아니라고 하여 피고인들의 심신장애 또는 심신미약의 주장을 배척한 조처는 정당한 것으로 수긍이 가고, 거기에 채증법칙을 어긴 위법이 있다거나 소론과 같은 법리오해의 위법이 있다고 할 수 없다.

□ 결과

이 사건은 가정 내 근친 간 성폭행 사건으로, 고등법원판결에서는 살인사건에 있어서 최초로 집행유예가 선고되었고, 대법원에서 김△△관은 징역 5년, 김○○은은 징역 3년에 집행유예 5년을 선고받았다.

[판례 4-6] 친족관계성폭력:(친족관계에 의한 강제추행) · 부착명령
(서울고법 2011.7.21. 선고 2011노1393,2011전노174 판결)

□ 사건의 개요

피고인은 전처인 공소외 1과 2000년경 이혼하고, 친딸인 피해자 공소외 2와 함께 거주하면서 피해자의 가출 등을 이유로 상습적으로 손찌검을 하고, 몽둥이로 피해자를 구타하여 왔다.

1. 피고인은 2009. 2. 15. 23:00경 피고인의 집 안방에서 피해자의 몸에 크림을 발라주던 중 욕정을 느껴 손으로 피해자의 가슴과 음부를 수회 만지고 이에 놀란 피해자가 "아빠 하지 마. 이러지 마."라고 하는 등 거부하는 태도를 보였음에도 계속해서 피해자의 몸 위에 올라타서 성기를 피해자의 등에 대고 문지르면서 사정을 하였다.

2. 피고인은 2009. 2. 17. 23:30경 같은 장소에서 TV를 보고 자려고 하는 피해자에게 욕정을 느껴 손으로 가슴 등을 수회 만지고 피해자의 몸 위에 올라타 성기를 피해자의 등에 대고 문지르면서 사정을 하였다.

3. 피고인은 2009. 3. 초순 일자불상 23:40경 같은 장소에서 피해자의

몸에 오일을 발라주던 중 욕정을 느껴 손으로 피해자의 가슴과 등을 수회 만지고 피해자의 몸 위에 올라타서 성기를 피해자의 등과 엉덩이에 대고 문지르면서 사정을 하였다.

4. 피고인은 2009. 7. 30. 23:10경 같은 장소에서 피해자의 엉덩이에 영양크림을 발라주면서 욕정을 느껴 손으로 가슴과 음부를 수회 만지고 이에 피해자가 "자꾸 왜 그러냐."라고 하는 등 거부하는 태도를 보였음에도 계속해서 피해자의 몸 위에 올라타서 성기를 피해자의 등과 엉덩이에 대고 문지르면서 사정을 하였다.

이로써 피고인은 친족관계에 있는 피해자를 강제로 추행하였다.

□ 원심에 대하여

이 사건 각 범행 당시 피해자가 심리적 또는 물리적으로 반항이 절대적으로 불가능하거나 현저히 곤란한 상태에 있었다고 단정하기 어렵다는 이유로 주위적 공소사실을 무죄로 판단

□ 주 문

원심판결 중 피고사건 부분을 파기한다.

피고인을 징역 2년 6월에 처한다.

원심판결 중 부착명령사건 부분에 대한 검사의 항소를 기각한다.

□ 판시사항

[1] 강제추행죄에서 '폭행·협박'의 정도와 판단 기준 및 폭행 자체가 추행으로 인정되는 경우 '폭행'의 정도

[2] 피고인이 친딸인 갑(여, 14세)의 몸 위에 올라타 성기를 몸에 대고 문지르면서 사정을 하는 등 강제로 추행하였다고 하여 예비적으로 구 성폭력범죄의 처벌 및 피해자보호 등에 관한 법률 위반(친족관계에의한 강제추행)으로 기소된 사안에서, 예비적 공소사실을 무죄로 판단한 제1심판결의 피고사건 부분을 전부 파기하고 이 부분 공소사실에 대하여 유죄를 선고한 사례

[3] 아동·청소년의 성보호에 관한 법률 부칙 제3조 제4항에 따라 적용되는 공개명령에 관한 ' 제38조'가 2010. 4. 15. 법률 제10261호로 개정되기 전 구 아동·청소년의 성보호에 관한 법률 제38조를 의미하는 것으로 해석하여야 하는지 여부(적극)

[4] 피고인이 자신의 친딸인 갑(여, 14세)을 수회 강제추행하였다는 내용의 구 성폭력범죄의 처벌 및 피해자보호 등에 관한 법률 위반(친족관계에 의한 강제추행)죄가 인정되어 신상정보 공개대상 여부가 문제된 사안에서, 갑의 나이가 13세 이상이고 피고인에게 재범의 위험성이 있다고 할 수 없어 공개명령을 선고하지 아니한다고 한 사례

□ 판결 요지

[1] 강제추행죄는 상대방에 대하여 폭행 또는 협박을 가하여 항거를 곤란하게 한 뒤에 추행행위를 하는 경우 성립하고, 폭행 또는 협박이 피해자의 항거를 곤란하게 할 정도의 것이었는지는 폭행·협박의 내용과 정도, 유형력을 행사하게 된 경위, 피해자와 관계, 추행 당시와 그 후의 정황 등 모든 사정을 종합하여 판단하여야 한다. 한편 폭행행위 자체가 추행위라고 인정되는 경우도 강제추행죄가 성립하는데, 이 경우 폭행은 반드시 상대방의 의사를 억압할 정도임을 요하지 않고 상대방의 의사에 반하는 유형력의 행사가 있는 이상 힘의 대소강약을 불문한다.
[2] 피고인이 친딸인 갑(여, 14세)의 몸 위에 올라타 성기를 몸에 대고 문지르면서 사정을 하는 등 강제로 추행하였다고 하여 예비적으로 구 성폭력범죄의 처벌 및 피해자보호 등에 관한 법률(2010. 4. 15. 법률 제10258호 성폭력범죄의 피해자보호 등에 관한 법률로 개정되기 전의 것) 위반(친족관계에 의한 강제추행)으로 기소된 사안에서, 위 범행은 피고인이 누워있는 갑의 등에 갑자기 올라타 추행한 것으로 갑이 이를 예측하고 항거할 기회가 없었으므로 폭행행위 자체가 추행행위로 인정될 수 있을 뿐만 아니라, 범행 당시 갑은 만 14세에 불과한 청소년으로서 평소 무서워하던 피고인과 단둘이 있었고, 주변에 도움을 청할 만한 사람도 없었으며, 갑이 피고인의 전적인 보호를 받고 있는 입장으로서 심리적으로 위축되어 있는 상태에 있었으므로 피고인의 갑작스런 행동에 대하여 소극적 거부의사를 나타내는 것 이외에 별다른 저항 방법이 없었을 것으로 보이는 점 등의 사정에 비추어 피고인의 행위는 강제추행에 해당한다는 이유로, 이와 달리 위 예비적 공소사실을 무죄로 판단한 제1심판결의 피고사건 부분을 전부 파기하고 이 부분 공소사실에 대하여 유죄를 선고한 사례.
[3] 구 아동·청소년의 성보호에 관한 법률(2010. 4. 15. 법률 제10260호로 개정되기 전의 것, 이하 '구법'이라고 한다) 부칙(2009. 6. 9.) 제3조

제1항 단서가 '종전의 규정에 따른 신상정보 등록대상자의 등록 및 열람 등에 관하여는 종전 규정에 의한다'고 규정하고 있다가 2010. 7. 23. 부칙 개정을 통하여 단서 부분을 삭제하고 새로 부칙 제3조 제4항을 두어 공개명령을 하도록 하면서 공개명령에 관한 '제38조'의 적용에 관한 구법 부칙 제3조 제1항의 본문 규정은 그대로 두었으므로 부칙에서 말하는 '제38조'는 '구법 제38조'를 말하는 것이 분명하고, 따라서 조문 체계상 같은 부칙 제3조 제4항에서 말하는 '제38조'도 당연히 '구법 제38조'를 의미한다고 보는 것이 논리적이며, 이러한 해석이 새로운 부칙 규정을 제정하여 아동·청소년의 성보호에 관한 법률(2010. 4. 15. 법률 제10260호로 개정된 것) 제38조의 적용시기를 정하지 아니하고 굳이 구법 부칙 조항의 개정 형식을 취한 아동·청소년의 성보호에 관한 법률의 개정(2010. 7. 23. 법률 제10391호) 의도에도 부합한다.

[4] 피고인이 자신의 친딸인 갑(여, 14세)을 수회 강제추행하였다는 내용의 구 성폭력범죄의 처벌 및 피해자보호 등에 관한 법률(2010. 4. 15. 법률 제10258호 성폭력범죄의 피해자보호 등에 관한 법률로 개정되기 전의 것) 위반(친족관계에 의한 강제추행)죄가 인정되어 신상정보 공개대상 여부가 문제된 사안에서, 위 범행은 구 청소년의 성보호에 관한 법률(2009. 6. 9. 법률 제9765호 아동·청소년의 성보호에 관한 법률로 전부 개정되기 전의 것) 제2조 제3호에 규정된 청소년대상 성폭력범죄에 해당하여 아동·청소년의 성보호에 관한 법률 부칙(2009. 6. 9.) 제3조 제4항(2010. 7. 23. 법률 제10391호로 개정된 것)에 따라 공개명령에 관한 제38조가 적용되는데, 공개명령 대상자를 규정한 구 아동·청소년의 성보호에 관한 법률(2010. 4. 15. 법률 제10260호로 개정되기 전의 것, 이하 '구법'이라고 한다) 제38조 제1항 제1호, 제4호와 아동·청소년의 성보호에 관한 법률(이하 '신법'이라고 한다) 제38조 제1항 제1호, 제4호의 내용이 서로 달라 부칙 제3조 제4항에서 말하는 '제38조'가 그 중 어느 것을 의미하는지 및 그에 따라 아동·청소년대상 성폭력범죄를 저지른 자에게 재범의 위험성이 필요한지가 문제되는바, 구법 부칙 조항의 개정 형식 등에 비추어 위 부칙 제3조 제4항에서 말하는 '제38조'는 구법 제38조를 의미한다고 보아야 하므로 이 사건의 경우 그에 따라 공개 여부를 판단하여야 하는데, 피해자 갑의 나이가 13세 이상이어서 구법 제38조 제1항 제4호 해당 여부만 문제되고 피고인에게 재범의 위험성이 있다고 할 수 없어 공개명령을 선고하지 아니한다고 한 사례.

□ **부착명령에 대하여**

가. 항소이유의 요지

피고인은 16세 미만의 사람에 대하여 성폭력범죄를 2회 이상 범하여 습벽이 인정되고 재범의 위험성이 있음에도 부착명령청구를 기각한 원심판결에는 사실오인 또는 법리오해의 위법이 있다.

나. 판단

원심판결 중 이 사건 예비적 공소사실에 대한 부분에 법리오해의 위법이 있음은 앞서 본 바와 같으므로 예비적 공소사실이 무죄임을 이유로 부착명령청구를 기각한 원심의 판단은 일응 위법하다.

그러나 피고인이 친족관계에 있는 미성년자인 피해자를 위 판시와 같이 강제추행한 사실이 인정된다고 하더라도 이 사건 각 범행은 친족이라는 특수한 관계에서 비롯된 것으로서 그 이전에 피고인이 다른 성범죄로 처벌받은 전력이 없는 점, 이 사건 범행은 약 2년 전에 5개월 동안 간헐적으로 이루어진 것인데, 그 이후 피고인이 성폭력범죄를 저지르지 아니한 점, 피고인이 현재 잘못을 반성하고 있는 점, 피고인에 대한 성범죄자 재범위험성 평가척도(KSORAS) 결과는 중간영역(7~12)에 해당하는 10점이고, 정신병질자 선별도구(PCL-R) 평가 결과에 따른 정신병질 성향은 12점으로 중간영역(7~24) 중에서도 낮게 평가된 점, 보호관찰관도 위치추적 전자장치의 부착이 필요할 정도로 재범의 위험성이 높지 않다고 보고 있는 점 등을 종합하면, 피고인에게 성폭력범죄의 습벽이 있다거나 재범위험성이 있다고 단정하기 어려우므로 검사의 부착명령청구를 기각한 원심의 조치는 결과적으로 정당하다. 검사의 주장은 이유 없다.

□ **결론**

그렇다면 원심판결의 피고사건 부분 중 예비적 공소사실에 대한 검사의 항소는 이유 있으므로 이 부분을 파기할 것인바, 피고사건 부분 중 주위적 공소사실은 이와 일죄의 관계에 있어 함께 파기될 수밖에 없으므로 형사소송법 제364조 제6항에 의하여 원심판결 중 피고사건 부분을 전부 파기하고 변론을 거쳐 다시 다음과 같이 판결하며, 원심판결 중 부착명령사건 부분에 대한 검사의 항소는 이유 없으므로 특정 범죄자에 대한 위치추적 전자장치 부착 등에 관한 법률 제35조, 형사소송법 제364조 제4항에 의하여 이를 기각한다.

[판례 4-7] 성폭행 살인사건(광주고법 1991.12.20. 선고 91노899, 91감노80 형사부판결 : 상고기각)

□ 사건의 개요

피고인은 국민학교 2학년 때인 9살 때 앞집에 사는 피해자(당시 35세)가 심부름을 시키며 방으로 들어오게 한 뒤 강제로 옷을 벗기고 입을 막으며 성교하여 피가 나고 상태가 심하여 10여일간 제대로 걷지도 못한 일이 있었으나 혼날까봐 가족에게도 이와 같은 이야기는 하지 아니하였던 사실, 그 후 국민학교를 졸업하고 서울에 가정부로 취직하여 생활하다가 20세경 고향에 돌아와 중매로 첫 결혼을 하였는데 얼마 안되어 그 남편이 피고인의 친정으로 전화하여 피고인이 9살 때 당한 것 때문에 남자를 두려워하고 무서워하여 인간구실을 못한다고 함에 비로소 그러한 사실을 식구들이 알게 되어 전주예수병원 정신과에서 진료를 받았으며 당시 멍하니 하늘만 쳐다보고 중얼거리며 이야기하다가도 머리가 아프다고 회피하는 등의 증상으로 정신분열증이라는 진단을 받고 1달 간 통원치료를 받았으나 결국 결혼 2달 만에 이혼당하였고, 다시 부산 언니집으로 내려가 공장에 취직하여 교회에 다니다가 현재의 남편을 만나 교제중 임신하게 되어 교회집사의 중매로 결혼하였는데 1년 정도 별 탈없이 잘 지냈으나 아이를 낳고 나서는 마음이 다른 곳에 가있는 것 같고 가정일도 못하여 1986년 가을경부터는 멍하니 앉아있고 잠도 잘 안자며 남편을 멀리하고 성관계를 요구하여도 응하지 아니하며 갑자기 무서운 듯 몸을 떨며 움츠리고 옆집 사람이 자기 욕을 하는 것 같다며 이웃들과 싸워 자주 이사를 다녔고, 1990.2.경 남편이 교통사고를 내어 구속수감되었으나 면회도 가지 아니하고 면회를 왔다가도 만나지도 아니하고 가버리는 등의 행동을 하다가 출감 후에는 밤새 법률서적을 뒤지며 9살 때 강간당한 것을 고소하겠다고 하여 남편이 소용없다고 하자 몸을 부들부들 떨면서 울기도 하더니 몰래 친정집에 가서는 피해자를 불러놓고 보상으로 금 7억 원을 요구하는 등 위 피해자만 만나면 사기가 왕성하여 청산유수로 말을 하고 윽박지르기도 하여 결국 그 남편이 이혼하려고 법원에 이혼확인을 하러 갔으나 엉뚱한 소리만 하여 이혼도 못하였는데 그 뒤부터는 텔레비젼에 자기가 나온다거나 남편이 텔레비젼에서 말을 한다고 하며 텔레비젼을 두드려깨는 등의 증상을 보여 1990.7.경 부산대남병원에 2개월 간 입원하였으며, 당시의 증상은 부적절한 분노, 난폭행동, 고립위축양상, 피해망상, 자책망상, 비논리적 언어,

심한 적막감 등으로 정신분열증의 진단을 받았으며 그 후 호전되어 퇴원 후 1달간은 이웃과도 잘 지내고 살림도 잘하였는데 다시 같은 해 11. 경부터 종전 증상을 보이다가 1991.1.30. 혼자 말도 없이 친정집에 가 이 사건 범행을 저질렀다. 피고인이 피해자의 집에 찾아와 할 말이 있으니 자기 친정집으로 와달라고 요구하자 위 피해자가 다 끝난 일가지고 그런다며 욕설을 하며 피고인에게 찾아오지 아니하자, 양허리에 혁대를 이용하여 이미 만든 칼집에 각기 식도와 과도를 꽂고 그 위에 코트를 입어 이를 감춘 채 다시 피해자의 집에 찾아갔으나 밖에 나와 이야기 하자는 피고인의 말에 피해자가 욕을 하며 응하지 아니하자 방안으로 들어가 이 사건 범행에 이른 사실, 당시 피해자는 중풍으로 오른 쪽 팔과 다리를 제대로 쓰지 못하는 환자였으며 피고인의 행위에 별 저항을 못하였고, 피고인 역시 피해자를 주로 낭심과 허리의 하복부 부분만을 여러 차례에 걸쳐 찔러 살해하였다.

□ 판시사항

가. 여자피고인이 9살 때 강간당한 경험으로 정신분열증환자가 되어 20여년 후에 심신미약의 상태에서 강간자를 살해하였다고 본 사례

나. 위 피고인에게 치료감호의 요건인 재범의 위험성이 있다고 본 사례

【원심결정】 전주지방법원 91고합58, 91감고22 판결

□ 판결이유의 요지

가. 피고인은 원래 내성적이고 정신분열증인 성격이 9살 때 강간당한 경험으로 인하여 더욱 정신분열성인 성격으로 발달되고 결혼 후에도 정상적인 성생활이 어려워 그로 인한 이혼으로 충격을 받게 되면서 증상이 악화되어 외상 후 스트레스장애로 발전하고 정신분열성의 인격의 영향으로 잔재형 정신분열증 환자가 되었으며 20년 후에 외상 후 스트레스장애 등의 증상이 갑자기 발현된 심신장애의 상태에서 강간자를 살해하였으나, 그 장애의 정도는 살해할 마음을 먹고 범행에 사용한 식칼과 과도를 미리 구입하고 찾아간 경위와 범행 당시 일차 식칼을 뺏기자 다시 과도로 재차 가해하는 등의 범행방법과 수단, 수사기관 이래 그 범행동기와 경위, 시간과 방법 등을 논리정연하게 구체적으로 진술하고 있는 점, 공판과정 및 범행전후의 행동 등에 비추어 사물을 판별하거나 의사

를 결정할 능력이 미약한 상태에 있었다고 인정된다.

나. 위 피고인은 외상 후 스트레스장애 등에 따른 심신미약상태에서 위 범행을 저질렀으며, 아직도 그러한 증상이 남아 있어 1년 정도의 입원치료와 5년 정도의 계속적인 통원치료가 필요하며, 피고인의 가정형편으로는 계속적인 치료비를 감당하기가 어렵고 위 정신분열증의 중요한 원인을 제공하였던 강간자가 사망하여 그 원인이 된 중요부분이 제거되었음에도 피고인은 정신감정시에 면담이나 치료를 거부하는 태도를 보이고 대인관계에 의심이 많아 조그만 자극에도 공격적인 행동을 보여 재범예방의지가 있는 것으로 보기도 어려우므로, 피고인은 계속하여 치료를 받으면서 감시되지 아니하면 다시 위 스트레스장애 등의 재발로 말미암은 재범의 위험성이 있다고 인정된다.

□ 항소이유의 요지

피고인 겸 피감호청구인(이하 피고인이라고만 한다)의 변호인이 내세운 피고사건에 관한 항소이유의 요지는, 피고인은 이 사건 범행 당시 외상 후 스트레스 장애 및 정신분열증적 증세가 발작하여 사물을 변별하거나 의사를 결정할 능력을 상실한 상태에 있어 그 행위를 벌할 수 없음에도 불구하고 이를 단순히 심신미약의 상태에서 이 사건 범행을 저지른 것으로 단정하여 유죄로 인정한 원심판결에는 채증법칙을 위배함에 따라 사실을 그릇 인정하거나 법리를 오해하여 판결에 영향을 미친 위법이 있다는 것이고, 그 감호사건에 관한 항소이유의 요지는, 피고인은 현재 그 증세가 호전되고 있고 피고인과 그 가족들이 피고인의 재활을 위하여 피나는 노력을 하고 있으며 20여년간 증오하던 범행의 대상이 이미 사망하여 없는 마당에 다시 재범을 할 개연성은 없음에도 불구하고 그 위험성이 있다고 인정한 원심은 감호원인 사실을 잘못 인정하여 판결에 영향을 미친 위법을 저질렀다는 것이다.

○ 심신상실의 주장에 관한 판단

수사기관 이래 당심에 이르기까지 그 범행동기와 경위 시간과 방법 등을 논리정연하게 구체적으로 진술하고 있는 점, 공판과정 및 위 범행 전후의 피고인의 행동, 기록에 나타난 제반 자료 등을 종합할 때, 이 사건 범행 당시 피고인은 사물을 변별하거나 의사를 결정할 능력이 없는 심신상실의 상태에 있었다고는 인정되지 아니하고 다만 그러한 능력이 미약한 상태에 있었다고 인정되고…원심이 심신상실에 관하여 채증법칙을 위배하여 사실을 오인하였다거나 심신장애의 판단에 관한 법리를 오해하였다고 볼 만한 아무런 자료가 없으므로 위 항소 논지는 이유없다 할 것이다.

○ 감호사건의 재범의 위험성에 관한 주장에 대한 판단

피고인의 이 사건 범행은 바로 이러한 정신분열증에 따른 심신미약상태에서 저질러졌으며, 현재 그러한 증상이 다소 호전되기는 하였으나 아직도 사소한 일에 남과 시비와 싸움이 잦는 등 이러한 증상이 남아 있어 1년 정도의 입원치료와 5년 정도의 계속적인 통원치료가 필요하며 완치된다는 보장은 없을 뿐만 아니라, 피고인의 가정형편으로는 계속적인 치료비를 감당하기가 어렵고, 전국 여성단체에서 피고인의 치료를 위한 모금운동을 하여 일부 치료비가 확보되었고 피고인의 남편 등 가족이 성심껏 피고인을 치료하겠다고는 하나, 위 정신분열증의 중요한 원인을 제공하였던 피해자가 이 사건 범행으로 사망하여 그 원인이 된 중요부분이 제거되었음에도 피고인은 정신감정시에 면담이나 치료를 거부하는 태도를 보이고 더욱이 대인관계에 의심이 많아 조그만 자극에도 자주 주위의 환자와 싸우며 공격적인 행동을 보여 그에게 재범예방의지가 있는 것으로 보기도 어려운 사실 등을 인정할 수 있어, 이러한 사실을 종합할 때 현재 피고인은 계속하여 치료를 받으면서 감시되지 아니하면 다시 위 스트레스 장애와 잔재형 정신분열증의 재발로 말미암은 재범의 위험성이 있다고 인정되므로 결국 피고인의 대하여 이 사건 치료감호요건이 갖추어진 사실을 인정한 원심의 조치는 정당하여 피고인의 이 부분 항소논지 역시 이유 없다 할 것이다.

[판례 4-8] 정당방위 여부(대구고법 1989.1.20. 선고 88노512)

1988년 변○○(주부)는 건강한 젊은 남자 2명이 인적이 드문 심야에 혼자 귀가중이던 가정주부에게 뒤에서 달려들어 그녀의 양팔을 붙잡고 어두운 골목길로 끌고 들어가 담벼락에 쓰러뜨린 후 음부를 만지고 반항하는 그녀의 옆구리를 무릎으로 차는 등의 폭행을 가하면서 키스를 하려고 하자 양팔이 붙잡힌 상태에서 발버둥을 치면서 가정주부로서의 정조와 신체의 안전을 지키려는 일념으로 엉겁결에 추행자의 혀를 물어 뜯게 되었다.

변○○는 자신이 피해자임에도 불구하고 1심에서 "정당방위로서 인정될 수 없는 지나친 행위"라고 하여 징역 6개월에 집행유예 1년을 선고 받았다. 그러나 2심에서 "이는 자신의 성적순결 및 신체에 대한 현재의 부당한 침해를 방어하기 위한 상당한 행위로서 정당방위에 해당한다"라고 하여 무죄를 선고받았다.

2. 아동 · 청소년 성보호법

[사례 17] 아동대상 성범죄 문제

A남은 초등학교 4학년 여자 어린이 B에게 짐 옮기는 것을 도와달라고 유인하여 자신의 차에 태운 뒤 야산으로 끌고 가 성폭행하고 자신의 신분이 노출될까 두려워 목졸라 살해했다. A남은 B양을 버려둔 채 산을 내려왔고 B양은 경찰서에 행방불명으로 신고되었다. A의 거동을 수상히 여긴 주민의 신고로 범죄혐의자로 붙잡히고 되고 범행일체를 자백 받았고, B양의 시신도 찾았다. 성폭력 전과 2범인 A남에게는 향후 어떤 조치가 이루어질까?

1) 아동 · 청소년 성보호법의 제정

1994년 미국의 뉴저지주의 7세 소녀 메간 칸타(Megan Kanka)의 이름에서 유래한 것으로 성폭력범죄자에 대한 제반 정보를 지역주민들에게 공개함으로써 주민들의 안전을 도모하고자 만들어진 법으로 「메간법」(Megan's Law)이 있다. 메간 칸타는 이웃집의 강아지를 보러 놀러 갔다가 그 집의 주인인 성범죄 전과자에 의해 강간당하고 무참히 살해되었다. 메간 칸타의 어머니는 그가 성범죄전과자라는 사실을 알았더라면 딸아이를 그 집에 보내지 않았을 것이라고 하여 성범죄자의 신상공개를 하는 입법운동을 벌여 탄생한 법이 「메간법」[7]이다.

미국에서는 각 주마다 상이한 방법에 의해 성범죄자의 신상공개가

7) 미국에서 '성범죄자 등록 및 통지에 관한 법률(Sex Offender Registration and Notification Law)'이 효시가 되었다.

되고 있고, 신상공개가 제한된 범위에서 제한적인 방식으로 이루어지고 있다. 그러나 일반적으로 검찰이나 경찰에서 성범죄자들을 위험단계에 따라 3단계로 분류하여 대처하고 있다. 즉 1단계로 가장 위험성이 낮은 성범죄자에 대해서는 형사사법기관 내부에만 공개, 활용되고, 2단계로 학교, 사회단체, 청소년단체 등에 대해서 신상이 공개되고, 가장 위험한 수준의 범죄자는 3단계로 지역사회 기관과 거주자에게 신상이 공개되어 범죄피해를 예방하도록 하고 있다(이병희, 156-157면 참조).[8)]

미국의 「메간법」의 경우, 출소한 성범죄자를 계속해서 추적하기 위한 '등록제도'가 우선적인 것이고, '지역사회에의 통지'는 부차적인 것이다. 그리고 등록의무자에게 매년 또는 90일마다 정기적으로 등록정보를 갱신할 의무를 부과하는 등 최신의 정보를 확보하기 위한 제도적 장치를 마련하고 있으며, 등록기간은 최단 5년, 최장 평생 동안으로서 상당히 장기간이다. 한편, 지역사회에의 통지제도는 잠재적 피해자들에게 성범죄자의 출소사실을 통지하여 그를 경계하게 하는 데 초점이 있다. 그리하여 등록 및 통지는 성범죄자의 출소시점을 기준으로 이루어지며, 사진·주소 등 자세한 신상정보가 제공된다.

청소년은 아직 성장 단계에 있는 자들로서 어려서부터 성에 대한 올바른 지식을 쌓는 것은 이들이 성인이 되어서 건전한 성에 대한 사고를 형성할 수 있게 한다. 따라서 청소년을 성을 매개로 이용하여 영리를 하는 행위나 영리목적으로 알선·매개하는 자를 처벌하고자 하고 있다. 청소년을 유해한 사회환경으로부터 보호·구제하고 건전한 인격체로 성장하도록 하기 위해 1996년에 「청소년의 성보호에 관한 법률」이 제정되었다.

그 후 아동의 성보호의 필요성 또한 강조되어 2009.6.9. 법명을 「아동·청소년의 성보호에 관한 법률」(이하 "아동·청소년 성보호법"이라 한다)로 개정하여 아동도 이 법에 따른 보호대상임을 명확히 하였다.

8) 그 중 알래스카(Alaska) 주의 「메간법」과 코네티컷(Connecticut) 주의 「메간법」이 지난 미국 연방대법원 판결의 심판대상이 되었다.

아동 · 청소년을 대상으로 한 유사 성교 행위 및 성매수 유인행위 처벌 규정을 신설하며, 성범죄 피해자 및 보호자에 대한 합의 강요행위를 처벌하는 규정을 신설하도록 하여 아동 · 청소년의 성보호를 더욱 강화하였다.

또한 아동 · 청소년 성범죄자에 대해서는 재범가능성 및 범죄의 경중 등을 고려하여 정보통신망을 통하여 신상정보를 공개하도록 함으로써 아동 · 청소년 성범죄에 대한 경각심을 제고하고, 양벌규정을 보완하며, 의무의 실효성 확보를 위한 과태료를 신설하는 등 제도 전반의 미비점을 개선하고 보완하고자 하였다.

2) 아동 · 청소년 성보호법의 목적과 내용

(1) 아동 · 청소년 성보호법의 목적과 개념

"아동 · 청소년 성보호법"은 아동 · 청소년대상 성범죄의 처벌과 절차에 관한 특례를 규정하고 피해아동 · 청소년을 위한 구제 및 지원 절차를 마련하며 아동 · 청소년대상 성범죄자를 체계적으로 관리함으로써 아동 · 청소년을 성범죄로부터 보호하고 아동 · 청소년이 건강한 사회구성원으로 성장할 수 있도록 함을 목적으로 한다.

이 법에서 사용하는 "아동 · 청소년"은 19세 미만의 자를 말한다(다만, 19세에 도달하는 해의 1월 1일을 맞이한 자는 제외).

"아동 · 청소년대상 성범죄"란 다음에 해당하는 죄를 말한다.

'아동 · 청소년의 성을 사는 행위'는 아동 · 청소년의 성(性)을 사는 행위를 알선한 자 또는 아동 · 청소년을 실질적으로 보호 · 감독하는 자 등에게 금품이나 그 밖의 재산상 이익, 직무 · 편의제공 등 대가를 제공하거나 약속하고 일정한 행위[9]의 하나에 해당하는 행위를 아동 · 청소년을 대상으로 하거나 아동 · 청소년으로 하여금 하게 하는 것을 말한다.

---

9) 성교 행위, 구강 · 항문 등 신체의 일부나 도구를 이용한 유사 성교 행위, 신체의 전부 또는 일부를 접촉 · 노출하는 행위로서 일반인의 성적 수치심이나 혐오감을 일으키는 행위, 자위행위

〈표 4-6〉 아동 · 청소년대상 성범죄 유형

법 률	범죄 유형
「아동 · 청소년의 성보호에 관한 법률」 중	아동 · 청소년에 대한 강간 · 강제추행 등(7조) 장애인인 아동 · 청소년에 대한 간음 등(8조) 아동 · 청소년에 대한 강간 등 상해 · 치상(9조) 아동 · 청소년에 대한 강간 등 살인 · 치사(10조) 아동 · 청소년이용음란물의 제작 · 배포 등(11조) 아동 · 청소년 매매행위(12조) 아동 · 청소년의 성을 사는 행위 등(13조) 아동 · 청소년에 대한 강요행위 등(14조) 알선영업행위 등(15조)
아동 · 청소년에 대한 "성폭력범죄처벌 특례법" 중	• 특수강도강간 등(3조) • 특수강간 등(4조) • 친족관계있는 자의 강간(5조) • 장애인에 대한 간음(6조) • 13세 미만자에 대한 강간 등(7조) • 강간상해, 치상(8조) • 강간 살인, 치사(9조) • 업무상 위력 등에 의한 추행(10조) • 공중밀집장소에서의 추행(11조) • 성적 목적을 위한 공공장소 침입행위(12조) • 통신매체이용음란 등(13조) • 카메라 등 이용촬영(14조) • 미수범(15조)
아동 · 청소년에 대한 형법상 강간과 추행의 죄 중	• 강간죄(297조), 유사강간죄(297조의2), 강제추행죄(298조), 준강간, 준강제추행죄(299조), 미수범(300조) • 강간 등 상해 · 치상죄(301조) • 강간 등 살인 · 치사(301조의2) • 미성년자등에 대한 간음(302조) • 업무상위력 등에 의한 간음죄(303조) • 미성년자에 대한 간음, 추행죄(305조) • 강도강간죄(339조)
아동 · 청소년에 대한 「아동복지법」 중	• 아동에게 음란한 행위를 시키거나 이를 매개하는 행위 또는 아동에게 성적 수치심을 주는 성희롱 등의 성적 학대행위(17조 2호)

"아동 · 청소년이용음란물"이란 아동 · 청소년 또는 아동 · 청소년으로 명백하게 인식될 수 있는 사람이나 표현물이 등장하여 "아동 · 청소년의 성을 사는 행위" 중 어느 하나에 해당하는 행위를 하거나 그 밖의 성적 행위를 하는 내용을 표현하는 것으로서 필름 · 비디오물 · 게임물 또는 컴퓨터나 그 밖의 통신매체를 통한 화상 · 영상 등의 형태로 된

것을 말한다.

(2) 아동 · 청소년 성보호법의 내용

① 국가, 지방자치단체 등의 의무와 사회적 책임

국가와 지방자치단체는 아동 · 청소년대상 성범죄를 예방하고, 아동 · 청소년을 성적 착취와 학대 행위로부터 보호하기 위하여 필요한 조사 · 연구 · 교육 및 계도와 더불어 법적 · 제도적 장치를 마련하며 필요한 재원을 조달하여야 한다.

국가는 아동 · 청소년에 대한 성적 착취와 학대 행위가 국제적 범죄임을 인식하고 범죄 정보의 공유, 범죄 조사 · 연구, 국제사법 공조, 범죄인 인도 등 국제협력을 강화하는 노력을 하여야 한다.

모든 국민은 아동 · 청소년이 이 법에서 정한 범죄의 상대방이나 피해자가 되거나 이 법에서 정한 범죄를 저지르지 아니하도록 사회 환경을 정비하고 아동 · 청소년을 보호 · 선도 · 교육하는 데에 최선을 다하여야 한다.

② 해석상 · 적용상의 주의

이 법을 해석 · 적용할 때에는 아동 · 청소년의 권익을 우선적으로 고려하여야 하며, 이해관계인과 그 가족의 권리가 부당하게 침해되지 아니하도록 주의하여야 한다.

③ 아동 · 청소년에 대한 성관련 행위 등 처벌

〈표 4-7〉 아동 · 청소년에 대한 범죄유형과 처벌

범죄 유형	대상 범죄 행위
아동 · 청소년에 대한 강간 · 강제추행 등 (제7조, 제9조, 제10조)	• 아동 · 청소년에 대하여 형법상 강간죄를 범한 자(무기 또는 5년 이상 유기징역) • 아동 · 청소년에 대하여 폭행이나 협박으로 구강 · 항문 등 신체(성기는 제외)의 내부에 성기를 넣는 행위나 성기 · 항문에 손가락 등 신체(성기는 제외)의 일부나 도구를 넣는 행위를 한 자(유사강간죄-5년 이상 유기징역) • 아동 · 청소년에 대하여 강제추행을 한 자 • 아동 · 청소년에 대하여 준강간 · 준강제추행의 죄를 범한 자(2년 이상의 유기징역 또는 1천만원 이상 3천만원 이하의 벌금) • 위계(僞計) 또는 위력으로써 여자 아동 · 청소년을 간음하거나 추행한 자(위

범죄 유형	대상 범죄 행위
	강간, 유사강간, 강제추행의 죄와 동일하게 처벌), • 미수범(이상 제7조) • 위 죄를 범하고 사람을 강간 등 상해·치상(무기징역 또는 7년 이상의 징역-제9조) 또는 강간 등 살인(사형 또는 무기징역)·치사한 자(사형, 무기징역 또는 10년 이상의 징역-제10조)
장애인인 아동·청소년에 대한 간음 등 (제8조)	• 19세 이상의 사람이 장애 아동·청소년(「장애인복지법」 제2조 1항에 따른 장애인으로서 신체적인 또는 정신적인 장애로 사물을 변별하거나 의사를 결정할 능력이 미약한 13세 이상의 아동·청소년)을 간음하거나 장애 아동·청소년으로 하여금 다른 사람을 간음하게 한 자(3년 이상의 유기징역) • 19세 이상의 사람이 장애 아동·청소년을 추행한 경우 또는 장애 아동·청소년으로 하여금 다른 사람을 추행하게 한 자(10년 이하의 징역 또는 1천500만원 이하의 벌금)
아동·청소년이용음란물의 제작·배포 등 (제11조)	• 아동·청소년이용음란물을 제작·수입 또는 수출한 자(무기징역 또는 5년 이상의 유기징역) • 영리를 목적으로 아동·청소년이용음란물을 판매·대여·배포하거나 이를 목적으로 소지·운반하거나 공연히 전시 또는 상영한 자(10년 이하의 징역) • 아동·청소년이용음란물을 배포하거나 공연히 전시 또는 상영한 자(7년 이하의 징역 또는 5천만원 이하의 벌금) • 아동·청소년이용음란물을 제작할 것이라는 정황을 알면서 아동·청소년을 아동·청소년이용음란물의 제작자에게 알선한 자(3년 이상의 징역) • 아동·청소년이용음란물임을 알면서 이를 소지한 자(1년 이하의 징역 또는 2천만원 이하의 벌금), • 그 미수범
아동·청소년 매매행위 (제12조)	• 아동·청소년의 성을 사는 행위 또는 아동·청소년이용음란물을 제작하는 행위의 대상이 될 것을 알면서 아동·청소년을 매매 또는 국외에 이송하거나 국외에 거주하는 아동·청소년을 국내에 이송한 자(무기징역 또는 5년 이상의 징역) • 그 미수범
아동·청소년의 성을 사는 행위 등(제13조)	• 아동·청소년의 성을 사는 행위를 한 자(1년 이상 10년 이하의 징역 또는 2천만원 이상 5천만원 이하의 벌금) • 아동·청소년의 성을 사기 위하여 아동·청소년을 유인하거나 성을 팔도록 권유한 자(1년 이하의 징역 또는 1천만원 이하의 벌금)
아동·청소년에 대한 강요행위 등(제14조)	• 폭행이나 협박으로 아동·청소년으로 하여금 아동·청소년의 성을 사는 행위의 상대방이 되게 한 자 • 선불금(先拂金), 그 밖의 채무를 이용하는 등의 방법으로 아동·청소년을 곤경에 빠뜨리거나 위계 또는 위력으로 아동·청소년으로 하여금 아동·청소년의 성을 사는 행위의 상대방이 되게 한 자 • 업무·고용이나 그 밖의 관계로 자신의 보호 또는 감독을 받는 것을 이용하여 아동·청소년으로 하여금 아동·청소년의 성을 사는 행위의 상대방이 되게 한 자 • 영업으로 아동·청소년을 아동·청소년의 성을 사는 행위의 상대방이 되도

범죄 유형	대상 범죄 행위
	록 유인 · 권유한 자(이상 5년 이상의 유기징역) • 위 첫 번째~세번째까지의 죄를 범한 자가 그 대가의 전부 또는 일부를 받거나 이를 요구 또는 약속한 때(7년 이상의 유기징역) • 아동 · 청소년의 성을 사는 행위의 상대방이 되도록 유인 · 권유한 자(7년 이하의 징역 또는 5천만원 이하의 벌금) • 미수범
알선영업행위 등(제15조)	• 아동 · 청소년의 성을 사는 행위의 장소를 제공하는 행위를 업으로 하는 자 • 아동 · 청소년의 성을 사는 행위를 알선하거나 정보통신망에서 알선정보를 제공하는 행위를 업으로 하는 자 • 위의 범죄들에 사용되는 사실을 알면서 자금 · 토지 또는 건물을 제공한 자 • 영업으로 아동 · 청소년의 성을 사는 행위의 장소를 제공 · 알선하는 업소에 아동 · 청소년을 고용하도록 한 자(이상 7년 이상 유기징역) • 영업으로 아동 · 청소년의 성을 사는 행위를 하도록 유인 · 권유 또는 강요한 자 • 아동 · 청소년의 성을 사는 행위의 장소를 제공한 자 • 아동 · 청소년의 성을 사는 행위를 알선하거나 정보통신망에서 알선정보를 제공한 자 • 영업으로 2호 또는 3호의 행위를 약속한 자(이상 7년 이하의 징역 또는 5천만원 이하의 벌금) • 아동 · 청소년의 성을 사는 행위를 하도록 유인 · 권유 또는 강요한 자(5년 이하의 징역 또는 3천만원 이하의 벌금)
피해자 등에 대한 강요행위(제16조)	• 폭행이나 협박으로 아동 · 청소년대상 성범죄의 피해자 또는 「아동복지법」 제3조 3호에 따른 보호자를 상대로 합의를 강요한 자(7년 이하의 유기징역)

④ 온라인서비스제공자의 의무

자신이 관리하는 정보통신망에서 아동 · 청소년이용음란물을 발견하기 위하여 일정한 조치를 취하지 아니하거나 발견된 아동 · 청소년이용음란물을 즉시 삭제하고, 전송을 방지 또는 중단하는 기술적인 조치를 취하지 아니한 온라인서비스제공자는 정보통신망에서 아동 · 청소년이용음란물을 발견하기 위하여 상당한 주의를 게을리하지 아니하였거나 발견된 아동 · 청소년이용음란물의 전송을 방지하거나 중단시키고자 하였으나 기술적으로 현저히 곤란한 경우를 제외하고는 처벌한다.

「저작권법」 제104조에 따른 특수한 유형의 온라인서비스제공자(다른 사람들 상호 간에 컴퓨터를 이용하여 저작물 등을 전송하도록 하는 것을 주된 목적으로 하는 온라인서비스제공자)는 이용자가 컴퓨터 등에 저장된 저작물 등을 검색하거나 업로드 또는 다운로드를 할 경우 해당 화면이나 전송프로그램에 아동·청소년이용음란물을 제작·배포·소지한 자는 처벌을 받을 수 있다는 내용이 명확하게 표현된 경고 문구를 대통령령으로 정하는 바에 따라 표시하여야 한다.

⑤ 성범죄 신고의무자의 대한 가중처벌

일정한 기관·시설 또는 단체의 장과 그 종사자는 직무상 아동·청소년대상 성범죄의 발생 사실을 알게 된 때에는 즉시 수사기관에 신고하여야 한다.

즉 유치원, 학교, 의료기관, 아동복지시설, 장애인복지시설, 어린이집, 학원 및 교습소, 성매매피해자등을 위한 지원시설 및 성매매피해상담소, 한부모가족복지시설, 가정폭력 관련 상담소 및 가정폭력피해자 보호시설, 성폭력피해상담소 및 성폭력피해자보호시설, 청소년활동시설, 청소년상담복지센터 및 청소년쉼터, 청소년 보호·재활센터의 장과 그 종사자가 자기의 보호·감독 또는 진료를 받는 아동·청소년을 대상으로 성범죄를 범한 경우에는 그 죄에 정한 형의 2분의 1까지 가중처벌한다.

⑥ 아동·청소년 성보호법상 특례

가. 형법상 감경규정에 관한 특례

음주 또는 약물로 인한 심신장애 상태에서 아동·청소년대상 성폭력범죄를 범한 때에는 형법상의 심신장애자의 행위에 대해 처벌하지 않거나 형을 감경하는 규정 및 농아자의 경우 형을 감경하는 규정을 적용하지 않을 수 있다.

나. 공소시효에 관한 특례(공소시효 연장 및 폐지)

그동안 공소시효로 인해 성범죄자가 제대로 처벌받지 않는 문제점을 개선하기 위해 아동·청소년대상 성범죄의 공소시효를 늦추거나 연장하였다.

아동·청소년대상 성범죄의 공소시효는 해당 성범죄로 피해를 당한 아동·청소년이 성년에 달한 날부터 진행한다. 강간죄 등의 죄는 디엔

에이(DNA)증거 등 그 죄를 증명할 수 있는 과학적인 증거가 있는 때에는 공소시효가 10년 연장된다.

또한 13세 미만의 사람이나 장애를 가진 사람에 대한 경우와 특정한 다음과 같은 강간죄(준강간죄 포함) 등에는 공소시효를 폐지하였다.

(가) 13세 미만의 사람 및 신체적인 또는 정신적인 장애가 있는 사람을 대상

〈표 4-8〉

형 법	• 강간(제297조), 강제추행(제298조), 준강간, 준강제추행(제299조), 강간등 상해·치상(제301조) 또는 강간등 살인(제301조의2)의 죄
「아동·청소년의 성보호에 관한 법률」	• 강간 등 상해·치상(제9조), 강간 등 살인·치사죄(제10조)
「성폭력범죄의 처벌 등에 관한 특례법」	• 장애인에 대한 유사강간죄, 13세미만의 미성년자에 대한 유사강간죄, 강간 등 상해·치상(제8조), 강간 등 살인죄(제9조)

(나) 특정한 경우

〈표 4-9〉

형 법	• 강간등 살인죄(제301조의2)
「아동·청소년의 성보호에 관한 법률」	• 강간 등 살인죄
「성폭력범죄의 처벌 등에 관한 특례법」	• 특수강도강간 등(제3조), 특수강간 등(제4조), 친족관계있는 자의 강간(제5조), 장애인에 대한 간음(제6조), 13세 미만자에 대한 강간 등(제7조) 죄와 그 미수범의 죄, 형법상 강간, 유사강간, 강제추행, 준강간, 준강제추행 및 그 미수범의 죄를 범한 사람이 다른 사람을 살해한 경우

⑦ 형벌과 수강명령의 병과

법원은 아동·청소년대상 성범죄를 범한 소년에 대하여 형의 선고유예시 반드시 보호관찰을 명하여야 한다. 법원은 아동·청소년대상 성범죄를 범한 자에 대하여 유죄판결을 선고하는 경우에는 특별한 사정이 있는 경우를 제외하고는 500시간의 범위에서 재범예방에 필요한 수강명령 또는 성폭력 치료프로그램의 이수명령을 병과(倂科)하여야 한다. 그리고 이 수강명령 또는 이수명령은 일탈적 이상행동의 진단·상담, 성에 대한 건전한 이해를 위한 교육, 그 밖에 성범죄자의 재범예방을 위하여 필요한 내용으로 구성되어야 한다.

⑧ 친권상실청구 등

아동·청소년대상 성범죄 사건을 수사하는 검사는 그 사건의 가해자가 피해아동·청소년의 친권자나 후견인인 경우에 법원에 특별한 사정이 있는 경우를 제외하고는 친권상실선고 또는 후견인 변경 결정을 청구하여야 한다. 아동보호전문기관, 성폭력피해상담소 및 성폭력피해자보호시설, 청소년상담복지센터 및 청소년쉼터 등 기관·시설 또는 단체의 장은 검사에게 위 사항의 청구를 하도록 요청할 수 있고, 청구를 요청받은 검사는 요청받은 날부터 30일 내에 해당 기관·시설 또는 단체의 장에게 그 처리 결과를 통보하여야 한다. 그 처리 결과에 대하여 이의가 있을 경우에 해당 기관·시설 또는 단체의 장은 통보받은 날부터 30일 내에 직접 법원에 위 사항을 청구를 할 수 있다.

⑨ 피해자의 보호

가. 피해아동·청소년의 보호조치 결정

법원은 아동·청소년대상 성범죄 사건의 가해자에게 민법 제924조에 따라 친권상실선고를 하는 경우에는 피해아동·청소년을 다른 친권자 또는 친족에게 인도하거나 해당 기관·시설 또는 단체에 인도하는 등의 보호조치를 결정할 수 있다. 이 경우 그 아동·청소년의 의견을 존중하여야 한다.

나. 수사 및 재판 절차에서의 배려

수사기관과 법원 및 소송관계인은 아동·청소년대상 성범죄를 당한 피해자의 나이, 심리 상태 또는 후유장애의 유무 등을 신중하게 고려하여 조사 및 심리·재판 과정에서 피해자의 인격이나 명예가 손상되거나 사적인 비밀이 침해되지 아니하도록 주의하여야 한다. 조사 및 심리·재판시 피해자가 편안한 상태에서 진술할 수 있는 환경을 조성하여야 하며, 조사 및 심리·재판 횟수는 필요한 범위에서 최소한으로 하여야 한다.

다. 영상물의 촬영·보존 등

아동·청소년대상 성범죄 피해자의 진술내용과 조사과정은 비디오녹화기 등 영상물 녹화장치로 촬영·보존하여야 한다. 영상물 녹화는 가해자가 친권자 중 일방인 경우를 제외하고는 피해자 또는 법정대리인이 이를 원하지 아니하는 의사를 표시한 때에는 촬영을 하여서는 아니된다. 촬영한 영상물에 수록된 피해자의 진술은 공판준비기일 또는 공판기일에 피해자 또는 조사과정에 동석하였던 신뢰관계에 있는 자의 진술에 의하여 그 성립의 진정함이 인정된 때에는 증거로 할 수 있다.

라. 신뢰관계에 있는 사람의 동석

법원은 아동·청소년대상 성범죄의 피해자를 증인으로 신문하는 경우에 검사, 피해자 또는 법정대리인이 신청하는 경우에는 재판에 지장을 줄 우려가 있는 등 부득이한 경우가 아니면 피해자와 신뢰관계에 있는 사람을 동석하게 하여야 한다. 법원과 수사기관은 피해자와 신뢰관계에 있는 사람이 피해자에게 불리하거나 피해자가 원하지 아니하는 경우에는 동석하게 하여서는 아니된다.

마. 서류·증거물의 열람·등사

아동·청소년대상 성범죄의 피해자, 그 법정대리인 또는 변호사는 재판장의 허가를 받아 소송계속 중의 관계 서류 또는 증거물을 열람하거나 등사할 수 있다.

바. 아동·청소년대상 성범죄의 신고

누구든지 아동·청소년대상 성범죄의 발생 사실을 알게 된 때에는 수사기관에 신고할 수 있고, 기관·시설 또는 단체의 장과 그 종사자의 직무상 아동·청소년대상 성범죄의 발생 사실에 대한 신고는 의무이다. 또한 다른 법률에 규정이 있는 경우를 제외하고는 누구든지 신고자 등의 인적사항이나 사진 등 그 신원을 알 수 있는 정보나 자료를 출판물에 게재하거나 방송 또는 정보통신망을 통하여 공개하여서는 아니된다.

사. 피해아동 · 청소년의 보호 및 상담치료

아동 · 청소년대상 성범죄를 저지른 자가 피해아동 · 청소년과 가정구성원인 관계에 있는 경우로서 피해아동 · 청소년을 보호할 필요가 있는 때에는 「가정폭력범죄의 처벌 등에 관한 특례법」상 친족관계강간, 강간등 상해치상, 수사 및 재판절차에서의 배려, 등록정보 고지 규정을 준용한다.

국가는 피해아동 · 청소년 등의 신체적 · 정신적 회복을 위하여 상담시설 또는 성폭력 전담의료기관으로 하여금 피해아동 · 청소년, 피해아동 · 청소년의 보호자 및 형제 · 자매, 그 밖에 대통령령으로 정하는 사람에게 상담이나 치료프로그램을 제공하도록 요청할 수 있다.

아. 아동 · 청소년의 선도보호 등

대상아동 · 청소년에 대하여는 보호 및 재활을 위하여 처벌하지 아니하며, 검사 또는 사법경찰관은 대상아동 · 청소년을 발견한 경우 특별한 사정이 없으면 그 사실을 대상아동 · 청소년의 법정대리인 또는 사실상 그 아동 · 청소년을 보호하는 자에게 통지하여야 한다.

검사는 대상아동 · 청소년에게 「소년법」에 따른 보호처분을 하는 것이 상당하다고 인정하는 때에는 그 사건을 관할 법원 소년부에 송치할 수 있고, 소년부 송치가 적절하지 아니한 경우 대상아동 · 청소년에 대한 보호 또는 재활이 필요하다고 인정하는 때에는 대상아동 · 청소년으로 하여금 필요한 교육과정이나 상담과정을 마치게 하여야 한다.

자. 대상아동 · 청소년 등에 대한 보호처분

사건을 송치받은 법원 소년부 판사는 그 아동 · 청소년에게 「소년법」상 보호처분, 「청소년보호법」상 청소년 보호 · 재활센터에 선도보호를 위탁하는 보호처분의 어느 하나에 해당하는 보호처분을 할 수 있다.

차. 피해아동 · 청소년 등을 위한 조치의 청구

검사는 성범죄의 피해를 받은 아동 · 청소년을 위하여 지속적으로 위해의 배제와 보호가 필요하다고 인정하는 경우 법원에 ① 가해자에 대한 「보호관찰 등에 관한 법률」에 따른 보호관찰과 함께 ② 피해를 받은 아동·청소년의 주거 등으로부터 가해자를 분리하거나 퇴거하는 조치, ③ 피해를 받은 아동·청소년의 주거, 학교 등으로부터 100미터 이내에 가해자 또는 가해자의 대리인의 접근을 금지하는 조치, ④「전기통신기본법」상 전기통신이나 우편물을 이용하여 가해자가 피해를 받은 아동·청소년 또는 그 보호자와 접촉을 하는 행위의 금지, ⑤ 보호시설에 대한 보호위탁결정 등 피해를 받은 아동·청소년의 보호를 위하여 필요한 조치를 청구할 수 있다.

카. 피해아동·청소년 등에 대한 보호처분의 판결 등

법원은 보호처분의 청구가 이유 있다고 인정할 때에는 6개월의 범위에서 기간을 정하여 판결로 보호처분을 선고하여야 하고, 검사는 보호처분 기간의 연장이 필요하다고 인정하는 경우 법원에 그 기간의 연장을 청구할 수 있다. 이 경우 보호처분 기간의 연장 횟수는 3회 이내로 하고, 연장기간은 각각 6개월 이내로 한다.

보호처분 청구사건의 판결은 아동·청소년대상 성범죄 사건의 판결과 동시에 선고하여야 한다.

타. 가해아동·청소년의 처리

10세 이상 14세 미만의 아동·청소년이 해당 성폭력 범죄를 범한 경우에 수사기관은 신속히 수사하고, 그 사건을 관할 법원 소년부에 송치하여야 하며, 14세 이상 16세 미만의 아동·청소년이 해당 성폭력 범죄를 범하여 그 사건이 관할 법원 소년부로 송치된 경우 송치받은 법원 소년부 판사는 그 아동·청소년에게 보호처분을 할 수 있다.

3) 신상정보 등록 및 공개와 취업제한 등

(1) 아동·청소년대상 성범죄자의 신상정보 등록 및 공개 실시

성범죄자에 대한 신상공개를 하는 것은 신상공개로 인해 성범죄자에게 재발을 방지하고 일반인에게는 성범죄에 대한 피해를 예방을 함으로써 성범죄자의 발생을 억제하려는 목적에 있다.

미국에서 등장한「메간법」과 같이 성폭력범죄자의 신상을 공개하는 것이 부당한 인권침해가 되지 않는가라는 논란의 대상이 된 가운데 「청소년의 성보호에 관한 법률」(법률 제6261호, 2000.2.3 제정)은 청소년에 대한 성범죄자의 신상을 공개할 수 있도록 하였다. 이는 청소년을 대상으로 하는 성매매 및 성폭력 범죄자의 신상을 공개함으로써 청소년에 대한 성범죄의 예방효과를 극대화하려는 것이다.

「청소년의 성보호에 관한 법률」에 의해 그동안 청소년 대상 성범죄자에 대한 공개는 청소년보호위원회에서 해왔으나, 청소년의 성범죄뿐 아니라 아동의 성범죄 예방의 중요성 또한 제기됨으로써 2009년 6.9. 「아동·청소년의 성보호에 관한 법률」로 대폭 개정되었다.

보건복지부는 「청소년의 성보호에 관한 법률」이 시행된 2008년 2월 4일 이후 청소년 대상 성범죄자로 형이 선고된 217명[10]의 신상정보를 '청소년대상 성범죄자 등록·열람시스템'에 등록하여 신상공개를 실시한 바 있다. 또한 인터넷 공개나 관할 경찰서에 직접 방문하여 성범죄자의 신상정보를 조회해야 했던 기존의 방법에서 한걸음 더 나아가 현재에는 고지대상자가 거주하는 읍·면·동의 아동·청소년의 친권자 또는 법정대리인이 있는 가구, 어린이집의 원장, 유치원의 장, 학교의 장, 읍·면사무소와 동 주민자치센터의 장, 학교교과교습학원의 장과 지역아동센터 및 청소년수련시설의 장에 대하여 법무부에서 직접 우편발송을 통해 성범죄자의 신상을 고지하는 등 피해자 예방을 위해 보다 적극적인 방법을 취하고 있다.

신상정보 등록대상자는 연간 2,000여건이 발생하고 있고, 신상정보등록 시스템은 기존 5년의 등록기간에서 10년으로 연장되었으며, 실제 거주지, 직장주소, 사진 등을 공개하는 등 기존의 청소년위원회보다 공개내용을 대폭 강화시켰다.

10) 이들은 아동청소년대상 강간죄 75명, 강제추행죄 138명, 13세미만 성매수 1명, 성매수알선 3명, 즉시 열람이 가능한 78명은 88%(69명)가 아동청소년대상 강제추행범죄자이며, 나머지는 강간죄 8명, 성매수 1명이다.

(2) 아동·청소년대상 성범죄자의 신상정보 공개와 취업제한 등

① 등록정보의 공개

법원은 아동 · 청소년대상 성폭력범죄를 저지른 자, 「성폭력범죄의 처벌 등에 관한 특례법」상 성폭력 관련 범죄를 저지른 자, 13세 미만의 아동 · 청소년을 대상으로 아동 · 청소년대상 성범죄를 저지른 자로서 13세 미만의 아동 · 청소년을 대상으로 아동 · 청소년대상 성범죄를 다시 범할 위험성이 있다고 인정되는 자, 성폭력범죄를 범한 심신장애자 불벌규정에 해당한 자로 재범의 위험성이 있다고 인정되는 자에 대하여 판결로 공개정보를 등록기간 동안 정보통신망을 이용하여 공개하도록 하는 명령을 등록대상 사건의 판결과 동시에 선고하여야 한다.

② 공개 등록정보

등록정보는 ㉮ 성명, ㉯ 나이, ㉰ 주소 및 실제거주지, ㉱ 신체정보(키와 몸무게), ㉲ 사진, ㉳ 등록대상 성범죄 요지(판결일자, 죄명, 선고형량을 포함한다), ㉴ 성폭력범죄 전과사실(죄명 및 횟수), ㉵ 「특정범죄자에 대한 보호관찰 및 전자장치 부착 등에 관한 법률」에 따른 전자장치 부착 여부를 공개하여야 한다.

③ 등록정보의 고지

법원은 판결로 공개명령 기간 동안 주소, 전출정보 등 고지정보를 특별한 사정이 있다고 판단하는 경우를 제외하고는 고지대상자가 거주하는 읍 · 면 · 동의 아동 · 청소년의 친권자 또는 법정대리인이 있는 가구, 어린이집의 원장, 유치원의 장, 학교의 장, 읍 · 면사무소와 동 주민자치센터의 장, 학교교과교습학원의 장과 지역아동센터 및 청소년수련시설의 장에 대하여 고지하도록 하는 명령을 등록대상 성범죄 사건의 판결과 동시에 선고하여야 한다.

④ 고지명령의 집행

법원은 고지명령의 판결이 확정되면 판결문 등본을 판결이 확정된 날부터 14일 이내에 법무부장관에게 송달하여야 한다. 법무부장관은 기간 내에 고지명령이 집행될 수 있도록 최초등록 및 변경등록 시 고지대상자, 고지기간 및 고지대상자의 출소 예정일, 고지대상자의 출소 후 거주지 상세주소의 규정된 고지정보를 지체 없이 여성가족부장관에게 송부하여야 한다. 고지명령의 집행은 여성가족부장관이 한다.

⑤ 공개정보의 악용금지

공개정보는 아동・청소년 등을 등록대상 성범죄로부터 보호하기 위하여 성범죄 우려가 있는 자를 확인할 목적으로만 사용되어야 하며, 공개정보를 확인한 자는 공개정보를 활용하여 신문・잡지 등 출판물, 방송 또는 정보통신망을 이용한 공개, 공개정보의 수정 또는 삭제를 하여서는 안된다.

공개정보를 확인한 자는 공개정보를 등록대상 성범죄로부터 보호할 목적 외에 ㉮ 고용(제56조 1항의 아동・청소년 관련기관 등에의 고용은 제외), ㉯ 주택 또는 사회복지시설의 이용, ㉰ 교육기관의 교육 및 직업훈련과 관련된 목적으로 사용하여 공개대상자를 차별하여서는 아니 된다.

⑥ 아동・청소년 관련기관 등에의 취업제한 등

아동・청소년대상 성범죄 또는 성인대상 성범죄로 형 또는 치료감호를 선고받아 확정된 자(벌금형을 선고받은 자는 제외)는 그 형 또는 치료감호의 전부 또는 일부의 집행을 종료하거나 집행이 유예・면제된 날부터 10년 동안 가정을 방문하여 아동・청소년에게 직접교육서비스를 제공하는 업무에 종사할 수 없으며, 유치원, 학교, 학원, 교습소 및 개인과외교습자, 청소년 보호・재활센터, 청소년활동시설, 청소년쉼터, 인터넷 컴퓨터게임 시설제공업 및 복합유통게임 영업을 하는 사업장, 영리의 목적으로 청소년활동의 기획・주관・운영을 하는 사업장, 경비업을 행하는 법인, 영리의 목적으로 연기・무용・연주・가창・낭독, 그 밖의 예능과 관련한 용역을 제공하는 자 또는 제공하려는 의사를 가진 자를 위하여 훈련・지도 또는 상담을 하는 사업장, 아동・청소년의 고용 또는 출입이 허용되는 기관・시설 또는 사업장의 시설・기관 또는 사업장을 운영하거나 아동·청소년 관련기관 등에 취업 또는 사실상 노무를 제공할 수 없다.

아동·청소년 관련기관 등의 장은 그 기관에 취업 중이거나 사실상 노무를 제공 중인 자 또는 취업하려 하거나 사실상 노무를 제공하려는 자에 대하여 성범죄의 경력을 확인하여야 한다. 이 경우 본인의 동의를 받아 관계 기관의 장에게 성범죄의 경력 조회를 요청하여야 한다.

⑦ 성범죄의 경력자 점검·확인

여성가족부장관 또는 관계 중앙행정기관의 장은 성범죄로 유죄판결이 확정된 자가 아동·청소년 관련기관 등을 운영하거나 아동·청소년 관련 기관 등에 취업 또는 사실상 노무를 제공하고 있는지를 직접 또는 관계 기관 조회 등의 방법으로 점검·확인하여야 한다.

⑧ 취업자의 해임요구 등

중앙행정기관의 장은 아동·청소년 관련기관 등에의 취업제한 등을 위반하여 아동·청소년 관련기관 등에 취업하거나 사실상 노무를 제공하는 자가 있으면 아동·청소년 관련기관 등의 장에게 그의 해임을 요구할 수 있다. 중앙행정기관의 장은 아동·청소년 관련기관 등에의 취업제한 등을 위반한 아동·청소년 관련기관 등의 장에게 운영 중인 아동·청소년 관련기관 등의 폐쇄를 요구할 수 있다.

⑨ 보호관찰

검사는 아동·청소년대상 성범죄를 범하고 재범의 위험성이 있다고 인정되는 사람에 대하여는 형의 집행이 종료한 때부터 「보호관찰 등에 관한 법률」에 따른 보호관찰을 받도록 하는 명령을 법원에 청구하여야 한다. 법원은 아동·청소년대상 성범죄를 범한 사람이 금고 이상의 선고형에 해당하고 보호관찰명령 청구가 이유 있다고 인정하는 때에는 2년 이상 5년 이하의 범위에서 기간을 정하여 보호관찰명령을 병과하여 선고하여야 한다.

보호관찰 대상자는 출소 후의 거주 예정지, 근무 예정지, 교우 관계, 그 밖에 보호관찰을 위하여 필요한 사항으로서 대통령령으로 정하는 사항을 출소 전에 미리 교도소·소년교도소·구치소·군교도소 또는 치료감호시설의 장에게 신고하여야 한다.

(3) 신상공개의 문제점 해결

성범죄자 신상공개제도가 성범죄발생의 억제효과가 있다는 주장이 있지만 실증적인 결과는 제시되고 있지는 않아 신상공개로 인한 재범방지와 범죄억제효과를 증대시키는 방안의 재고 필요성이 제기되어 왔다. 그러나 헌법재판소의 판결 이후 성범죄자 신상공개는 제도로서 정착되었다.

성범죄자 알림e사이트를 통해 국민 누구나 성범죄자 신상정보를 알 수 있다. 이 서비스는 여성가족부와 법무부가 2010년부터 인터넷 홈페이지와 앱을 통해 제공하고 있다.

유의할 점은 현행법상 개인 확인 용도로 범죄정보를 확인하는 것 이외에 이를 유포하거나 공개하면 처벌받을 수 있다는 점이다. 만일 열람·확인한 정보를 신문·잡지 등 출판물, 방송 또는 정보통신망에 공개하거나 공개정보를 수정 또는 삭제하는 경우에 5년 이하의 징역 또는 5,000만원 이하의 벌금 처벌을 받게 된다.

성범죄의 공개 범위가 너무 넓다는 점이다. 무심코 성범죄자 신상 정보를 SNS에 공개하거나 캡처 또는 사진 찍어 지인에게 전송하면 처벌받을 수 있게 된다. 단지 지인에게 전화 통화를 하거나 직접 만나 신상정보를 말로 전하는 것조차 공개에 해당되어 처벌받을 수 있다.

성범죄 신상정보 공개제도는 성범죄를 사전에 예방하자는 취지에서 만들어진 것인 만큼 그 제도적 보완의 필요성이 제기되는 대목이다.

4) 처벌

〈표 4-10〉

벌 칙	대 상
5년 이하의 징역 또는 5천만원 이하의 벌금	• 비밀준수 의무를 위반하여 직무상 알게 된 등록정보를 누설한 자 • 공개정보의 악용금지 규정을 위반한 자

벌 칙	대 상
	• 정당한 권한 없이 등록정보를 변경하거나 말소한 자
2년 이하의 징역 또는 2천만원 이하의 벌금	• 피해아동·청소년 등에 대한 보호처분의 판결 등 보호처분을 위반한 자
1년 이하의 징역 또는 1천만원 이하의 벌금	• 징역형 이상의 실형과 이수명령이 병과된 자가 이수명령 이행에 관한 지시에 불응하여 경고를 받은 후 재차 정당한 사유 없이 이수명령 이행에 관한 지시에 불응한 경우
1년 이하의 징역 또는 500만원 이하의 벌금	• 신고자 등의 신원을 알 수 있는 정보나 자료를 출판물에 게재하거나 방송 또는 정보통신망을 통하여 공개한 자 • 공개정보를 등록대상 성범죄로부터 보호할 목적 외에 목적으로 사용하여 공개대상자 차별금지 규정을 위반한 자
1천만원 이하의 벌금	• 벌금형과 이수명령이 병과된 자가 보호관찰소의 장의 이수명령 이행에 관한 지시에 불응하여 경고를 받은 후 재차 정당한 사유 없이 이수명령 이행에 관한 지시에 불응한 경우
3년 이하의 징역 또는 1천만원 이하의 벌금	• 보호관찰 대상자가 제재조치를 받은 이후 재차 정당한 이유 없이 준수사항을 위반한 경우
3천만원 이하의 과태료	• 검색, 업로드 또는 다운로드를 할 경우 해당 화면이나 전송프로그램에 아동·청소년이용음란물을 제작·배포·소지한 자는 처벌을 받을 수 있다는 내용이 명확하게 표현된 경고문구 표시의무를 위반한 온라인서비스제공자
1천만원 이하의 과태료	• 상담·치료프로그램의 제공을 정당한 이유 없이 거부한 상담시설 또는 의료기관의 장 • 성범죄경력자에 대한 해임요구를 정당한 사유 없이 거부하거나 1개월 이내에 이행하지 아니하는 아동·청소년 관련기관 등의 장
500만원 이하의 과태료	• 아동·청소년 관련기관 등의 장이 그 기관에 취업 중이거나 사실상 노무를 제공 중인 사람 또는 취업하려 하거나 사실상 노무를 제공하려는 사람에 대하여 성범죄의 경력을 확인하지 아니하는 경우
300만원 이하의 과태료	• 기관·시설 또는 단체의 장과 그 종사자가 직무상 아동·청소년대상 성범죄 발생 사실을 알고 수사기관에 신고하지 아니하거나 거짓으로 신고한 경우

[판례 4-9] 성범죄자 신상공개:청소년의성보호에관한법률 제20조 제2항 제1호 등 위헌제청
(헌재 2003. 6. 26. 2002헌가14 전원재판부)

□ **사건의 개요**

(1)제청신청인은 2000. 7. 1. 청소년에게 6만원을 제공하고 1회 성교행위를 하여 청소년의성보호에관한법률 제5조를 위반하였다는 혐의로 2000. 8. 18. 전주지방법원에서 벌금 500만원을 선고받았고, 같은 달 26. 이 판결은 그대로 확정되었다.

(2)청소년보호위원회는 2001. 5. 3. 위 법률 제20조에 근거하여 제청신청인의 성명, 연령, 생년월일, 직업, 주소 등과 범죄사실의 요지를 관보에 게재하고 역시 같은 내용을 청소년보호위원회의 인터넷 홈페이지에 6개월간, 정부중앙청사 및 특별시·광역시·도의 본청 게시판에 1개월간 게시하기로 하는 결정을 하였다.

(3)이에 제청신청인은 2001. 7. 16. 서울행정법원에 청소년보호위원회를 상대로 위 신상등 공개처분의 취소를 구하는 소를 제기한 후(2001구28240), 그 소송 계속중에 위 법률 제20조에 대한 위헌여부심판제청을 신청하였다(2002아15). 위 법원은 위 법률 제20조 제1항에 대하여는 신청을 기각하고, 같은 조 제2항 제2호 내지 제7호에 대하여는 신청을 각하하였으며, 같은 조 제2항 제1호, 제3항, 제4항, 제5항에 대하여는 신청을 받아들여 2002. 7. 26. 헌법재판소에 위헌여부심판을 제청하였다.

□ **결정이유의 요지[합헌의견]-4인 재판관**

○ **이중처벌금지의 원칙 위배 여부**

헌법 제13조 제1항에서 말하는 '처벌'은 원칙적으로 범죄에 대한 국가의 형벌권 실행으로서의 과벌을 의미하는 것이고, 국가가 행하는 일체의 제재나 불이익처분을 모두 그 '처벌'에 포함시킬 수는 없다.

법 제20조 제1항은 "청소년의 성을 사는 행위 등의 범죄방지를 위한 계도"가 신상공개제도의 주된 목적임을 명시하고 있는바, 이 제도가 당사자에게 일종의 수치심과 불명예를 줄 수 있다고 하여도, 이는 어디까지나 신상공개제도가 추구하는 입법목적에 부수적인 것이지 주된 것은 아니다. 또한, 공개되는 신상과 범죄사실은 이미 공개재판에서 확정된 유죄판결의 일부로서, 개인의 신상 내지 사생활에 관한 새로운 내용이 아니고, 공익목적을 위하여 이를 공개하는 과정에서 부수적으로 수치심 등이 발생된다고 하여 이것을 기존의 형벌 외에 또 다른 형벌로서 수치형이나 명예형에 해당한다고 볼 수는 없다. 그렇다면, 신상공개제도는 헌법 제13조의 이중처벌금지 원칙에 위배되지 않는다.

○ 과잉금지의 원칙 위배 여부

신상공개제도는 범죄자 본인을 처벌하려는 것이 아니라, 현존하는 성폭력위험으로부터 사회 공동체를 지키려는 인식을 제고함과 동시에 일반인들이 청소년 성매수 등 범죄의 충동으로부터 자신을 제어하도록 하기 위하여 도입된 것으로서, 이를 통하여 달성하고자 하는 '청소년의 성보호'라는 목적은 우리 사회에 있어서 가장 중요한 공익의 하나라고 할 것이다.

이에 비하여 청소년 성매수자의 일반적 인격권과 사생활의 비밀의 자유가 제한되는 정도를 살펴보면, 법 제20조 제2항은 "성명, 연령, 직업 등의 신상과 범죄사실의 요지"를 공개하도록 규정하고 있는바, 이는 이미 공개된 형사재판에서 유죄가 확정된 형사판결이라는 공적 기록의 내용 중 일부를 국가가 공익 목적으로 공개하는 것으로 공개된 형사재판에서 밝혀진 범죄인들의 신상과 전과를 일반인이 알게 된다고 하여 그들의 인격권 내지 사생활의 비밀을 침해하는 것이라고 단정하기는 어렵다.

또한, 신상과 범죄사실이 공개되는 범죄인들은 이미 국가의 형벌권 행사로 인하여 해당 기본권의 제한 여지를 일반인보다는 더 넓게 받고 있다. 청소년 성매수 범죄자들이 자신의 신상과 범죄사실이 공개됨으로써 수치심을 느끼고 명예가 훼손된다고 하더라도 그 보장 정도에 있어서 일반인과는 차이를 둘 수밖에 없어, 그들의 인격권과 사생활의 비밀의 자유도 그것이 본질적인 부분이 아닌 한 넓게 제한될 여지가 있다.

그렇다면 청소년 성매수자의 일반적 인격권과 사생활의 비밀의 자유가 제한되는 정도가 청소년 성보호라는 공익적 요청에 비해 크다고 할 수 없으므로 결국 법 제20조 제2항 제1호의 신상공개는 해당 범죄인들의 일반적 인격권, 사생활의 비밀의 자유를 과잉금지의 원칙에 위배하여 침해한 것이라 할 수 없다.

○ 평등원칙의 위배 여부

신상공개가 되는 청소년 대상 성범죄를 규정한 법률조항의 의미와 목적은 성인이 대가관계를 이용하여 청소년의 성을 매수하는 등의 행위로 인하여 야기되는 피해로부터 청소년을 보호하려는데 있는 것이고, 이에 비추어 볼 때 청소년 대상 성범죄와 그 밖의 일반 범죄는 서로 비교집단을 이루는 '본질적으로 동일한 것'이라고 단언하기는 어려우며, 나아가 그러한 구분기준이 특별히 자의적이라고 볼 만한 사정이 없다.

또한 청소년 대상 성범죄자 가운데 공개대상에서 제외되는 경우는 그 행위의 대상이나 형태에 있어서 청소년 성매수 행위의 공범적 성격의 것들로서 행위불법성의 차이 등을 고려한 것으로 보이므로, 청소년 대상 성범죄자 중 일부 범죄자의 신상이 공개되지 않는다 하더라도 그러한 차별입법이 자의적인 것이라거나 합리성이 없는 것이라고 단정하기 어렵다.

신상공개제도로 인하여 기본권 제한상의 차별을 초래하나, 그 입법목적과 이를 달성하려는 수단간에 비례성을 벗어난 차별이라고 보기 어렵고, 달리 평등권을 침해한 것이라고 볼 수 없다.

○ 법관에 의한 재판을 받을 권리의 침해 여부

제청법원은 신상공개제도가 청소년보호위원회에 의하여 이루어진다는 점에서 법관에 의한 재판을 받을 권리를 침해한 것이라고 하나, 앞서 보았듯이 신상공개제도는 '처벌'에 해당한다고 할 수 없으므로 이 제도가 법관에 의한 재판을 받을 권리를 침해한 것이라 할 수 없다.

○ 적법절차 위배 여부

법 제20조 제3항은 청소년보호위원회가 신상 등의 공개를 결정함에는 범행동기, 범행 후의 정황 등을 고려하도록 하고 있고, 제5항은 구체적인 절차 등에 관하여 필요한 사항을 대통령령으로 정하도록 하고 있으며, 하위 법규에서는 이러한 법의 취지에 따라 신상공개 대상자로 선정된 자에 대하여 10일 이상의 기간을 정하여 서면에 의한 의견진술기회를 주도록 하고, 지정된 기일까지 의견진술을 하지 않은 자에 대하여는 의견이 없는 것으로 간주하며, 의견진술을 한 자에 대하여는 재심의를 하여 신상공개 여부를 결정한다고 규정하고 있다.

한편 청소년보호위원회는 최소한의 독립성과 중립성을 갖춘 기관이고(청소년보호법 제29조, 제32조 등 참조), 신상공개결정에 대해서는 행정소송을 통해 그 적법 여부를 다툴 기회가 보장되고 있으며, 이미 법관에 의한 재판을 거쳐 형이 확정된 이후에 신상공개가 결정된다.

그렇다면 법 제20조 제2항 제1호의 신상공개제도는 법률이 정한 형식적 절차에 따라 이루어지며 그 절차의 내용도 합리성과 정당성을 갖춘 것이라고 볼 것이므로 절차적 적법절차원칙에 위반되는 것이라 할 수 없다.

[위헌의견]-5인 재판관

○ 인격권의 침해

(가) 사회활동을 통한 개인의 자유로운 인격발현을 위해서는, 타인의 눈에 비치는 자신의 모습을 형성하는 데 있어 결정적인 인자가 될 수 있는 각종 정보자료에 관하여 스스로 결정할 수 있는 권리, 다시 말하여 사회적 인격상에 관한 자기결정권이 보장되어야 한다. 그런데 이 사건 신상공개제도는 이러한 사회적 인격상에 관한 자기결정권을 현저하게 제한함으로써 범죄인의 인격권에 중대한 훼손을 초래한다.

(나) 신상공개제도는 소위 '현대판 주홍글씨'에 비견할 정도로 수치형과 매우 흡사한 특성을 지닌다. 즉, 현행 신상공개제도는 대상자를 독자적 인격의 주체로서 존중하기보다는 대중에 대한 전시(展示)에 이용함으로써 단순히 범죄퇴치수단으로 취급하는 인상이 짙다. 그러나 이는 비록 범죄인일망정 그가 지니는 인간으로서의 기본적인 존엄과 가치를 보장하는 것이 국가적 의무임을 천명한 우리 헌법의 이념에 정면으로 배치되는 것이라 아니할 수 없다.

(다) 청소년 성매매의 폐습을 치유함에 있어서는, 형벌이나 신상공개와 같은 처벌 일변도가 아니라, 성범죄자의 치료나 효율적 감시, 청소년에 대한 선도, 기타 청소년 유해환경을 개선하기 위한 정책 추진과 같은 다양한 수단들을 종합적으로 활용하는 것이 얼마든지 가능하고, 오히려 전체 청소년 성매수 사건 중 적발되는 사건의 비율이 극히 미미한 현실에 비추어 볼 때 이와 같은 근본적인 예방책에 치중하는 것이 더 바람직한 것으로 보인다. 그러함에도 국가가 이러한 노력을 다하기도 전에 개인의 인격권에 중대한 침해를 가져올 수 있는 신상공개라는 비정상적인 방법을 동원하는 것은 최소침해성의 관점에서도 문제가 있다.

(라) 무릇 형벌은 개인의 자유와 안전에 대한 중대한 침해를 가져오는 탓에 국가적 제재의 최후수단(ultima ratio)으로 평가된다. 그런데 이미 그러한 형벌까지 부과된 마당에, 형벌과 다른 목적이나 기능을 가지는 것도 아니면서, 형벌보다 더 가혹할 수도 있는 신상공개를 하도록 한 것은 국가공권력의 지나친 남용이다. 더구나, 신상공개로 인해 공개대상자의 기본적 권리가 심대하게 훼손되는 데에 비해 그 범죄억지의 효과가 너무도 미미하거나 불확실한바, 이러한 점에서도 법익의 균형성을 현저히 잃고 있다고 판단된다.

(마) 결국 청소년 성매수자에 대한 신상공개는 대상자의 인격권을 과

도하게 침해하고 있다고 할 것이다.

○ 평등원칙 위반

법 제20조 제2항 제1호는 범죄방지를 이유로 청소년 성매수자의 사회적 인격상에 관한 자기결정권을 제한한다. 그런데 일반 범죄자 및 일부 청소년 대상 성범죄자(이하 '일반범죄자등'이라 한다)에 대해서는 신상공개를 통한 위와 같은 제한을 허용하고 있지 않다. 그러나 범죄방지의 필요성은 일반범죄자등의 경우에도 마찬가지로 인정된다. 그러므로 양자를 차별하는 것이 과연 정당화될 수 있는지는 헌법상 해명의 필요가 있는 바, 청소년 성매수자가 신상공개되는 것은 일반범죄자등보다 죄질이나 법정형이 더 무겁거나 재범의 위험성이 보다 더 높아서가 아니다. 그리고 청소년에게 성매수행위의 상대방이 되도록 유인·권유한 자(법 제6조 제4항) 등은 모두 청소년 성매매를 유발·조장하는 범죄자들로서, 청소년 성매수자보다 더 무거운 법정형이 예정되어 있는 데도, 신상공개는 되지 않는 점에서 '청소년의 성 보호'라는 보호법익의 특수성이 신상공개 여부를 나누는 결정적인 기준이 되고 있다고 할 수도 없다.

결국 일반범죄자등과 청소년 성매수자를 차별할 만한 다른 합리적 이유는 찾기 어렵고, 다만 성인 남성들에게 청소년 성매수행위를 하지 말라는 강력한 경고의 메시지를 전하려는 입법의도만 유일한 차별근거가 아닌가 생각된다.

그러나 이러한 입법의도가 청소년 성매수자에 대한 신상공개를 정당화할 만큼의 성질이나 비중을 가지고 있지 않음은 이미 앞에서 인격권의 침해 여부를 논하면서 살펴본 바와 같다.

따라서 일반범죄자등과는 달리 청소년 성매수자만 차별하여 신상공개를 하는 것은 그 차별의 이유와 차별의 내용 사이의 적절한 균형관계를 인정할 수 없으므로 평등원칙에 위배된다고 할 것이다.

□ 이 사건에서 헌법재판소는 재판관 5인의 위헌의견, 재판관 4인의 합헌의견을 내어 위헌의견이 더 많았음에도 재적의원 2/3이상의 찬성(6인)에 이르지 못해 합헌결정을 내렸다.

[판례 4-10] 책임과 형벌간 비례원칙 위배 여부: 아동·청소년의 성보호에 관한 법률 제12조 제1항 제2호 위헌제청(헌재 2011. 10. 25. 2011헌가1)

□ 사건의 개요

제청신청인은 2010. 4. 24.부터 같은 달 30.까지 만 14세의 여자 청소년 3명을 30분에 2만 원씩 주기로 하고 자신이 운영하는 속칭 '키스방'의 종업원으로 고용하여 그곳을 찾은 손님들로부터 돈을 받고 위 청소년들과 키스를 하거나 가슴 등을 빨고 만지게 하고, 2010. 6. 8. 그 중 한 명의 청소년으로 하여금 손님과 성교 행위를 하게 함으로써 청소년의 성을 사는 행위를 알선하는 것을 업으로 하였다는 내용의 아동·청소년의 성보호에 관한 법률위반(영업알선행위) 등으로 징역 3년 6월을 선고받았다(청주지방법원 2010고합121).

이에 제청신청인은 대전고등법원에 항소한 후 항소심계속 중{대전고등법원(청주) 2010노164}, 아동·청소년의 성보호에 관한 법률 제12조 제1항 제2호에 대하여 위헌법률심판제청신청을 하였고(2011초기11), 위 법원은 위 신청을 받아들여 2010. 12. 30. 이 사건 위헌법률심판을 제청하였다.

□ 심판의 대상

이 사건의 심판 대상은 '아동·청소년의 성보호에 관한 법률'(2010. 4. 15. 법률 제10260호로 개정된 것) 제12조 제1항 제2호(이하 '이 사건 법률조항'이라 한다)가 헌법에 위반되는지 여부이고, 이 사건 심판대상조항 및 관련조항의 내용은 다음과 같다.

[심판대상조항]

아동·청소년의 성보호에 관한 법률(2010. 4. 15. 법률 제10260호로 개정된 것) 제12조(알선영업행위 등) ① 다음 각 호의 어느 하나에 해당하는 자는 7년 이상의 유기징역에 처한다.

2. 아동·청소년의 성을 사는 행위를 알선하는 행위를 업으로 하는 자

□ 판시 사항

1. 아동·청소년 성매매 영업알선행위를 7년 이상의 유기징역형에 처하도록 하고 있는 '아동·청소년 성보호에 관한 법률'(2010. 4. 15. 법률 제10260호로 개정된 것) 제12조 제1항 제2호(이하 '이 사건 법률조항'이라

한다)가 책임과 형벌 간의 비례원칙에 반하는지 여부(소극)
2. 이 사건 법률조항이 형벌의 체계정당성에 반하여 평등원칙에 위반되는지 여부(소극)

ㅁ 결정 요지

1. 이 사건 법률조항은 장차 국가의 장래를 책임지게 될 아동·청소년을 성매매의 폐해로부터 보호하여 건전한 사회구성원으로 성장할 수 있도록 하고, 우리 사회의 성문화에 대한 최소한의 도덕성을 지키기 위한 것으로서 그 보호법익이 매우 중요하고, 아동·청소년 성매매의 영업알선행위는 아동·청소년이 직업적·계속적으로 성매매를 하도록 하여 아동·청소년 성매매를 고착화시키고 확산시키므로 그 불법성이 매우 크다. 또한 아동·청소년 성매매의 효율적 예방과 실형 선고를 통해 영업의 기반을 무너뜨려 재발을 방지하도록 한다는 형사정책적 필요성, 아동·청소년의 객관적 징표로서 획일적 연령획정의 불가피성까지 종합적으로 고려할 때, 이 사건 법률조항이 정하고 있는 7년 이상 유기징역형은 책임과 형벌 간의 비례원칙에 위반되지 아니한다.

2. 아동·청소년 성매매 영업알선죄와 단순 살인죄는 그 보호법익과 죄질이 다른 별개의 범죄이므로 법정형의 하한만을 비교하여 단순 살인죄를 범한 자에 비하여 불합리하게 차별받는다고 할 수 없다. 또한 아동·청소년 성매매 영업알선행위는 반복·계속성과 영리성이라는 특징으로 인해 아동·청소년 성매매의 수요와 공급을 지속적으로 만들어낸다는 점에서 반복·계속의 의사 없이 일회적으로 행해지는 단순 알선행위보다 그 불법성이 훨씬 크므로, 단순알선죄와의 법정형의 현격한 차이가 형벌의 체계정당성에 반하여 평등원칙에 위반된다고 볼 수 없다. 나아가 성인의 성매매를 영업적으로 알선하는 자는 선량한 성풍속이라는 사회적 법익을 침해하는 데에 그 가벌성이 있을 뿐인 반면, 아동·청소년을 대상으로 한 성매매는 아직 가치관과 판단능력이 성숙되지 못하고 사회적·경제적인 지위도 열악한 아동·청소년을 금전적으로 유혹하여 간음함으로써 그들의 원활한 인격형성을 방해하고 건강한 사회구성원으로 성장하여야 할 아동·청소년의 신체와 정신에 손상을 입힌다는 점에 있어서 그 가벌성이 가중되므로, 이 사건 법률조항이 아동·청소년의 성매매 영업알선행위를 성인의 성매매 영업알선행위보다 훨씬 더 무겁게 처벌하고 있다 하여 형벌의 체계정당성에 반하여 평등원칙에 위반된다고

할 수 없다.

3. 전자장치부착법

[사례 18~19] 상습 성폭행범 문제

18. A남은 성폭행 전과 2범으로 징역 3년형을 선고받아 만기 출소를 한 후 2년이 지나 또다시 성폭행을 저질러 교도소에서 징역 3년형을 선고받아 수감 중에 있다. A남에게는 어떤 법적 제재가 부가될 수 있을까?

19. B는 2006년 성폭행을 범한 자로 징역 4년형을 선고받아 복역 중이던 중에 「특정 범죄자에 대한 위치추 적전자장치부착 등에 관한 법률」 (2010.4.15 개정) 부칙 제2조 1항에 의해 전자발찌를 부착할 것이라고 하자 위 부칙 조항이 소급입법으로 헌법에 위반한다고 주장한 경우 어떻게 판단해야 하는지 생각해 보자.

1) 전자장치부착법의 도입 배경

"성폭력범죄자에 대한 위치추적 전자장치부착제도"는 13세 미만 아동대상 성폭력범죄자 등 '특정 성폭력범죄자'에 대해 최장 10년 동안 24시간 위치추적을 하는 제도로, 세계적으로는 1997년 미국 플로리다 주에서 최초로 시행된 이후 현재 여러 국가에서 시행중이다.

여성가족위원회 소속 OOO의원이 제출한 2017년 법무부 '성폭력사범 재범률 현황' 자료에 의하면 성폭력 사범은 2012년 2만3,068명에서 2016년 3만7,794명으로 63.8% 증가했고 재범인원은 같은 기간 1,311명에서 2,796명으로 113% 늘어났다고 한다.

2016년 전국 재범률은 7.4%에 달했고, 성폭력 등 강력 범죄 피해자 대부분이 10명 중 9명이 여성이라는 점에서 여성보호를 위한 대책 마련이 시급하다고 보았다. 또한 성폭력 범죄 재범률 증가로 국민 불안이 심화되고 있어 부처 간 협력해 엄격한 처벌 및 재범방지를 위해 노력할 것을 강조했다.

성폭력범죄자들은 복역 후 다시 재범을 하는 경향이 있어 성폭력범죄의 재범을 예방하는 것이 중요하다.

성폭력의 문제는 가해자의 처벌과 피해자의 보호도 중요하지만 성폭력범죄의 사전 예방과 재범방지가 또한 중요하다고 할 수 있다. 또한 아동피해자에 대한 성폭력은 성인에 대한 성폭력에 못지않게 그 예방대책이 더욱 절실하다. 따라서 아동을 성폭력피해로부터 안전하게 보호양육하기 위해 이를 위한 대책이 필요하며 이러한 필요성이 꾸준히 제기되어 왔었다.

2005년 발생한 용산 초등학생 성폭력·살해사건은 아동성폭력범에 대해 강력한 처벌을 요구하는 인식을 같이 하고 유사 범죄의 재발을 막기 위한 예방대책으로 성폭력범죄자에 대한 위치추적장치제도의 도입이 절실하게 요구되었다. 특히 안양 초등생 살인사건, 일산 초등생 납치미수사건 등 아동 상대 강력범죄의 연이은 발생으로 국민의 불안감이 확산되어 성폭력범죄 재범 방지를 위한 특단의 대책이 필요하게 되었다. 그 결과 2007년 4월에는 「특정 범죄자에 대한 위치추적 전자장치부착 등에 관한 법률」이 제정되어 2008년 9월 1일부터 시행되고 있다. 성범죄자에게 위치추적전자장치(전자발찌)를 착용하게 하는 것은 심리적인 압박감을 주어 성범죄를 억제하려는 것이나 전자발찌를 찬 상태에서 성범죄를 범하는 건수가 늘어나고 있어 성범죄자에 대한 철저한 관리, 감독의 필요성이 강조되고 있다.

2) 위치추적 전자장치의 종류와 작동원리

위치추적 전자장치 피부착자는 위치추적을 위해 전자발찌를 포함한 세 개의 전자장치를 가지게 된다. 즉 전자발찌 부착장치, 재택감독장치, 휴대용 추적장치를 갖게 된다.

(1) 부착장치

[그림 4-1]

부착장치는 휴대용 추적장치와 재택장치에 전자파를 송신하는 장치이다. 신체에 부착하는 것으로 대부분 발목에 부착장치를 달고 있다. 본체를 연결하는 고무밴드인 스트랩, 고정피스 등은 훼손이나 조작을 감지하여 중앙관제센터에 보고하는 기능을 가지고 있다. 부착장치를 빼려면 스트랩을 자르는 방법 이외에는 발에서 절대 빠질 수 없게 되어 있다.

(2) 재택감독장치

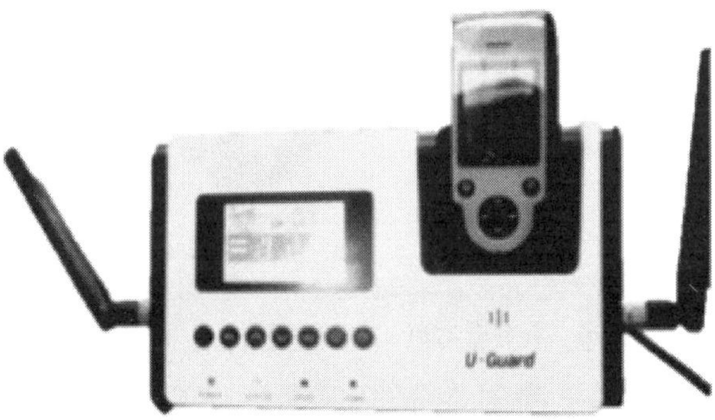

[그림 4-2]

이는 피부착자의 주거지에 설치하여 위치를 확인하는 장치로, 휴대용 추적장치를 보조하는 장치이다. 재택장치는 훼손 혹은 조작 그리고 최초 설치된 곳으로부터의 이동을 감지하여 중앙관제센터에 보고하는 기능을 한다.

(3) 휴대용 추적장치

휴대용 추적장치는 피부착자가 휴대하는 것으로, 원칙적으로 피부착자는 이를 항상 휴대하여야 한다. 휴대용 추적장치를 외출 시에 휴대하지 않은 경우, 충전하지 않아 장치가 방전된 경우, 훼손·조작이 감지된 경우, 통신 등 정상적인 기능을 방해하는 경우에 처벌을 받게 된다. 전자발찌 착용자는 주거지 내에서는 재택감독장치 주변 3~4m에 위치해야 하고, 외부로는 10m이내에 있어야 한다.

이 장치는 일반 핸드폰과 같이 문자 수신이 가능하고, 조작키의 위에 있는 사람모양을 누르면 위치추적담당자에게 그리고 집모양을 누르면 위치추적중앙관제센터에게 연락하도록 되어 있다.

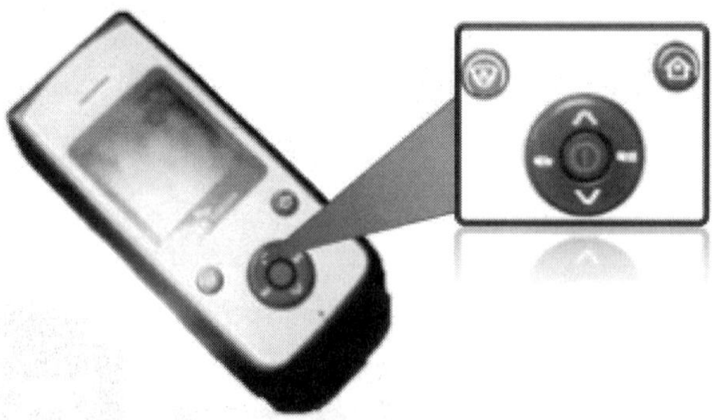

[그림 4-3]

휴대용 추적장치는 피부착자가 휴대하는 것으로, 원칙적으로 피부착자는 이를 항상 휴대하여야 한다. 휴대용 추적장치를 외출 시에 휴대하지 않은 경우, 충전하지 않아 장치가 방전된 경우, 훼손·조작이 감지된 경우, 통신 등 정상적인 기능을 방해하는 경우에 처벌을 받게 된다. 전자발찌 착용자는 주거지 내에서는 재택감독장치 주변 3~4m에 위치해야 하고, 외부로는 10m이내에 있어야 한다.

이 장치는 일반 핸드폰과 같이 문자 수신이 가능하고, 조작키의 위에 있는 사람모양을 누르면 위치추적담당자에게 그리고 집모양을 누르면 위치추적중앙관제센터에게 연락하도록 되어 있다.

(4) 작동원리 개요

전자장치부착 시스템은 다음 그림과 같이 작동되어지고 있다.

전자발찌 위치추적 시스템 개요

① 위치추적　② 이동통신망　③ 중앙관제센터　④ 보호관찰소

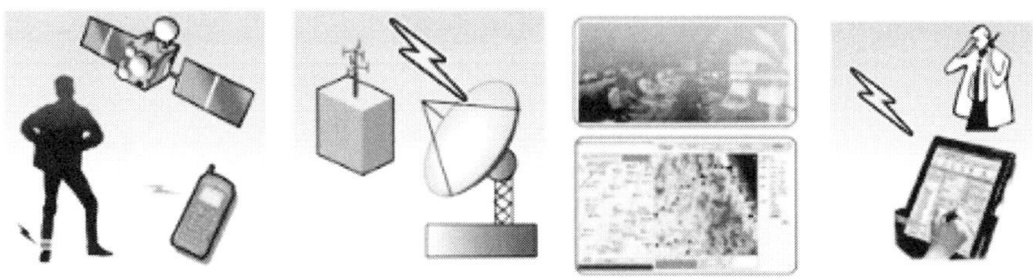

성범죄자, 발목에 전자발찌 부착 후 외출시 단말기 휴대, 발찌와 단말기 거리 1m 이상 떨어지거나 발찌 강제 절단시 경보음 발생.

경보음 발생시 이동통신망을 거쳐 관제센터에 경보 울림.

보호관찰소 및 보호관찰관에게 문자 메세지 전송

[그림 4-4]

3) 전자장치부착법의 목적과 내용

(1) 전자장치부착법의 목적과 개념

「특정 범죄자에 대한 위치추적 전자장치부착 등에 관한 법률」(이하 "전자장치부착법"이라 한다)은 성폭력을 포함하는 특정범죄자의 재범방지와 성행교정을 통한 재사회화를 위하여 그의 행적을 추적하여 위치를 확인할 수 있는 전자장치를 신체에 부착하게 하는 부가적인 조치를 취함으로써 성폭력을 포함한 특정범죄로부터 국민을 보호함을 목적으로 제정되었다.

이 법에서의 "위치추적 전자장치"란 전자파를 발신하고 추적하는 원리를 이용하여 위치를 확인하거나 이동경로를 탐지하는 일련의 기계적 설비로서 대통령령으로 정하는 것을 말한다. 전자장치를 부착하는 "특

정범죄"란 성폭력범죄, 미성년자 대상 유괴범죄, 살인범죄 및 강도범죄를 말한다.

(2) 전자장치부착법의 적용 범죄와 범위

① 성폭력 범죄

여기서 "성폭력범죄"란 다음의 범죄로서 다른 법률에 따라 가중처벌되는 죄를 말한다.

〈표 4-11〉 장치부착법상 성폭력 범죄

법 률	해당 범죄
형법	• 강간과 추행의 죄 중 강간·강제추행, 준강간, 준강제추행·미수범, 강간등 상해·치상, 강간 등 살인·치사, 미성년자등에 대한 간음, 업무상위력등에 의한 간음, 미성년자에 대한 간음·추행, 상습범
	• 절도와 강도의 죄 중 강도강간·해상강도(부녀를 강간한 죄만) 및 미수범의 죄
「성폭력범죄의 처벌 등에 관한 특례법」	• 특수강도강간 등의 죄부터 업무상 위력 등에 의한 추행까지의 죄 및 미수범의 죄(제3조~제9조까지의 미수범만), 강간 등 살인·치사죄 및 미수범
「아동·청소년의 성보호에 관한 법률」	• 아동·청소년에 대한 강간·강제추행 등의 죄

② 적용범위

이 법에 따른 전자장치는 만 19세 미만의 자에 대하여는 부착할 수 없다. 따라서 만 19세 미만의 자에 대하여 부착명령을 선고한 때에는 19세에 이르기까지 이 법에 따른 전자장치를 부착할 수 없다.

(3) 전자장치부착법의 내용

① 전자장치부착명령

가. 전자장치부착대상자

전자장치는 ㉮ 성폭력범죄로 징역형의 실형을 선고받은 사람이 그 집행을 종료한 후 또는 집행이 면제된 후 10년 이내에 성폭력범죄를 저지른 때, ㉯ 성폭력범죄로 이 법에 따른 전자장치를 부착받은 전력이 있는 사람이 다시 성폭력범죄를 저지른 때, ㉰ 성폭력범죄를 2회 이상 범하여(유죄의 확정판결을 받은 경우 포함) 그 습벽이 인정된 때, ㉱ 19세 미만의 사람에 대하여 성폭력범죄를 저지른 때, ㉲ 신체적 또는 정신적 장애가 있는 사람에 대하여 성폭력범죄를 저지른 때에 해당하고 성폭력범죄를 다시 범할 위험성이 있다고 인정되는 사람에 대하여 부착한다.

나. 전자장치부착명령 청구 및 기간

전자장치부착명령은 검사가 법원에 청구하여 행하며, 법원도 공소가 제기된 특정범죄사건을 심리한 결과 부착명령을 선고할 필요가 있다고 인정하는 때에는 검사에게 부착명령의 청구를 요구할 수 있다. 법원은 부착명령 청구가 이유 있다고 인정하는 때에는 ㉮ 법정형의 상한이 사형 또는 무기징역인 특정범죄: 10년 이상 30년 이하, ㉯ 법정형 중 징역형의 하한이 3년 이상의 유기징역인 특정범죄(1호에 해당하는 특정범죄 제외): 3년 이상 20년 이하, ㉰ 법정형 중 징역형의 하한이 3년 미만의 유기징역인 특정범죄(1호 또는 2호에 해당하는 특정범죄는 제외한다): 1년 이상 10년 이하에 따른 기간의 범위 내에서 부착기간을 정하여 판결로 부착명령을 선고하여야 한다. 다만, 19세 미만의 사람에 대하여 특정범죄를 저지른 경우에는 부착기간 하한에 따른 부착기간 하한의 2배로 한다.

법원은 보호관찰소의 장의 신청에 따른 검사의 청구로 1년의 범위에서 부착기간을 연장하거나 준수사항을 추가 또는 변경하는 결정을 할 수 있다.

부착명령을 선고받은 사람은 부착기간 동안 「보호관찰 등에 관한 법률」에 따른 보호관찰을 받는다.

다. 조사

검사는 부착명령을 청구하기 위하여 필요하다고 인정하는 때에는 피의자의 주거지 또는 소속 검찰청 소재지를 관할하는 보호관찰소의 장에게 범죄의 동기, 피해자와의 관계, 심리상태, 재범의 위험성 등 피의

자에 관하여 필요한 사항의 조사를 요청할 수 있다. 이 요청을 받은 보호관찰소의 장은 조사할 보호관찰관을 지명하여야 하며, 지명된 보호관찰관은 검사의 지휘를 받아 지체 없이 필요한 사항을 조사한 후 검사에게 조사보고서를 제출하여야 한다.

라. 부착명령의 선고

법원은 부착명령 청구가 이유 있다고 인정하는 때에는 위 전자장치 부착명령 기간의 범위 내에서 부착기간을 정하여 판결로 부착명령을 선고하여야 한다. 다만, 19세 미만의 사람에 대하여 특정범죄를 저지른 경우에는 부착기간 하한을 위 부착기간 하한의 2배로 한다.

부착명령 청구사건의 제1심 재판은 지방법원 합의부(지방법원지원 합의부 포함)의 관할로 한다.

마. 준수사항

법원은 부착명령을 선고하는 경우 부착기간의 범위에서 준수기간을 정하여 다음의 준수사항을 부과할 수 있다. ㉮ 야간 등 특정 시간대의 외출제한, ㉯ 특정지역·장소에의 출입금지, ㉰ 주거지역의 제한, ㉱ 피해자 등 특정인에의 접근금지, ㉲ 특정범죄 치료 프로그램의 이수(500시간의 범위), ㉳ 그 밖에 부착명령을 선고받는 사람의 재범방지와 성행교정을 위하여 필요한 사항 중 하나 이상을 부과할 수 있다.

바. 부착명령의 집행

부착명령은 특정범죄사건에 대한 형의 집행이 종료되거나 면제·가석방되는 날 또는 치료감호의 집행이 종료·가종료되는 날 석방 직전에 피부착명령자의 신체의 완전성을 해하지 아니하는 범위 내에서 신체에 전자장치를 부착함으로써 집행한다.

② 국가의 책무

그 동안에 전자장치부착이 성폭력범죄자의 인권을 침해하려는 것에 대해 많은 논란이 있었지만 끊임없이 발생하는 흉악범의 성폭력사건과 성폭력범죄자의 재범에 의한 피해들에 대해 강력한 처벌을 함으로써 한 개인뿐 아니라 가족과 이 사회를 파괴하는 성범죄가 더 이상 재발해서는 안 된다는 데에 인식을 같이 하게 되었다. 다만 국가는 전자장치부착명령의 집행과정에서 국민의 인권이 부당하게 침해되지 아니하도록 주의하여야 한다.

③ 피부착자의 의무

"피부착자"는 전자장치의 부착기간 중 전자장치를 신체에서 임의로 분리·손상, 전파 방해 또는 수신자료의 변조, 그 밖의 방법으로 그 효용을 해하여서는 아니 된다.

피부착자는 특정범죄사건에 대한 형의 집행이 종료되거나 면제·가석방되는 날부터 10일 이내에 주거지를 관할하는 보호관찰소에 출석하여 서면으로 신고하여야 하며, 주거를 이전하거나 7일 이상의 국내여행을 하거나 출국할 때에는 미리 보호관찰관의 허가를 받아야 한다.

④ 피부착자의 신상정보 제공 등

보호관찰소의 장은 피부착자가 신고한 신상정보를 범죄예방 및 수사에 활용하게 하기 위하여 피부착자의 주거지를 관할하는 경찰관서의 장 등 수사기관에 제공할 수 있으며, 보호관찰소의 장은 피부착자가 범죄를 저질렀거나 저질렀다고 의심할만한 상당한 이유가 있을 때에는 이를 수사기관에 통보하여야 한다. 신상정보를 제공받은 수사기관은 범죄예방 및 수사활동 중 인지한 사실이 피부착자 지도·감독에 활용할 만한 자료라고 판단할 경우 이를 보호관찰소의 장에게 제공할 수 있다.

⑤ 처벌

〈표 4-12〉

처 벌	대 상
1년 이상의 유기징역	• 전자장치 부착 업무를 담당하는 자가 정당한 사유 없이 피부착자의 전자장치를 해제하거나 손상한 때
2년 이상의 유기징역	• 전자장치 부착 업무를 담당하는 자가 금품을 수수·요구 또는 약속하고 제1항의 죄를 범한 때
1년 이상의 유기징역	• 수신자료를 관리하는 자가 수신자료 사용 규정을 위반한 때

처 벌	대 상
10년 이하의 징역	• 타인으로 하여금 부착명령 또는 보호관찰명령을 받게 할 목적으로 공무소 또는 공무원에 대하여 허위의 사실을 신고하거나 형법상 위증의 죄를 범한 때
10년 이하의 징역, 10년 이하의 자격정지 병과	• 부착명령 또는 보호관찰명령 청구사건에 관하여 피부착명령청구자 또는 피보호관찰명령청구자를 모해할 목적으로 형법상 허위의 감정, 통역, 번역, 허위진단서등의 작성 또는 허위작성진단서의 행사의 죄를 범한 때
7년 이하의 징역 또는 2천만원 이하의 벌금	• 피부착자가 전자장치의 부착기간 중 전자장치를 신체에서 임의로 분리·손상, 전파 방해 또는 수신자료의 변조, 그 밖의 방법으로 그 효용을 해한 때
3년 이하의 징역 또는 1천만원 이하의 벌금	• 피부착자 또는 보호관찰대상자가 피해자 등 특정인에의 접근금지, 특정범죄 치료 프로그램의 이수의 준수사항을 정당한 사유 없이 위반한 때
1년 이하의 징역 또는 5백만원 이하의 벌금	• 피부착자 또는 보호관찰대상자가 정당한 사유 없이 「보호관찰 등에 관한 법률」상 준수사항을 위반하여 경고를 받은 후 다시 정당한 사유 없이 준수사항을 위반한 경우
1천만원 이하의 벌금	• 피부착자 또는 보호관찰대상자가 야간 등 특정 시간대의 외출제한, 특정지역·장소에의 출입금지, 주거지역의 제한, 그 밖에 부착명령을 선고받는 사람의 재범방지와 성행교정을 위하여 필요한 사항의 준수사항을 정당한 사유 없이 위반한 때

4) 위치추적전자장치 부착 소급 적용 문제

헌법재판소는 2012년 12월 27일, 청주지법 충주지원이 「특정범죄자에 대한위치추적전자장치부착등에관한법률」부칙 제2조 1항에 대한 위헌법률 심판을 제청한 '특정 성폭력 범죄자에 대한 전자발찌(위치추적전자장치) 소급 부착명령'에 대해 합헌 결정을 내렸다.[11)]

헌법재판소는 "전자장치 부착명령은 장래의 위험성을 방지하기 위한 보안처분이라는 점에서 그 본질상 피부착대상자는 부착 여부를 판단하는 당시의 시점을 기준으로 판단함이 정당하다"고 하면서, "부착명령의

11) 헌재 2012.12.27, 2010헌가82 결정.

대상자 범위를 소급하여 확대하였다고 하여 대상자들의 신뢰이익의 침해 정도도 과중하다고 볼 수 없다"고 판시했다.

또한 "성폭력범죄로부터 국민, 특히 여성과 아동을 보호한다는 공익은 매우 큼에도 불구하고 개정 전 법률은 형 집행 종료자 등에 대해서는 적용되지 않음으로써 가장 재범률이 높은 사람들에 대한 대책이 전무한 실정"이라고 하면서 "해당 부칙조항의 입법목적은 매우 중대하고 긴요한 공익이므로 침해받는 신뢰이익의 보호가치, 침해의 중한 정도 및 방법, 이를 통해 실현하고자 하는 공익적 목적을 종합적으로 비교형량할 때 법인균형성 원칙에도 위배되지 않는다"고 결정하였다.

전자발찌제도 시행 전 제1심 판결을 선고받아 개정법 시행 당시에 징역형 집행의 종료·가석방 등으로 출소한 지 3년이 지나지 않았거나 현재 수형중인 자로서 재범위험성이 커 부착명령 청구요건을 갖춘 경우에 검사의 청구와 법원의 결정으로 전자발찌를 부착할 수 있도록 하고 있다. 과거의 성폭력범죄자에 대한 전자발찌의 소급착용으로 재범을 억제하고 준수사항 이행가능성을 높여 국민의 안전을 보호할 수 있도록 하고자 하였다.

이 결정으로 위치추적 시스템 서버 용량의 초과문제와 전자발찌 착용자의 증가에 따른 착용자를 관리하는 전담 보호관찰관의 수가 매우 부족한 실정이다. 매년 늘어나는 전자발찌 착용자와 재범의 증가로 사회적 공포로부터 국민의 생명과 안전을 지키기 위한 방안이 절실하다 .

〈표 4-13〉 범죄유형별 전자발찌 착용자 현황

(단위 : 명)

범죄유형	2012	2013	2014	2015	2016	2017.8
성폭력	660	1,351	1,771	2,008	2,178	2,281
유괴	1	2	3	5	6	9
살인	371	350	259	195	379	407
강도	-	-	96	105	133	113
계	1,032	1,703	2,129	2,313	2,696	2,810

출처: 안전행정위원회, 최근 5년간 증가한 전자발찌 착용자 수

〈표 4-14〉 성폭력 전자감시 대상자 재범 현황

(단위:명)

범죄유형/연도	성폭력(아동, 청소년대상)	미성년자 유괴	살인	강도	계
2012	21(1)	0	1	0	22
2013	30(11)	0	1	0	31
2014	48(21)	0	1	3	52
2015	53(17)	0	0	9	62
2016	58(14)	1	4	6	69
2017.8	43(10)	1	0	1	45
계	253(74)	2	7	19	281

출처:안전행정위원회, 성폭력 전자감시 대상자 재범 현황

자료에 의하면 2012년 22건이던 전자발찌착용자의 재범건수는 2013년 31건, 2014년 52건, 2015년 62건, 2016년 69건으로 매년 증가하고 있다.

적극적인 관리, 감독을 위해 보호관찰관의 증원으로 재범예방 관리가 철저히 이루어지고, 전자발찌 착용자에 대한 정보공유시스템 및 양형기준 개선 등을 통한 수사기관과 사법기관의 대책이 필요하다 하겠다.

[판례 4-11] 성폭행범의 전자발찌 소급적용(헌재 2012.12.27, 2010헌가82)

□ 사건의 개요

당해 사건의 피부착명령청구자는 2006. 10. 20. 대전지방법원 천안지원에서 성폭력범죄의 처벌 및 피해자보호 등에 관한 법률 위반(13세미만미성년자강간등)죄로 징역 4년을 선고받고 그 형이 확정되어 2010. 8. 6. 형의 집행을 종료하였다. 검사는 2010. 7. 26. 당시 징역형의 집행 종료일까지 6개월 미만이 남은 사람(출소임박자)인 피부착명령청구자에 대하여 '특정 범죄자에 대한 위치추적 전자장치 부착 등에 관한 법률'(2008. 6. 13. 법률 제9112호) 부칙 제2조 제1항(2010. 4. 15. 법률 제10257호로 개정된 것, 다음부터 '이 사건 부칙조항'이라 한다)에 따라 전자장치 부착명령을 청구하였고(청주지방법원 충주지원 2010전초1), 그 사건 계속중 법원은 직권으로 적용법조인 위 조항에 대하여 위헌법률심

판을 제청하였다.

□ 심판의 대상

이 사건 심판의 대상은 이 사건 부칙조항이 헌법에 위반되는지 여부이며, 그 내용은 다음과 같다.

특정 범죄자에 대한 위치추적 전자장치 부착 등에 관한 법률(2008. 6. 13. 법률 제9112호) 부칙 제2조 제1항(2010. 4. 15. 법률 제10257호로 개정된 것) 제2조(제1심판결 후의 부착명령 청구 등에 관한 경과조치 및 적용 특례) ① 검사는 성폭력범죄를 저질러 2008년 9월 1일 이전에 제1심판결을 선고받아 이 법(법률 제10257호 특정범죄자에 대한 위치추적 전자장치 부착 등에 관한 법률 일부 개정법률을 말한다. 이하 이 조에서 같다) 시행 당시 징역형 이상의 형, 치료감호 또는 보호감호(이하 "징역형 등"이라 한다)의 집행 종료일까지 6개월 이상이 남은 사람(이하 "출소예정자"라 한다), 징역형 등의 집행 종료일까지 6개월 미만이 남은 사람(이하 "출소임박자"라 한다) 및 징역형 등의 집행이 종료, 가종료 · 가출소 · 가석방 또는 면제된 후 3년이 경과되지 아니한 사람(이하 "출소자"라 한다)으로서 종전 법(법률 제9112호 특정 성폭력범죄자에 대한 위치추적 전자장치 부착에 관한 법률 일부 개정법률을 말한다. 이하 이 조에서 같다) 제5조 제1항 각 호의 어느 하나에 해당하고 성폭력범죄를 다시 저지를 위험성이 있다고 인정되는 사람에 대하여는 종전 법 제5조 제2항, 제7조 및 제9조 제3항에도 불구하고 제1심 판결을 한 법원 또는 출소예정자, 출소임박자, 출소자의 주거지 또는 현재지를 관할하는 지방법원(지원을 포함한다. 이하 같다)에 부착명령을 청구할 수 있다.

□ 결정이유의 요지[합헌의견]

○ 형벌불소급의 원칙 위배 여부

이 사건 부칙조항에 따라 전자장치 부착을 통한 위치추적 감시제도가 처음 도입되어 시행될 때 부착명령의 대상에서 제외되어 있던 사람들이 법 시행 이후 약 1년 7개월이 경과한 시점에 법 개정을 통해 새로이 부착명령 대상에 포함되게 되었으므로, 위 조항이 헌법상 형벌불소급 원칙에 위배되는지 여부가 문제된다.

그러나 전자장치 부착명령은 전통적 의미의 형벌이 아닐 뿐 아니라, 성폭력범죄자의 성행교정과 재범방지를 도모하고 국민을 성폭력범죄로부터 보호한다고 하는 공익을 목적으로 하며, 전자장치의 부착을 통해서 피부착자의 행동 자체를 통제하는 것도 아니라는 점에서 자유를 박탈하는 구금 형식과는 구별되고 이 사건 부칙조항이 적용되었을 때 처벌적인 효과를 나타낸다고 보기 어렵다. 그러므로 이 사건 부착명령은 범죄행위를 한 사람에 대한 응보를 주된 목적으로 그 책임을 추궁하는 사후적 처분인 형벌과 구별되는 비형벌적 보안처분으로서 소급효금지원칙이 적용되지 아니한다.

○ 과잉금지원칙 위배 여부

이 사건 부칙조항이 형벌불소급의 원칙에 위배되지는 않는다고 하더라도, 소급적으로 피부착대상자가 된 사람들의 침해받은 신뢰이익의 보호가치, 침해의 중한 정도 및 방법, 위 조항을 통하여 실현하고자 하는 공익적 목적을 종합적으로 비교형량할 때 과도한 것인지 여부가 문제된다.

이 사건 부칙조항은 개정 전 법률로는 전자장치 부착명령의 대상자에 포함되지 아니한 성폭력범죄자의 재범에 효과적으로 대처할 만한 수단이 없다는 우려 아래 대상자의 범위를 확대한 것으로서, 성폭력범죄의 재범을 방지하고 성폭력범죄로부터 국민을 보호하고자 하는 목적의 정당성이 인정되고, 이 사건 부칙조항은 그 목적을 달성하기 위하여 적절한 수단이다.

또한 전자장치 부착명령은 장래의 위험성을 방지하기 위한 보안처분이라는 점에서, 그 본질상 피부착대상자는 부착 여부를 판단하는 당시의 시점을 기준으로 판단하므로, 이 사건 부칙조항이 신설되기 전 형 집행 종료자 등이 자신이 부착명령 대상자가 아니라는 기대를 가졌다고 하더라도, 그 신뢰의 보호가치가 크다고 보기 어렵다. 한편 입법자는 재범의 위험성에 대하여 검사와 법원이 판단하도록 하면서 적용요건에 대하여도 완화된 신법을 적용하는 것이 아니라 비교적 엄격했던 구법의 요건을 적용하도록 하고 있고, 부착명령의 청구기간도 제한하고 있으므로, 이 사건 부칙조항이 전자장치 부착명령의 대상자 범위를 소급하여 확대하였다고 하여 대상자들의 신뢰이익의 침해 정도가 과중하다고 볼 수 없다.

반면, 성폭력범죄로부터 국민, 특히 여성과 아동을 보호한다는 공익은 매우 큼에도 불구하고, 개정 전 법률은 형 집행 종료자 등에 대하여는 적용되지 않음으로써 가장 재범률이 높은 사람들에 대한 대책이 전무한 실정이었음을 고려하면, 이 사건 부칙조항의 입법목적은 매우 중대하고 긴요한 공익이라 할 것이므로, 침해받은 신뢰이익의 보호가치, 침해의 중한 정도 및 방법, 위 조항을 통하여 실현하고자 하는 공익적 목적을 종합적으로 비교형량할 때, 법익 균형성 원칙에 위배된다고 할 수 없다.
그렇다면 이 사건 부칙조항은 헌법상 형벌불소급의 원칙 및 과잉금지 원칙에 위배되지 아니한다.

[위헌의견1]
이 사건 부칙조항 시행 당시 이미'징역형 등의 집행이 종료(가종료 · 가출소 · 가석방 등의 경우는 제외)된 후 3년이 경과되지 아니한 사람'에게까지 전자장치 부착명령을 청구할 수 있도록 한 이 사건 부칙조항 중 해당부분은 위헌이다-재판관 4인의 일부 위헌 의견

[위헌의견2]
전자장치 부착명령 제도가 시행되기 이전의 범행에 대해서도 전자장치 부착명령을 선고할 수 있도록 하는 것은 헌법의 소급처벌금지 원칙에 위배되어 위헌이다-재판관 1인의 전부 위헌 의견

4. 성충동 약물치료법

1) 성충동 약물치료법의 제정 배경

「성폭력범죄자의 성충동 약물치료에 관한 법률」(이하 "성충동 약물치료법"이라 한다)은 성폭력 강력범죄자들이 성충동을 억제할 능력이 없어 성폭력범죄를 범하고 있는 점을 감안하여 국가가 나서서 피고인에게 약물을 투여해서라도 성욕을 저하시켜 재범을 막고 성도착증 환자를 치료하기 위하여 제정하였다.

이를 위하여 2008년 9월 8일 박민식 의원 등 31명의 의원이 「상습적 아동 성폭력범의 예방 및 치료에 관한 법률」제정안을 발의하여 2010년 6월 29일까지 1회의 공청회와 6차례의 법사위원회 심의를 거쳐 「성폭

력범죄자의 성충동 약물치료에 관한 법률」안이 국회 본회의에 상정, 의결되었다.

제정된 "성충동 약물치료법"은 2011년 7월 시행되었고, 2012년 8월 최초로 피고인 표모(31세)씨[12]에 대해 치료 명령을 청구했고, 법원은 미성년자 성폭행범에 대한 성충동 약물치료(소위 화학적 거세) 청구를 처음으로 받아들였다.[13]

이로써 화학적 거세 적용 대상 범위가 확대되어 향후 성충동 약물치료를 받게 되는 성폭행범은 크게 늘어날 전망이지만 이 제도에 대한 부정적인 견해도 있다.

2) 성충동 약물치료법의 목적과 시행

이 법은 사람에 대하여 성폭력범죄를 저지른 성도착증 환자로서 성폭력범죄를 다시 범할 위험성이 있다고 인정되는 사람에 대하여 성충동 약물치료를 실시하여 성폭력범죄의 재범을 방지하고 사회복귀를 촉진하는 것을 목적으로 한다.

이러한 목적으로 화학적 거세가 시행되고 있지만 그 부작용으로 간혹 골 밀도의 저하가 나타나기도 하거나 몸에 지방이 축적되어 장기적으로 심혈관계 질환과 골다공증을 일으킬 위험을 증가시킬 수 있는 것으로 나타나기도 한다. 그리고 남성의 유방 비대증(Gynecomastia)을 일으키거나 체모의 성장이 억제되고 근육량이 줄어드는 경우가 발생하기도 한다고 하여 부정적인 견해도 많다. 하지만, 화학적 거세(Chemical castration)는 성적 활동이나 성욕을 감퇴시킬 목적으로 약물

12) 표○○(31세)는 스마트폰 채팅으로 만난 10대 중반 여성 5명과 6차례에 걸쳐 성관계를 가진 뒤 이들의 알몸 사진, 성관계 동영상을 인터넷 등에 퍼뜨리겠다고 흉기로 협박해 성폭행한 혐의로 기소되어 판결을 받았다. 그는 전에도 강간치상, 특수강도강간 등으로 징역형을 산 적이 있는 상습적으로 성폭력을 범해온 성폭행 누범자이다.

13) 서울남부지법은 2013.1.3일 미성년자 5명을 성폭행한 혐의로 구속기소된 표○○에 대해 징역 15년을 선고하고 성충동 약물치료 3년, 전자발찌 부착 20년, 정보공개 10년, 성폭력 치료 프로그램 200시간 이수를 명령했다. 법원은 "왜곡된 성의식을 갖고 있고 성욕과잉인 것으로 보여 스스로 통제가 불가능한 상태로 판단된다"고 하여 청구를 받아들였다.

을 투여하는 것으로 성 불구로 만들거나 실제 개인을 거세하는 것이 아니다. 화학적 거세는 성충동을 억제할 수가 있고 일반적으로 약물의 투여가 지속되지 않으면 이전의 상태로 되돌릴 수 있어 성폭력범죄 예방차원에서 사용되는 것이다.

미국, 유럽, 이스라엘, 아르헨티나, 러시아, 대한민국, 뉴질랜드 등의 국가들은 화학적 거세를 법적으로 허용하거나 시행하고 있다.

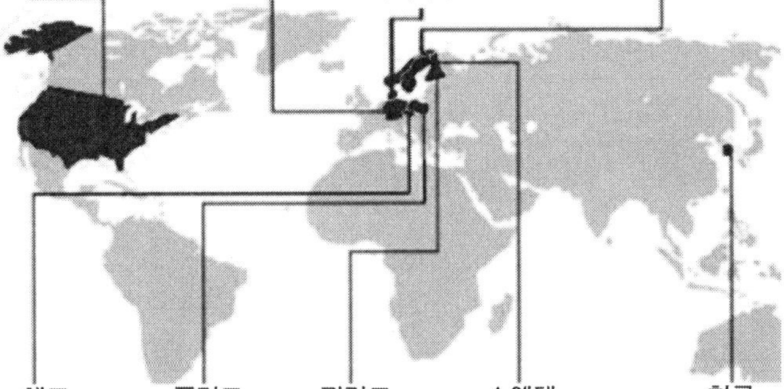

자료 : 법무부 *( )연도는 시행 연도

[그림 4-5] 화학적 및 외과적 거세 시행국가

3) 용어의 정의와 약물치료 절차

(1) 용어의 정의

이 법에서 사용하는 "성도착증 환자"란 소아성기호증(小兒性嗜好症), 성적가학증(性的加虐症) 등 성적 성벽(性癖)이 있는 정신성적 장애자로서 금고 이상의 형에 해당하는 성폭력범죄를 지은 자 및 정신건강의학과 전문의의 감정에 의하여 성적 이상 습벽으로 인하여 자신의 행위를 스스로 통제할 수 없다고 판명된 사람을 말한다.

〈표 4-15〉 성충동 약물치료법상 성폭력 범죄

법률	해당 범죄
「아동·청소년의 성보호에 관한 법률」	아동·청소년에 대한 강간·강제추행 등
「성폭력범죄의 처벌 등에 관한 특례법」	특수강도강간 등(제3조)부터 통신매체를 이용한 음란행위(제13조)까지의 죄 및 그 미수범의 죄
형법	강간·강제추행, 준강간·준강제추행, 미수범, 강간등 상해·치상, 강간등 살인·치사, 미성년자등에 대한 간음, 업무상위력등에 의한 간음, 미성년자에 대한 간음·추행, 강도강간 및 해상강도(부녀를 강간한 죄만)의 죄

"성폭력범죄"란 다음의 범죄로서 다른 법률에 따라 가중 처벌되는 죄를 말한다.

"성충동 약물치료(화학적 거세)"란 비정상적인 성적 충동이나 욕구를 억제하기 위한 조치로서 성도착증 환자에게 약물 투여 및 심리치료 등의 방법으로 도착적인 성기능을 일정기간 동안 약화 또는 정상화하는 치료를 말한다.

(2) 절차

성충동 약물치료는 재범 위험이 큰 성도착증 환자로부터 사회를 보호하기 위한 것으로, 사전에 정신과 전문의의 감정절차를 거쳐 법원 판결에 따라 시행하는 것이다.

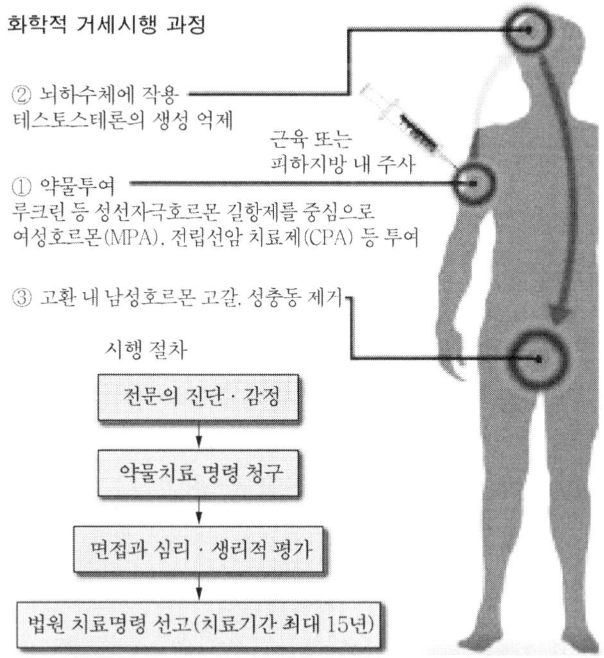

자료: 법무부

[그림 4-6] 화학적 거세 시행 과정

성충동 약물치료는 루크린데포주, 졸라덱스 데포주사 등의 화학적 거세에 사용되는 약물치료제를 투여하여 남성호르몬의 생성을 억제하고 고환 내 남성호르몬을 고갈시켜 성충동을 제거하는 과정으로 이루어진다.

4) 성충동 약물치료법의 주요 내용

(1) 치료명령의 청구 및 관할

피고사건에 대하여 판결의 확정 없이 공소가 제기되거나 치료감호가 독립청구된 때부터 15년이 지나면 치료명령을 청구할 수 없다.

치료명령 청구사건의 제1심 재판은 지방법원 합의부(지방법원지원 합의부를 포함한다)의 관할로 한다.

(2) 약물치료의 요건

약물치료는 시행하는 경우 몇 가지 요건을 모두 갖추어야 한다. 즉 ① 비정상적 성적 충동이나 욕구를 억제하거나 완화하기 위한 것으로서 의학적으로 알려진 것일 것, ② 과도한 신체적 부작용을 초래하지 아니할 것, ③ 의학적으로 알려진 방법대로 시행될 것의 요건을 갖추어야 한다.

(3) 조사

검사는 치료명령을 청구하기 위하여 필요하다고 인정하는 때에는 치료명령 피청구자의 주거지 또는 소속 검찰청(지청 포함) 소재지를 관할하는 보호관찰소(지소 포함)의 장에게 범죄의 동기, 피해자와의 관계, 심리상태, 재범의 위험성 등 치료명령 피청구자에 관하여 필요한 사항의 조사를 요청할 수 있다. 요청을 받은 보호관찰소의 장은 조사할 보호관찰관을 지명하여야 하고, 지명된 보호관찰관은 검사의 지휘를 받아 지체 없이 필요한 사항을 조사한 후 검사에게 조사보고서를 제출하여야 한다.

(4) 치료명령의 판결 등

치료명령을 선고받은 사람은 치료기간 동안 「보호관찰 등에 관한 법률」에 따른 보호관찰을 받는다.

(5) 치료명령 받은 사람의 준수사항

치료명령을 받은 사람은 치료기간 동안 「보호관찰 등에 관한 법률」에 규정한 ① 주거지에 상주(常住)하고 생업에 종사할 것, ② 범죄로 이어지기 쉬운 나쁜 습관을 버리고 선행(善行)을 하며 범죄를 저지를 염려가 있는 사람들과 교제하거나 어울리지 말 것, ③ 보호관찰관의 지도・감독에 따르고 방문하면 응대할 것과 다음의 "성충동 약물치료법"의 준수사항을 이행하여야 한다. 즉 ① 보호관찰관의 지시에 따라 성실히 약물치료에 응할 것, ② 보호관찰관의 지시에 따라 정기적으로 호르

몬 수치 검사를 받을 것, ③ 보호관찰관의 지시에 따라 인지행동 치료 등 심리치료 프로그램을 성실히 이수할 것의 준수사항을 지켜야 한다.

또한 법원은 치료명령을 선고하는 경우 「보호관찰 등에 관한 법률」에 규정한 사항인 ① 야간 등 재범의 기회나 충동을 줄 수 있는 특정 시간대의 외출 제한, ② 재범의 기회나 충동을 줄 수 있는 특정 지역·장소의 출입 금지, ③ 피해자 등 재범의 대상이 될 우려가 있는 특정인에 대한 접근 금지, ④ 범죄행위로 인한 손해를 회복하기 위하여 노력할 것, ⑤ 일정한 주거가 없는 자에 대한 거주장소 제한, ⑥ 사행행위에 빠지지 아니할 것, ⑦ 일정량 이상의 음주를 하지 말 것, ⑧ 마약 등 중독성 있는 물질을 사용하지 아니할 것, ⑨ 「마약류관리에 관한 법률」상의 마약류 투약, 흡연, 섭취 여부에 관한 검사에 따를 것, ⑩ 그 밖에 보호관찰 대상자의 재범 방지를 위하여 필요하다고 인정되어 대통령령으로 정하는 사항을 부과할 수 있다.

(6) 치료명령의 집행

치료명령은 「의료법」에 따른 의사의 진단과 처방에 의한 약물 투여, "정신보건법"에 따른 정신보건전문요원 등 전문가에 의한 인지행동 치료 등 심리치료 프로그램의 실시 등의 방법으로 집행한다.

보호관찰관은 치료명령을 받은 사람에게 치료명령을 집행하기 전에 약물치료의 효과, 부작용 및 약물치료의 방법·주기·절차 등에 관하여 충분히 설명하여야 한다. 치료명령을 받은 사람이 형의 집행이 종료되거나 면제·가석방 또는 치료감호의 집행이 종료·가종료 또는 치료위탁으로 석방되는 경우 보호관찰관은 석방되기 전 2개월 이내에 치료명령을 받은 사람에게 치료명령을 집행하여야 한다.

(7) 치료명령을 받은 사람의 의무와 치료기간 연장

치료명령을 받은 사람은 치료기간 중 상쇄약물의 투약 등의 방법으로 치료의 효과를 해하여서는 아니 된다.

치료경과 등에 비추어 치료명령을 받은 사람에 대한 약물치료를 계속하여야 할 상당한 이유가 있거나 정당한 사유가 있는 경우에 법원은 보호관찰소장의 신청에 따른 검사의 청구로 치료기간을 연장할 수 있다. 다만 종전 치료기간을 합산하여 15년을 초과할 수 없다.

(8) 치료명령의 가해제 신청

보호관찰소의 장 또는 치료명령을 받은 사람 및 그 법정대리인은 치료명령의 집행이 개시된 날 그리고 신청이 기각된 날부터 6개월이 지난 후에 해당 보호관찰소를 관할하는 「보호관찰 등에 관한 법률」 제5조에 따른 보호관찰 심사위원회에 치료명령의 가해제를 신청할 수 있다.

(9) 성폭력 수형자·가종료자 등에 대한 치료명령

검사는 사람에 대하여 성폭력범죄를 저질러 징역형 이상의 형이 확정되었으나 치료명령이 선고되지 아니한 수형자 중 성도착증 환자로서 성폭력범죄를 다시 범할 위험성이 있다고 인정되고 약물치료를 받는 것을 동의하는 사람에 대하여 그의 주거지 또는 현재지를 관할하는 지방법원(지원 포함)에 치료명령을 청구할 수 있다.

(10) 처벌

〈표 4-16〉

처 벌	대 상
7년 이하의 징역 또는 2천만원 이하의 벌금	• 이 법에 따른 약물치료를 받아야 하는 사람이 도주하거나 정당한 사유 없이 치료명령을 받은 사람이 치료기간 중 상쇄약물의 투약 등의 방법으로 치료의 효과를 해하여서는 안되는 의무를 위반한 때
3년 이하의 징역 또는 1천만원 이하의 벌금	• 이 법에 따른 약물치료를 받아야 하는 사람이 정당한 사유 없이 보호관찰관의 지시에 따라 약물치료 등의 준수사항을 위반한 때
1천만원 이하의 벌금	• 이 법에 따른 약물치료를 받아야 하는 사람이 정당한 사유 없이 외출제한 등 보호관찰 대상자의 준수사항을 위반한 때

5) 향후 전망

기존 "성충동 약물치료에 관한 법률"이 16세 미만 대상의 성범죄자에게만 약물치료를 하도록 규정하고 있지만, 최근 연이은 부녀자 성폭력 강력범죄 증가로 2013년 3월부터 대상 연령층에 관계없이 성폭력범죄를 저지른 성도착자 중 재범의 위험이 있는 모든 범죄자에 대해 적용되게 되었다. 이같이 화학적 거세 적용 대상 범위가 확대되어 앞으로 성충동 약물치료를 받게 되는 성폭행범은 크게 늘어날 것으로 보여 대책이 시급한 시점이다.

성범죄가 날로 흉악해지고 거세지면서 그동안에 법원은 성폭력범죄자에 대해 너무 가벼운 처벌을 내려왔다는 비판과 함께 정부와 정치권은 이에 대한 여러 근절 대책을 내놓고 있다. 화학적 거세를 통해 성폭력범죄를 엄벌하겠다는 법원의 의지 표명을 보이고 있지만 화학적 거세가 성충동을 억제하여 성폭력범죄를 예방하기 위한 사회적 목적에도 불구하고 시행되는 성폭력범에게는 인권 침해와 부작용 가능성에 대한 우려가 제기되고 있다. 특히 동의 없는 치료에 대한 비판의견이 제기되고 있다.

이에 대해 화학적 거세를 행하는데 본인의 진정한 동의가 없는 것은 치료를 가장한 처벌이 될 수 있고, 본인의 의지가 없는 치료는 치료 효과에 있어서도 부정적 측면이 많다고 하여 인권 측면에서 문제가 있다는 비판의 목소리가 있다. "성충동 치료에 관한 법률"은 성폭력범죄로 징역형 이상의 형이 확정되었으나 치료명령이 선고되지 아니한 수형자가 성도착증 환자로서 성폭력범죄를 다시 범할 위험성이 있다고 인정되는 경우에 검사로 하여금 치료명령 청구서에 치료명령 피청구자의 동의사실을 기재하여야 하도록 되어 있으나 최초 판결시에 부과되는 치료명령의 경우에는 이러한 동의 절차가 없어 인권침해 논란이 제기되고 있다. 그러나 법무부는 화학적 거세가 재범 위험이 큰 성도착증 환자로부터 사회를 보호하기 위한 것으로, 사전에 정신과 전문의의 감정절차를 거쳐 법원 판결에 따라 시행하는 것이어서 본인 동의를 필요로 하지는 않는다고 설명하고 있다.

다만 헌법재판소는 "성충동 약물치료에 관한 법률" 상 15년의 범위에서 치료기간을 정하여 선고하도록 되어 있는 치료명령의 판결 등에 대해 장기형이 선고되는 경우 치료명령의 선고와 집행시점 사이의 상당한 시간적 간극이 존재하게 되고, 장기간의 수감생활 중 사정변경으로 인하여 집행시점에 치료의 필요성이 없어지는 경우에까지의 치료는 피치료자의 침해되는 사익이 크다고 보아 헌법불합치 판결을 하여 피치료자의 인권이 과도하게 침해되지 않도록 한 바 있다.

제 3 절 성매매 방지법

1. 성매매 방지법의 제정

우리나라는 1961년 「윤락행위등방지법」이 제정되어 성을 파고 사는 사람과 성착취를 하고 있는 자들을 모두 처벌할 수 있었다. 그러나 성매매금지는 성을 파는 윤락행위를 하는 여성만을 단속의 대상으로 여겨 왔고 도덕적, 윤리적 견지에서 성매매여성을 타락한 자로 간주하고 남성의 도덕적 타락에 대해서는 도외시해 왔었다. 그러나 성매매라는 용어가 말해주듯이 성매매는 성을 사는 사람이 있음으로써 근절되지 않는 데 있다는 심각성을 인식하게 되어 단속과 처벌을 강화해 오고 있다.

그럼에도 불구하고 성매매산업은 비대해지고 이에 따라 성매매 피해여성에 대한 인권유린, 선불금 문제 등 사회적 폐해의 증가를 우려하는 상황에서 2000년 9월 군산시 대명동, 2001년 2월 부산시 완월동, 2002년 2월에 군산시 개복동의 성매매 집결지에서 일어난 연이은 화재로 성매매 피해여성들의 사망사고는 성매매여성들의 인권침해의 심각성을 사회에 알리고 관심을 촉발시키는 계기가 되었다.

여성계의 입장표명과 관련자 공동고발을 위한 기자회견 및 촉구집회를 통한 성매매현장에서의 여성인권유린에 대한 사회적 경각심이 촉구되었다. 마침내 한국여성단체연합에서는 "성매매방지법" 제정특별위원회를 구성하여 2002년 9월 「성매매알선 등 행위의 처벌에 관한 법률」, 「성매매방지 및 범죄의 피해자보호 등에 관한 법률」을 청원하게 되고 많은 논란 끝에 기존의 「윤락행위 등 방지법」을 대체할 수 있는 새로운 입법이, 즉 2004년 3월 「성매매 방지 및 피해자보호 등에 관한 법률」과 「성매매알선 등 행위의 처벌에 관한 법률」을 제정하고 2004년 9월 23일부터 시행하였다.

"성매매방지법"은 과거 성매매를 성판매자와 성구매자의 관계로만 해석하던 시각에서 벗어나 성매매 알선업자와 업주를 포함한 관계로 해석함으로써 성매매 여성만을 단속하고 규제함으로써 성매매문제를 해결하고자 하던 입장에서 탈피하게 되었다. 동법은 성매매여성이 성매매 고리를 끊고 사회체제로 복귀할 수 있도록 하는데 초점을 맞춰 성매매여성들을 위한 복지적 개입과 탈성매매 방안을 모색하고 이들의 재유입을 방지할 수 있도록 자립지원방안을 함께 마련하고자 하였다.

2. 성매매의 유형

성매매의 유형은 성산업의 목적성이나 영업특성에 따라서 전업형성매매와 겸업형성매매로 분류할 수 있고, 매개체의 특성에 따라 인적매개형 성매매와 전자매개형 성매매 등으로 분류할 수 있다.

1) 전업형 성매매

전업형성매매는 전국 성매매집결지[14]에서 이루어지는 성매매를 말한다. 사창가, 홍등가, 윤락가, 미군기지주변의 기지촌 등 전통적으로 직

14) 전통적으로 직접적인 성매매가 이루어져온 업소들이 모여 있는 곳을 말함.

접 성매매가 이루어지는 경우를 말한다. 여성은 성매매를 통해서 생계를 유지하지만 업주와 성매매 여성간의 근로계약은 성립이 불가능하다.

2) 겸업형 성매매

겸업형 성매매는 전통형 성매매인 전업형 성매매와 구분되는 개념으로 소위 산업형 성매매라고도 부른다.

겸업형성매매는 주로 3차 서비스 산업을 중심으로 이루어지는데, 유흥접객 서비스업의 사업장을 매개로 이루어지는 간접적인 성매매를 말한다. 주로 유흥주점, 간이주점, 다방, 찻집, 노래방, 마사지업소, 이발소, 휴게텔, 기타 미용관련서비스업 등에서 이루어지는 성매매를 말한다.

3) 인적매개형 성매매

인적매개형 성매매는 성매매 구인자와 구직자를 연결하고 소개하는 방식이나 남녀교제를 주선하는 방식으로 성매매를 알선, 매개하는 형태의 성매매이다. 일종의 출장형 성매매로 각종 유흥업소 및 노래방 또는 호텔, 모텔, 여관 등에 성 판매자를 직접 공급하여 성매매알선 또는 성매매영업을 하는 형태인 보도방이나 주부, 직업여성, 미혼여성, 대학생 등을 대상으로 직업상담소, 결혼상담소, 이벤트사 등을 차려놓고 성매매를 알선 또는 영업하는 형태이다. 그 예로 성매매, 특정인의 소개로 여자연예인, 고급콜걸들이 사회 고위층을 상대로 하는 연예계 성매매 등을 들 수 있다.

4) 전자매개형 성매매

전자매개형 성매매는 인터넷이나 전화 등 온라인을 활용해 접촉과 거래가 이루어지는 성매매를 말한다. 성인PC방, 전화방이나 최근 사회문제중 하나로 지적되고 있는 애인대행사이트, 채팅사이트 등을 통한 개인적이고 은밀하게 이루어지는 성매매이다. 컴퓨터 채팅, 컴퓨터 ID를 통해 은밀하게 이루어지는 것이어서 성매매규모를 직접 확인하기 어려운 형태의 성매매이다.

3. 성매매방지 및 피해자 보호법

1) 성매매방지 및 피해자 보호법의 목적

이 법은 성매매를 방지하고, 성매매피해자 및 성을 파는 행위를 한 사람의 보호와 자립을 지원하는 것을 목적으로 하여 제정된 것이다. 성매매 관여자라 하더라도 성매매 알선 등 행위와 성매매방지를 위한 피해자 보호를 달리 정하여 성매매 여성을 보호하기 위한 내용으로 구성되어 있다. 이러한 차원에서 「성매매알선 등 행위의 처벌에 관한 법률」은 소관부처가 법무부인 반면, 「성매매방지 및 피해자보호 등에 관한 법률」의 소관부처는 여성가족부로 하고 있다.

2) 성매매방지 및 피해자보호법의 내용

(1) 목적과 용어 개념

「성매매방지 및 피해자보호 등에 관한 법률」(이하 "성매매방지 및 피해자보호법"이라 한다)은 성매매를 방지하고, 성매매피해자 및 성을 파는 행위를 한 사람의 보호와 자립을 지원하는 것을 목적으로 한다.

"성매매"란 불특정인을 상대로 금품이나 그 밖의 재산상의 이익을 수수(收受)하거나 수수하기로 약속하고, 성교행위, 구강, 항문 등 신체의 일부 또는 도구를 이용한 유사 성교행위의 어느 하나에 해당하는 행위를 하거나 그 상대방이 되는 것을 말한다.

"성매매피해자"란 ① 위계, 위력, 그 밖에 이에 준하는 방법으로 성매매를 강요당한 사람, ② 업무관계, 고용관계, 그 밖의 관계로 인하여 보호 또는 감독하는 사람에 의하여 「마약류관리에 관한 법률」 제2조에 따른 마약·향정신성의약품 또는 대마에 중독되어 성매매를 한 사람, ③ 청소년, 사물을 변별하거나 의사를 결정할 능력이 없거나 미약한 사람 또는 대통령령으로 정하는 중대한 장애가 있는 사람으로서 성매매를 하도록 알선·유인된 사람, ④ 성매매 목적의 인신매매를 당한 사람의 어느 하나에 해당하는 사람을 말한다.

(2) 국가 등의 책임

국가와 지방자치단체는 성매매를 방지하고, 성매매피해자 및 성을 파는 행위를 한 사람의 보호와 자립을 지원하기 위하여 법적·제도적 장치를 마련하고 필요한 행정적·재정적 조치를 하여야 한다. 국가는 성매매 목적의 인신매매 방지를 위한 국제협력을 증진하기 위하여 노력하여야 한다.

(3) 성매매 실태조사 및 예방교육

여성가족부장관은 3년마다 국내외 성매매 실태조사를 실시하여 성매매 실태에 관한 종합보고서를 발간하고, 이를 성매매의 예방을 위한 정책수립에 기초자료로 활용하여야 한다.

국가기관, 지방자치단체, 초·중·고등학교, 그 밖에 대통령령으로 정하는 공공단체의 장은 성에 대한 건전한 가치관 함양과 성매매 방지 및 인권보호를 위하여 성매매 예방교육을 실시하고, 그 결과를 여성가족부장관에게 제출하여야 한다.

(4) 지원시설과 상담소의 설치·운영

국가나 지방자치단체는 지원시설을 설치·운영할 수 있고, 국가나 지방자치단체 외의 자가 지원시설을 설치·운영하려면 특별자치도지사, 시장·군수·구청장에게 신고하여야 한다.

성매매피해자등을 위한 지원시설의 종류로는 다음과 같다. 성매매피해자등을 대상으로 1년 이내의 범위에서 숙식을 제공하고 자립을 지원하는 일반 지원시설, 청소년인 성매매피해자등을 대상으로 1년 이내의 범위에서 숙식을 제공하고, 취학·교육 등을 통하여 자립을 지원하는 시설인 청소년 지원시설, 외국인여성인 성매매피해자등을 대상으로 3개월 이내의 범위에서 숙식을 제공하고, 귀국을 지원하는 시설인 외국인여성 지원시설, 성매매피해자등을 대상으로 2년의 범위에서 숙박 등의

편의를 제공하고, 자립을 지원하는 자립지원 공동생활시설이 있다.

지원시설의 장은 입소자 또는 이용자의 인권을 최대한 보장하여야 하며, 입소자 및 이용자의 사회 적응능력 등을 기를 수 있는 상담, 교육, 정보 제공 및 신변 보호 등에 필요한 지원을 하여야 한다.

국가나 지방자치단체는 성매매피해상담소를 설치·운영할 수 있고, 국가나 지방자치단체 외의 자가 상담소를 설치·운영하려면 특별자치시장·특별자치도지사, 시장·군수·구청장에게 신고하여야 한다. 또한 국가는 성매매방지활동 및 성매매피해자등에 대한 지원서비스 전달체계의 효율적인 연계·조정 등을 위하여 성매매방지중앙지원센터를 설치·운영할 수 있다.

이 법에 따른 지원시설이나 상담소는 영리를 목적으로 설치·운영하여서는 아니 된다.

(5) 성매매피해자 등의 의사 존중

지원시설의 장과 상담소의 장은 성매매피해자 등이 밝힌 의사에 반(反)하여 지원시설에 들어가게 하거나 보호를 할 수 없다.

(6) 의료비의 지원 및 비용의 보조

국가나 지방자치단체는 지원시설의 장이 의료기관에 질병치료 등을 의뢰한 경우에는 「의료급여법」상의 급여가 지급되지 아니하는 치료항목에 대한 의료비용의 전부 또는 일부를 지원할 수 있다. 여성가족부장관 또는 특별자치도지사, 시장·군수·구청장은 필요한 의료기관을 성매매피해자등의 치료를 위한 전담의료기관으로 지정할 수 있다.

국가나 지방자치단체는 지원시설과 상담소의 설치·운영에 드는 비용을 보조할 수 있으며, 해외 성매매피해자에 대한 보호·지원 활동을 하는 비영리법인이나 단체에 예산의 범위에서 그 경비를 보조할 수 있다.

(7) 비밀엄수 등의 의무

지원시설의 장 또는 상담소의 장이나 이를 보좌하는 자 또는 그 직에 있었던 자는 직무상 알게 된 비밀을 누설하여서는 아니 된다.

(8) 처벌

〈표 4-17〉

벌 칙	대 상
1년 이하의 징역 또는 1천만원 이하의 벌금	• 국가나 지방자치단체 외의 자가 신고를 하지 아니하고 지원시설을 설치·운영한 자 • 국가나 지방자치단체 외의 자가 신고를 하지 아니하고 상담소를 설치·운영한 자 • 영리목적 운영의 금지 및 비밀엄수 등의 의무 규정을 위반한 자 • 지원시설 및 상담소의 폐쇄 등 명령을 위반한 자
500만원 이하의 과태료	• 지도·감독을 위한 관계 공무원의 출입·검사를 거부·방해 또는 기피한 자 • 상담소 연락처 등의 게시 규정을 위반하여 게시물을 게시하지 아니한 자
300만원 이하의 과태료	• 지원시설이나 상담소를 폐지 또는 휴지(休止)하거나 그 운영을 재개(再開)하려는 자의 신고의무를 위반한 자

4. 성매매알선 등 행위 처벌법

1) 성매매알선 등 행위 처벌법의 목적

「성매매알선 등 행위의 처벌에 관한 법률」(이하 "성매매알선 등 행위 처벌법"이라 한다)은 성매매와 성매매 알선범죄를 근절하기 위한 것으로, 성매매·성매매 알선 등 행위 및 성매매 목적의 인신매매를 근절하고, 성매매피해자의 인권을 보호함을 목적으로 한다.

이 법은 과거의 「윤락행위등방지법」이 성매매 행위자와 알선자 간의 구별없이 일률적으로 처벌하던 것에서 벗어나 성매매 알선을 처벌하고 성매매 강요행위를 엄하게 처벌하고자 한 것이다. 또한 성매매 행위자를 유형별로 분류하여 성매매 범죄 피해자에게는 처벌보다 보호와 교육을 통한 탈 성매매 방안을 도모하려는 데 그 특징이 있다.

여기서 "성매매알선 등 행위"란 ① 성매매를 알선, 권유, 유인 또는 강요하는 행위, ② 성매매의 장소를 제공하는 행위, ③ 성매매에 제공되는 사실을 알면서 자금, 토지 또는 건물을 제공하는 행위의 어느 하나에 해당하는 행위를 하는 것을 말한다.

"성매매 목적의 인신매매"란 ① 성을 파는 행위 또는 형법 제245조에 따른 음란행위를 하게 하거나, 성교행위 등 음란한 내용을 표현하는 사진·영상물 등의 촬영 대상으로 삼을 목적으로 위계(僞計), 위력(威力), 그 밖에 이에 준하는 방법으로 대상자를 지배·관리하면서 제3자에게 인계하는 행위, ② 위와 같은 목적으로 「청소년보호법」 제2조 1호에 따른 청소년, 사물을 변별하거나 의사를 결정할 능력이 없거나 미약한 사람 또는 대통령령으로 정하는 중대한 장애가 있는 사람이나 그를 보호·감독하는 사람에게 선불금 등 금품이나 그 밖의 재산상의 이익을 제공하거나 제공하기로 약속하고 대상자를 지배·관리하면서 제3자에게 인계하는 행위, ③ 위의 행위가 행하여지는 것을 알면서 성을 파는 행위 등과 같은 목적이나 전매를 위하여 대상자를 인계받는 행위, ④ 위의 행위를 위하여 대상자를 모집·이동·은닉하는 행위의 어느 하나에 해당하는 행위를 하는 것을 말한다.

2) 국가 등의 책무와 금지행위

(1) 국가 등의 책무

국가 및 지방자치단체는 성매매, 성매매알선 등 행위 및 성매매 목적의 인신매매를 예방하고 근절하기 위한 교육 및 홍보 등에 관하여 법적·제도적 대책을 마련하고, 필요한 재원을 조달하여야 한다.

또한 국가는 성매매 목적의 인신매매를 방지하기 위하여 국제협력의 증진과 형사사법의 공조 강화에 노력하여야 한다.

(2) 금지행위

누구든지 성매매, 성매매알선 등 행위, 성매매 목적의 인신매매, 성을 파는 행위를 하게 할 목적으로 다른 사람을 고용·모집하거나 성매매가 행하여진다는 사실을 알고 직업을 소개·알선하는 행위, 성매매 등 행위 및 그 행위가 행하여지는 업소에 대한 광고행위의 어느 하나에 해당하는 행위를 하여서는 아니 된다.

3) 성매매피해자 등의 보호

(1) 성매매피해자에 대한 처벌특례와 보호

성매매피해자의 성매매는 처벌하지 아니한다. 검사 또는 사법경찰관은 수사과정에서 피의자 또는 참고인이 성매매피해자에 해당한다고 볼 만한 상당한 이유가 있을 때에는 지체 없이 법정대리인, 친족 또는 변호인에게 통지하고, 신변보호, 수사의 비공개, 친족 또는 지원시설·성매매피해상담소에의 인계 등 그 보호에 필요한 조치를 하여야 한다.

(2) 신고의무 등

지원시설 및 성매매피해상담소의 장이나 종사자가 업무와 관련하여 성매매 피해사실을 알게 되었을 때에는 지체 없이 수사기관에 신고하여야 한다.

누구든지 이 법에 규정된 범죄를 신고한 사람에게 그 신고를 이유로 불이익을 주어서는 아니 된다.

(3) 신뢰관계에 있는 사람의 동석

법원이 신고자 등을 증인으로 신문할 때에는 직권으로 또는 본인·법정대리인이나 검사의 신청에 의하여 신뢰관계에 있는 사람을 동석하게 할 수 있으며, 수사기관이 신고자 등을 조사할 때에는 직권으로 또는 본인·법정대리인의 신청에 의하여 신뢰관계에 있는 사람을 동석하게 할 수 있다.

법원 또는 수사기관은 청소년, 사물을 변별하거나 의사를 결정할 능력이 없거나 미약한 사람 또는 대통령령으로 정하는 중대한 장애가 있는 사람에 대하여 신청을 받은 경우에는 재판이나 수사에 지장을 줄 우려가 있는 등 특별한 사유가 없으면 신뢰관계에 있는 사람을 동석하게 하여야 한다.

신문이나 조사에 동석하는 사람은 진술을 대리하거나 유도하는 등의 행위로 수사나 재판에 부당한 영향을 끼쳐서는 아니 된다.

(4) 심리의 비공개

법원은 신고자 등의 사생활이나 신변을 보호하기 위하여 필요하면 결정으로 심리를 공개하지 아니할 수 있으며, 증인으로 소환받은 신고자 등과 그 가족은 사생활이나 신변을 보호하기 위하여 증인신문의 비공개를 신청할 수 있다.

(5) 불법원인으로 인한 채권무효

성매매알선 등 행위를 한 사람, 성을 파는 행위를 할 사람을 고용·모집하거나 그 직업을 소개·알선한 사람, 성매매 목적의 인신매매를 한 사람의 어느 하나에 해당하는 사람이 그 행위와 관련하여 성을 파는 행위를 하였거나 할 사람에게 가지는 채권은 그 계약의 형식이나 명목에 관계없이 무효로 한다.

(6) 외국인여성에 대한 특례

외국인여성이 이 법에 규정된 범죄를 신고한 경우나 외국인여성을 성매매피해자로 수사하는 경우에는 해당 사건을 불기소처분하거나 공소를 제기할 때까지 강제퇴거명령 또는 보호의 집행을 하여서는 안된다. 강제퇴거명령의 집행을 유예하거나 보호의 일시해제를 하는 기간에는 해당 외국인여성에게 지원시설 등을 이용하게 할 수 있다.

4) 보호처분 등

(1) 보호사건의 처리 및 관할

검사는 성매매를 한 사람에 대하여 사건의 성격·동기, 행위자의 성행(性行) 등을 고려하여 보호처분을 하는 것이 적절하다고 인정할 때에는 특별한 사정이 없으면 보호사건으로 관할법원에 송치하여야 한다. 법원은 성매매 사건의 심리 결과 보호처분을 하는 것이 적절하다고 인정할 때에는 결정으로 사건을 보호사건의 관할법원에 송치할 수 있다.

보호사건의 관할은 성매매를 한 장소나 성매매를 한 사람의 거주지 또는 현재지를 관할하는 가정법원으로 하고, 가정법원이 설치되어 있지 아니한 지역의 경우에는 해당 지역의 지방법원(지원 포함)으로 한다.

보호사건의 심리와 결정은 단독판사가 한다.

(2) 보호처분의 결정 등

판사는 심리 결과 보호처분이 필요하다고 인정할 때에는 결정으로 ① 성매매가 이루어질 우려가 있다고 인정되는 장소나 지역에의 출입금지, ② 보호관찰, ③ 성매매피해상담소에의 상담위탁, ④ 전담의료기관에의 치료위탁(이상 6개월 내), ⑤ 사회봉사·수강명령(100시간 내)의 어느 하나에 해당하는 처분을 할 수 있고, 위 처분은 병과(倂科)할 수 있다.

법원은 검사, 보호관찰관 또는 수탁기관의 장이 청구하면 결정으로 한 번만 보호처분의 종류와 기간을 변경할 수 있으나, 보호처분 기간은 1년을, 사회봉사·수강명령은 200시간을 각각 초과할 수 없다.

5) 처벌

〈표 4-18〉

처 벌	대 상
10년 이하의 징역 또는 1억 원 이하의 벌금	• 폭행이나 협박으로 성을 파는 행위를 하게 한 사람 • 위계 또는 이에 준하는 방법으로 성을 파는 사람을 곤경에 빠뜨려 성을 파는 행위를 하게 한 사람 • 친족관계, 고용관계, 그 밖의 관계로 인하여 다른 사람을 보호·감독하는 것을 이용하여 성을 파는 행위를 하게 한 사람 • 위계 또는 위력으로 성교행위 등 음란한 내용을 표현하는 영상물 등을 촬영한 사람
1년 이상의 유기징역	• 1항의 죄(미수범 포함)를 범하고 그 대가의 전부 또는 일부를 받거나 이를 요구·약속한 사람 • 위계 또는 위력으로 청소년, 사물을 변별하거나 의사를 결정할 능력이 없거나 미약한 사람 또는 대통령령으로 정하는 중대한 장애가 있는 사람으로 하여금 성을 파는 행위를 하

처 벌	대 상
	게 한 사람 •「폭력행위 등 처벌에 관한 법률」 제4조에 규정된 단체나 집단의 구성원으로서 1항의 죄를 범한 사람
3년 이상의 유기징역	•다른 사람을 감금하거나 단체 또는 다중(多衆)의 위력을 보이는 방법으로 성매매를 강요한 사람 •성을 파는 행위를 하였거나 할 사람을 고용·관리하는 것을 이용하여 위계 또는 위력으로 낙태하게 하거나 불임시술을 받게 한 사람 •「폭력행위 등 처벌에 관한 법률」 제4조에 규정된 단체나 집단의 구성원으로서 2항 1호 또는 2호의 죄를 범한 사람
5년 이상의 유기징역	•업무관계, 고용관계, 그 밖의 관계로 인하여 보호 또는 감독을 받는 사람에게 마약 등을 사용하여 성을 파는 행위를 하게 한 사람 •「폭력행위 등 처벌에 관한 법률」 제4조에 규정된 단체나 집단의 구성원으로서 3항 1호부터 3호까지의 죄를 범한 사람
3년 이하의 징역 또는 3천만원 이하의 벌금	•성매매알선 등 행위를 한 사람 •성을 파는 행위를 할 사람을 모집한 사람 •성을 파는 행위를 하도록 직업을 소개·알선한 사람
7년 이하의 징역 또는 7천만원 이하의 벌금	•영업으로 성매매알선 등 행위를 한 사람 •성을 파는 행위를 할 사람을 모집하고 그 대가를 지급받은 사람 •성을 파는 행위를 하도록 직업을 소개·알선하고 그 대가를 지급받은 사람
3년 이하의 징역 또는 3천만원 이하의 벌금	•성을 파는 행위 또는 형법 제245조에 따른 음란행위 등을 하도록 직업을 소개·알선할 목적으로 광고(각종 간행물, 유인물, 전화, 인터넷, 그 밖의 매체를 통한 행위를 포함한다)를 한 사람 •성매매 또는 성매매알선 등 행위가 행하여지는 업소에 대한 광고를 한 사람 •성을 사는 행위를 권유하거나 유인하는 광고를 한 사람
2년 이하의 징역 또는 1천만원 이하의 벌금	•영업으로 광고물을 제작·공급하거나 광고를 게재한 사람
1년 이하의 징역 또는 500만원 이하의 벌금	•영업으로 광고물이나 광고가 게재된 출판물을 배포한 사람
1년 이하의 징역이나 300만원 이하의 벌금·구류 또는 과료(科料)	•성매매를 한 사람
500만원 이하의 벌금	•신원을 알 수 있는 정보나 자료를 인터넷 또는 출판물에 게재하거나 방송매체를 통하여 방송한 사람

5. 법원의 태도와 향후 과제

1) 법원의 태도

최근 들어 법원과 헌법재판소는 아동청소년을 대상으로 하는 성매매 행위를 근절하고자하는 의지를 판결에서 표명한 바 있다.

서울중앙지법은 2011년 6월 인터넷 채팅을 통해 알게 된 15세 가출 청소년에게 집단 성매매를 시키고, 성매매 남성들로부터 대금을 받아 챙긴 혐의로 기소된 박모(35)씨와 김모(29)씨에게 각 징역 4년을 선고했다. 또 박모씨 등에게 10여만원을 주고 성매매를 한 변호사 이모(32)씨 등 4명에 대해 징역 6월에 집행유예 1년을 선고했다. 법원은 이들이 청소년 성매매 범죄자에 대해 초범임에도 벌금형이 아닌 징역형을 선고했다.

한편 헌법재판소는 아동·청소년 성매매 영업 알선행위를 한 자를 7년 이상 징역형에 처하도록 한 「아동·청소년의 성보호에 관한 법률」 조항은 법정형량이 단순살인죄 형량보다 높더라도 헌법에 위반되지 않는다고 결정하였다.[15)]

이는 법원이 아동, 청소년을 대상으로 한 성폭력뿐 아니라 성매매 범죄자에 대해서도 엄벌하겠다는 것으로 풀이된다.

2) 향후 과제

성매매가 불법화되어 있음에도 불구하고 여전히 성매매 알선업소는 성행하고 있다. 그리고 성매매 형태는 날로 다양해져서 과거 윤락가라는 특정지역에서 이루어지던 '전통형 성매매'로부터 룸살롱, 노래방 등과 결합된 2차 서비스 형태, 혹은 인터넷과 휴대폰 등의 전자형태를 통한 성매매, 유사성교행위 등으로 확대되고 있다.

15) 「아동·청소년의성보호에관한법률」 제12조 제1항 제2호 위헌제청(헌재 2011. 10. 25. 2011헌가1 결정)

정부는 성매매를 근절하기 위하여 경찰의 집중단속이 진행되고 있는 것에 대해 성매매 여성은 생존권을 주장하며 생계를 보장할 것을 요구하고 있다. 중간성매매자의 처벌이나 업소에 대해서는 강한 대책을 세워 시행하는 반면에 피해여성에 대한 실효성 있는 지원이 이루어져야 할 것이다. 또한 적극적인 홍보를 통하여 정부정책에 대한 호응을 얻도록 하여야 하며, 성매매문제해결을 위해 지속적이고 일관성있는 대응이 요구된다.

또한 성매매자의 재범률을 낮추기 위해서는 경찰 단속만으로는 한계가 있으며, 성구매자가 초범자인 경우에 존스쿨 교육의 개선방안을 마련할 필요가 있다. 이와 더불어 성구매 재범 및 상습범에 대한 형사처벌을 강화하고 성매매 여성에 대한 자활 대책 및 직업교육·알선 등의 종합대책 마련이 필요하다.

인터넷을 통한 성매매로 인해 아동·청소년의 인터넷을 통한 성매매의 비율이 급증하고 있으며, 자퇴·퇴학·가출 등으로 학교와 집을 벗어난 경우에 성매매에 빠지는 확률이 높은 문제[16]에 대한 해결방안도 필요하다.

성매매는 범죄행위라는 인식하에 성적 착취와 인권침해인 성매매가 근절되도록 하기 위한 종합적인 대책과 해결을 위한 적극적인 동참이 요청된다 할 것이다.

용어알기

- **존스쿨**

성구매 초범 남성을 대상으로 성구매자의 재범을 방지하기 위해 하는 교육 프로그램이다. 1995년 미 샌프란시스코 시민단체 세이지(SAGE)가 성관련 범자의 재범을 방지하기 위하여 도입한 제도로 대부분의 체포전

16) 보건복지가족부 자료에 의하면 인터넷을 통한 성매매의 비율이 53.3%('01)에서 91.3%(2007년)로 급증하고 있으며, 중·고등학교 자퇴 및 퇴학비율이 41.1%(2001년)에서 45.3%('05)로, 가출자 비율이 44.1%(2001년)에서 57.8%(2004년)로 증가하고 있다.

남성들이 자신의 본명 대신 가명인 존(John)을 사용한 데서 명칭이 유래되었다. 우리나라는 2005년 8월부터 서울 등 전국 13개 보호관찰소에서 이를 시행하기 시작하였다. 미성년자 대상 성매수사는 존스쿨 교육을 통해 기소유예처분을 받고, 초범이라도 미성년 성구매자는 재범자와 함께 존스쿨 대상에서 제외된다고 하여 오히려 미성년 성구매자 등에게 면죄부를 주는 제도로 변질되고 있다는 비판이 일고 있다.

사례 해결

[사례 15]
데이트하는 남녀관계에서 원하지 않는 성관계를 강요하여 성관계를 갖게 하는 것도 데이트 성폭력에 해당될 수 있다.

[사례 16]
A녀는 13세이므로 「아동·청소년의 성보호에 관한 법률」상 장애인 아동·청소년에 대한 간음죄로 3년 이상의 유기징역 처벌을 받을 수 있다. 더불어 500시간의 범위에서 수강명령 또는 성폭력 치료프로그램 이수명령을 병과(倂科)받을 수 있으며, 판결과 동시에 10년간 신상정보가 공개되며 취업이 제한될 수 있다.

[사례 17]
A남은 「아동·청소년의 성보호에 관한 법률」에 의해 강간살해죄로 사형 또는 무기징역으로 처벌받게 된다. 이와 함께 500시간의 수강명령, 성폭력 치료 프로그램 이수명령, 성폭력 재범이상인 자로 전자발찌 부착한다. 성도착증환자로 재범위험이 확인되면 화학적 거세가 가능하고 10년간 신상이 공개된다.

[사례 18~19]
18. A남은 출소 후에 상습성폭행자로 재범방지를 위하여 행적을 추적할 수 있는 위치추적 전자장치(소위 "전자발찌")를 부착할 수 있다.
19. 헌법재판소는 이 사안에 대하여 전자장치 부착명령은 장래의 위험을 방지하기 위한 보안처분이라는 점에서 부착여부를 판단하는 당시의 시점을 기준으로 판단함이 정당하다고 하면서 전자발찌 부착 소급조항

은 입법목적이 매우 중대하고 긴요한 공익이므로 이를 통해 실현하고자 하는 공익적 목적을 종합적으로 비교형량할 때 법익균형의 원칙에 위배되지 않는다고 하여 전자발찌 부착법률이 제정(2010년)되기 이전에 행한 범죄에 대해서도 전자발찌를 착용할 수 있다고 보았다.

제 5 장 여성과 근로생활

[사례 20] 근로시간과 산전후 휴가 문제

A녀는 B회사에 다니는 여성근로자로 임신하여 정기건강검진을 다녀올 시간을 요청하여 허락을 받으면서, 사용한 시간만큼 더 일을 하고 그렇지 않으면 그 시간만큼 임금에서 삭제하겠다고 하였다. 그 후 A녀는 출산을 하였으나 회사 사정상 산전후 휴가를 가능한 한 짧게 사용해 달라는 요구를 받았다. A녀는 직장을 계속 다녀야 하므로 회사가 요구하는 대로 출산 20일 만에 출근을 하였다. 위 사안에서 B회사는 어떤 제재를 받을 수 있었을까?

제 1 절 여성 근로자의 보호

1. 근로기준법의 등장 배경

「근로기준법」은 1953년 5월 10일(법률 제286호)에 제정되어 성차별의 금지와 근로여성 특별보호에 관한 규정을 두어 여성근로자를 보호하고 있다. 제정 당시 근로기준법은 국제노동기구(ILO)협약 등을 모방하여 만든 것으로 당시 우리나라의 노동현실과는 거리가 있는 것이었다. 비록 법규정은 있었을지라도 그 실천성을 기대하기는 어려운 것이었다. 그러나 1980년 경제적 성장과 함께 여성근로자들의 역할이 증가함에 따라 근로여성에 대한 인식도 달라지게 되었다. 이러한 변화와 더불어 근로기준법에서는 여성에 대한 고용에 있어서 차별의 금지를 규정하고, 근로기준법 5장에서 유급생리휴가, 산전산후 유급휴가, 육아시간, 기간 외 근로제한 등 여성근로자를 보호하는 규정을 두게 되었다.

2. 여성근로자의 보호

1) 보호의 필요성

노동현장의 현황을 보면 여전히 구조적으로 여성근로자는 남성근로자보다 더 열악하고 근로에 있어서도 단순업무가 많고 계약기간도 짧아 고용보장이 안정적이지 못하다. 그동안 여성근로자라고 해서 승진이나 부서배치에서 불이익한 처우를 받고, 정리해고의 우선적 대상이 되어오곤 하였다. 따라서 여성근로자를 보호하기 위해서 근로계약관계를 개인이 아닌 국가가 개입할 수밖에 없게 되었다. 여자의 근로에 대해서 특별한 보호를 할 필요가 있게 되어 헌법과 근로기준법 및 노동관계법 등이 다양한 법규정을 두어 여성의 근로보호와 근로에 있어서 부당한 차별을 금지하는 것은 과거와 다를 바 없다.

2) 보호 의미의 변화

노동관계법에서는 여성과 연소자에 대한 보호를 규정하고 있다. 종래에는 여성의 보호는 약자에 대해 은혜를 베푸는 시혜적 의미를 담는 것으로 인식되었다. 여성은 남성보다 연약한 존재로 모든 면에서 열위에 있고 신체적 약점을 지닌 자들로 보고 이로 인해 여성근로자는 남성근로자보다 열등한 노동력을 지니고 있어 그들에 대한 낮은 처우는 문제가 아닌 것으로 보았다. 그러나 이러한 인식은 남성우월적 시각에서 나오는 것으로 양성평등을 규정하고 있는 헌법에 반하는 것이다. 여성의 보호는 시혜적인 차원에서 볼 것이 아니며 남녀 간의 신체적・생리적 차이에 기인한 것으로 이에는 특별한 보호가 필요한 것으로 보는 것이다. 여성은 남성에게는 없는 임신과 출산을 하게 되므로 이와 관련한 여성보호는 개인의 문제가 아닌 국가의 미래를 이끌어 나가는 기초가 되는 사안이다. 출산을 하게 되는 여성의 건강을 유지・보호하는 것은 여성 개인의 건강만이 아닌 국가의 건강한 미래인 것이다. 따라서 국가는 나이 어린 여성이나 모성보호를 위해 유해한 업종에 종사하거나 근로하는 것을 금지하고 있으며, 이는 여성에 대한 과보호가 아니다. 오히려 모성보호와 관련한 조치나 규정은 여성뿐 아니라 남성에게도 확대시키는 등 모성기능과 관련한 영역에서는 여성을 더욱 강하게 보호하고 그 보호영역도 확대되어야 한다. 다만 그 밖의 영역에서는 남녀평등의 관점에서 과도한 보호는 점차 줄여나가는 것이 바람직하다고 본다. 이러한 경향은 과거에 30여종에 달하는 업무에 여성취업이 금지되었으나 지나친 과보호로 여성취업을 막는다고 하여 취업금지업무 범위를 축소해 왔으며, 여성과 연소자가 해고되어 귀향하는 경우에 귀향여비를 지급하는 것에 대해서도 과도한 보호라고 하여 1999년 2월 폐지된 바 있다.

「근로기준법」에서 같이 취급하여 규정하고 있는 여성과 연소자의 근로는 각각 서로 보호취지가 다른 것으로 근로기준법에서도 달리 규정하여 보호할 필요가 있다고 본다. 독일의 경우도 「모성보호법」과 「연소자노동보호법」을 두어 양자를 달리 취급하고 있다.

3. 근로기준법의 내용

1) 균등한 처우

(1) 성차별 금지

「근로기준법」 제6조에서는 "사용자는 근로자에 대하여 남녀의 성을 이유로 차별적 대우를 하지 못하고, 국적 · 신앙 또는 사회적 신분을 이유로 근로조건에 대한 차별적 처우를 하지 못한다"라고 규정하여 근로조건에 있어서 성차별을 금지하고 있다. 이 규정은 근로관계에 있어서 균등대우를 주문하는 것이며, 임금, 근로시간, 재해보상 등 근로자에 대한 처우에 관한 사항은 모두 그 대상으로 한다. 따라서 근로계약에서 임금, 근로시간, 상여금 등을 성에 근거하여 차별하는 것은 「근로기준법」 제6조를 위반하는 것이다.

그러나 합리적인 근거가 있거나 실질적 평등을 실현하기 위한 경우의 남녀차별은 인정된다. 예를 들면 업무성과에 따라 임금을 차등지급하는 것이나, 여성근로자에게만 장기의 출산휴가를 부여하는 경우는 차별행위가 아닌 것이다.

(2) 차별적 처우 금지

사용자는 근로자에 대하여 남녀의 성(性)을 이유로 차별적 대우를 하지 못하고, 국적 · 신앙 또는 사회적 신분을 이유로 근로조건에 대한 차별적 처우를 하지 못한다.

경영 악화를 방지하기 위한 사업의 양도 · 인수 · 합병을 포함하여 사용자가 경영상 이유에 의하여 근로자를 해고하려면 긴박한 경영상의 필요가 있어야 한다. 경영상 이유에 의한 해고의 경우에도 사용자는 해고를 피하기 위한 노력을 다하여야 하며, 합리적이고 공정한 해고의 기준을 정하고 이에 따라 그 대상자를 선정하여야 한다. 이 경우 남녀의 성을 이유로 차별하여서는 안된다.

2) 신체적 · 생리적 다름에 의한 여성보호

(1) 특정사업에의 사용금지

사용자는 임신 중이거나 산후 1년이 지나지 아니한 여성과 18세 미만자를 도덕상 또는 보건상 유해 · 위험한 사업에 사용하지 못한다. 사용자는 임산부가 아닌 18세 이상의 여성을 보건상 유해 · 위험한 사업 중 임신 또는 출산에 관한 기능에 유해 · 위험한 사업에 사용하지 못하며, 금지직종은 대통령령으로 정한다.

〈표 5-1〉 [별표4] 임산부 등의 사용금지 직종(근로기준법 시행령 제40조 관련)

구 분	사용 금지 직종
임신 중인 여성	1. 「산업안전기준에 관한 규칙」 제59조와 제60조에서 규정한 둥근톱으로 지름 25센티미터 이상, 같은 규칙 제61조와 제62조에서 규정하는 띠톱으로서 풀리(Pulley)의 지름 75센티미터 이상의 기계를 사용하여 목재를 가공하는 업무 2. 「산업안전기준에 관한 규칙」 제5편 제3장과 제4장에 따른 정전작업, 활선작업 및 활선 근접 작업 3. 「산업안전기준에 관한 규칙」 제6편 제2장 제3절에서 규정한 통나무비계의 설치 또는 해체업무와 제6편 제5장에 따른 건물 해체작업(지상에서 작업을 보조하는 업무를 제외한다) 4. 「산업안전기준에 관한 규칙」 제6편 제3장 제3절에서 규정하는 터널작업, 같은 규칙 제439조에 따른 추락위험이 있는 장소에서의 작업, 같은 규칙 제452조에 따른 붕괴 또는 낙하의 위험이 있는 장소에서의 작업 5. 「산업안전기준에 관한 규칙」 제58조 제4호에 따른 진동작업 6. 「산업안전기준에 관한 규칙」 제69조 제2호 및 제3호에 따른 고압작업 및 잠수작업 7. 「산업안전기준에 관한 규칙」 제108조에 따른 고열작업이나 한랭작업 8. 「원자력법」 제97조에 따른 방사선 작업 종사자 등의 피폭선량이 선량한도를 초과하는 원자력 및 방사선 관련 업무 9. 납, 수은, 크롬, 비소, 황린, 불소(불화수소산), 염소(산), 시안화수소(시안산), 2-브로모프로판, 아닐린, 수산화칼륨, 페놀, 에틸렌글리콜모노메틸에테르, 에틸렌글리콜모노에틸에테르, 에틸렌글리콜모노에틸에테르 아세테이트, 염화비닐, 벤젠 등 유해물질을 취급하는 업무 10. 사이토메갈로바이러스(Cytomegalovirus) · B형 간염 바이러스 등 병원체로 인하여 오염될 우려가 짙은 업무. 다만, 의사 · 간호사 · 방사선기사 등으로서 면허증을 소지한 자 또는 양성중에 있는 자를 제외한다. 11. 신체를 심하게 펴거나 굽힌다든지 또는 지속적으로 쭈그려야 하거나 앞으로 구부린 채 있어야 하는 업무 12. 연속작업에 있어서는 5킬로그램 이상, 단속작업에 있어서는 10킬로그램

구 분	사용 금지 직종
	이상의 중량물을 취급하는 업무 13. 그 밖에 고용노동부장관이 「산업재해보상보험법」 제8조에 따른 산업재해보상보험및예방심의위원회의 심의를 거쳐 지정하여 고시하는 업무
산후 1년이 지나지 아니한 여성	1. 납, 비소를 취급하는 업무. 다만, 모유 수유를 하지 아니하는 여성으로서 본인이 취업 의사를 사업주에게 서면으로 제출한 경우에는 그러하지 아니한다. 2. 2-브로모프로판을 취급하거나 노출될 수 있는 업무 3. 그 밖에 고용노동부장관이 산업재해보상보험및예방심의위원회의 심의를 거쳐 지정하여 고시하는 업무
임산부가 아닌 18세 이상인 여자	1. 2-브로모프로판을 취급하거나 노출될 수 있는 업무. 다만 의학적으로 임신할 가능성이 전혀 없는 여성인 경우에는 그러하지 아니하다. 2. 그 밖에 고용노동부장관이 산업재해보상보험및예방심의위원회의 심의를 거쳐 지정하여 고시하는 업무
18세 미만인 자	1. 「산업안전기준에 관한 규칙」 제69조 제2호 및 제3호에 따른 고압작업 및 잠수작업 2. 「건설기계관리법」, 「도로교통법」 등에서 18세 미만인 자에 대하여 운전·조종면허 취득을 제한하고 있는 직종 또는 업종의 운전·조종업무 3. 「청소년보호법」 등 다른 법률에서 18세 미만 청소년의 고용이나 출입을 금지하고 있는 직종이나 업종 4. 교도소 또는 정신병원에서의 업무 5. 소각 또는 도살의 업무 6. 유류를 취급하는 업무(주유업무는 제외한다) 7. 2-브로모프로판을 취급하거나 노출될 수 있는 업무 8. 그 밖에 고용노동부장관이 산업재해보상보험및예방심의위원회의 심의를 거쳐 지정하여 고시하는 업무

(2) 연차유급휴가

사용자는 1년간 80퍼센트 이상 출근한 근로자에게 15일의 유급휴가를 주어야 하며, 사용자는 계속하여 근로한 기간이 1년 미만인 근로자 또는 1년간 80퍼센트 미만 출근한 근로자에게 1개월 개근시 1일의 유급휴가를 주어야 한다.

(3) 연장·야간근로 및 휴일근로의 제한 등

1주간의 근로시간은 휴게시간을 제외하고 40시간을 초과할 수 없다. 1일의 근로시간은 휴게시간을 제외하고 8시간을 초과할 수 없다.

당사자간에 합의하면 1주간에 12시간을 한도로 근로시간을 연장할 수 있다. 연장근로의 경우에는 통상임금의 50% 이상을 가산하여 지급하여야 하며, 휴일근로의 경우에 8시간 이내는 통상임금의 50% 이상을 가산 지급하고, 8시간초과 근로는 통상임금의 100% 이상을 가산하여 지급하여야 한다.

사용자는 18세 이상의 여성을 오후 10시부터 오전 6시까지의 시간 및 휴일에 근로시키려면 그 근로자의 동의를 받아야 한다.

사용자는 임산부와 18세 미만자에 대해서는 야간근로와 휴일근로를 시키지 못한다. 다만 18세 미만자의 동의가 있는 경우, 산후 1년이 지나지 아니한 여성의 동의가 있는 경우, 임신 중의 여성이 명시적으로 청구하는 경우에는 고용노동부장관의 인가를 받으면 야간과 휴일 근로를 시킬 수 있다.

(4) 시간 외 근로금지[1)]

사용자는 산후 1년이 지나지 아니한 여성에 대하여는 단체협약이 있는 경우라도 1일에 2시간, 1주일에 6시간, 1년에 150시간을 초과하는 시간외근로를 시키지 못한다.

(5) 탄력적 근로시간제 적용과 금지

사용자는 어느 특정주나 특정일에 제한된 근로시간을 초과하여 근로하게 하는 탄력적 근로시간제를 적용할 수 있다. 즉 사용자는 취업규칙에서 정하는 바에 의하여 2주간 이내의 일정한 단위기간을 평균하여 1주간의 근로시간이 40시간을 초과하지 아니하는 범위 안에서 특정주에 40시간을, 특정일에 8시간을 초과하여 근로하게 할 수 있다. 다만, 특정 주의 근로시간은 48시간을 초과할 수 없다.

당사자 간에 합의하면 1주간에 12시간을 한도로 근로시간을 연장할 수 있다. 그러나 이러한 선택적 근로시간제도 15세 이상 18세 미만의

1) 「근로기준법」상 이러한 규정에도 불구하고 한국노동연구원의 '2005년 노동리뷰 5월호'에 의하면 지난해(2004) 우리나라 근로자의 실근로시간이 경제협력개발기구(OECD) 주요회원국 중 가장 긴 2,380시간으로 것으로 나타났다. 참고로 독일과 프랑스는 각각 1,360시간, 덴마크는 1,406시간, 벨기에는 1,441시간, 미국 1,812시간, 일본 1,816시간 등이었다.

근로자와 임신 중인 여성 근로자에 대하여는 적용하지 아니한다.

(6) 갱내근로 금지

사용자는 보건· 의료, 보도·취재 등 대통령령이 정하는 업무를 수행하기 위하여 일시적으로 필요한 경우 이외에는 여성과 18세미만인 자를 갱내에서 근로시키지 못한다.

(7) 생리휴가

사용자는 여성인 근로자가 청구하는 때에는 월 1일의 생리휴가를 주어야 한다. 2003년 「근로기준법」개정 전까지는 여성근로자의 청구와 관계없이 생리휴가는 당연히 발생하는 것으로 생리휴가를 청구하지 않고 근로한 경우에는 통상임금을 추가로 지급하여야 했다. 그러나 법개정으로 사용자는 여성근로자가 생리휴가를 청구하면 월 1일의 생리휴가를 주게 되었다.

생리휴가를 모든 여성근로자에게 모두 부여하는 것인지에 대해 과거의 판례와 행정해석은 생리휴가는 생리현상이 있는 여성에 대해 휴가를 부여하는 것으로 생리연령에 달하지 않거나 폐경기에 달한 여성에게는 이 휴가를 부여하지 않았다.

이와 관련해 임신 중의 여성근로자에게 생리휴가를 부여해야 하는가에 대해 판례(서울지법 1993.5.7, 92나27688)와 행정해석은 "경험칙상 임신 중에는 생리가 없으므로 생리를 전제로 한 「근로기준법」 제71조는 적용되지 않는다"고 하여 임신 중인 여성에게는 생리휴가가 적용되지 않는다고 보고 있다.

생리휴가는 생리발생 당일에 무리한 노동을 예방하기 위한 것이므로 연차휴가와 같이 그동안 미사용한 휴가를 모아서 사용할 수 없다. 근로자가 생리휴가사용을 통지하면 사용자는 조건없이 휴가를 부여하여야 하며, 생리휴가를 부여하지 않는 경우에는 500만원 이하의 벌금형이 부과된다.

3) 모성보호

(1) 출산전·후휴가

임신과 출산은 여성과 태아에게 모두를 위해 배려해야 하는 것으로, 과도한 노동을 시키지 않고 충분한 휴식을 취하도록 하여 기형아출산율을 막고 산모의 건강을 보호해야 한다.

사용자는 임신 중의 여성에게 출산전과 출산후를 통하여 90일의 출산전후휴가를 주어야 한다. 이 경우 휴가 기간의 배정은 연속하여 출산후에 45일 이상이 되어야 한다.

사용자는 임신 중인 여성 근로자가 유산의 경험 등의 사유로 휴가를 청구하는 경우 출산 전 어느 때 라도 휴가를 나누어 사용할 수 있도록 하여야 한다.

출산전·후 휴가기간이나 휴가기간을 강제휴가로 할 것인가 임의휴가로 할 것인가에 대해 그리고 휴가기간의 임금지급의 방식은 각 나라마다 다르다. 우리나라의 경우도 출산전후 휴가를 12주 이상으로 하고 출산 후 강제휴가를 6주 이상으로 하고 있어 선진국과 다를 바 없는 수준이다. 그러나 유급휴가를 주는 것이 사용자부담으로 작용하고 있어 공공부문이나 노동조합이 잘 갖춰진 대규모사업장에서는 비교적 지켜지고 있으나, 그 외 사업장에서는 잘 지켜지지 않는 점이 문제가 되고 있다.

(2) 임산부의 보호휴가

사용자는 임신 중인 여성이 유산 또는 사산한 경우에 그 근로자가 청구하면 대통령령이 정하는 바[2]에 따라 유산·사산 휴가를 주어야 한

---

2) 근로기준법 시행령 제43조 1항"대통령령으로 정하는 사유"란 다음 각 호의 어느 하나에 해당하는 경우를 말한다.
〈신설 2012.6.21〉
1. 임신한 근로자에게 유산·사산의 경험이 있는 경우
2. 임신한 근로자가 출산전후휴가를 청구할 당시 연령이 만 40세 이상인 경우
3. 임신한 근로자가 유산·사산의 위험이 있다는 의료기관의 진단서를 제출한 경우

다. 다만, 「모자보건법」상 허용되는 경우를 제외한 인공 임신중절 수술에 따른 유산의 경우는 적용하지 않는다. 그런데 이 조항에 있어서 임신 초기 여성의 모성보호에 미흡하다는 지적이 있어왔다. 즉 임신초기인 16주 이내에 유산의 70~80%가 발생하기 때문에 유산 여성에 대한 보호필요성이 제기되었고 이에 따라 「근로기준법 시행령」 제43조 3항에 그 보호휴가 범위를 다음과 같이 확대하였다. 따라서 유산·사산휴가를 청구한 근로자에게 ① 유산 또는 사산한 근로자의 임신기간이 11주 이내인 경우: 유산 또는 사산한 날부터 5일까지, ② 임신기간이 12주 이상 15주 이내인 경우: 유산 또는 사산한 날부터 10일까지, ③ 임신기간이 16주 이상 21주 이내인 경우: 유산 또는 사산한 날부터 30일까지, ④ 임신기간이 22주 이상 27주 이내인 경우: 유산 또는 사산한 날부터 60일까지, ⑤ 임신기간이 28주 이상인 경우: 유산 또는 사산한 날부터 90일까지 유산·사산휴가를 주어야 한다.

조산의 경우에도 출산전·후 휴가를 부여할 것인가가 문제가 될 수 있다. 임신 8개월 이후에 발생하는 조산이나 유산의 경우에는 정상적인 만기출산과 동일하게 보아 60일의 유급휴가를 인정한다. 임신 4개월 이후 7개월 사이의 분만에 대해서는 유산과 조산을 구분하여 자연적 유산의 경우에는 산후 30일의 유급보호휴가를 부여하고, 조산의 경우에는 60일의 유급보호휴가를 부여하는 것으로 해석할 필요가 있다.

(3) 태아검진 시간의 허용 등

사용자는 임신한 여성근로자가 정기적으로 임산부 정기건강진단을 받는데 필요한 시간을 청구하는 경우 이를 허용하여 주어야 한다. 사용자는 건강진단 시간을 이유로 그 근로자의 임금을 삭감하여서는 안된다.

(4) 경이한 근로로의 전환 등

사용자는 임신 중의 여성 근로자에게 시간외근로를 하게 하여서는 안되며, 그 근로자의 요구가 있는 경우에는 쉬운 종류의 근로로 전환하여야 한다.

따라서 임신 중의 여성근로자에게는 1일에 8시간, 1주일에 40시간을 초과하는 시간 외 근로를 시킬 수 없다. 그리고 '쉬운 근로'여부는 여러 가지 사정을 살펴 구체적으로 판단되어야 하며, '쉬운 근로'를 청구하지 않고 이미 담당하던 업무에서 계속 근무하더라도 「근로기준법」 위반이 되지 않는다.

사업주는 출산전·후휴가 종료 후에는 휴가 전과 동일한 업무 또는 동등한 수준의 임금을 지급하는 직무에 복귀시켜야 한다.

(5) 출산전후 해고의 제한

사용자는 근로자에게 정당한 이유 없이 해고, 휴직, 정직, 전직, 감봉, 그 밖의 징벌을 하지 못한다. 그러나 천재, 사변 기타 부득이한 사유로 인하여 사업계속이 불가능하여 고용노동부장관의 인정을 받은 경우를 제외하고는 산전, 산후의 휴가기간과 그 후 30일 동안에는 여성근로자를 해고할 수 없도록 하여 임신 중 산전휴가를 간 여성근로자에 대한 해고를 제한하고 있다.

사용자는 일시보상을 하였을 경우 또는 사업을 계속할 수 없게 된 경우를 제외하고는 근로자가 업무상 부상 또는 질병의 요양을 위하여 휴업한 기간과 그 후 30일 동안 또는 출산전·후의 여성이 이 법에 따라 휴업한 기간과 그 후 30일 동안은 해고하지 못한다.

(5) 육아시간

생후 1년 미만의 유아를 가진 여성근로자의 청구가 있는 경우에는 1일 2회 각각 30분 이상의 유급수유시간을 주어야 한다. 이는 근로자들이 보통 갖는 1시간 정도의 휴게시간과 별도로 주어진다.

육아시간의 청구는 생후 1년 미만의 유아를 가진 여성근로자는 누구나 해당된다. 즉 여성근로자가 기혼인지 미혼인지 상관없으며, 유아를 자신이 출산했는지 여부도 문제가 되지 않는다.

4) 벌칙

〈표 5-2〉

처 벌	대 상
5년 이하의 징역 또는 5천만원 이하의 벌금에	• 강제근로 금지 규정 위반 • 폭행의 금지 규정 위반 • 중간 착취의 배제 규정 위반 • 해고 등의 제한 규정 위반 • 취업방해의 금지 규정 위반
3년 이하의 징역 또는 3천만원 이하의 벌금	• 근로자 사망, 퇴직시 금품청산 규정 위반 • 임금 지급 규정 위반 • 체불 사업주 명단 공개 도급 규정 위반 • 연장, 야간 및 휴일근로 규정 위반 • 임산부, 18세 이상 여성, 18세 미만자 유해·위험 사업 금지 규정 위반
2년 이하의 징역 또는 2천만원 이하의 벌금	• 근로시간 규정 위반 • 연장근로의 제한 규정 위반 • 휴게시간 규정 위반 • 휴일 규정 위반 • 연차유급 휴가 규정 위반 • 18세 이상 여성의 임산부, 18세 미만자 야간근로와 휴일근로의 제한 규정 위반 • 출산후 1년 지나지 않는 여성 시간외근로 금지규정위반 • 임산부 보호 규정 위반 • 육아시간 규정 위반 • 연장근로제한의 명령 위반 • 출산전후휴가 지급 위반
1천만원 이하의 벌금	• 구제명령 등 확정되거나 구제명령 등 재심판정을 이행하지 아니한 자
500만원 이하의 벌금	• 균등한 처우 규정 위반 • 근로계약 기간 규정 위반 • 근로조건 명시 규정 위반 • 임산부, 18세 미만자의 야간근로와 휴일근로 제한의 경우 규정 위반 • 생리휴가 규정 위반 • 근로자의 건강 및 모성보호 규정 위반

제 2 절 남녀고용평등에 관한 법[3]과 여성근로자

[사례 21] 동일노동가치 동일임금 문제

A양은 회사원으로 우연한 기회에서 체력을 많이 쓰는 같은 직종에 근무하는 입사동기 남자B의 급료가 자신보다 더 많은 것을 알게 되었고, 이는 부당하다고 주장하였다. A양의 주장은 받아들여질 수 있을까?

1. 남녀고용평등에 관한 법의 입법배경과 개정

1) 남녀고용평등에 관한 법의 입법배경

헌법 제11조 1항의 평등권 조항과 제32조 4항의 여성근로자 특별보호조항에 의해 여성근로자를 보호하고 근로조건에 있어서 차별을 금지하는 것은 헌법의 명령규정이다. 따라서 여성근로자를 보호하는 「근로기준법」 등 기타의 법률들은 이러한 조항의 구체적 표현이라고 할 수 있다. 「근로기준법」 제6조는 양성의 균등대우 및 여성근로자의 특별보호를 규정하고 있지만 「근로기준법」상 성차별금지조항은 근로나 채용에 있어서는 실효성이 떨어지는 것이라는 문제가 지적되어 왔었다. 즉 「근로기준법」은 일단 채용된 근로자에 대한 성차별에 대한 금지를 규정하고 있어 채용되는 단계에서의 성차별에 대한 문제를 해소할 수 없다. 이러한 채용단계에서 성차별을 해소하고 여성에게도 평등한 입장에서 근로의 기회를 제공받을 수 있게 하고자 「남녀고용평등법」이 제정되었다. 「남녀고용평등법」은 유엔이 1979년 채택한 '모든 형태의 여성

3) 「남녀고용평등과 일·가정 양립 지원에 관한 법률」을 이하에서 "남녀고용평등에 관한 법"으로 명명한다.

차별철폐협약'을 1984년에 비준한 비준국으로서의 의무를 수행하기 위한 입법조치의 일환으로 제정된 것이다.

2) 남녀고용평등에 관한 법의 개정

「남녀고용평등법」은 고용에 있어서 성차별을 없애고 근로여성의 지위향상을 위해 1987년 12월 4일(법률 제3989호)에 제정되어 몇 차례에 걸쳐 개정되었다. 2005년에 이 법의 개정으로 저출산·고령화 사회로의 진전에 따라 여성인력의 적극적 활용이 중요한 정책과제로 대두되고 있다. 이 법은 각종 성차별적 인식과 관행으로 여성의 경제활동 참가율이 저조한 실정을 개선하기 위하여 적극적 고용개선조치의 도입의 근거를 마련하고, 직장 내 성희롱과 관련하여 피해주장을 제기한 근로자의 보호강화를 위하여 실효성 있는 법적근거를 마련하는 한편, 육아휴직 활성화를 위하여 육아휴직 신청요건을 확대하는 등 현행 제도의 운영상 나타난 미비점을 개선·보완하기 위해서 개정되었다. 그리고 개인의 일 중심에서 가정과의 균형을 중시하는 근로자들의 의식변화에 대응하고 저출산, 고령화 시대에 여성인력의 경제활동참여를 확대하기 위해 「남녀고용평등법」을 「남녀고용평등과 일·가정 양립 지원에 관한 법률」로 법명을 개정 변경하여 2008년 6월 22일부터 시행해 오고 있다.

2. 남녀고용평등에 관한 법의 목적과 내용

1) 남녀고용평등에 관한 법의 목적

「남녀고용평등과 일·가정 양립 지원에 관한 법률」(이하 "남녀고용평등에 관한 법"이라 한다)은 「대한민국헌법」의 평등이념에 따라 고용에서 남녀의 평등한 기회와 대우를 보장하고 모성 보호와 여성 고용을 촉진하여 남녀고용평등을 실현함과 아울러 근로자의 일과 가정의 양립을 지원함으로써 모든 국민의 삶의 질 향상에 이바지하는 것을 목적으로 한다.

이법에서 “차별”이라 함은 사업주가 근로자에게 성별, 혼인, 가족 안에서의 지위, 임신 또는 출산 등의 사유로 합리적인 이유 없이 채용 또는 근로의 조건을 다르게 하거나 사업주가 채용조건이나 근로조건은 동일하게 적용하더라도 그 조건을 충족할 수 있는 남성 또는 여성이 다른 한 성(性)에 비하여 현저히 적고 그에 따라 특정 성에게 불리한 결과를 초래하며 그 조건이 정당한 것임을 증명할 수 없는 경우를 포함한 그 밖의 불리한 조치를 하는 경우를 말한다.

다만, ① 직무의 성격에 비추어 특정 성이 불가피하게 요구되는 경우, ② 여성 근로자의 임신 · 출산 · 수유 등 모성보호를 위한 조치를 하는 경우, ③ 그 밖에 이 법 또는 다른 법률에 따라 적극적 고용개선조치를 하는 경우의 어느 하나에 해당하는 경우는 차별로 보지 않는다.

이 법에서 "적극적 고용개선조치"란 현존하는 남녀 간의 고용차별을 없애거나 고용평등을 촉진하기 위하여 잠정적으로 특정 성을 우대하는 조치를 말한다.

성에 따른 차별이 합리적인 이유가 있다고 하기 위해서는 당해 사업의 목적, 당해 직무의 성질 · 양태 · 작업조건 등을 구체적이고 종합적으로 고려할 때 차별대우가 기업경영상 합리적이어야 하고 그 방법과 내용 등이 사회통념상 허용될 수 있는 범위 내이어야 한다.

권리를 주장하는 자가 입증책임을 지는 민사소송법과 달리 남녀고용평등상 분쟁해결과정에서 합리적 이유가 있는 차별인지에 대한 입증책임은 사업주에게 있으며, 사업주가 합리적인 이유가 있는 것으로 차별이 아니라는 것을 입증해야 한다.

2) 남녀고용평등에 관한 법의 주요 내용

(1) 남녀고용평등 정책 수립 · 시행

고용노동부장관은 남녀고용평등과 일 · 가정의 양립의 실현을 위하여 ① 남녀고용평등 의식 확산을 위한 홍보, ② 남녀고용평등 우수기업의 선정 및 행정적 · 재정적 지원, ③ 남녀고용평등 강조기간의 설정 · 추진,

④ 남녀차별 개선 및 여성취업 확대를 위한 조사·연구, ⑤ 모성보호와 일·가정 양립을 위한 제도개선 및 행정적·재정적 지원, ⑥ 그 밖에 남녀고용평등의 실현과 일·가정의 양립을 지원하기 위하여 필요한 사항에 관한 정책을 수립·시행하여야 한다.

(2) 고용에 있어서 남녀의 평등한 기회보장 및 대우 등

① 남녀의 평등한 기회보장 및 대우

가. 모집·채용 등에 있어서 성차별금지

사업주는 근로자를 모집하거나 채용할 때 남녀를 차별하여서는 안 된다.

'모집'이란 명칭이나 방법에 관계없이 사업주가 불특정인에게 임금, 근로시간 등의 근로조건을 제시하고 근로를 권유하는 것을 말하며, 방송, 신문 등을 통한 광고모집, 직업안정기관의 구인신청, 위탁모집, 직접채용 등을 모두 포함한다.

'채용'이란 근로를 하려는 자를 대상으로 시험이나 면접 등을 거쳐 특정인을 선정하여 근로계약을 체결하는 것을 말한다.

모집·채용에서의 여성차별은 다음과 같은 경우를 들 수 있다.

① 모집, 채용에 있어서 여성에게 전적으로 고용기회를 주지 아니하거나 여성에게만 직무수행상 반드시 필요하지 않은 키와 몸무게 등의 용모제한을 두는 경우. 예컨대 「남자사원 모집」, 「병역필한 남자에 한함」 등의 기준에 의해 근로자를 채용하는 것은 차별적 처우이다.

② 여성에게 고용기회는 주지만 성별로 채용예정인원을 배정하여 여성의 고용기회를 제한하거나, 직종별로 남녀를 분리·모집하여 특정직종에서 여성의 고용기회를 제한하거나 봉쇄하는 경우. 예컨대 「관리· 사무직 남자 O명, 여자 O명」 등의 기준에 의해 채용하는 것은 특정 직종에 여성의 채용기회를 제한하는 것으로 차별적 처우이다.

③ 여성에게만 미혼 또는 기혼에 따라 제한적인 조건을 부과하거나, 채용시 여성에게만 배우자나 보호자의 취업동의서나 보증을 요구하는 경우이다.

④ 학력, 경력 등 남녀가 동일한 자격임에도 불구하고 여성을 남성보다 불리한 고용형태로 채용한다거나 여성을 남성보다 낮은 직급 또는 직위에 모집·채용하는 경우. 예컨대 「사무직 4급: 고졸남자, 사무직 5급: 고졸여자」, 「관리직 3급: 4년제 대졸남자, 사무직 4급: 2년제 대졸여자」 등과 같이 자격이 같음에도 불구하고 여성을 남성보다 낮은 직급 또는 직위에 모집·채용하는 것은 차별적 처우이다.

⑤ 여성에게만 연령제한을 두거나 합리적인 이유 없이 남녀 간의 연령제한의 차이를 크게 두는 경우이다.

⑥ 면접·구술시험의 경우 객관적 기준에 의하지 아니하고 여성을 불리하게 대우함으로써 결과적으로 여성의 채용에 영향을 미치는 경우 등이다.

나. 임금 등에 있어서 성차별금지-동일가치노동에 대한 동일임금

사업주는 동일한 사업 내의 동일 가치 노동에 대하여는 동일한 임금을 지급하여야 한다. 동일 가치 노동의 기준은 직무 수행에서 요구되는 기술, 노력, 책임 및 작업 조건 등으로 하고, 사업주가 그 기준을 정할 때에는 노사협의회의 근로자를 대표하는 위원의 의견을 들어야 한다.

사업주가 임금차별을 목적으로 설립한 별개의 사업은 동일한 사업으로 본다.

사업주는 임금 외에 근로자의 생활을 보조하기 위한 금품의 지급 또는 자금의 융자 등 복리후생에서 남녀를 차별하여서는 아니 된다.

동일노동·동일임금의 원칙은 동일한 가치의 노동을 제공하는 노동자는 성, 연령, 고용형태 등의 차별 없이 동일한 임금기준에 따른 금액을 지불받아야 한다는 원칙을 말한다. 남녀가 같은 일을 하는 경우는 물론 다른 종류의 일을 하는 경우에도 그것이 동일한 가치를 갖는 노동일 경우에는 동일임금을 지급하여야 한다.

법은 동일가치노동의 비교범위는 동일사업에 한정하고 있으며, 전혀 별개의 다른 법인 사이에서는 적용되지 않는다. 그러나 사업주가 임금차별을 목적으로 설립한 별개의 사업은 동일한 사업으로 보아 사업주의 위장행위에 대처하고 있다. 그러나 동일한 사업장 내라 하더라도 직무나 기능이 달라 임금에 차이를 두는 경우는 차별적 취급이 아니다.

고용관행상 여성의 임금은 동일직군의 남성보다 적은 임금을 지급하는 경우, 성별에 따라 기본급·호봉산정·수당 등 보수체계를 달리 적용하는 경우, 경력·학력 등 객관적 조건이 같음에도 여성은 남성보다 낮은 호봉이 부여되는 경우, 사원의 복지제도에 있어서 성적 차별을 하는 경우, 성별직종분리로 남성전유직종과 여성전유직종간의 임금차가 기술, 노력, 책임, 작업조건, 학력, 경력 등에 비추어 지나치게 차별하여 결과적으로 여성에게 불리한 임금차별을 초래하는 경우 등은 임금에서 남녀 간의 차별을 하는 것이라 하겠다.

"남녀고용평등에 관한 법"에서는 동일가치노동의 기준으로 "직무수행에서 요구되는 기술, 노력, 책임 및 작업조건" 등을 들고 있으며, 고용노동부는 구체적으로 동일가치 노동의 판단기준을

① 기술: 자격증, 습득된 경험 등 업무수행 능력 또는 솜씨의 객관적 수준,

② 노력: 업무수행에 필요한 육체적· 정신적인 힘 작용,

③ 책임: 업무에 내재된 의무의 성격·범위, 사업주가 당해 직무에 의존하는 정도,

④ 작업조건: 소음, 열, 기타 물리적· 화학적 위험의 정도 등 당해 업무에 종사하는 근로자가 통상적으로 처하는 작업환경을 말하며, 이상의 기준 외에 해당 근로자의 학력, 경력, 근속연수 등을 종합적으로 고려하여 판단할 것을 제시하고 있다.

사업주는 임금 외에 근로자의 생활을 보조하기 위한 금품의 지급 또는 자금의 융자 등 복리후생에 있어서 남녀를 차별하여서는 안 된다.

다. 교육·배치 및 승진에 있어서의 차별금지

사업주는 근로자의 교육·배치 및 승진에서 남녀를 차별하여서는 아니 된다.

사업주는 근로자의 교육·배치·승진에서 여성이라는 이유로 여성을 남성과 차별해서는 안 된다.

'교육'이란 명칭에 관계없이 근로자의 직무수행능력의 배양이나 향상을 위하여 사업주가 근로자를 대상으로 실시하는 신입사원교육, 관리감독자 훈련, 연수 등 모든 교육과 직업훈련을 포함하여 말한다. 여성에게는 교육의 기회를 제공하지 않는다거나 남성에게는 직무능력개발, 승진교육을 시키고 여성에게는 교양이나 예절교육만을 시키는 경우에는 이러한 교육에 있어서 차별행위이다.

'배치'란 사업주가 근로자에게 직무수행 장소와 내용 등을 정하여 특정 업무에 종사하도록 하는 것으로 신규채용자 배치, 기존근로자 배치전환, 파견근무, 대기발령 등을 포함하여 말한다. 여성에게는 해외근무 대상에서 제외시키거나 혼인한 여성이라는 이유로 어려운 업무에 배치시키는 행위, 동일 경력임에도 여성에게는 남성보다 업무분야에 차별을 두어 배치시키는 것은 차별행위이다.

'승진'이란 사업주가 근로자를 현재의 직급 또는 직위보다 상위의 직급 또는 직위에 임명하는 것을 말한다. 승진시험의 기회를 여성에게는 부여하지 않고 남성에게만 주는 경우나 남성과 여성의 승진의 한계 직급이나 직위를 달리하거나 승진의 체계를 달리하는 경우는 차별행위이다.

라. 정년·퇴직 및 해고에 있어서의 평등

사업주는 근로자의 정년·퇴직 및 해고에서 남녀를 차별하여서는 아니 된다. 사업주는 여성 근로자의 혼인, 임신 또는 출산을 퇴직 사유로 예정하는 근로계약을 체결하여서는 아니 된다.

따라서 합리적인 이유 없이 남녀정년차별을 두거나 여성의 혼인, 임신 또는 출산을 퇴직사유로 정하는 단체협약이나 계약은 무효이며, 이를 근거로 하는 퇴직처분은 근로기준법상 정당한 이유가 없는 해고에 해당된다.

위 법은 교육·배치·승진에 비하여 더 엄격한 처벌을 함으로써 차별적인 퇴직이나 해고를 금지하고 있다.

동일직종에서 남녀 간의 정년에 있어서 차이를 두는 것은 합리적인 근거가 없는 차별이며, 대다수가 여성인 직종의 정년이 다른 직종보다 낮게 책정되어 있는 경우는 정년차별이다.

'해고'란 사용자가 근로자의 의사에 반하여 근로관계를 일방적으로 종료시키는 행위를 말한다. 근로자를 해고하기 위해서는 정당한 이유가 있어야 하며, 여성이라는 이유만으로 해고하는 것은 「남녀고용평등과 일·가정 양립 지원에 관한 법률」과 「근로기준법」에 위반된다.

② 직장내 성희롱의 금지 및 예방

사업주, 상급자 또는 근로자는 직장 내 성희롱을 하여서는 안된다. "직장 내 성희롱"이란 사업주·상급자 또는 근로자가 직장 내의 지위를 이용하거나 업무와 관련하여 다른 근로자에게 성적 언동 등으로 성적 굴욕감 또는 혐오감을 느끼게 하거나 성적 언동 또는 그 밖의 요구 등에 따르지 아니하였다는 이유로 고용에서 불이익을 주는 것을 말한다.

사업주는 직장 내 성희롱을 예방하고 근로자가 안전한 근로환경에서 일할 수 있는 여건을 조성하기 위하여 직장 내 성희롱의 예방을 위한 교육을 실시하여야 한다.

사업주는 성희롱 예방 교육을 고용노동부장관이 지정하는 기관에 위탁하여 실시할 수 있다. 성희롱 예방 교육기관은 고용노동부령으로 정하는 바에 따라 교육을 실시하고 교육이수증이나 이수자 명단 등 교육 실시 관련 자료를 보관하며 사업주나 피교육자에게 그 자료를 내주어야 한다. 고용노동부장관은 성희롱 예방 교육기관이 거짓이나 그 밖의 부정한 방법으로 지정을 받은 경우, 정당한 사유 없이 강사를 6개월 이상 계속하여 두지 아니한 경우의 어느 하나에 해당하면 그 지정을 취소할 수 있다.

사업주는 직장 내 성희롱 발생이 확인된 경우 지체 없이 행위자에 대하여 징계나 그 밖에 이에 준하는 조치를 하여야 한다. 사업주는 직장 내 성희롱과 관련하여 피해를 입은 근로자 또는 성희롱 피해 발생을 주장하는 근로자에게 해고나 그 밖의 불리한 조치를 하여서는 아니 된다.

사업주는 고객 등 업무와 밀접한 관련이 있는 자가 업무수행 과정에서 성적인 언동 등을 통하여 근로자에게 성적 굴욕감 또는 혐오감 등을 느끼게 하여 해당 근로자가 그로 인한 고충 해소를 요청할 경우 근무 장소 변경, 배치전환 등 가능한 조치를 취하도록 노력하여야 한다. 사업주는 근로자가 피해를 주장하거나 고객 등으로부터의 성적 요구 등에 불응한 것을 이유로 해고나 그 밖의 불이익한 조치를 하여서는 안된다.

③ 여성의 직업능력개발 및 고용촉진

직업안정기관은 여성이 적성, 능력, 경력 및 기능의 정도에 따라 직업을 선택하고, 직업에 적응하는 것을 쉽게 하기 위하여 고용정보와 직업에 관한 조사·연구 자료를 제공하는 등 직업 지도에 필요한 조치를 하여야 하며, 국가, 지방자치단체 및 사업주는 여성의 직업능력 개발 및 향상을 위하여 모든 직업능력 개발 훈련에서 남녀에게 평등한 기회를 보장하여야 한다.

고용노동부장관은 여성의 고용 촉진을 위한 시설을 설치·운영하는 비영리법인과 단체에 대하여 필요한 비용의 전부 또는 일부를 지원할 수 있으며, 임신·출산·육아 등의 이유로 직장을 그만두었으나 재취업할 의사가 있는 경력단절여성을 위하여 취업유망 직종을 선정하고, 특화된 훈련과 고용촉진프로그램을 개발하여야 한다.

④ 적극적 고용개선조치

고용노동부장관은 대통령령으로 정하는 공공기관·단체의 장, 대통령령으로 정하는 규모 이상의 근로자를 고용하는 사업의 사업주에 해당하는 사업주로서 고용하고 있는 직종별 여성 근로자의 비율이 산업별·규모별로 고용노동부령으로 정하는 고용기준에 미달하는 사업주에 대하여는 차별적 고용관행 및 제도 개선을 위한 적극적 고용개선조치 시행계획을 수립하여 제출할 것을 요구할 수 있다. 이 경우 해당 사업주는 시행계획을 제출하여야 하며 해당 사업주는 직종별 · 직급별 남녀 근로자 현황을 고용노동부장관에게 제출하여야 한다. 그리고 위에 해당하지 아니하는 사업주로서 적극적 고용개선조치를 하려는 사업주는 직종별 남녀 근로자 현황과 시행계획을 작성하여 고용노동부장관에게 제출할 수 있다. 고용노동부장관은 위에 따라 제출된 시행계획을 심사하여 그 내용이 명확하지 아니하거나 차별적 고용관행을 개선하려는 노력이 부족하여 시행계획으로서 적절하지 아니하다고 인정되면 해당 사업주에게 시행계획의 보완을 요구할 수 있다.

국가와 지방자치단체는 적극적 고용개선조치 우수기업에 행정적 · 재정적 지원을 할 수 있으며, 고용노동부장관은 제출된 이행실적을 평가하여 그 이행실적이 부진한 사업주에게 시행계획의 이행을 촉구할 수 있다.

고용노동부장관은 적극적 고용개선조치의 효율적 시행을 위하여 필요하다고 인정하면 관계 행정기관의 장에게 차별의 시정 또는 예방을 위하여 필요한 조치를 하여 줄 것을 요청할 수 있으며, 적극적 고용개선조치에 관한 업무를 효율적으로 수행하기 위하여 조사 · 연구 · 교육 · 홍보 등의 사업을 할 수 있다.

(3) 모성보호

[사례 22] 육아휴직 문제

> A녀는 아이 출산 후 직장, 육아 둘을 감당해내기가 너무 힘들어 육아휴직 1년을 회사에 신청하였으나 A녀가 다니는 회사 사장 B는 회사 사정상 3개월만 허락해주겠다고 하고 그렇게 하지 못하겠으면 회사를 그만두라고 한다. A녀는 어떻게 해야 할까?

① 출산전후휴가에 대한 지원

국가는 「근로기준법」 제74조에 따른 출산전후휴가 또는 유산 · 사산휴가를 사용한 근로자 중 일정한 요건에 해당하는 자에게 그 휴가기간에 대하여 통상임금에 상당하는 금액을 지급할 수 있으며, 출산전후 휴가급여 등을 지급하기 위하여 필요한 비용은 국가재정이나 「사회보장기본법」에 따른 사회보험에서 분담할 수 있다. 여성 근로자가 출산전후 휴가급여 등을 받으려는 경우 사업주는 관계 서류의 작성·확인 등 모든 절차에 적극 협력하여야 한다.

② 배우자 출산휴가

사업주는 근로자가 배우자의 출산을 이유로 휴가를 청구하는 경우에 5일의 범위에서 3일 이상의 휴가를 주어야 하며, 이 경우 사용한 휴가기간 중 최초 3일은 유급으로 한다. 휴가는 근로자의 배우자가 출산한 날부터 30일이 지나면 청구할 수 없다.

③ 난임치료휴가

사업주는 근로자가 인공수정 또는 체외수정 등 난임치료를 받기 위하여 휴가를 청구하는 경우에 연간 3일 이내의 휴가를 주어야 하며, 이 경우 최초 1일은 유급으로 한다. 그리고 난임치료휴가를 이유로 해고, 징계 등 불리한 처우를 하여서는 안된다.

(4) 일 · 가정의 양립 지원

① 육아휴직

사업주는 대통령령으로 정하는 경우를 제외하고는 근로자가 만 6세 이하의 초등학교 취학 전 자녀(입양 자녀 포함)를 양육하기 위하여 휴직을 신청하는 경우에 이를 허용하여야 한다. 육아휴직의 기간은 1년 이내로 한다.

사업주는 육아휴직을 이유로 해고나 그 밖의 불리한 처우를 하여서는 안되며, 사업을 계속할 수 없는 경우가 아니면 육아휴직 기간에는 그 근로자를 해고하지 못한다. 사업주는 육아휴직을 마친 후에는 휴직 전과 같은 업무 또는 같은 수준의 임금을 지급하는 직무에 복귀시켜야 하며, 육아휴직 기간은 근속기간에 포함한다.

② 육아기 근로시간 단축

사업주는 대체인력 채용이 불가능한 경우, 정상적인 사업 운영에 중대한 지장을 초래하는 경우 등 대통령령으로 정하는 경우가 아니면, 육아휴직을 신청할 수 있는 근로자가 육아휴직 대신 근로시간의 단축을 신청하는 경우에 이를 허용하여야 한다. 사업주가 해당 근로자에게 육아기 근로시간 단축을 허용하는 경우 단축 후 근로시간은 주당 15시간 이상이어야 하고 30시간을 넘어서는 아니 되며, 육아기 근로시간 단축의 기간은 1년 이내로 한다.

사업주는 육아기 근로시간 단축을 이유로 해당 근로자에게 해고나 그 밖의 불리한 처우를 하여서는 안되며, 근로자의 육아기 근로시간 단축기간이 끝난 후에 그 근로자를 육아기 근로시간 단축 전과 같은 업무 또는 같은 수준의 임금을 지급하는 직무에 복귀시켜야 한다.

③ 육아기 근로시간 단축 중 근로조건

사업주는 육아기 근로시간 단축을 하고 있는 근로자에 대하여 근로시간에 비례하여 적용하는 경우 외에는 육아기 근로시간 단축을 이유로 그 근로조건을 불리하게 하여서는 아니 된다.

사업주는 육아기 근로시간 단축을 하고 있는 근로자에게 단축된 근로시간 외에 연장근로를 요구할 수 없는 것이 원칙이나, 그 근로자가 명시적으로 청구하는 경우에는 사업주는 주 12시간 이내에서 연장근로를 시킬 수 있다.

④ 육아지원을 위한 그 밖의 조치

사업주는 초등학교 취학 전까지의 자녀를 양육하는 근로자의 육아를 지원하기 위하여 업무를 시작하고 마치는 시간 조정, 연장근로의 제한, 근로시간의 단축, 탄력적 운영 등 근로시간 조정, 그 밖에 소속 근로자의 육아를 지원하기 위하여 필요한 조치의 어느 하나에 해당하는 조치를 하도록 노력하여야 한다.

⑤ 직장복귀를 위한 사업주의 지원

사업주는 이 법에 따라 육아휴직 중인 근로자에 대한 직업능력 개발 및 향상을 위하여 노력하여야 하고 출산전후휴가, 육아휴직 또는 육아기 근로시간 단축을 마치고 복귀하는 근로자가 쉽게 직장생활에 적응할 수 있도록 지원하여야 한다.

⑥ 일 · 가정의 양립을 위한 지원

국가는 사업주가 근로자에게 육아휴직이나 육아기 근로시간 단축을 허용한 경우 그 근로자의 생계비용과 사업주의 고용유지비용의 일부를 지원할 수 있고, 소속 근로자의 일 · 가정의 양립을 지원하기 위한 조치를 도입하는 사업주에게 세제 및 재정을 통한 지원을 할 수 있다.

⑦ 보육관련 지원

사업주는 근로자의 취업을 지원하기 위하여 수유 · 탁아 등 육아에 필요한 어린이집을 설치하여야 하며, 직장어린이집의 설치 및 운영에 관한 사항은 「영유아보육법」에 따른다.

고용노동부장관은 근로자의 고용을 촉진하기 위하여 직장어린이집의 설치 · 운영에 필요한 지원 및 지도를 하여야 하며, 직장어린이집을 설치하여야 하는 사업주 외의 사업주가 직장어린이집을 설치하려는 경우에는 직장어린이집의 설치 · 운영에 필요한 정보 제공, 상담 및 비용의 일부 지원 등 필요한 지원을 할 수 있다.

⑧ 공공복지시설의 설치

국가 또는 지방자치단체는 여성 근로자를 위한 교육 · 육아 · 주택 등 공공복지시설을 설치할 수 있으며, 공공복지시설의 기준과 운영에 필요한 사항은 고용노동부장관이 정한다.

⑨ 근로자의 가족 돌봄 등을 위한 지원

사업주는 대체인력 채용이 불가능한 경우, 정상적인 사업 운영에 중대한 지장을 초래하는 경우 등 대통령령으로 정하는 경우를 제외하고는 근로자가 부모, 배우자, 자녀 또는 배우자의 부모의 질병, 사고, 노령으로 인하여 그 가족을 돌보기 위한 휴직을 신청하는 경우 이를 허용하여야 한다.

가족돌봄휴직 기간은 연간 최장 90일로 하며, 1회의 기간은 30일 이상이 되도록 나누어 사용할 수 있다. 가족돌봄휴직 기간은 근속기간에 포함한다.

사업주는 가족돌봄휴직을 이유로 해당 근로자를 해고하거나 근로조건을 악화시키는 등 불리한 처우를 하여서는 안되며, 소속 근로자가 건전하게 직장과 가정을 유지하는 데에 도움이 될 수 있도록 필요한 심리상담 서비스를 제공하도록 노력하여야 한다.

⑩ 일 · 가정 양립 지원 기반 조성

고용노동부장관은 일 · 가정 양립프로그램의 도입 · 확산, 모성보호 조치의 원활한 운영 등을 지원하기 위하여 조사 · 연구 및 홍보 등의 사업을 하고, 전문적인 상담 서비스와 관련 정보 등을 사업주와 근로자에게 제공하여야 한다. 고용노동부장관은 직장보육시설 설치 · 운영의 지원에 관한 업무를 공공기관 또는 민간에 위탁하여 수행할 수 있으며, 업무를 위탁받은 기관에 업무수행에 사용되는 경비를 지원할 수 있다.

(5) 분쟁의 예방과 해결

① 상담지원

고용노동부장관은 차별, 직장 내 성희롱, 모성보호 및 일 · 가정 양립 등에 관한 상담을 실시하는 민간단체에 필요한 비용의 일부를 예산의 범위에서 지원할 수 있으며, 단체의 선정요건, 비용의 지원기준과 지원 절차 및 지원의 중단 등에 필요한 사항은 고용노동부령으로 정한다.

② 명예고용평등감독관 위촉 활동

고용노동부장관은 사업장의 남녀고용평등 이행을 촉진하기 위하여 그 사업장 소속 근로자 중 노사가 추천하는 자를 명예고용평등감독관으로 위촉할 수 있다. 명예감독관은 ㉮ 해당 사업장의 차별 및 직장 내 성희롱 발생 시 피해 근로자에 대한 상담 · 조언, ㉯ 해당 사업장의 고용평등 이행상태 자율점검 및 지도 시 참여, ㉰ 법령위반 사실이 있는 사항에 대하여 사업주에 대한 개선 건의 및 감독기관에 대한 신고, ㉱ 남녀고용평등 제도에 대한 홍보 · 계몽, ㉲ 그 밖에 남녀고용평등의 실현을 위하여 고용노동부장관이 정하는 업무를 수행한다.

사업주는 명예감독관으로서 정당한 임무 수행을 한 것을 이유로 해당 근로자에게 인사상 불이익 등의 불리한 조치를 하여서는 안된다.

③ 분쟁의 자율적 해결

사업주는 근로자가 고충을 신고하였을 때에는 「근로자참여 및 협력증진에 관한 법률」에 따라 해당 사업장에 설치된 노사협의회에 고충의 처리를 위임하는 등 자율적인 해결을 위하여 노력하여야 한다.

(6) 벌칙

〈표 5-3〉

처 벌	대 상
5년 이하의 징역 또는 3천만원 이하의 벌금	• 사업주가 정년·퇴직 및 해고에 있어서 차별금지규정을 위반하여 근로자의 정년·퇴직 및 해고에서 남녀를 차별하거나 여성 근로자의 혼인, 임신 또는 출산을 퇴직사유로 예정하는 근로계약을 체결하는 경우
3년 이하의 징역 또는 2천만원 이하의 벌금	• 동일한 사업 내의 동일 가치의 노동에 대하여 동일한 임금을 지급하지 아니한 경우 • 직장 내 성희롱과 관련하여 피해를 입은 근로자 또는 성희롱 발생을 주장하는 근로자에게 해고나 그 밖의 불리한 조치를 하는 경우 • 육아휴직을 이유로 해고나 그 밖의 불리한 처우를 하거나, 같은 항 단서의 사유가 없는데도 육아휴직 기간동안 해당 근로자를 해고한 경우 • 육아기 근로시간 단축을 이유로 해당 근로자에 대하여 해고나 그 밖의 불리한 처우를 한 경우 • 육아기 근로시간 단축을 하고 있는 근로자에 대하여 근로시간에 비례하여 적용하는 경우 외에 육아기 근로시간 단축을 이유로 그 근로조건을 불리하게 한 경우 • 가족돌봄휴직을 이유로 해당 근로자를 해고하거나 근로조건을 악화시키는 등 불리한 처우를 한 경우
1천만원 이하의 벌금	• 사업주가 해당 근로자가 명시적으로 청구하지 아니하였는데도 육아기 근로시간 단축을 하고 있는 근로자에게 단축된 근로시간 외에 연장근로를 요구한 경우
500만원 이하의 벌금	• 근로자의 모집 및 채용에서 남녀를 차별하거나, 여성 근로자를 모집·채용할 때 그 직무의 수행에 필요하지 아니한 용모·키·체중 등의 신체적 조건, 미혼 조건 등을 제시하거나 요구한 경우 • 임금 외에 근로자의 생활을 보조하기 위한 금품의 지급 또는 자금의 융자 등 복리후생에서 남녀를 차별한 경우 • 근로자의 교육·배치 및 승진에서 남녀를 차별한 경우 • 근로자의 육아휴직 신청을 받고 육아휴직을 허용하지 아니하거나, 육아휴직을 마친 후 휴직 전과 같은 업무 또는 같은 수준의 임금을 지급하는 직

처 벌	대 상
	무에 복귀시키지 아니한 경우 • 육아기 근로시간 단축기간이 끝난 후에 육아기 근로시간 단축 전과 같은 업무 또는 같은 수준의 임금을 지급하는 직무에 복귀시키지 아니한 경우 • 명예감독관으로서 정당한 임무 수행을 한 것을 이유로 해당 근로자에게 인사상 불이익 등의 불리한 조치를 한 경우
1천만원 이하의 과태료	• 사업주가 직장 내 성희롱을 한 경우
500만원 이하의 과태료	• 직장 내 성희롱 발생이 확인되었는데도 지체 없이 행위자에게 징계나 그 밖에 이에 준하는 조치를 하지 아니한 경우 • 근로자가 고객 등에 의한 성희롱 피해를 주장하거나 고객 등으로부터의 성적 요구 등에 불응한 것을 이유로 해고나 그 밖의 불이익한 조치를 한 경우 • 근로자가 배우자의 출산을 이유로 휴가를 청구하였는데도 5일의 범위에서 3일 이상의 휴가를 주지 아니하거나 근로자가 사용한 휴가 중 3일을 유급으로 하지 아니한 경우 • 근로자의 청구에도 난임치료휴가기간을 주지 아니한 경우 • 육아기 근로시간 단축을 허용하지 아니하였으면서도 해당 근로자에게 그 사유를 서면으로 통보하지 아니하거나, 육아휴직의 사용 또는 그 밖의 조치를 통한 지원 여부에 관하여 해당 근로자와 협의하지 아니한 경우 • 육아기 근로시간 단축을 한 근로자의 근로조건을 서면으로 정하지 아니한 경우 • 육아기 근로시간 단축 신청을 받고 육아기 근로시간 단축을 허용하지 아니한 경우 • 가족돌봄휴직의 신청을 받고 가족돌봄휴직을 허용하지 아니한 경우
300만원 이하의 과태료	• 근무장소변경, 배치전환, 유급휴가의 명령등 적절한 조치를 하지 아니한 경우 • 적극적 고용개선조치 시행계획을 제출하지 아니한 자 • 남녀 근로자 현황을 제출하지 아니하거나 거짓으로 제출한 자 • 차별적 고용관행 및 제도 개선을 위한 적극적 고용개선조치 이행실적을 제출하지 아니하거나 거짓으로 제출한 자 • 여성 근로자가 출산전후휴가급여 등을 받으려는 경우 관계 서류의 작성·확인 등 모든 절차에 적극 협력하지 아니한 자 • 이 법 시행을 위하여 필요한 경우 보고 또는 관계 서류의 제출을 거부하거나 거짓으로 보고 또는 제출한 자 • 이 법 시행을 위하여 필요한 경우 검사를 거부, 방해 또는 기피한 자 • 이 법의 규정에 따른 사항에 관하여 대통령령으로 정하는 서류를 3년간 보존하지 아니한 자

[판례 5-1] 전화교환원 정년사건 1(대법원 1988.12.27, 85다카657)

□ 사건의 개요 및 경과

한국전기통신공사 전화교환원으로 근무해 오던 김○○는 교환원 정년을 43세로 정한 인사규정에 따라 정년퇴직을 당하였고, 이에 당시 일반직 정년은 55세인 반면 교환원의 정년을 43세로 정한 것은 헌법 제10조 1항에 위반되는 차별규정으로서 근로기준법 제5조, 노동조합법 제11조에 위반되며, 원고와 피고간의 고용관계가 민법 제103조의 선량한 풍속 기타 사회질서에 위반한 것이라고 하여 1983년 정년퇴직 무효확인소송을 제기하였다.

제1심과 제2심에서는 인사규정에서 정한 43세 정년제가 남자교환원에게도 적용되므로, 남녀차별로 볼 수 없고, 노조위원장이 근로자들이 포괄위임한 단체교섭에 의해 단체협약을 체결하여 인사규정의 개정에 동의한 사실 등을 들어 한국전기통신공사의 김영희에 대한 퇴직조치는 정당하다고 판결하여 이에 상고하였다.

□ 대법원의 판단

「근로기준법」 제97조 1항은 취업규칙은 법령에 반할 수 없다고 규정하고 있고 동법 제5조는 사용자는 근로자에 대하여 남녀의 차별적 대우를 하지 못하며 국적, 신앙 또는 사회적 신분을 이유로 근로조건에 대한 차별적 대우를 하지 못한다고 규정하고 있는바, 위 법조에서 밀하는 남녀간의 차별적인 대우란 합리적인 이유없이 남성 또는 여성이라는 이유만으로 부당하게 차별대우하는 것을 의미한다 할 것이므로 피고공사의 취업규칙이라 할 수 있는 위 인사규정 제36조 1항 단서의 규정내용이 여성이라는 이유만으로 불합리한 차별내용을 정한 것이라면 무효라 할 것이다.

이 사건의 경우를 볼 때 원심인정과 같이 교환직렬이라는 특정직종 전체 근로자의 정년을 43세로 규정하고 있고 이 직렬에 종사하는 여성근로자들의 정년만을 낮춘 것은 아니며 교환직렬에의 취업이 여성만으로 제한되어 있지 않아서 실제로 3명의 남성근로자가 있기는 하다. 그러나 피고공사의 교환직은 전통적으로 여성근로자로 충당되어 왔고 남녀근로자의 수나 비율을 보더라도 위 인사규정을 제정할 무렵에는 약 4,800명 가량의 교환직렬직원 가운데 남성은 불과 3명 정도였으며 그 후 교환직렬직원이 7,480명으로 증가되었는 데도 남성은 3명에 머물러 있었음이 기록상 명백하다. 이러한 사정이라면 위 근로자 3명이 취업하게 된 사정과 앞으로 남성들의 취업경향 여하에 따라서는 교환직렬 직종은 이를 여성전용직종으로 볼 여지가 있으므로…이들 직종근로자의 근로내용, 이들 근로자가 갖추어야 할 능력, 근로시간, 이용자에 대한 역할, 특별한 복무규율이 필요한 여부나 인력수급사정등 이들 근로자와 피고공사에 관한 여러 사정을 모두 고려하여 정년을 그렇게 낮게 정할 상당한 이유가 있었는지 아니면 합리적인 이유없이 부당하게 낮은 정년을 정한 것인지의 여부 등을 자세히 검토해 보아야 할 것이며 위의 모든 사정들을 종합하여 여성전용직종으로 보여지는 데도 합리적인 이유없이 여성근로자들이 조기퇴직하도록 부당하게 낮은 정년을 정한 것이라면 이는 위 근로기준법의 남녀차별금지규정에 해당되어 무효로 보아야 할 것이다.

□ 고등법원의 재차선고(서울고등법원 1989.4.19, 89나2136)

대법원이 위 사건을 파기환송하여 고등법원에 돌려보냄에 따라 서울고등법원은 "교환직렬직종은 여성전용직종으로 보아야 하고, 이 직종을 다른 직종과 달리 정년을 낮게 정한 합리적 이유를 발견할 수 없다"고 선고하였다. 이에 따라 김○○는 7년 만에 다시 복직되었다.

[판례 5-2] **전화교환원 정년사건 2**(대법원 1996.8.23, 94누13589)

□ 사건의 개요 및 경과

위 사건 종료 후 한국전기통신공사는 1992.12.31. 교환직렬의 정년이 53세라는 이유로 53세에 달한 김○○를 다시 정년퇴직 발령을 내렸다. 이에 김○○는 "일반직 8개 직군 중 여성전용 직종인 교환직렬을 합리적 이유없이 다른 직렬보다 정년을 낮게(당시 일반직원의 정년은 58세) 정한 것은 여성과 남성을 차별 대우하는 것이므로 이러한 차별정년을 규정한 인사규정은 남녀고용평등법 제8조 및 근로기준법 제5조에 위배되어 무효"라고 주장하면서 1992.12.31. 서울지방노동위원회에 부당해고 구제신청을 하였다.

이에 대해 서울지방노동위원회는 교환원들 대다수가 정년연장을 원하지 않고 있으며, 정년의 격차가 종전의 12년에서 5년으로 완화되었고, 정년이 연장되면 집단해고 문제가 발생할 수 있다는 점 등을 들어 전화교환원이라는 직종이 여성전용직종이라 하더라도 정년차별은 합리적인 사유가 있는 것으로 부당해고라고 볼 수 없다고 판정하였다.

김○○가 이에 불복하여 재심을 청구하자 중앙노동위원회는 "전화교환원의 정년을 여성전용직종이라는 이유로 58세인 다른 직종과 차별을 두어 53세로 정한 것은 남녀고용평등법에 명백히 위배된다"고 판시하면서 부당해고구제 재심판정을 하여 김영희는 복직되었다. 그러자 한국전기통신공사는 중앙노동위원회의 재심판정을 취소하기 위한 소송을 제기하였고 고등법원은 공사의 인사규정이 일반직 직원의 정년을 58세로 규정하면서 일반직 직원 중 교환직렬의 직원만을 정년을 53세로 규정하고 있음을 지적하고, 전화교환직은 사실상 여성전용직종으로 다른 직종과 달리 정년에 차이를 둘 합리적인 이유가 없으므로 교환직렬에 대한 정년의 차이를 둔 것은 남녀차별에 해당한다고 보았다(서울고등법원 1994.9.29, 93구25563판결).

ㅁ 대법원의 판단

대법원은 이에 대해 "원고의 교환직렬에서의 인력의 잉여 정도, 연령별 인원구성, 정년 차이의 정도, 차등정년을 실시함에 있어서 노사간의 협의를 거친 점, 신규채용을 하지 못한 기간, 현재의 정년에 대한 교환직렬 직원들의 의견 등에 비추어 보아 원고가 교환직렬에 대하여 다른 일반직 직원과 비교하여 5년간의 정년차등을 둔 것이 사회통념상 합리성이 없다고 단정하기는 어렵다 할 것이다"라고 판결했다.

제 3 절 성희롱

[사례 23] 성희롱 문제

A녀는 회사 사장 B가 회식자리에서 자기 옆에 앉으라고 하면서 자신을 챙겨주는 것을 매우 불편하게 생각한다. 한번은 회식 후 몇몇 직원이 노래방에 갔고 부르스타임에 모두 나와 춤을 추었고, B는 A와 부르스를 추면서 "내말을 들으면 승진을 시켜주고 듣지 않으면 승진하지 못한다"고 말하였다. A녀는 신경쓰지 않았고 B사장의 요구에도 업무적인 것이 아니면 요구에 응하지 않았다. 사장말대로 자기보다 후임자가 승진되고 A녀 자신은 승진되지 못했다. 그 이후에도 B사장은 끊임없이 지나친 성적 요구와 업무부적격이라는 트집을 번갈아 가며 했다. A녀는 결국 견디다 못해 사직을 하였으나 억울하다. A녀는 어떻게 구제받을 수 있을까?

1. 성희롱의 개념과 구별개념

1) 성희롱의 개념

성희롱(sexual harassment)은 성적 괴롭힘, 성적 모욕, 성적 성가심을 말한다. 성희롱은 1975년 미국 코넬대학교에서 최초로 사용한 용어로 여성이 원하지 않는 성적 행동으로 정의하였다. 상대방의 의사에 반하는 성과 관련된 언동으로 불쾌감과 굴욕감을 느끼게 하거나 고용상 불이익 등 유・무형의 피해를 주는 일체의 행위를 말한다.

성희롱이라는 용어는 1999년 2월 8일 제정된 「남녀차별금지및구제에관한법률」과 이때 개정된 「남녀고용평등과 일・가정 양립 지원에 관한 법률」에 규정되어 법적인 의미를 갖게 되었다. 이 규정이 있기 전에 성희롱이라는 용어는 법률상 용어가 아닌 단지 사회적 용어에 불과한 것이었다. 그래서 성희롱이 많은 사회적 문제를 안고 있었지만 이에 대해 적절히 대체하는데 어려움이 있었다.

「남녀고용평등과 일・가정 양립 지원에 관한 법률」 제2조 2호에서는 "직장 내 성희롱"이란 사업주・상급자 또는 근로자가 직장 내의 지위를 이용하거나 업무와 관련하여 다른 근로자에게 성적 언동 등으로 성적 굴욕감 또는 혐오감을 느끼게 하거나 성적 언동 또는 그 밖의 요구 등에 따르지 아니하였다는 이유로 고용에서 불이익을 주는 것을 말한다고 규정하고 있다. 그리고 「국가인권위원회법」 제2조 5호에서 "성희롱"이라 함은 업무, 고용 그 밖의 관계에서 공공기관의 종사자, 사용자 또는 근로자가 그 직위를 이용하거나 업무 등과 관련하여 성적 언동 등으로 성적 굴욕감 또는 혐오감을 느끼게 하거나 성적 언동 그 밖의 요구 등에 대한 불응을 이유로 고용상의 불이익을 주는 것을 말한다고 규정하고 있다.

성적인 언어나 행위로 상대방에게 신체적・정신적 손상이나 고통을 주는 성적 침해는 성범죄와 성희롱까지 포함한 성적 불법행위 일체가 포함된다. 성적 침해가 성범죄와 성희롱을 포함하는 것으로 볼 때 성희롱은 성적침해가 되나 성범죄에는 포함되지 않는다. 따라서 성희롱은 형법상 범죄행위와 구별하여 고찰한다.

2) 성희롱과 성폭력의 차이

성적인 언어나 행위로 상대방에게 신체적·정신적 손상이나 고통을 주는 성적 침해는 성범죄와 성희롱까지 포함한 성적 불법행위 일체가 포함된다. 성적 침해가 성범죄와 성희롱을 포함하는 것으로 볼 때 성희롱은 성적침해가 되나 성범죄에는 포함되지 않는다. 따라서 성희롱은 형법상 범죄행위와 구별하여 고찰한다.

성희롱과 강제추행·강간 등 성폭력범죄는 성을 대상으로 삼는다는 점에서는 같으나, 그 근거법, 제재의 목적, 제재 수단, 판단기준, 주체와 객체, 처벌 등에서 서로 다르다.

〈표 5-4〉 성희롱과 성폭력 범죄 비교

차이	성희롱	성폭력 범죄
근거법	「양성평등기본법」, 「남녀고용평등과 일·가정 양립 지원에 관한 법률」, 「국가인권위원회법」	형법, "성폭력에 관한 법"
제재목적	성희롱 가해자가 피해자의 고용상 불이익이나 고용환경 악화 방지	강간과 강제추행 등 성범죄는 개인의 성적 자기결정권 보호
제재수단	폭행 또는 협박이 필요없음	폭행 또는 협박이 필요
판단기준	피해자의 주관적인 침해	객관적으로 인정되는 침해
주체와 객체	가해자-공공기관 등, 직장의 사업주 및 직장 내 상급자나 동료 피해자-공공기관 등, 직장에 고용되어 있는 하급자 또는 동료로 남녀간 차별 불문	강간죄와 강제추행죄의 피해자는 사람으로 남녀 모두가 해당
처벌	행정적, 민사적 규제대상, 시정조치 등의 징계와 과태료 부과	형사적 제재대상, 징역 또는 벌금

2. 성희롱의 규제와 각국의 입법

1) 성희롱의 규제

성희롱은 일상생활 과정 중 어느 곳에서나 발생할 수 있고, 가장 빈번하게 일어나는 곳이 직장에서의 성희롱이다. 이제 성희롱은 개인의 사소한 문제가 아닌 사회적 문제로 쟁점화되고 있고, 이를 성별에 근거한 남녀차별의 일 유형으로 간주하여 이에 대한 법제정, 예방교육, 훈련 등으로 대책을 강구하려는 움직임이 국제적 흐름이다.

1993년 12월 12일 UN총회에서 채택된 '여성에 대한 폭력철폐선언'에서 성희롱(sexual harassment)을 여성에 대한 폭력과 UN '여성차별철폐협약' 제1조가 규정하고 있는 여성차별에 해당하며, 인권과 기본적 자유를 침해하는 것으로 보고, 국제기구들은 성희롱을 규제하도록 각 회원국들에게 촉구하고 있다.

2) 각국의 입법

(1) 미국

미국에서는 성희롱을 오래 전부터 심각한 사회문제로 인식하였다. 미국은 1964년 「시민권법」(The Civil Right Act)과 1972년 교육법 수정안 Title Ⅸ에서 성희롱과 대처절차에 대해 규정하고 있다. 1975년 미연방대법원은 성희롱을 「시민권법」 제7편 703조의 성차별에 해당하는 것으로 판시하였다. 1980년 고용기회균등위원회(EEOC: Equal Employment Opportunity Commission)에서 성희롱의 가이드라인을 제시하였는데 이 지침에 따르면 성희롱이란 "원치 않는 성적인 접근, 성관계의 요구 그리고 그 밖의 성적인 성격을 갖는 언어적 혹은 육체적 행위"를 의미한다고 하고 성희롱을 성차별의 한 형태로 보았다. 이 지침은 그 자체가 어떠한 법적 구속력을 가지는 것은 아니지만, 법원이나 학계 등에서 활용하고 있고 다른 나라에서도 그 해석기준으로 사용되고 있다.

1986년에 내린 메리터 금융회사판결(Meritor Savings Bank v. Vision)[4]에서 미연방대법원은 불법적인 성희롱으로 인정할 수 있는 경우는 희롱행위가 심각하고 상습적이어서 학대적인 근무환경을 만들어 여직원들의 근무에 지장을 주는 경우라고 명시하였다. 또한 성차별이 임금의 차별이나 구체적으로 드러나는 차별에 국한되는 것은 아니라고 하면서 설령 여직원들의 급료나 진급 등에 영향을 미치지 않았다 할지라도 직장에서 여성들에게 적대적인 환경(hostile environment)을 만드는 것은 성희롱으로 이는 「민권법」에서 금지된 것이라고 판결하였다.

또한 1993년 해리스판결(Harris v. Forklift Systems, Inc.,)[5]에서는 단순한 돌발적 표현이나 행동을 성희롱으로 간주할 수는 없지만 아주 심각한 심리적 위협이 증명되어야만 성희롱이 성립되는 것은 아니라고 보았다. 즉 피해자의 심리적 상태에 심각한 영향을 미쳤다면 불법행위이지만 근무환경이 적대적이거나 학대적이라고 이성적으로 판단된다면 굳이 심리적 피해를 입증할 필요가 없다고 하여 성희롱의 적용범위의 확대를 가져왔다. 그러나 연방대법원은 메리터 금융회사판결과 마찬가지로 해리스 판결에서도 성희롱에 해당하는 행위나 상황이 발생하는 '적대적 환경'이 어떤 것인지 확실한 기준을 제시하지는 못했다.

(2) 일본

일본에서는 1997년 「남녀고용기회균등법」의 개정으로 제21조에 남녀차별방지를 위한 사업주의 의무를 규정하였고, 1998년 3월 그 시행지침을 마련하였다. 지침에서 "성희롱이란 직장에서 행해지는 성적 행동에 대한 여성노동자의 대응에 따라 당해 여성 노동자의 노동조건이 불이익하게 변경되는 것(대가형 성희롱) 또는 당해 성적 언동에 의하여 여성 노동자의 취업환경이 침해되는 것(환경형 성희롱)을 말한다"고 규정하였다.

4) 477 U.S. 57(1986).
5) 000 U.S U10433(1993).

(3) 한국

한국은 1990년대에 들어와서 성희롱을 비롯한 다양한 성차별을 사회 문제로 인식하였고, 여성에 대한 성적 침해에 대한 규제를 위해 여러 법률에서 이를 규정하고 있다.

우리나라에서 성희롱이 법적으로 규정된 것은 1995년 여성발전기본법에서이다. 1999년 「남녀고용평등법」에서 직장 내 성희롱을 규정하였고, 2001년 모성보호관련법에서 그 규정이 세분화되었다. 현재는 「양성평등기본법」과 「남녀고용평등과 일·가정 양립 지원에 관한 법률」, 「국가인권위원회법」에서 성희롱에 대해 개념을 제시하고 있고 다음과 같다.

〈표 5-5〉 각 법별 성희롱의 개념

법 규정	개념 정의
「양성평등기본법」 제3조 2호	'성희롱'이란 업무, 고용 그 밖의 관계에서 국가기관·지방자치단체 또는 대통령령으로 정하는 공공단체의 종사자, 사용자 또는 근로자가 (1) 지위를 이용하거나 업무 등과 관련하여 성적 언동 등으로 상대방에게 성적 굴욕감이나 혐오감을 느끼게 하는 행위, (2) 상대방이 성적 언동 또는 요구에 대한 불응을 이유로 불이익을 주거나 그에 따르는 것을 조건으로 이익공여의 의사표시를 하는 행위를 말한다.
「남녀고용평등과 일·가정 양립 지원에 관한 법률」 제2조 2호	'직장내 성희롱'이란 사업주·상급자 또는 근로자가 직장 내의 지위를 이용하거나 업무와 관련하여 다른 근로자에게 성적 언동 등으로 성적 굴욕감 또는 혐오감을 느끼게 하거나 성적 언동 또는 그 밖의 요구 등에 따르지 아니하였다는 이유로 고용에서 불이익을 주는 것을 말한다.
「국가인권위원회법」 제2조 5호	'성희롱'이라 함은 업무, 고용 그 밖의 관계에서 공공기관의 종사자, 사용자 또는 근로자가 그 직위를 이용하거나 업무 등과 관련하여 성적 언동 등으로 성적 굴욕감 또는 혐오감을 느끼게 하거나 성적 언동 그 밖의 요구 등에 대한 불응을 이유로 고용상의 불이익을 주는 것을 말한다.

「남녀고용평등과 일·가정 양립 지원에 관한 법률」에서는 직장에서

의 성희롱을 정의한 반면 「양성평등기본법」과 「국가인권위원회법」에서는 직장 뿐 아니라 공공기관 종사자의 성희롱까지도 포괄하는 넓은 개념으로 정의하고 있다.

이와 같이 법률에 성희롱이 규정됨으로써 직장 내에서 성희롱을 규제할 법률적 근거가 생겼으며, 고용노동부는 실효성을 확보하고자 직장 내 성희롱 예방지도 지침을 제시하고, 신속한 구제를 위한 절차를 정하고 있다.

성희롱은 직장, 학교에서의 경우가 가장 많은 사례를 차지하고 있다. 상습적으로 여학생의 어깨를 만지거나 등을 치기도 하는 것이 문제가 되고, M.T. 후 뒷풀이에서 여학생에게 술을 따르라는 교수에게 정직 3개월의 중징계를 한 경우가 있었다. 그러나 직장에서는 많은 경우 성희롱이 행해지고 있으나 여성은 해고위협, 감원 등으로 인해 불이익을 받지 않으려고 하다 보니 부당한 성적 침해행위가 가해져 왔다.

우리나라에서 성희롱을 성적 침해행위로 관심을 끈 사건이 '서울대 우조교 성희롱 사건'으로, 이는 여성의 사회적 지위 및 남녀차별 문제에 관한 본격적 논의의 계기를 제공하였다.

서울대 우조교 사건은 5년간의 법정공방 끝에 성희롱을 인정함으로써 일단락 지어졌는데, 이는 성희롱에 관한 최초의 법적 판단이었다는 점이 주목할 대상이다. 1998년 대법원은 피고 신OO교수에게 원고가 입은 정신적 손해를 배상할 책임이 있다고 하여 원고(우조교)승소판결을 내렸다.

이 사건에서 법원은 성적 괴롭힘의 보호법익과 행위유형 등을 제시하였고, 성희롱 가해자의 의도의 입증여부에 관계없이 피해자의 인격을 침해하여 고통을 주는 정도라면 위법이며, 피해자가 성적 굴욕감이나 혐오감을 느끼면 성희롱에 해당된다고 보는 성희롱의 개념정의와 그 적용범위를 제시함으로써 향후 성희롱의 문제가 법적인 쟁점이 될 수 있는 사안임을 명백히 하였고 이를 통해 성평등을 실현하는데 변화를 가져온 것으로 평가할 수 있다.

이 사건 이후 성적 침해는 사회적 관심사가 되었고 성희롱은 비록 범죄행위는 아닐지라도 여성의 인격권을 침해하는 불법행위로서 손해배상의 근거가 될 수 있다는 인식을 갖게 하는 계기가 되었다.

3. 성희롱의 요건

성희롱의 위법성 여부를 판단함에는 당해 성적 언동의 성질이나 그것이 행해진 배경적 제 상황 등을 종합적으로 고려하여야 할 것이지만, 개별적 사례의 사실관계에서 구체적 기준이 되는 요소를 객관화하고 명확화할 필요가 있다. 이를 살펴보면 다음과 같다.

① 첫째로, 성희롱은 근로관계와 관련하여 행해진 행위이어야 한다. 그 행위의 주체는 피해자에게 영향력있는 직장의 상급자와 직원간의 관계에서 뿐 아니라 동료간의 관계에서도 이루어질 수 있다.

② 둘째로, 성희롱은 성적 행위, 즉 불쾌한 성적 접근에 응하기를 요구하는 행위 기타 성적인 성격을 갖는 일체의 언동을 포함한다. 다양한 종류의 언동이 거론될 수 있지만, 여기서 정의되는 법적인 성희롱은 그 성적인 성격이 노골적이고 성적인 의도가 분명히 간취될 수 있어야 한다. 교육상 또는 직업수행상의 필요에 의해 행해지는 신체적 접촉 또는 친밀감의 표시나 사회관습상 의례적으로 이루어지는 언동은 이에 해당될 수 없다. 또 그 행위의 태양은 중대하고 철저한 것이어야 한다. 피해자의 의사에 반하여 집요하게 반복적으로 이루어지는 성적 언동이 그러한 것이다. 피해자가 당한 경미하고 사소한 사항을 불법행위로 인정하는 경우에는 그와 함께 활동하는 자의 행동의 자유를 부당하게 제한하게 될 것이기 때문이다.

③ 셋째로, 성희롱은 그 행위의 상대방이 원하지 않은 행위이다. 직장 내 성희롱은 상대방이 원하지 아니하는 성적인 언어나 행동에 의하거나 또는 이를 조건으로 하는 것이어야 한다. 행위를 원하였는가의 여부는 구체적 사례마다 피해자가 실제로 가진 심리적 태도에 의존하는

것이지만 그것만이 결정적인 것은 아니다. 그 판단에는 행위를 둘러싼 객관적인 정황을 고려하되, 현존하는 사회적 편견으로 인하여 피해자가 입게 될 심리적, 사회적 피해를 고려하여야 한다. 따라서 진지한 목적을 가진 호소나 권유는 이에 해당하지 않는다. 또 동의를 하였다고 하여 모두 원한 행위라고 단정할 수 없다. 성적 수치심 때문에 또는 좋지 않은 소문을 미연에 막기 위하여 피해자가 적극적으로 반발의 반응을 보이지 못하는 경우가 허다하고, 상대방의 동의하에 성적 호의가 이루어졌다 하더라도 계속적으로 그러한 관계가 요구되는 경우에는 그 거부로 인하여 가져올 불이익 때문에 거부할 수 없는 사정이 있을 수 있기 때문이다.

④ 넷째로, 성희롱에는 고용조건이나 근로환경에 관하여 성을 이유로 한 차별적 취급이 있어야 한다. 성적 행위가 단순한 발언이나 일회적인 거동에 그치는 것으로서 피해자의 고용상의 지위나 기타 노동조건에 구체적인 불이익을 가져오지 않는 경우에는 위법성이 부인된다.

⑤ 다섯째, 성희롱으로 피해자에게 손해 또는 침해가 발생하여야 한다. 즉 성희롱으로 고용상 불이익을 받거나 업무능률의 저하가 발생하는 경우도 성희롱에 해당한다. 직장 내 성희롱은 고용상의 불이익을 주거나 또는 성적굴욕감을 유발하여 고용환경을 악화시키는 것이어야 한다.

⑥ 여섯째, 성희롱은 성희롱을 당한 사람에 한정하여 구제조치가 이루어져야 한다. 직장의 한 부서에서 몇몇 직원을 대상으로 상사의 성희롱이 이루어졌다고 하여 해당 부서의 모든 직원에 대한 성희롱의 구제를 주장하는 것은 성희롱의 구제범위를 과도하게 확대될 수 있다는 점을 유의할 필요가 있다.[6)]

6) 롯데호텔 여직원 270명은 회사 임직원 12명으로부터 관행적으로 성희롱을 당했다며 17억6,000만원의 손해배상 청구소송을 지난 2000년 8월 냈다.
서울지법은 2002년 11월 26일 "회사인 롯데호텔과 남자직원 4명은 여직원 19명에게 모두 2,900만원을 지급하라"며 원고 일부승소 판결했다. 재판부는 판결문에서 "최씨 등이 여직원들에 대해 한 언동은 남녀고용평등법 등에서 정한 '직장 내의 지위를 이용한' 성희롱에 해당한다 할 수 있다"며 "성희롱 상대 여직원에게 각각 100만~200만원씩 위자료로 지급하게 한 1심 판결은 정당하다"고 판시했다.

4. 성희롱의 유형

성희롱은 성차별의 한 유형으로 그 유형과 한계를 정하기가 쉽지 않다. 보통 성희롱을 조건형(보복형)성희롱과 고용환경형 성희롱으로 나누고 있다.

1) 조건형 성희롱

조건적 성희롱(conditional sexual harassment)은 성적 행위에 대한 수용 여부에 따라 피해자의 고용관계에 대한 이익이나 불이익이 주어지는 경우로, 성적 행위에 대한 거절로 인하여 해고나 승진거절 등 고용상의 차별적 처우를 가져오는 것을 말한다. 이는 일정한 대가를 전제로 이루어지는 것으로 대가형 혹은 보상형 성희롱이라 할 수 있다. '고용상의 불이익을 주는 것'은 채용, 승진, 전직, 휴직, 해고 등에서 근로조건을 일방적으로 불이익을 주는 것으로 조건적 성희롱에 해당한다.

채용이나 직급의 승진 등에 있어서 영향을 미칠 직위에 있는 자가 성적인 언어나 행동으로 성적 요구를 하고 자신의 성적 요구를 들어주면 채용이나 승진을 시켜주겠다고 하는 경우가 이에 해당한다.

2) 환경형 성희롱

환경형 성희롱(environmental sexual harassment)은 성희롱 행위자가 성적 언어나 행동으로 성희롱 피해자의 업무 능률을 저해하거나 성희롱 피해자가 성희롱 행위를 수용하지 않을 경우 위협적이고 공격적인 근무환경을 형성할 의도를 보이거나 그로 인해 고용환경을 악화시키는 것을 말한다.

'성적 굴욕감을 유발하여 고용환경을 악화시키는 것'은 성적인 언어나 행동 등으로 위협적, 적대적인 고용환경을 형성하거나 성적 굴욕감으로 업무능률을 저해시키는 것으로 환경형 성희롱에 해당한다.

성희롱으로 인한 피해자로 하여금 성적 굴욕감이나 혐오감을 품게 하고 정신적 압박을 느끼도록 하며 직장에서 근무하기 힘들게 하여 업무능률을 저해하도록 하는, 근로환경에 부당하고 심각한 불이익을 조성하는 행위가 이에 해당한다.

5. 성희롱의 주체와 객체

1) 성희롱의 주체

성희롱의 주체(가해자)는 공공기관, 각급학교, 공공유관단체의 종사자, 사업체의 사업주, 상급자 또는 근로자로서 동료와 하급자가 해당된다. 그러나 거래처 관계자나 고객 등 제3자는 그 주체가 되지 않는다.

사업주는 반드시 사업체의 소유자일 필요는 없고 고용, 해고, 승급, 전보, 징계 등의 권한을 가지고 있는 사업체의 대표자로 충분하다. 상급자는 직위 또는 업무에 있어서 행위 대상자에게 승급, 업무평가, 보직 등에 영향을 미칠 수 있는 지위에 있는 자를 말한다. 근로자는 직장에서 고용되어 노무를 제공하고 임금을 받아 생활하는 사람을 말한다. 성희롱은 남녀 성에 구별없이 동료는 물론 하급자도 성희롱의 가해자가 될 수 있다.

2) 성희롱의 객체

직장내 성희롱의 객체는 주로 여성근로자이지만 남녀근로자 모두가 될 수 있다. 성희롱은 일반적으로 불평등한 권력관계를 배경으로 발생하며 지위가 낮았던 여성에게 성희롱이 많이 발생해 대개 여성에 대한 성차별의 한 유형으로 인식되어 왔다. 성희롱 대상은 남성과 여성간, 남성과 남성간, 여성과 여성간에도 일어날 수 있다.

따라서 성희롱은 직장 내 조직이나 업무상 고용된 자, 근로자로서 동료나 하급자 누구나 그 대상이 될 수 있다. 여기서 고용된 자는 임시고용직 근로자도 포함되며, 모집, 채용단계에 있는 구직자도 그 피해자가 될 수 있다.

6. 성희롱의 보호법익

일반적으로 보아 직장 내에서 여성의 인간의 존엄에 대한 공격은 모두 위법한 것으로 그 행위의 대부분은 이미 형사적으로 처벌되거나 불법행위가 구성되는 것으로 다루어지고 있어 성적 괴롭힘(성희롱)이 법적인 보호를 받을 수 있는 행위인가가 문제가 되었다.

인간은 헌법상 보장되는 개인의 존엄권과 행복추구권으로부터 연역되는 사법상의 권리로서 일반적 인격권을 가진다. 그 내용의 하나로서 이른바 성적 자기결정권을 가질 뿐 아니라 근로자로서는 성적인 차별을 받지 않는 근로환경 하에서 성적 불쾌감을 받지 않고 일할 수 있는 근로자로서의 인격적 이익을 갖는다고 할 수 있으므로 성희롱은 근로자로서의 근로의 권리와 성적 자기결정권을 침해하는 것이라고 할 수 있다.

성적 자기결정권을 보호하는 현행법의 규정으로서는 일반적인 관계에서 폭행 협박을 수반하는 이른바 성폭력행위(강간, 강제추행 등)와 공중밀집장소에서의 추행 및 통신매체를 이용한 음란행위를 처벌하는 규정이 있고, 고용관계에서는 위계 및 위력에 의한 간음과 함께 위계 및 위력에 의한 추행도 처벌하는 규정이 있다. 그러나 여기서 성적 괴롭힘이라고 하는 새로운 법적 개념으로써 불법행위제도에 의해 민사적인 관계에서 보호하려는 성적 자기결정의 자유는 고용관계에서 이루어지는 일체의 성적 행위를 대상으로 한다.

7. 성희롱의 행위 예시

「남녀고용평등과 일·가정 양립 지원에 관한 법률」 시행규칙 제2조(별표 1)에서는 다음과 같은 성희롱 판단 기준을 제시하고 있다.

[직장 내 성희롱 판단을 위한 기준의 예시]

1) 성적인 언동에 대한 예시

(1) 육체적 행위

① 입맞춤이나 포옹, 뒤에서 껴안는 등의 신체적 접촉행위
② 가슴·엉덩이 등 특정 신체부위를 만지는 행위
③ 안마나 애무를 강요하는 행위

(2) 언어적 행위

① 음란한 농담을 하거나 음탕하고 상스러운 이야기를 하는 행위(전화통화를 포함한다)
② 외모에 대한 성적인 비유나 평가를 한 행위
③ 성적인 사실관계를 묻거나 성적인 내용의 정보를 의도적으로 유포하는 행위
④ 성적인 관계를 강요하거나 회유하는 행위
⑤ 회식자리 등에서 무리하게 옆에 앉혀 술을 따르도록 강요하는 행위

(3) 시각적 행위

① 음란한 사진·그림·낙서·출판물 등을 게시하거나 보여주는 행위(컴퓨터통신이나 팩시밀리 등을 이용하는 경우를 포함한다)
② 성과 관련된 자신의 특정 신체부위를 고의적으로 노출하거나 만지는 행위

(4) 그밖에 사회통념상 성적 굴욕감 또는 혐오감을 느끼게 하는 것으로 인정되는 언어나 행동

2) 고용상의 불이익에 대한 예시

채용탈락·감봉·승진탈락·전직·정직·휴직·해고 등과 같이 채용 또는 근로조건을 일방적으로 불리하게 하는 것을 말한다.

성희롱 여부의 판단시에는 피해자의 주관적 사정을 고려하되, 사회통념상 합리적인 사람이 피해자의 입장이라면 문제가 되는 행동에 대하여 어떻게 판단하고 대응하였을 것인가를 함께 고려하여야 하며, 결과적으로 위협적·적대적인 고용환경을 형성하여 업무능률을 저해하게 되는지를 검토하여야 한다.

여기서 특정신체부위를 만지는 행위는 형법상의 강제추행죄에 해당될 수 있고, 안마나 애무를 강요하는 행위는 강요죄에 해당될 수 있는데 형법상 범죄구성 이외의 행위만을 성희롱으로 본다. 성적인 사실관계를 묻거나 성적인 내용의 정보를 의도적으로 유포하는 행위는 형법상 모욕죄, 명예훼손죄에 해당될 수 있다. 성적인 관계를 강요하거나 회유하는 행위는 형법상 강간죄, 업무상 위력·위계에 의한 간음죄, 강요죄에 해당될 수 있다.

음란한 사진 등을 게시하거나 보여주는 행위는 형법상 음란물죄에 해당될 수 있고 "성폭력에 관한 특례법" 13조의 통신매체이용음란죄에 해당될 수 있다.

국가인권위원회가 성희롱으로 결정한 사례

- 간접적으로 전해들은 성적 언동도 성희롱(2006.12.26.결정 06진차465)
- 퇴폐영업장소에서의 회식(2006.9.18.결정 06진차201)
- 직장상사의 일방적인 애정표시, 부적절한 성적 제한은 성희롱 (2010.2.4결정 09진차1342)

용어알기

• **성희롱과 강제추행의 구별**

성희롱과 강제추행은 당사자가 성별, 연령, 관계를 불문하고 성적인 의미있는 행위가 그 내용이 된다. 그러나 행위수단에 있어서 성희롱은 폭행, 협박이 아닌 성적 접촉인 반면 강제추행은 폭행, 협박에 의한 추행에 국한된다. 성희롱은 피해자의 주관적인 감정을 상하게 하는 사소한 성적 침해를 기준으로 판단하는데 반해 강제추행은 사회적 중요성(성적 의미)이 객관적으로 인정될 만한 성적 침해를 기준으로 판단한다. 성희롱의 경우에는 민사상의 손해배상을 하여야 하고 성희롱과 관련하여 고용상 불이익을 주는 경우에는 5백만원 이하의 벌금에 처해지고 직장 내 성희롱의 예방조치를 취하지 않는 사업주에 대해서는 3백만원 이하의 과태료를 부과한다. 반면에 강제추행의 경우는 10년 이하의 징역 또는 1천 5백만원 이하의 벌금의 형사상 제재가 가해진다.

8. 성희롱의 예방과 대책

1) 예방교육의 실시와 구제

사업주는 직장 내 성희롱 예방의무를 진다. 「남녀고용평등과 일・가정 양립 지원에 관한 법률」과 시행령, 공공기관의 성희롱 예방지침 등에 기초하여 모든 사업주는 연 1회 이상 예방교육을 하여야 한다. 사업주는 전직원을 대상으로 연수, 조회, 부서별 교육, 시청각 교육 등 1년에 1회 이상 성희롱 방지 교육을 실시해야 한다.

또한 사업주는 성희롱 문제를 처리할 고충처리기구나 절차를 마련하여 활용하여야 한다. 회사는 성희롱 행위자에 대해 부서전환이나 경고, 견책, 정직, 휴직, 전직, 대기발령, 해고 등의 징계를 해야 한다. 성희롱 피해 근로자가 관계기관에 진정이나 고소를 했다는 이유로 회사가 피해자에게 고용상 불이익을 주는 경우에는 처벌한다.

2) 권리구제의 방법

(1) 국가인권위원회를 통한 구제

국가인권위원회에서는 공공기관, 근로자 등 일반적인 성희롱에 대한 구제, 조사를 한다. 성희롱 피해자는 우선 국가인권위원회에 진정을 할 수 있다. 성희롱을 당한 당사자나 그 사실을 알고 있는 사람 또는 단체는 전화, 우편, 방문, 팩스, 홈페이지를 통해 국가인권위원회에 성희롱에 대한 진정을 접수할 수 있다.

국가위원회는 진정이 접수되면 이에 대한 조사를 통해 성희롱으로 인정되는 경우에 성희롱 행위자에게 교육, 손해배상, 성희롱 재발방지 등을 권고한다. 또한 성희롱 예방조치 및 성희롱 발생 후 조치가 미흡한 경우에는 성희롱 행위자의 소속 기관의 장에게 재발방지대책 수립을 권고하기도 한다.

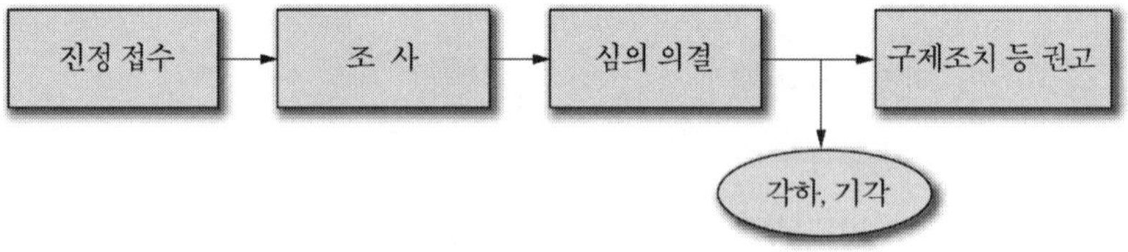

[그림 5-1] 국가인권위원회 성희롱 구제절차

진정에 관한 위원회의 조사와 증거의 확보 또는 피해자의 권리구제를 위하여 필요하다고 인정하는 경우에 국가인권위원회는 피해자를 위하여 법률구조요청을 한다.

국가인권위원회는 접수된 진정에 대하여 조사·권고의 절차를 진행하는 것 외에 당사자간 합의나 조정을 통한 해결을 진행한다. 조정절차는 당사자의 신청이나 위원회의 직권으로 조정위원회에 진정을 회부하여 조정이 성립되거나 조정에 상응하는 결정에 대해 이의가 없는 경우에 재판상의 화해와 같은 효력을 갖게 된다.

(2) 지방노동관서를 통한 구제

사업주는 직장 내 성희롱을 금지하고 성희롱이 발생한 경우에 사업주에 대한 조치의무와 불이익 조치 금지 그리고 의무위반시 제재를 하도록 하고 있다. 직장에서의 성희롱의 경우에 사업주가 성희롱 행위자에 대하여 징계조치를 취하지 않거나, 피해 근로자가 권리구제를 신청한 것 등을 이유로 해고, 휴직, 전직, 감봉 기타 고용상의 불이익을 주는 경우에 지방노동관서에 진정을 제기하여 구제받을 수 있다. 또한 부당해고 등을 당한 경우 근로자는 노동위원회에 구제신청을 통하여 구제받을 수 있다(「근로기준법」 제28조).

(3) 민사소송을 통한 구제 등

그 밖에 성희롱의 피해자는 민법과 국가배상법에 의해 손해배상을 청구할 수 있다. 사업주와 성희롱 행위자를 대상으로 민사소송을 제기하여 정신적·물질적 고통을 준 것에 대하여 손해배상을 청구할 수 있다.

3) 벌칙

「남녀고용평등과 일·가정 양립 지원에 관한 법률」에서 성희롱에 대해 다음과 같이 벌하고 있다.

〈표 5-6〉

처 벌	유 형
3년 이하의 징역 또는 2천만원 이하의 벌금	• 직장 내 성희롱과 관련하여 피해를 입은 근로자 또는 성희롱 발생을 주장하는 근로자에게 해고나 그 밖의 불리한 조치를 하는 경우
500만원 이하의 과태료	• 직장 내 성희롱 발생이 확인되었는 데도 지체 없이 행위자에게 징계나 그 밖에 이에 준하는 조치를 하지 아니한 경우 • 근로자가 고객 등에 의한 성희롱 피해를 주장하거나 고객 등으로부터의 성적 요구 등에 불응한 것을 이유로 해고나 그 밖의 불이익한 조치를 한 경우
300만원 이하의 과태료	• 직장 내 성희롱 예방 교육을 하지 아니한 자

그 밖에 장애인, 아동, 노인에 대한 성희롱을 금지하고 이를 위반한 경우에 처벌하도록 규정하고 있다.

4) 성희롱 문제의 확인과 해결

[문제 확인과 해결]

[문제]

1. 성희롱은 행위자가 성희롱을 하려는 의도를 가져야만 성립하나요?
2. 성희롱은 피해자가 그 자리에서 거부 의사를 밝혀야 성립되나요?
3. 단 1회의 성적 언동도 성희롱이 성립되나요?
4. 크게 불쾌감을 주지 않는 성적 언동도 성희롱이 되나요?

5. 특정인을 대상으로 하지 않은 성적 농담도 성희롱이 성립되나요?
6. 다음 예시와 같은 경우도 성희롱이 성립될까?

[예시]
· 직장내 회식때 "한잔해, 한잔해"라고 권주한다.
· 출장 업무시 모텔 앞을 지나다 "쉬었다 갈까?"라고 말한다.
· 상급자의 늦은 밤 "내가 평소에 자기 좋아하는 것 알지?"라고 전화한다.

[해결]
1. 성희롱 행위자가 스스로 성희롱으로 인식하지 못하고 있더라도 피해자는 성희롱으로 받아들일 수 있으므로 행위자의 성적인 의도가 없더라도 성희롱이 성립될 수 있다.
2. 성희롱 당시 피해자가 대처방법을 몰라 명시적인 거부의사를 밝히지 못하였으나 성적 굴욕감을 느껴 성희롱을 주장하는 경우에도 성희롱이 성립될 수 있다.
3. 단 한번의 성적 언동이라도 피해자가 그로 인해 성적 굴욕감은 느끼거나 성적 요구를 거부했다는 이유로 고용상 불이익을 받았다면 성희롱이 된다.
4. 크게 불쾌감을 주지 않는 성적 언동이라도 행위를 반복하여 성적 굴욕감을 유발시켰다면 성희롱이 된다.
5. 특정인을 염두에 두지 않은 성적 언동도 성적 굴욕감을 주고 거부감을 주는 환경을 조성하였다면 성희롱이 될 수 있다.
6. 이 경우도 성희롱이 될 수 있다.

[판례 5-3] 성희롱의 법적 평가(대법원 1998.2.10., 95다39533)

【원심: 서울고법 1995.7.25, 94나15358】

□ 사건의 개요

원고 우OO는 서울대학교 자연과학대학 화학과에서 실험기기조작 담당 조교로 채용되었는데, 원고가 기기조작을 위한 기술교육을 받기 위해 출근을 시작한 초기부터 피고 신OO(교수)는 기기작동 기술교육을 빙자하여 교육과 무관한 신체적 접촉을 반복 계속하고 산책데이트를 하자고 요구하면서 옷을 피고의 연구실에서 갈아입으면 된다고 말하거나, 원고의 땋은 머리를 잡아당기며 "누가 이렇게 시골처녀처럼 머리를 땋고 다니느냐", "단둘이서 입방식을 하자"고 말하거나, 원고를 자신의 연구실로 불러 세워놓고 아래 위를 훑어보는 등 지속적으로 이른바 '성희롱'에 해당하는 언동을 하여 원고는 수치심 때문에 몸둘 바를 몰라 하는 등 피고의 언동에 엄청난 스트레스를 받았고, 심리적 불쾌감과 성적 굴욕감에 시달리면서도 직장 내의 불이익 때문에 즉각적인 거절은 하지 못하고 묵시적으로 거절의사를 표현하였다. 원고로부터 성적 접근을 거절당한 위 피고는 그에 보복하기 위하여 원고의 업무를 방해했으며, 종국에 가서는 원고를 해임하였는데, 그로 인하여 원고는 형언할 수 없는 정신적 고통을 받았다고 하면서, 그로 인하여 원고는 프라이버시와 성적 자유를 침해당하였을 뿐 아니라, 일하기 쉬운 직장에서 일할 권리를 침해당하였다고 주장하였다.

위 피고의 위와 같은 행위는 민법상 불법행위를 구성하는 것이고, 원고는 그로 인하여 극심한 정신적 고통을 입었을 뿐 아니라 종국에는 직장을 잃게 되는 손해를 입었으므로 그 손해의 배상으로서 금 50,000,000원의 지급을 구한다는 소송을 제기하여 원심에서는 성희롱을 인정하여 원고에게 3천만원의 배상을 하게 하는 피고 패소판결을 내렸다. 그러니 고등법원은 이를 번복하여 원고 패소판결을 내리자 원고는 상고하였다.

□ 법적인 쟁점

고등법원은 이 사건에서의 성적 괴롭힘에 있어서 보호법익에 대해 다음과 같이 보았다.

(1) 보호법익

각인은 헌법상 보장되는 개인의 존엄권과 행복추구권으로부터 연역되는 사법상의 권리로서 일반적 인격권을 가지며, 그 내용의 하나로서 이른바 성적 자주결정권을 가질 뿐 아니라 근로자로서는 성적인 차별을 당함이 없는 근로환경 하에서 성적 불쾌감을 받지 않고 일할 수 있는 근로자로서의 인격적 이익을 갖는다고 할 수 있으므로 성적 괴롭힘은 근로자로서의 근로의 권리와 성적 자주결정권을 침해하는 것이라고 할 수 있다.

앞서 본 바와 같이 성적 자주결정권을 보호하는 현행법의 규정으로서는 일반적인 관계에서 폭행 협박을 수반하는 이른바 성폭력행위(강간, 강제추행 등)와 공중밀집장소에서의 추행 및 통신매체를 이용한 음란행위를 처벌하는 규정이 있고, 고용관계에서는 위계 및 위력에 의한 간음과 함께 위계 및 위력에 의한 추행도 처벌하는 규정이 있다(「성폭력범죄의 처벌 및 피해자보호 등에 관한 법률」 제11조 참조). 그러나 여기서 성적 괴롭힘이라고 하는 새로운 법적 개념으로써 불법행위제도에 의해 민사적인 관계에서 보호하려는 성적 자주결정의 자유는 고용관계에서 이루어지는 일체의 성적 행위를 대상으로 한다. 그러므로 그 대상에는 폭행 협박을 수반한 것이거나 위계나 위력에 의한 경우뿐 아니라 뒤에서 보는 바와 같이 여성의 인간으로서의 존엄을 공격하는 중대하고 철저한 성적 행위가 모두 포괄된다고 보아야 한다.

(2) '성적 괴롭힘'의 법적 정의-행위유형

일반적으로 보아 직장 내에서 여성의 인간의 존엄에 대한 공격은 모두 위법한 것으로 법에 의해 제재되어야 한다고 말할 수 있는데, 이러한 행위의 대부분은 이미 형사적으로 처벌되거나 불법행위가 구성되는 것으로 다루어지고 있으므로 새로이 성적 괴롭힘으로써 법적인 보호를 베풀어야 하는 것이 어떠한 행위인가를 고찰해야 할 것이다.

그 위법성의 여부를 판단함에는 당해 성적 언동의 성질이나 그것이 행해진 배경적 제 상황 등을 종합적으로 고려하여야 할 것이지만, 개별적 사례의 사실관계에서 구체적 기준이 되는 요소를 객관화, 명확화할 필요가 있다. 이를 살펴보면 다음과 같다.

첫째로, '성적 괴롭힘'은 고용관계와 관련하여 행해진 행위이어야 한다. 그 행위의 주체는 피해자에게 영향력있는 직장의 상급자와 직원간의 관계에서 뿐 아니라 동료간의 관계에서도 이루어질 수 있다.

둘째로, '성적 괴롭힘'은 성적 행위, 즉 불쾌한 성적 접근에 응하기를 요구하는 행위 기타 성적인 성격을 가지고 하는 일체의 언동을 포함한다. 다양한 종류의 언동이 거론될 수 있지만, 여기서 정의되는 법적인 성적 괴롭힘은 그 성적인 성격이 노골적이고 성적인 의도가 분명히 간취될 수 있어야 한다. 교육상 또는 직업수행상의 필요에 의해 행해지는 신체적 접촉 또는 친밀감의 표시나 사회관습상 의례적으로 이루어지는 언동은 이에 해당될 수 없다. 또 그 행위의 태양은 중대하고 철저한 것이어야 한다. 피해자의 의사에 반하여 집요하게 반복적으로 이루어지는 성적 언동이 그러한 것이다. 피해자가 당한 경미하고 사소한 사항을 불법행위로 인정하는 경우에는 그와 함께 활동하는 자의 행동의 자유를 부당히 제한하게 될 것이기 때문이다.

셋째로, '성적 괴롭힘'은 그 행위 상대방이 원하지 않은 행위이다. 원하였는가의 여부는 구체적 사례마다 피해자가 실제로 가진 심리적 태도에 의존하는 것이지만 그것만이 결정적인 것은 아니다. 그 판단에는 행위를 둘러싼 객관적인 정황을 고려하되, 현존하는 사회적 편견으로 인하여 피해자가 입게 될 심리적, 사회적 피해를 고려하여야 한다. 따라서 진지한 목적을 가진 호소나 권유는 이에 해당하지 않는다. 또 동의를 하였다고 하여 모두 원해진 행위라고 단정될 수 없다. 성적 수치심 때문에 또는 좋지 않은 소문을 미연에 막기 위하여 피해자가 적극적으로 반발의 반응을 보이지 못하는 경우가 허다하고, 동의하에 성적 호의가 이루어졌다 하더라도 계속적으로 그러한 관계가 요구되는 경우에는 그 거부로 인하여 결과될 불이익 때문에 거부할 수 없는 사정이 있을 수 있기 때문이다.

넷째로, '성적 괴롭힘'에는 고용조건이나 근로환경에 관하여 성을 이유로 한 차별적 취급이 있어야 한다. 여기에는 위와 같은 성적 행위에 대한 수용 여부에 따라 피해자의 고용관계에 대한 이익이나 불이익이 주어지는 경우(이른바 조건적 성적 괴롭힘)와 성적 행위 자체가 피해자의 근로조건을 변경하고 굴욕적인 근로환경을 조성하게 되는 경우(이른바 환경형 성적 괴롭힘)가 있을 수 있다. 전자는 성적 행위에 대한 거절로 인하여 해고나 승진거절 등 고용상의 차별적 처우를 가져오는 경우이고, 후자는 성적 행위 자체가 그 피해자로 하여금 성적 굴욕감이나 혐오감을 품게 하여 그의 업무수행이나 근로환경에 부당하고 심각한 불이익을 가져오는 경우이다. 성적 행위가 단순한 발언이나 일회적인 거동에 그치는 것으로서 피해자의 고용상의 지위나 기타 노동조건에 구체적인 불이익을 가져오지 않는 경우에는 위법성이 부인된다.

□ 대법원의 판단

(1) 화학과 교수 겸 엔엠알기기의 총책임자로서 사실상 원고에 대하여 지휘·감독관계에 있는 피고의 위와 같은 언동은 분명한 성적인 동기와 의도를 가진 것으로 보여지고, 그러한 성적인 언동은 비록 일정기간 동안에 한하는 것이지만 그 기간 동안만큼은 집요하고 계속적인 까닭에 사회통념상 일상생활에서 허용되는 단순한 농담 또는 호의적이고 권유적인 언동으로 볼 수 없고, 오히려 원고로 하여금 성적 굴욕감이나 혐오감을 느끼게 하는 것으로서 원고의 인격권을 침해하였다고 할 것이고,

이러한 침해행위는 선량한 풍속 또는 사회질서에 위반하는 위법한 행위이고, 이로써 원고가 정신적으로 고통을 입었음은 경험칙상 명백하다고 할 것이다.

따라서 위 피고의 위와 같은 성적인 언동은 불법행위를 구성한다 할 것이므로 피고로서는 원고에 대하여 원고가 입은 정신적 손해를 배상할 책임이 있다고 할 것이다.

그리고 이른바 성희롱의 위법성의 문제는 종전에는 법적 문제로 노출되지 아니한 채 묵인되거나 당사자간에 해결되었던 것이나 앞으로는 빈번히 문제될 소지가 많다는 점에서는 새로운 유형의 불법행위이기는 하나, 이를 논함에 있어서는 위에서 본 바와 같이 이를 일반 불법행위의 한 유형으로 파악하여 행위의 위법성 여부에 따라 불법행위의 성부를 가리면 족한 것이지, 원심이 설시하는 바와 같은 불법행위를 구성하는 성희롱을 고용관계에 한정하여, 조건적 성희롱과 환경형 성희롱으로 구분하고, 특히 환경형의 성희롱의 경우, 그 성희롱의 태양이 중대하고 철저한 정도에 이르러야 하며, 불법행위가 성립하기 위하여는 가해자의 성적 언동 자체가 피해자의 업무수행을 부당히 간섭하고 적대적 굴욕적 근무환경을 조성함으로써 실제상 피해자가 업무능력을 저해당하였다거나 정신적인 안정에 중대한 영향을 입을 것을 요건으로 하는 것이므로 불법행위에 기한 손해배상을 청구하는 피해자로서는 가해자의 성희롱으로 말미암아 단순한 분노, 슬픔, 울화, 놀람을 초과하는 정신적 고통을 받았다는 점을 주장·입증하여야 한다는 견해는 이를 채택할 수 없는 것이다. 또한 피해자가 가해자의 성희롱을 거부하였다는 이유로 보복적으로 해고를 당하였다든지 아니면 근로환경에 부당한 간섭을 당하였다든지 하는 사정은 위자료를 산정하는 데에 참작사유가 되는 것에 불과할 뿐 불법행위의 성립 여부를 좌우하는 요소는 아니라 할 것이다.

(2) 서울대학교 총장인 피고 김○○이 피고의 성희롱 사실을 사전에 알거나 알 수 있었고, 또한 피고의 성희롱 사실을 사후에 은폐하려고 하였다고 보여지지 아니하고, 달리 이를 인정할 증거도 없으며, 앞서 본 바와 같이 위 피고의 성희롱 행위가 위 피고의 사무집행에 관련된 것이라고 볼 수도 없으므로, 피고 김○○이 원고에 대하여 불법행위자 본인으로서의 손해배상책임을 부담한다고 할 수 없다.

□ **평가**

서울대 우조교 사건은 5년간의 법정공방 끝에 성희롱을 인정함으로써 일단락 지어졌는데, 이는 성희롱에 관한 최초의 법적 판단이었다는 점이 주목할 대상이다. 1998년 대법원은 피고 신OO교수에게 원고가 입은 정신적 손해를 배상할 책임이 있다고 하여 원고승소판결을 내렸다.

이 사건에서 법원은 성적 괴롭힘의 보호법익과 행위유형 등을 제시하였고, 성희롱 가해자의 의도가 입증되건 아니건 간에 피해자의 인격을 침해하여 고통을 주는 정도라면 위법이며, 피해자가 성적 굴욕감이나 혐오감을 느끼면 성희롱에 해당된다고 성희롱의 개념정의와 그 적용범위를 제시함으로써 향후 성희롱의 문제가 법적인 쟁점이 될 수 있는 사안임을 명백히 하였고 이를 통해 성평등을 실현하는데 변화를 가져온 것으로 평가할 수 있다.

[판례 5-4] 롯데호텔 성희롱 집단 소송사건(서울지법2002.11.26. 2000가합57462)

□ **사건의 개요**

'롯데호텔 성희롱 사건'은 2000년 7월. 여직원 3백27명이 직장 상사에게 성희롱을 당했다고 노동부에 진정서를 내었고, 조사를 담당한 서울지방노동청은 롯데호텔측에 가해자에 대한 시정조치를 통보해 징계하도록 했고, 롯데호텔은 그 해 12월 노동부가 성희롱 가해자로 통보한 임직원 32명 중 21명을 징계했다.

그리고 진정서를 낸 여직원 중 2백70명은 같은 해 8월 "회사 상사들로부터 상습적으로 성희롱을 당했다"며 회사측을 상대로 17억6천만원의 소송을 냈다. 이중 2백30명이 재판 과정에서 소를 취하했고 남은 롯데호텔 여직원 40명이 여성 직원에게 상습적으로 음담패설을 한 김아무개 이사 등 7명과 신격호 대표이사, 회사인 롯데호텔을 상대로 낸 2억2,000만원의 손해배상 청구소송을 내었었다.

□ **법원의 판결**

서울지법 민사18부는 "회사는 송모씨 등 피해자 9명에게 각각 1백만~3백만원씩 총 1천3백만원을 지급하고 최모씨 등 가해자 4명은 피해자 10명에게 1백만~3백만원씩 총 1천6백만원 지급하라"고 원고일부승소 판결했다.

재판부는 판결문에서 "회사가 업무의 연속선상에 있다고 보이는 야유회 등 공식적인 자리에서 일상생활에서 용인되는 범주를 넘어 성적 굴욕감을 느끼게 할 정도의 행동이 있다는 것을 알면서도 적절한 개선책을 마련하지 않고 방치한 사실이 인정된다"고 밝히면서 "성희롱 위험이 상존하는 피고회사(롯데호텔)는 단순히 성희롱 예방교육을 정례적으로 실시한 것만으로 고용계약상 보호의무를 다했다고 보기 힘들다"고 했으며 덧붙여 회사의 정례적인 성희롱 예방교육이 직장내 성희롱의 면책사유가 될 수 없음을 밝혔다.

하지만 비공식적 회식 등 직무상 관련이 없는 곳에서 발생한 성희롱에 대해서는 회사의 책임이 없다고 판단, 가해자에 대한 배상 책임만 인정했다.

또한 재판부는 회사 임원이 회식자리에서 여직원을 성추행한 경우 그 자리에 동석한 다른 여직원이 느끼는 성적 굴욕감과 혐오감을 느끼게 했음을 인정하고 동석한 여직원에 대한 정신적 피해에 대한 배상으로 1백만을 지급하라고 판결하였다.

한편 남자직원이 성희롱으로 해석될 여지가 있는 언행을 했더라도 무의식중에 한 것이거나 성적인 의도가 없었던 것에 대해서는 성희롱에 해당되지 않는다고 판단했다.

□ 평가

이 판결은 첫째, 직장내 성희롱으로 집단 소송을 낸 최초의 사건으로 사용자의 고용계약상 직원의 보호 의무를 근무시간은 물론 야유회, 송년회 등 공식 행사까지 확대하고 부서의 책임자가 성희롱 사실을 알았다면 회사도 책임을 져야 한다고 하여 회사에 임직원이 한 성희롱의 책임을 인정하여, 회사에게 성희롱 방지 의무를 인정한 첫 판례라는 점에서 큰 의의를 갖는다.

둘째, 재판부는 회사 임원이 회식자리에서 여직원을 성추행한 경우 그 자리에 동석한 다른 여직원이 느끼는 성적 수치심도 간접 성희롱 피해로 인정, 여성의 인권보호에 대한 한층 진일보한 판결로 평가받고 있다.

그러나 비공식적 회식 등 직무상 관련이 없는 곳에서 발생한 성희롱에 대해서는 회사의 책임이 없다고 판단, 가해자에 대한 배상 책임만 인정하였고, 남자직원이 성희롱으로 해석될 여지가 있는 언행을 했더라도 무의식중에 한 것이거나 성적인 의도가 없었던 것에 대해서는 성희롱에 해당되지 않는다고 판단했다.
셋째, 일부나마 성희롱에 대한 회사 책임을 인정하고 간접적인 성희롱을 인정한 것은 큰 의미가 있지만 회사 책임을 너무 좁게 해석했고 배상액도 턱없이 적다는 비판이 제기되었던 사건이다.

사례 해결

B회사가 임신한 근로자 A녀에게 정기건강검진을 이유로 임금 삭감을 한 것은 「근로기준법」상 근로자의 건강 및 모성보호 규정을 위반하여 500만원 이하의 벌금에 처해질 수 있다. 또한 A녀를 출산 20일 만에 출근하도록 강제했다면 출산전후 · 휴가규정(출산후 휴가는 45일 이상 주어야 한다)을 위반으로 B회사 사업주는 2년 이하의 징역 또는 1천만원 이하의 벌금의 처벌을 받을 수 있다.

[사례 21]
동일직종(사업)에 근무하고 있는 동일한 가치를 갖는 일을 하는 경우는 동일노동, 동일임금을 주어야 하는 원칙 위반을 주장할 수 있다. 이에 해당되어 회사업주는 3년 이하의 징역 또는 2천만원 이하 벌금의 제재를 받을 수 있다.

[사례 22]
「남녀고용평등과 일 · 가정 양립 지원에 관한 법률」상 A양은 1년 이내에서 육아휴직을 신청할 수 있고, 이를 거절하는 경우에 500만원 이하의 벌금에 처한다고 주장할 수 있다. 만약 육아휴직을 이유로 해고한다면 사장은 3년 이하의 징역 또는 2천만원 이하의 벌금에 처해진다. 다만 A양은 회사 사정상 계속 다닐 회사라면 1년 이내에서 육아휴직기간을 서로 합의하여 조정하는 것이 바람직하다 하겠다.

[사례 23]
회사 사장은 A녀에게 승진을 이유로 성적 요구를 한 조건적 성희롱과 성희롱으로 인한 근무능력이 저하되어 이를 이유로 사직하게 한 환경적 성희롱에 해당되어 사장은 3년 이하의 징역 또는 2천만원 이하의 벌금으로 처벌될 수 있다. A는 성희롱을 이유로 사직하였으므로 회사로 복직할 수 있다.

제6장 여성과 복지생활

제1절 여성복지제도의 발전과 현황

1. 여성복지제도의 발전

여성복지는 여성이 국가나 사회로부터 인간의 존엄성과 인간다운 생활을 할 권리를 동등하게 보장받음으로써 현존하는 여성억압 및 성차별문제를 해결하여 여성의 복리를 증진하고 양성평등사회를 구현하기 위하여 사회제도가 원조를 제공함으로써 이루어지는 것으로 궁극적으로 여성의 삶의 질을 향상하는데 그 목적이 있다.

자본주의의 사회구조적 모순을 해결하고 인간의 존엄성을 구현하고자 하는 국민에 대한 국가적 책임의 요구와 함께 등장한 복지제도는 자본주의의 발전에 따라 변화되는 사회구조 그리고 이에 대한 새로운 문제의 발생으로 그 영역이 확대되었다. 국가는 정상적인 사회생활을 하지 못하는 사회적 약자를 대상으로 최소한도의 인간다운 생활을 보장해 주기 위한 방향으로 사회복지제도를 형성, 실천해 왔다. 이에 따라 사회복지법도 변화되고 발전되어 오고 있다.

그 동안 사회구조적으로 여성은 경제활동면에서도 법적인 지위면에서도 열악한 상황에 있어 왔고 이를 개선하기 위한 국가의 복지적 노력이 지속적으로 펼쳐지기 시작하였다. 그럼에도 불구하고 여전히 여성의 사회적 지위는 복지의 사각지대로 남아 있는 곳이 많다.

우리나라에서 시행되고 있는 대표적인 사회보장제도는 국민들이 노령, 장애, 사망 등으로 소득활동을 할 수 없을 때 기본적인 생활이 가능하도록 연금을 지급하는 국민연금제도를 비롯하여 건강보험, 산재보험, 고용보험 등 사회보험과 생활보호, 의료보호 등 공적부조, 그리고 사회복지서비스 등이 있다. 1970년까지만 해도 사회보장제도는 주로 구호사업 및 구빈정책이 주가 되었다. 그러나 70년대 후반에 실시되었던 의료보험이나 1988년 실시된 국민연금제도로 인해 1980년대 이후부터 사회보장제도가 그 틀을 갖추기 시작했다고 볼 수 있다.

우리나라에서 사회복지에 있어서 체계화를 이루기 시작한 것은 1995년에 제정된 사회보장기본법에서라고 할 수 있다. 1963년에 제정된 사회보장에 관한 법률 이후 가장 큰 성과라고 할 수 있다. 이를 통해 여성들의 권익을 향상시키고 여성과 가정의 복지수준을 보다 기본적인 문제에 접근할 수 있도록 해 주었다. 통합의료보험법인 「국민건강의료보험법」과 공공부조법인 「국민기초생활보장법」이 제정되었고, 「고용보험법」의 제정(1993년)과 시행(1995년), 「국민연금법」의 개정(1998년)으로 국민전체를 소득보장제도에 포함시키고 보험의 적용대상을 확대함으로써 국민복지정책에 박차를 가할 수 있게 되었다.

〈표 6-1〉 연도별 사회복지법 도입현황

*( )연도는 법의 제정일시

연 도	사 회 복 지 법
1960	공무원연금법('60.1.1)
1961	갱생보호법('61.11.1), 군사원호보상법('61.11.1), 생활보호법('61.12.30), 윤락행위등방지법('61.11.9), 아동복리법('61.12.30)→아동복지법('81.4.13, 법명개정)
1962	신원보험법('62.1.10), 재해구호법('62.3.30), 국가유공자 및 월남귀순자보호법('62.4.10)

연 도	사 회 복 지 법
1963	군인연금법('63.1.18), 산업재해보상보험법('63.11.5), 의료보험법('63.12.16), 사회보장에관한법률('63.11.5)
1968	자활지도사업임시조치법('68.7.23)
1970	사회복지사업법('70.1.1.), 재해구제로인한의사상자구호법('70.8.4)→의사상자등예우및지원에관한법률('07.8.3, 법명개정)
1973	사립학교교원연금법('73.12.20), 모자보건법('73.2.8), 국민복지연금법('73.12.24)→국민연금법('86.12.31, 법명개정)
1976	개정의료보험법('76.12.22), 입양특례법('76.12.31)
1977	공무원사립학교교원의료보험법('77.12.31), 의료보험법('77.12.31), 특수교육진흥법('77.12.31), 의료보호법('77.12.31)→의료급여법('01.5.24, 법명개정)
1980	사회복지사업기금법('80.12.31)
1981	심신장애자복지법('81.6.5)→장애인복지법('89.12.30, 법명개정), 노인복지법('81.6.5), 전문개정아동복지법('81.4.13)
1982	전문개정공무원연금법('82.12.28), 전문개정생활보호법('82.12.31), 유아교육진흥법('82.12.31)
1984	국가유공자예우등에관한법률('84.8.2)
1986	전문개정국민연금법('82.12.28),전문개정갱생보호법('82.12.31), 최저임금법('86.12.)
1988	국민연금법시행('88.1.1), 농어촌지역의료보험시행('88.1.1)
1989	도시지역의료보험시행('89.7.1), 전문개정장애인복지법('89.12.30제정), 장애인고용촉진등에관한법률('89.12.16제정), 모자복지법('89.4.1제정) →모·부자복지법('02.12.18, 법명개정)→한부모가족지원법('07.10.17, 법명개정)
1991	영유아보육법('91.1.14), 청소년기본법('91.12.31제정)
1993	일제치하일본군위안부피해자에대한생활안정지원및기념사업등에관한법률('93.6.11)
1994	성폭력범죄처벌및피해자보호등에관한법률('94.1.5)
1995	고용보험법 시행('95.7.1), 농어민연금시행('95.7.1), 사회보장기본법('95.12.30), 정신보건법('95.12.30), 여성발전기본법('95.12.30)
1997	국민의료보험법('97.12.31), 가정폭력방지및피해자보호등에관한법률('97.12.31), 청소년보호법('97.3.7), 사회복지공동모금법('97.3.27)→사회복지공동모금회법('99.3.31, 법명변경), 북한이탈주민의보호및정착지원에관한법률('97.1.13제정), 장애인·노인·임산부등의편의증진보장에관한법률('97.4.10)
1999	국민건강보험법('99.2.8), 도시주민연금법시행('99.4.1), 국민기초생활보장법('99.9.7)
2000	국민건강보험법 시행('00.7), 국민기초생활보장법시행('00.10.1)
2004	농어촌주민의보건복지증진을위한특별법('04.1.29), 성매매방지및피해자보호등에관한법률('04.3.22)
2005	범죄피해자보호법('05.12.23), 실종아동등의보호및지원에관한법률('05.5.31), 장애인차별금지및권리구제등에관한법률('05.5.18)
2007	군인복지기본법('07.12.21), 재해위험개선사업및이주대책에관한특별법(('07.8.3), 한센인피해사건의진상규명및피해자생활지원등에관한법('07.10.17), 가족친화사회환경의조성촉진에관한법률('07.12.14), 노인장기요양보험법('07.4.27), 기초노령연금법('07.4.25), 결혼중개업의관리에관한법률('07.12.14.), 장애인차별금지및권리구제등에관한법률('07.4.10.)
2008	다문화가족지원법('08.3.21), 경력단절여성 등의 경제활동촉진법('08.6.5)

연 도	사 회 복 지 법
2010	장애인연금법('10.4.12.)
2011	장애인활동지원에관한법률('11.10.5.), 예술인복지법('11.11.17.), 아동의빈곤예방및지원등에관한법률('11.7.14.)
2012	장애인 · 고령자등주거약자지원에관한법률('12.2.22.), 노숙인등의복지및자립에관한법률('12.6.8.), 자살예방및생명존중문화조성을위한법률('12.3.31.)
2013	헤이그국제아동탈취협약이행에관한대법원규칙('13.5.11.)
2014	아동학대범죄의처벌등에관한특별법('14.1.18)
2015	장애인건강권및의료접근성보장에관한법률('15.10.29)
2016	장애인 · 노인등을위한보조기기지원및활동촉진에관한법률('16.12.30)

2. 여성복지제도의 현황

과거에 비해 여성의 사회활동도 증가되고 있고 여성복지수준도 향상되었지만 아래 통계청 집계에 의하면 2017년 여성의 경제활동률은 2015년에 비해 1.1%나 증가하였으나 남성의 경제활동률 79.3%와는 20%이상 차이가 나는 것으로 나타나고 있다.

〈표 6-2〉 경제활동인구

(단위: 천명, %)

	2015	2016	2017
15세이상인구	43,239	43,606	43,931
경제활동인구	27,153	27,418	27,748
취업자	26,178	26,409	26,725
실업자	976	1,009	1,023
비경제활동인구	16,086	16,187	16,840
경제활동참가율	68.4	68.7	69.2
경제활동참가율(남)	78.9	78.9	79.3
경제활동참가율(여)	57.9	58.3	59.0
고용률	65.9	66.1	66.6
실업률	3.6	3.7	3.7

출처:통계청

보건복지부가 조사한 국민기초생활 수급자 현황 통계에 의하면 2016

년 국민기초생활수급자수는 남성이 699,735(2.7%)인 반면 여성은 839,804(3.2%)로 14만명 정도 여성이 더 많게 나타났다. 여전히 남성에 비해 여성이 경제적으로 보다 빈곤한 상태에 처해 있음을 알 수 있다.

〈표 6-3〉 국민기초생활 수급자 현황

(단위: 명, %)

	여성	남성
총인구	25,868,622	
수급자수	839,804	699,735
수급자비율	3.2	2.7

출처 : 2016 보건복지부 통계

〈표 6-4〉 생애주기별 기초생활수급자 비율

(단위: %)

구분	계	영유아기 (0-5)	학령기 (6-11)	청소년기 (12-19)	청년기 (20-39)	중년기 (40-64)	노년기 (65-)
남성	100	2.1	8.2	21.5	9.9	38.7	19.6
여성	100	1.7	6.5	17.5	10.2	30.3	33.8

출처: 2016보건복지부 통계

생애주기별 수급자 비율도 남자는 중년기(38.7%)에 높게 나타났고 여성은 노년기(33.8%)에 높게 나타나 노인이 될수록 남성보다 여성이 더 빈곤해 짐을 알 수 있다.

2000년 우리나라는 고령화사회(노인인구 7% 이상 14% 이내)로 진입하면서 노인의 삶에 대한 질 향상과 가족 내 부담을 해소하고자 하는 노력이 실천되고 있다. 2008년 7월 1일부터 장기요양보험제도가 시행됨으로써 인구고령화와 늘어나는 노인질환자들에 대한 사회적 대응책을 마련하고자 하고 있다.

특히 2010년도 통계청 발표에 의하면 여성의 기대수명은 82.9세로 남성의 기대수명 76.1세보다 높아 여성이 남성보다 6.8년을 더 사는 것으로 집계되었다. 2010년 현재 만 45세 남자는 앞으로 32.0년을, 만 45세 여자는 39.0년을 더 살 것으로 전망되었다. 이에 따라 여성고령인구는 남성에 비해 많지만 경제적 대책은 여전히 낮은 수준에 있어 노인여성에 대한 복지정책 또한 고려되어야 한다.

〈표 6-5〉 기대수명

연도	1970	1980	1990	2000	2005	2007	2010	1020	2030
전체	61.9	65.7	71.3	76.0	78.6	79.6	79.6	81.5	83.1
남자	58.7	61.8	67.3	72.3	75.1	76.1	76.1	78.0	79.8
여자	65.6	70.0	75.5	79.6	81.9	82.7	82.9	84.7	86.3
차이	6.9	8.2	8.2	7.3	6.8	6.6	6.7	6.6	6.5

자료: 통계청 장래인구추계 재구성

제 2 절 사회복지법

1. 사회보험법

사회보험은 생활에 직면하는 사회적 제반위험을 민간보험원리를 적용하여 국가가 시행하는 강제보험을 말하며, 「국민연금법」, 「국민건강보험법」, 「산업재해보상보험법」, 「고용보험법」이 있다.

1) 국민연금법

「국민연금법」은 사회보험의 일종으로 가입자, 사용자 및 국가로부터 일정한 보험료를 받아 이를 재원으로 소득능력이 상실 또는 감퇴된 경우 가입자 본인이나 그 유족에게 일정액의 급부를 주어 안정된 생활을 할 수 있도록 국가가 운영하는 장기소득보장체제를 구축하기 위한 법이다(박차상 외 3인, 한국사회복지법강의: 234).

국민연금제도는 국민의 노령, 질병, 폐질 또는 사망에 대하여 연금급여를 실시함으로써 국민의 생활안정과 복지증진에 기여하는 것을 목적으로 하는 국가가 운영하는 장기적인 소득보장제도이다.

국민연금제도는 퇴직, 조기실직 등의 사회적 생활수준의 위험요인으로부터 안정적인 노후생활을 보장해 주는 제도로서 고령화시대에 들어선 현재 노인문제해결에 획기적인 역할을 하고 있는 제도이다.

국민연금은 공적연금으로서 가입이 법적으로 의무화되어 있는 것으로 관리운영비의 많은 부분은 국고에서 지원되고 영업이익을 추구하지 않는다.

국민연금은 국내에 거주하는 18세 이상 60세 미만의 국민이 가입대상이 되며, 「공무원연금법」, 「군인연금법」 및 「사립학교교원연금법」의 적용을 받는 공무원, 군인 및 사립학교교직원 기타 대통령령이 정하는 자는 제외한다.

연금급여의 종류로는 노령연금, 장애연금, 유족연금, 반환일시금이 있고, 노령연금에는 다시 완전노령연금, 감액노령연금, 재직자노령연금, 조기노령연금, 특례노령연금으로 세분되며, 국민연금의 관리운영은 국민연금관리공단이 한다.

2) 국민건강보험법

국민건강보험제도란 국민이 평소에 보험료를 내어 보험사고가 발생할 경우 보험급여를 해 줌으로써 국민 상호간에 위험을 분담하고 의료서비스를 제공하는 사회보장제도이다. 이는 일상생활에서 발생하는 불의의 질병이나 부상으로 인해 소비되어질 진료비를 분담함으로써 가계의 파탄을 방지하는 역할을 한다.

「국민건강보험법」은 헌법 제34조의 국가의 사회복지증진의무규정을 근거로 하여 제정되었다. 「국민건강보호법」은 국민의 질병·부상에 대한 예방·진단·치료·재활과 출산·사망 및 건강증진에 대하여 보험급여를 실시함으로써 국민건강을 향상시키고 사회보장을 증진함을 목적으로 한다.

「국민건강보험법」은 ① 국민의 의료비를 개인의 책임이 아닌 사회공동의 연대책임을 활용하여 사회적 연대를 강화하여 사회통합을 이루는 기능을 수행하며, ② 각 개인은 경제적 능력에 따라 일정한 부담을 지워서 소득을 재분배하는 기능을 하며, ③ 미리 비용부담을 짐으로써 위험을 시간적으로 분산시키는 기능을 수행한다.

「국민건강보험법」의 적용대상은 「의료급여법」에 의하여 의료급여를 받는 자, 「독립유공자예우에 관한 법률」 및 「국가유공자 등 예우 및 지원에 관한 법률」에 의하여 의료보호를 받는 자를 제외한 국내에 거주하는 국민은 건강보험의 가입자 또는 피부양자가 된다. 피부양자는 직장가입자에 의하여 주로 생계를 유지하는 보수 또는 소득이 없는 자로서 ① 직장가입자의 배우자, ② 직장가입자의 직계존속, ③ 직장가입자의 직계존속 및 배우자, ④ 직장가입자의 형제·자매를 말한다.

「국민건강보험법」에 따라 제공되는 급여는 요양급여와 건강진단, 요양비지급 및 부가급여가 있으며, 건강보험의 보험자는 국민건강보험공단으로 한다.

보험급여를 받을 수 있는 자가 기간 중 ① 해외에 여행중인 때, ② 국외에서 업무에 종사하고 있을 때, ③ 하사·병 및 무관후보생으로 복무중인 때, ④ 교도소 기타 이에 준하는 시설에 수용되어 있는 때에는 보험급여를 하지 아니한다.

3) 산업재해보상보험법

「산업재해보상보험법」(이하 "산재보험법"이라 한다)은 산업현장에서 활동하는 근로자에게 발생할 수 있는 제반 재해에 대해 근로자와 가족을 보호하고 사업주의 위험부담을 경감하는 일종의 사회보장법이다.

산재보험은 근로자의 업무상의 재해를 신속하고 공정하게 보상하고, 이에 필요한 보험시설을 설치·운영하며, 재해예방 기타 근로자의 복지증진을 위한 사업을 행함으로써 근로자 보호에 이바지함을 목적으로 하고 있다. 산재보험은 재해근로자에 대한 보상뿐 아니라 재해근로자의 재활 및 사회복귀의 촉진을 도모한다.

산재보험은 ① 업무상 재해를 입은 재해근로자에 대하여 무과실책임주의에 입각하여 사업주가 보상책임을 지게하며, ② 사업장 단위로만 가입이 이루어지고 사업장 중심으로 관리하며, ③ 보험 관련 행정의 자신신고 및 보험료자신납부를 원칙으로 한다. 또한 ④ 다른 사회보험제도에 비해 일선 업무담당자의 재량에 의한 판단, 처리가 많고, ⑤ 적용사업의 사업주에 대해 가입이 강제되며, ⑥ 업무상 재해를 입은 근로자를 적기에 확실히 보장해 주는 특징을 가진다.

산재보험은 정부의 위탁을 받은 근로복지공단을 보험자로 하고 사업주를 보험가입자로 하며, 보험급여의 수급자는 업무상의 사유에 의한 부상·질병·신체장해 또는 사망 등 업무상 재해를 당한 근로자이다.

"산재보험법"에 따른 급여는 요양급여, 휴업급여, 장해급여, 간병급여, 유족급여, 상병보상급여, 장의비 등이 있다.

4) 고용보험법

고용보험제도는 고용안정사업, 직업능력개발사업 및 실업급여를 실시함으로써 근로자가 구직으로부터 직장생활 중의 능력발전, 실직시의 생계지원 및 재취업촉진 등을 지원하는 제도로, 고용에 있어서 안전망 역할을 수행하고 있다.

「고용보험법」은 고용보험의 시행을 통하여 실업의 예방, 고용의 촉진 및 근로자의 직업능력의 개발향상을 도모하고, 국가의 직업지도, 직업소개기능을 강화하며, 근로자가 실업한 경우에 생활에 필요한 급여를 실시함으로써 근로자의 생활의 안정과 구직활동을 촉진하여 경제, 사회발전에 이바지함을 목적으로 한다. 또한 고용안정 및 구조조정을 도모하며, 고용보험전산망 등을 통하여 인력수급의 원활화를 도모하며, 근로자의 노동생산성을 향상시키고 기업경쟁력을 강화하는 기능을 한다.

「고용보험법」상 보험가입자가 되는 자는 당해 사업의 사업주와 근로자이며, 의무적으로 가입된다. 「고용보험법」상의 피보험자란 실업 등의 보험사고가 발생한 경우에 정부로부터 고용보험법상의 제(諸) 급여를 받을 권리를 가지는 자를 말한다.

고용보험 사업에는 실업을 예방하기 위한 고용안정사업과 직업능력개발사업과 이미 발생한 실업으로 인한 소득상실을 보전하기 위한 실업급여가 있다.

고용보험은 사회보험의 일종으로, 가입자인 사업주 및 근로자가 부담하는 보험료로 제정이 운용되며, 국가는 관리운영비용의 전부 또는 일부를 부담한다.

2. 공공부조법

공공부조법은 근로의 능력이 없거나 생활이 어려운 자에게 최저한도의 건강하고 문화적인 생활을 할 권리를 보장해 주는 법으로 국가와 지방자치단체가 전적으로 책임을 부담한다. 공공부조법으로는 「국민기초생활보장법」, 「의료급여법」, 「재해구호법」, 「북한이탈주민의 보호 및 정착지원에 관한 법률」이 있다.

1) 국민기초생활보장법

「국민기초생활보장법」은 헌법상 국민의 생존권보장에 그 근거를 두고 있으며, 생활이 어려운 자에게 필요한 급여를 행하여 이들의 최저생활을 보장하고 자활을 조성하는 것을 목적으로 한다.

이 법은 헌법상 생존권에 근거하여 보장되는 권리로 부양의무자의 부양과 기타 다른 법령에 의한 보호가 우선적으로 이루어지고 국가가 보충적으로 지원하는 보충성의 원리가 지배한다.

급여정도와 기준은 수급권자 및 수급자의 연령, 세대구성, 거주지역 기타 생활여건 등을 고려하여 실제의 필요에 상응하도록 정한다. 수급권자란 부양의무자가 없거나 부양의무자가 있어도 부양능력이 없거나 부양을 받을 수 없는 자로서 소득정액이 최저생계비 이하인 자로 이 법에 의한 급여를 받는 자를 말한다. 부양의무자란 수급권자를 부양할 책임이 있는 자로서 수급권자의 1촌의 직계혈족 및 그 배우자를 말한다. 근로능력이 있는 수급자란 18세 이상 60세 이하의 수급자를 말한다.

보건복지부장관은 국민의 소득·지출수준과 수급권자의 생활실태, 물가상승률 등을 고려하여 최저생계비를 결정하여야 한다. 최저생계비란 국민이 건강하고 문화적인 생활을 유지하기 위하여 소요되는 최소한의 비용으로서 보건복지부장관이 공표하는 금액을 말한다. 보건복지부 통계자료에 의하면 2018년도 최저생계비는 중위소득기준 1인가구 1,672,105원, 2인가구 2,847,097원, 3인가구 3,683,150원, 4인가구 4,519,202원, 5인가구 5,355,254원, 6인가구 6,191,307원으로 나타났다.

「국민기초생활보장법」에 의한 급여는 생계급여, 주거급여, 의료급여, 교육급여, 해산급여, 장제급여[1], 자활급여 등이 있고 수급자의 필요에 따라 위 급여가 함께 이루어진다.

수급권자와 그 친족, 기타 관계인은 관할시장, 군수, 구청장에게 수급권자에 대한 급여를 신청할 수 있고, 이 경우 사회복지전담공무원으로 하여금 급여의 결정 및 실시 등에 대해 조사하게 하여 급여실시여부와 급여내용을 결정한다.

2) 의료급여법

「의료급여법」은 생활이 어려운 자에게 의료급여를 실시함으로써 국민보건의 향상과 사회복지의 증진에 이바지함을 목적으로 하는 법으로, 비용을 국가가 전적으로 부담한다.

「의료보험법」상 수급권자는 ① 「국민기초생활보장법」에 의한 수급자, ② 「재해구호법」에 의한 이재민, ③ 「의사상자예우에 관한 법률」에 의한 사상자 및 의사자, ④ 「독립유공자예우에 관한 법률」 및 「국가유공자 등 예우 및 지원에 관한 법률」의 적용을 받고 있는 자와 의료급여 인정 가족, ⑤ 「문화재보호법」에 의하여 지정된 중요 무형문화재의 보유자 및 의료급여인정 가족, ⑥ 「북한이탈주민의 보호 및 정착지원에

1) 수급자가 사망한 경우 사체의 검안·운반·화장 또는 매장 기타 장제조치를 행하는 것을 말한다.

관한 법률」의 적용을 받고 있는 자와 의료급여인정 가족, ⑦ 「5.18민주화운동 관련자 보상 등에 관한 법률」에 의하여 보상금 등을 받은 자와 의료급여인정가족, ⑧ 기타 생활유지의 능력이 없거나 생활이 어려운 자, ⑨ 「입양특례법」에 의하여 국내에 입양된 18세 미만의 아동을 말한다. 의료급여는 수급권자의 거주지를 관할하는 시장·군수·구청장이 행한다.

3. 기타 사회복지법

1) 아동복지법

「아동복지법」은 아동에 대한 복지서비스 급부를 주축으로 실시하는 급부와 이를 위한 급부의무, 급부수속, 복지자원, 시설체계, 급부의 재정 등을 규정한 법으로, 국가가 아동에 대해 복지서비스를 급부한다는 공적인 급부책임을 진다.

1991년 우리나라는 1989년 유엔이 채택한 무차별의 원칙, 아동이익 최우선의 원칙, 아동의 생존·보호·발달의 원칙, 아동참여의 원칙 등을 중심으로 하는 아동권리협약을 비준하여 이를 준수할 국제법상 의무를 지고 있다.

「아동복지법」은 아동이 건강하게 출생하여 행복하고 안전하게 자라나도록 그 복지를 보장함을 목적으로 한다. 법적 근거는 헌법 34조 1항의 인간다운 생활을 할 권리와 「사회복지사업법」 제4조 1항의 국가와 지방자치단체의 사회복지증진 책임에 있다.

종래에 아동의 양육은 부모의 책임으로 국가는 요보호아동만을 보호하는 것으로 보았으나 아동은 보호자, 국가, 국민 모두를 포함한 사회 전체의 책임이라는 인식하에 사회가 공동으로 아동을 건전하게 육성시켜 나가야 한다.

아동은 18세 미만의 자를 말하며, '보호자'라 함은 친권자나 후견인 그리고 아동을 보호·양육·교육하거나 그 의무가 있는 자 또는 업무 · 고용 등으로 사실상 아동을 보호 · 감독하는 자를 말한다.

근래 들어 보호자, 성인 등에 의해 아동의 건강이나 복지를 해치거나 정상적인 발달을 저해할 수 있는 신체적 · 정신적 · 성적 폭력이나 가혹 행위를 하는 아동학대가 심각한 사회문제가 되고 있다. 아동학대를 예방하고 대처하기 위해 아동보호조치로서 전문기관을 설치, 운영하고 있으며, 아동보호전문기관의 장이나 아동관련 생활문제를 다루고 있는 자는 그 직무상 아동학대를 알게 된 경우에는 반드시 신고하여야 하는 신고의무가 있다.

2) 한부모가족지원법

「한부모가족지원법」은 「모자복지법」이란 이름으로 1989년 4월 1일에 제정되었으나, 2002년 개정법에 의하여 「모 · 부자복지법」으로 개명하였다. 당시에는 가부장제하에서 여성의 사회적 활동기반이 매우 취약한 형편에 있는 실정을 고려하여 도시화, 산업화, 핵가족화 등 사회적 여건의 변화에 따라 배우자가 없거나 배우자가 있어도 장기간의 근로능력상실로 사실상 여성이 가계책임을 지며 살아가는 모자가정을 보호할 필요에서 제정되었다. 그러나 배우자 없는 부에게도 모와 마찬가지로 보호가 요청되어 「모 · 부자복지법」으로 바꿨다가 2007년 10월 17일에 「한부모가족지원법」으로 개명하였다.

이 법은 한부모가족이 건강하고 문화적인 생활을 영위할 수 있도록 함으로써 한부모가족의 생활 안정과 복지 증진에 이바지함을 목적으로 하고 있다.

현대 산업화와 핵가족화 현상의 사회 구조적 변화와 이혼, 사별, 질병, 사고 등으로 인해 한부모가정이 증가하면서 모 또는 부는 가계책임과 아동양육의 책임을 혼자서 감당하게 되었다. 따라서 국가는 이들에 대한 복지증진을 위해 비용보조 등의 방법으로 혜택을 주고자 하고 있다.

여기서 "모" 또는 "부"란 ① 배우자와 사별 또는 이혼하거나 배우자로부터 유기(유기)된 자, ② 정신이나 신체의 장애로 장기간 노동능력을 상실한 배우자를 가진 자, ③ 미혼자(사실혼 관계에 있는 자 제외) 또는 이에 준한 자로서 아동인 자녀를 양육하는 자를 말한다. "한부모가족"이란 모자가족 또는 부자가족을 말한다.

국가 또는 지방자치단체는 한부모가족의 모 또는 부와 아동을 위해 직업능력개발훈련, 우선 고용을 위한 노력, 취업확대를 위한 추진과 고용지원의 연계를 하여야 한다.

보호대상자 또는 그 친족이나 그 밖의 이해관계인은 ① 생계비, ② 아동교육지원비, ③ 직업훈련비 및 훈련기간 중 생계비, ④ 아동양육비, ⑤ 그 밖에 대통령령으로 정하는 비용 등의 복지 급여를 관할 시장·군수·구청장에게 신청할 수 있다. 또한 미혼모나 미혼부가 5세 이하의 아동을 양육하면 예산의 범위에서 추가적인 복지 급여를 실시할 수 있다. 다만, 이 급여는 「국민기초생활 보장법」 등 다른 법령에 따라 보호를 받고 있는 경우가 아닌 경우에 지급하는 보충적 원칙이 지배한다.

거짓이나 그 밖의 부정한 방법으로 복지 급여를 받거나 타인으로 하여금 복지 급여를 받게 한 부정수급자에 대해서는 비용을 징수할 수 있고, 이미 지급한 보조금 등에 대해 반환을 명할 수 있다.

3) 영유아[2]보육[3]법

영유아보육은 일하는 어머니의 자녀를 맡아 보호해주는 것을 목적으로 발달되어 아동의 보호에 주기능을 부여해 왔으나 보호에서 나아가 양질의 탁아와 교육을 제공하는 교육적 탁아체계로서 '보육'의 개념이 등장하였다. 기존에는 심리학분야에서 아동의 보육과 관련하여 어머니와의 애착을 통한 정서적 관계를 강조했다. 아동의 정서적 발달, 사회성 발달, 지적 발달, 신체적 발달 등은 어머니와의 특별한 정서적 관계에서 건전한 발달을 하게 되므로 어머니는 가정에서 살림하며 아이를 키우는 것을 부각시켰었다. 이는 남녀의 고정적 성역할을 강조하여 여

2) 6세 미만의 취학전 아동

3) 영유아를 건강하고 안전하게 보호·양육하고 영유아의 발달특성에 적합한 교육을 제공하는 사회복지서비스를 말한다.

성을 가정의 범주에서 아이를 기르는 것을 행복한 주부상으로 보고 영아의 보육을 부정하는 것이었다. 그러나 여성의 사회참여가 진전됨에 따라 아이의 보육문제가 사회적 관심사가 되고 보육은 개인차원을 넘어 사회, 국가가 정책적으로 일정 역할을 하여야 하는 방향으로 진전되었다. 그래서 선진국의 경우를 보면 영유아 보육정책은 모든 아동에게 서비스를 제공한다는 보편주의 원칙을 가지고 양질의 탁아와 교육을 제공하는 방향으로 보육을 하되 이를 위해 다양한 보육서비스와 프로그램을 제공하고 있다.

우리나라는 1961년 12월 30일(법률 제912호)에 「아동복리법」이 제정된 이래, 1982년 12월 31일(법률 제3635호)에 「유아교육진흥법」을 제정하여 보육시설의 통합과 함께 국고지원책을 마련하였다. 1989년 「아동복지법시행령」에 탁아시설을 아동복지시설의 하나로 규정하고 1990년에 1월 14일(법률 제4328호)에 보사부 훈령에 의해 제정된 탁아시설의 설치·운영에 법적 근거를 두었으나 운영상 많은 문제점이 드러나자 보육문제를 효율적이고 정책적으로 지원할 필요성이 제기되었다. 이에 따라 1990년 영유아의 보육문제를 해결하고 가정의 복지를 증진한다는 취지로 「영유아보육법」이 제정되었다.

「영유아보육법」은 영유아의 심신을 보호하고 건전하게 교육하여 건강한 사회 구성원으로 육성함과 아울러 보호자의 경제적·사회적 활동이 원활하게 이루어지도록 함으로써 가정복지 증진에 이바지함을 목적으로 하고 있다. 영유아보육은 영유아의 이익 최우선의 원칙, 영유아 안전·건강한 성장을 위한 환경조성, 영유아 또는 보호자의 성·연령·종교·사회적 신분·재산·장애 및 출생지역 등에 따른 차별금지 원칙을 추구하고 있다.

영유아의 건전한 보육책임은 보호자 뿐만 아니라 국가 및 지방자치단체 그리고 모든 국민에게 있으며 이를 위해 시장·군수·구청장은 적정한 보육시설확보를 하여야 한다.

국가나 지방자치단체는 「국민기초생활보장법」에 따른 수급자와 일정

소득 이하 가구의 자녀 등의 보육에 필요한 비용을 부담하여야 한다.

초등학교 취학직전 1년의 유아 및 장애아에 대한 보육은 무상으로 하고 국가 및 지방자치단체는 무상보육비용을 부담하여야 하며, 이를 위해 필요한 보육시설을 설치·운영하여야 한다.

이 법은 보육에 대한 국가와 지방자치단체의 책임을 명시하고 있으나 그 지원대상이 생활보호대상의 자녀와 보건복지부령이 정하는 저소득층의 자녀에 한정하고 그 외의 대상에 대해서는 보육비용을 모두 수익자 부담으로 하고 있어 사회복지의 차원에서나 교육의 차원에서 보육에 있어 한계를 갖는다는 비판이 제기될 수 있다.

여성노동에 대한 수요의 증가와 함께 여성의 사회참여가 확대됨에 부응하여 여성이 출산하여도 취업을 계속할 수 있는 여건이 마련되어야 한다. 출산율이 전세계적으로 최하위를 기록하고 있는 현재 보육시설의 확충과 보육여건의 마련의 위해 국가가 정책적인 배려를 아끼지 않아야 한다. 단기적으로는 직장 내 필수적으로 보육시설을 설치하게 하고 국가나 지방자치단체는 직장보육시설의 설치와 운영에 대한 비용을 지원해 주고, 보육비용에 대한 세제지원을 통해 보호자의 보육을 위한 비용의 부담을 덜어 주어 육아로 인해 직장생활을 포기한다든가 직장생활을 위해 가정을 갖지 않는 극단에서 벗어나도록 하는 국가의 정책적인 대책을 강구해야 한다. 나아가서 근로시간의 단축, 파트타임제의 도입, 방과 후 보육시설 확충 등을 통해 가정을 갖고도 직업활동을 계속할 수 있는 여건 조성을 해주어야 한다.

저소득층에서의 보육이란 생존의 문제와 직결되어 있는 만큼 직장을 가진 어머니는 안심하고 일을 하고 아이는 교육의 혜택을 통해 잘 성장할 수 있도록 하는 여러 가지 방안을 강구해야 한다. 이러한 차원에서 보육시설을 충분히 확대하고 보육이 국가의 정책적 목표라는 인식하에 보육의 공공성의 확대가 필요하다고 하겠다.

4) 정신보건법

현대사회는 경쟁과 이에 따르는 갈등, 심한 스트레스 등의 요인으로 인해 정신질환자가 급증하고 있고, 이러한 정신질환은 개인의 생활장애에서 나아가 국민생활의 건강에의 적신호가 될 수 있다. 따라서 정신질환의 예방과 정신질환자의 의료 및 사회복귀에 관하여 필요한 사항을 규정함으로써 국민의 정신건강증진에 이바지함을 목적으로 「정신보건법」이 제정되었다. 이 법은 정신질환자의 인권보장과 정신질환으로부터의 회복을 위한 전반적인 처우를 규정하는 사회복지서비스법으로서의 성격을 가진다.

'정신질환자'라 함은 정신병·인격장애 기타 비정신병적 정신장애를 가진 자를 말하며, '정신질환자 사회복귀'라 함은 정신질환자를 정신의료기관에 입원시키거나 정신요양시설에 입소시키지 아니하고 사회복귀 촉진을 위한 훈련을 하는 것을 말한다.

모든 정신질환자는 인간으로서의 존엄과 가치를 가지며, 자발적 입원의 권장과 최적의 치료와 부당한 차별대우를 받아서는 안된다. 특히 여성의 스트레스, 우울증 등에서 시작되는 정신질환은 아동의 양육과 가족생활에 심각한 영향을 끼치는 것으로 사전적 예방과 사후적 치료를 함으로써 국민의 정신건강을 도모하여야 한다.

응급입원의 경우를 제외하고 누구든지 반드시 정신과전문의의 진단을 통하여 정신의료기관에 입원시켜야 하며, 전기충격요법, 인슐린혼수요법, 마취최면요법, 정신질환증상완화를 위한 신체일부절제술 등의 특수치료는 반드시 본인 또는 보호의무자의 동의를 얻어야 한다.

정신의료기관의 장은 의료를 위해 필요한 경우에 한하여 정신질환자에 대해 통신의 자유, 면회의 자유, 종교행사의 자유, 학문·예술의 자유, 사생활의 자유 등을 제한할 수 있으며, 본인 또는 주변 사람에 대한 위험이 커 그 회피가 명백히 곤란하다고 판단되는 경우에 한해 환자의 치료 또는 보호를 위하여 환자를 격리시킬 수 있다.

국가나 지방자치단체는 정신질환으로부터 회복된 자에게 적절한 직업훈련과 직종개발 및 보급을 위해 노력하여야 하며, 누구든지 정신질환자였다는 이유로 교육 및 고용의 기회를 박탈하거나 기타 불공평한 대우를 하여서는 아니 된다.

주요 참고문헌

〈국내문헌〉

강동욱, 성희롱, 『형사정책연구』, 제87권, 형사정책연구소, 2011

강이수, 『새 여성학 강의: 한국사회, 여성, 젠더』, 동녘, 2005

계희열, 『헌법학(중)』, 박영사, 2002

국회여성가족위원회, 성폭력 예방·재발방지 및 피해자 보호·지원 인프라 개선방향, 한국여성정책연구원, 2011

김문현, 남녀평등에 관한 미국 법여성학적 시각들에 대한 일고찰, 『공법연구』 제29집 3호, 한국공법학회, 2001

김선욱, 공·사영역에 대한 법여성학적 고찰, 『여성학논집』 제13집, 한국여성연구원, 1996

______, 법학에서의 젠더연구의 의의와 과제, 『법학논집』 제6권 1호, 이화여자대학교 법학연구소, 2001

______, 왜 Gender법학인가, 『Gender와 법학』, 이화여자대학교 법과대학창립 50주년 및 Gender법학연구센터 개원기념 학술심포지엄 자료집, 이화여자대학교 법학연구소, 2001

______, 할당제의 여성정책적 의미와 도입방안, 『여성연구』 제12권 3호, 한국여성개발원, 1994

김성천, 강간죄 성립요건인 폭력, 협박, 성폭력조장하는 대법원 판례 바꾸기, 제2007권 1호, 한국성폭력상담소, 2007

김수정·김은지, 한국 맞벌이 가구에서 가사노동과 경제적 의존의 관계, 『한국사회학』 41권 2호, 2007

김엘림, 여성주의 법학과 젠더법학의 관계와 과제, 『여성주의 법학과 젠더법학의 관계』, 한국젠더법학주최 세미나 자료, 2013.2.

______, 헌정 60년의 법과 여성의 관계, 『젠더법학』 제1권 1호, 한국젠더법학회, 2009

김영화 외, 『현대사회와 여성복지』, 양서원, 2002

김영희·박현미, 할당제의 합헌성에 관한 연구, 『여성연구』 제15권 2호, 한국여성개발원, 1997

김은애, 생명공학시대의 여성의 재생산 권리에 대한 법여성학적 고찰, 이화여자대학교 대학원 석사학위논문, 2003

______, 아내강간, 『법학논집』 제15권 4호, 이화여자대학교 법학연구소, 2011

______, 아내의 강간죄 객체성 인정에 대한 소고, 『법학논집』 제15권 4호, 이화여자대학교 법학연구소, 2011

김재인 외 12, 『성평등정책론』, 교육과학사, 2007

김정희, 한국주부의 가사노동시간과 경제적 가치 평가, 『한국가정관리학회지』, 제31권 4호, 대한가정학회, 1993
김철수, 『헌법학개론』, 박영사, 2000
김학태, 아내강간, 『외대논집』 제34권 1호, 한국외국어대학 종합연구센터 법학연구소, 2010
김희균, 상습적 아동성폭력범에 대한 화학적 거세 도입 가능성에 대한 연구, 『형사법연구』 제21권 4호, 2009
나달숙, 『헌법1』, 청목출판사, 2008
다케나카 에미코, 일본 남녀 고용평등 정책의 현재, 『노동정책연구』 제5권 2호, 2005
로즈마리 통 저, 이소영 역, 『페미니즘 사상』, 한신문화사, 1995
로즈마리 통 저, 이소영 · 정진호 옮김, 『21세기 페미니즘 사상』, N.S. Media, 2009
문은미, 평등에서 차별과 차이의 딜레마, 『여성이론』 제25호 춘간
마경희 외 3인, 양성평등정책 추진 방향 연구, 한국여성정책연구원 연구보고서, 2016
박귀천, 성희롱 피해자 입법론적 고찰: 독일작업거래 거부를 중심으로, 『이화젠더법학연구』 제3권 1호, 이화여자대학교 젠더법학연구소, 2011
박윤희 베티 프리단과 현대 미국의 여성운동, 단국대학교 석사학위논문, 2005
박은정, 여성주의와 비판적 법이론, 『현대법철학의 흐름』, 법문사, 1996
박차상 외 3인, 『한국사회복지법 강의』, 학지사, 2005
백진아, 영국의 성평등과 여성노동정책, 『현상과 인식』, 제27권 1, 2호, 한국인문사회과학회, 2003
성윤숙 · 박병식, 여성청소년의 인터넷 성매매 실태와 대응방안 연구, 한국청소년정책연구원, 2009
손덕수, 여성의 가사노동과 사회적 지위, 『여성문제연구』 제17호, 효성여자대학교 여성문제연구소, 1989
신지원, 영국고용평등법의 변천과 평등위원회의 출범, 『국제노동브리프』 제5권 12호, 한국노동연구원, 2007
양현아, 서구의 여성주의 법학-평등과 차이의 논쟁사, 『법사학연구』 제26호, 한국법사학회, 2002
엄순영, 성인지적 · 대안적 법학방법론: 여성주의법학, 『법학연구』 제19권 2호, 경상대학교, 2011
여성가족부, 2007 전국 성폭력 실태조사, 2008.1.
여성가족부, 2009년도 가정폭력 · 성폭력 보호시설 및 상담소 등 운영실적 보고, 2009
오정진, 비판 페미니즘 법학: 미국의 경우를 중심으로, 『법과 사회』 제16, 17 합본호, 법과사회이론연구회, 1999
윤진숙, 미국의 포스트모던 페미니즘 법담론에 관한 연구, 『법과 사회』 제28호, 법과사회이론학회, 2005
윤후정 · 신인령, 『법여성학-평등권과 여성』, 이화여자대학교 출판부, 1991
은기수, 한국기혼부부의 가사노동분업, 『한국인구학』 제32권 3호, 한국인구학회, 2009

음선필, 양성평등과 대한민국 헌법, 『홍익법학』 제19권 1호, 2018
이동식, 영유아보육법상 보육수당제도의 법적 문제점, 『법조』 제56권 11호 통권 614호, 법조협회, 2007
이병희, 『법과 여성』, 형설출판사, 2000
이숙연, 장애령소설시탐:종여성주의 비판적 고찰, 전북대학교 석사학위논문, 1999.
이영자 외 3인, 『성평등의 사회학』, 한울아카데미, 1993
이은아, 성주류화와 성평등 사회구조로의 전환가능성, 『사회과학연구』 제27권 4호, 2016
이은영, 『법여성학 강의』, 박영사, 2006
______, 법여성학의 위상과 이념, 『법과 사회』 제8호, 법과사회이론연구회, 1993
______, 한국 여성관련법의 변천과 법여성학의 전개, 『가지 않는 길, 법여성학을 향하여』(양현아편), 사람생각, 2004
이준일, 『차별없는 세상과 법』, 홍문사, 2012
이지연 · 이은설, 데이트 성폭력 피해, 『상담 및 심리치료』 제17집 2호, 한국심리학회, 2005
이창순 외, 편역, 『페미니즘과 포스트모더니즘의 만남』, 한울아카데미, 1997
이호중, 성폭력 형법 개정안의 주요 내용과 쟁점, 『성폭력관련 형법개정안 공청회』 자료집, 2007.2.8
장미경 편저, 『오늘의 페미니즘, 세계여성운동』, 문원, 1996
___, 『페미니즘의 이론과 정치』, 문화과학사, 1996
장미경, 『한국여성운동과 젠더정치』, 전남대학교 출판부, 2006
장혜경, 취업주부의 역할분담과 갈등요인에 관한 연구, 여성개발원, 1998
정다영, 헌법상 성평등의 현대적 이해와 실현방향, 『법학논총』 제42권 1호, 2018
정형남, 데이트성폭력 인식, 『학생생활인식』 제24권, 덕성여대 학생생활지도 연구소, 2008
조국, 성폭력조장하는 대법원 판례 바꾸기, 한국성폭력 상담소, 제2007권 1호, 2007
____, 아내강간불인정은 남성편향의 과소범죄화 극복하기, 『시민과 변호사』 통권 129호, 서울지방변호사회, 2004
조형 편, 『양성평등과 한국법 체계』, 이화여자대학교 출판부, 1996
지광준, 『은폐와 침묵을 넘어서』, 경인, 1999
최윤희, 『오늘의 법여성학』, 건국대학교 출판부, 2007
캐롤린 라마자노글루저(Ramazanoglu, Caroline), 김정선 역, 『페미니즘 무엇이 문제인가』, 문예출판사, 1997
한국여성개발원, 직장 내 성희롱의 법적 대책 방안연구, 1997
한스 켈젠 저, 김선복 역, 『정의란 무엇인가』, 책과 사람들, 2010
한인섭, 성폭력특별법과 피해자보호: 그 문제와 개선책, 『피해자학연구』 제3호, 한국피해자학회, 1994
허혜경 · 박인숙, 『사회변동과 성역할』, 문음사, 2010
____________, 『현대사회와 여성의 이해』, 문음사, 2008
황성기, 상습적 성범죄 예방수단으로서의 거세에 관한 헌법적 고찰, 『공법학연구』 제9권 3

호, 한국공법학회, 2008
황영주 외 공저, 『여성과 여성학』, 부산대학교 여성연구소, 2006
Violence Againt Women, 『여성문제연구』 제22권, 대구효성카톨릭대 사회과학연구소, 1994.

〈외국문헌〉
Carmody, M., "Sexual Ethics and Violence Prevention", Social and Legal Studies, 12(2), 2003
Carol Gilligan, In a Different Voice-Psychologigal Theory and Women's Development, Harvard University Press, 1982
Catharine A. Mackinnon, "Feminism, Marxism, Method and the State: Toward Feminist Jurisprudence, Sings:Journal of Women in Culture and Society 7, in D. Kelly Weisberg(ed), (1993), Feminist Legal Theory: Foundations, Temple University Press, 1982
__________, Feminism Unmodified: Discourses on Life and Law, Harvard University Press, 1987
__________, "Feminism, Marxism, Method and the State: Toward Feminist Jurisprudence", Critical Legal Studies 56, 1989
Coltrane, Scott, "Research on Household Labor: Modeling and Measuring the Social Embededness of Routine Family Work", Journal of Marriage and the Family, 62(4), 2000
Corrigan Roseann, "Talking to Strangers: Feminism, Sexual Predators and Rape Law Reform," Ph.D these, New Brunswick: The State University of New Jersey(unpublished), 2004
Coverman, Shelly, "Explaining Husband's Participation in Domestic Labor", The Sociological Quarterly 26(1), 1985
Humm, M., The Dictionary of Feminist Theory, Ohio State University Press, 1990
Julia O'connor, "Employment Equality Strategies in Liberal Welfare States", Diane Sainsbury, Gender and Welfare Stste Regimes, Oxford, 1999
Katharine T. Bartlett, "Feminist Legal Methods", Harvard Law Review 103 in D. Kelly Weisberg(ed)(1993), Feminist Legal Theory: Foundation, Temple University Press, 1990
Linda Dickens, "The Road is Long: Thirty Years of Equality Legislation" in Britain, British Journal of Industrial Relation, 45(3), September 2007
Littleton Christian A., Feminist Jurisprudence: The Difference Methode Makes, Stanford Law Reiview, 41, 1989.
Nancy E. Dawd & Michelle S. Jacobs, Feminist Legal Theory, New University Press, 2003

Patrica Smith, Feminist Jurisprudence, Oxford University Press, 1993

Petrica A. Cain, "Feminist Jurisprudence: Grounding The Theories", Feminist Legal Theory: Readings in Katharine T. Bartlett & Rosanne Kennedy, Law and Gender, Westview Press, 1993

Rhode Deborah L., Feminist Critical Theories, Stanford Law Review 42, 1990

Sue Yeandle, "Women, Men and Non-Standard Employment: Breadwinning and Caregiving in Germany, Italy, and the UK", R. Crompton, Restructuring Gender Relations and Employment, The Decline of the Male Breadwinner, Oxford, 1999

WHO, Guidelines for Medico-legal Care for Victims of sexual Violence, Geneva, 2003

金城清子,『法女性學-その構築と課題』, 日本評論社, 1996

辻村みよ子・金城清子,『女性の權利の歷史』, 岩波書店, 1992

여성가족부 http://www.mogef.go.kr/

통계청 http://www.kostat.go.kr/

보건복지부 http://www.mw.go.kr/

법제처 http://www.moleg.go.kr/

대법원 http://www.scourt.go.kr/supreme

헌법재판소 http://www.ccourt.go.kr/

대검찰청 http://www.spo.go.kr/

법무부 http://www.moj.go.kr

국가인권위원회 www.humanrights.go.kr/

찾아보기

(ㄱ)

(ㅂ)

(ㅅ)

(ㅊ)

(ㅋ)

(ㅌ)

(ㅍ)

(ㅎ)

[저자 약력]

• 나달숙

이화여자대학교 대학원졸업, 법학박사
서울대학교 BK 박사후과정연구원 역임
서울대학교 BK 계약조교수 역임
단국대, 홍익대, 경기대, 안양대 등 강사역임
백석대학교 법행정경찰학부 학부장 역임
현재 백석대학교 경찰학부 교수

〈저서 및 논문〉
『헌법학』 공저
『헌법 Ⅰ』
『여성과 법』
「헌법상 인간의 존엄과 안락사」
「기본권의 제한과 한계」
「양심의 자유와 양심적 병역거부」
「유관순과 저항권」
「CCTV운용 현황과 기본권 문제 검토」
「세계인권교육프로그램 행동계획에 비추어 본 공무원 인권교육의 현황과 과제」
「다문화교육 현황과 개선 방안 연구」
「탈북자 지원제도 현황과 인권의 법적 보호 방안」 외 다수

(개정판)여성의 법생활-양성평등을 위한-

2018년 8월 20일 개정초판 인쇄
2018년 8월 25일 개정초판 발행

저 자 나 달 숙
발행인 유 성 열
발행처 청목출판사
서울특별시 영등포구 신길로 40길 20
전화 (02) 849-6157(代) · 2820 / 833-6090~1
FAX (02) 849-0817
등록 제318-1994-000090호

파본은 바꾸어 드립니다. 값 25,000원

http://www.chongmok.co.kr

ISBN 978-89-5565-760-9